Geschichte   **Realschule Bayern**

entdecken und verstehen

7

**Vom Hochmittelalter bis
zum Zeitalter des Absolutismus**

Bearbeitet von
Florian Basel, Beilngries
Heike Bruchertseifer, Buchloe
Judith Englhardt, Ergolding
Matthias Fels, Günzburg
Kathrin Grashiller, Neumarkt
Carola Gruner-Basel M. A., Kösching
Stefanie Müller, Weiden
Katrin Roth, Hilpoltstein
Maximilian Schuster, Ingolstadt

Exkursionsziele: Mittelalterliche Burgen, Klöster und Kirchen in Bayern

Legend:
- Burg
- Kloster
- Kirche

Left map labels:

Finnen

Esten

Liven

Lett-gallen
Semi-gallen
Selonen
Kuren
Baltische
Litauer
Stämme
Memel

 ...ßen

Masowier
Plozk ...
...chizanen

Tscherwen
Wislanen
Belz
Przemysl
Weiße Chorwaten
Erlau

Theiß

KGR. GARN

...kirchen

Belgrad

Widin
Nikopolis
Nisch
Sofia (Triaditza)
Skopje
Philippopel
Preslaw
Tirnowo
Warna
Durazzo
Kastoria
Larissa
Thessalonike
Adrianopel
Nikomedia
Konstantinopel
Nikaia
BULGARIEN
Paristrion
Durostor (Silistria)
Pliska
Ochrida
Strymon
Makedonien
Thrakien
Thessalonike
Ägäische
Hellas
Nikopolis
Peloponnes
Inseln
Samos
Kephalonia
Korinth
Athen
Adramyttion
Smyrna
Sardes
Ephesos
Myra
Attaleia
Kibyraioto
Seleukeia
Chandax (Kandia)
Paphos
Zypern
965 zurückerobert
Kreta
961 zurückerobert

Ilmen-Slawen
Nowgorod
Aldajgjuborg (Ladoga)
Pskow (Pleskau)
Rostow
Muroma
Polozk
Smolensk
KIEWER REICH
Turow
Ljubetsch
Tschernigow
Kiew
Polotschanen
Kriwitschen
Dregowitschen
Radimitschen
Sewerjanen
Wjatitschen
Poljanen
Drewljanen
Wolhynier
Ulitschen
Tiwerzen
Petschenegen
Bug
Dnjestr
Dnjepr
Donez
Don
Wolga
Mordwinen
Bulgar
Wolga-(Kama-)Bulgaren

Theodosia (Kaffa)
Tmutarakan
Cherson
Chazaren
Sarkel

Schwarzes Meer

Sinope
Trapezunt
Kars
Ani
Mantzikert
1071
Chaldia
Armeniakon
Paphlagonien
Kolonia
Kolonea
Herakleia
Bukellarion
Sebasteia
Mesopotamien
Charsiano
Sebasteia
Opsikion
Optimaton
Ankyra
Kaisareia
Melitene
BYZANTINISCHES REICH
Anatolikon
Kappadokien
Lykandos
Nisib
Edessa
Ikonion
Tarsos
Kilikien
Seleukeia
Antiocheia
Aleppo
REICH DER HAMDANIDEN
928–1003
Homs
Tripolis
Baalbek
Damaskus
Akkon
Nazareth
Jerusalem
SYRIEN
969/1004 an Fatimiden

Barka
Alexandria
Kairo
FATIMIDEN-KALIFAT
969

Meer

Darum geht es ...	▶ Beispiele und Starthilfen

begründen

Aussagen (zum Beispiel eine Behauptung, eine Position) durch Argumente stützen, die durch Beispiele oder andere Belege untermauert werden.

- Erfasse den Inhalt der Aussage.
- Bearbeite die vorgegebenen Materialien und ziehe gegebenenfalls Material aus dem Unterricht hinzu.
- Suche Argumente für deine Begründung und gib zur Veranschaulichung Beispiele.

↗ **Überzeugungen, Meinungen ...**

Eine Begründung schreiben

- ▶ *Der Verfasser ist der Meinung, dass ...*
- ▶ *Er begründet dies mit ...*
- ▶ *Für die Aussage sprechen folgende Argumente ...*

beschreiben

Geschichtliche Einzelheiten und Zusammenhänge erkennen (z.B. Karte, Text, Bild) und mit eigenen Worten wiedergeben.

- Beginne mit dem Thema oder dem Titel.
- Beschreibe zuerst das Wesentliche.
- Gehe dann auch auf Einzelheiten ein.
- Fasse den Gesamteindruck zusammen.

↗ **Informationen in Bildern, Schaubildern, Texten ...**

Das Schaubild trägt den Titel ...

- ▶ *Es zeigt ...*
- ▶ *Von zentraler Bedeutung ist ...*
- ▶ *Mir fällt noch auf, dass ...*

beurteilen (abwägen)

Geschichtliche Ereignisse aus der Sicht der damaligen Zeit und deren Wertmaßstäben heraus beurteilen.

- Versetze dich in die damalige Situation und überlege, warum die Menschen so handelten.
- Suche evtl. weitere Informationen zu dem Geschehen.
- Entwickle Argumente aus deinen Ergebnissen, die du bei der Beurteilung einbeziehst.

↗ **Handlungen, Überzeugungen ...**

Ein begründetes Sachurteil formulieren

- ▶ *Die Menschen handelten so, weil ...*
- ▶ *Ihre Sichtweisen waren ...*
- ▶ *Ihre Ziele haben die Menschen ...*

bewerten (Stellung nehmen)

Geschichtliche Ereignisse aus heutiger Sicht und deren Wertmaßstäbe bewerten.

- Kläre und benenne den Maßstab für deine Bewertung.
- Beginne mit deiner Stellungnahme und füge stützende Argumente an.
- Wichtig ist, dass deine Meinung gut begründet ist.

↗ **Handlungen, Überzeugungen ...**

Ein begründetes Werturteil formulieren

- ▶ *Gerechtfertigt/nicht gerechtfertigt finde ich ...*
- ▶ *Einerseits ..., andererseits ...*
- ▶ *Wenn ich in der Situation wäre, würde ich ...*
- ▶ *Andere sind der Ansicht, dass ...*

darstellen

Sachverhalte mit ihren typischen Merkmalen beschreiben und unter bestimmten Gesichtspunkten zusammenfassen.

- Tipp: Nenne Merkmale der Gotik.

↗ **Informationen in Texten, Bildern ...**

Gotische Gebäude darstellen

- ▶ *Merkmale der Gotik sind ...*
- ▶ *Spitzbögen*
- ▶ *...*

diskutieren

Zu einer Frage Argumente dafür und dagegen entwickeln, die am Ende zu einer begründeten Bewertung führen.

- Sammle Argumente dafür (pro) und dagegen (kontra).
- Gewichte die Argumente. Welches Argument ist am überzeugendsten und warum?
- Komme aufgrund der Gewichtung zu einer begründeten Bewertung.

↗ **Handlungen, Überzeugungen, Ereignisse, Konflikte ...**

Argumente entwickeln und abwägen

- ▶ *Für ... spricht ...*
- ▶ *Dagegen spricht ...*
- ▶ *Dieses Argument ist nicht überzeugend, weil ...*
- ▶ *Daher komme ich zu dem Schluss ...*

einordnen

Sachverhalte schlüssig in einen vorgegebenen Zusammenhang stellen.

- Kläre, welche Bedeutung die einzelnen Sachverhalte haben.
- Suche und benenne Verbindungen zwischen ihnen und mache sie deutlich.

↗ **Ereignisse, Sachverhalte ...**

Die Begriffe gehören zusammen ...

- ▶ *Lehnswesen – Vasall*
- ▶ *Das Lehnswesen war eine Gesellschaftsordnung im Mittelalter. Der Lehnsherr vergab Güter oder Ämter an einen Vasallen, der ihm dafür Krieger zur Verfügung stellte ...*

erklären

Verständlich machen, was sich in der Vergangenheit ereignet hat, und begründen, warum und wie es dazu kommen konnte.

- Beginne mit der Ausgangssituation.
- Bringe Dinge, die sich nach und nach ereigneten, miteinander in Beziehung.
- Begründe deine Aussagen.

↗ **Zusammenhänge, Ursachen, Folgen ...**

Die Entstehung der Reformation

- ▶ *Heute gibt es in der christlichen Kirche mehrere Konfessionen. Das war nicht immer so.*
- ▶ *Der Mönch Martin Luther benannte 1517 Missstände in der katholischen Kirche: Ablass, ...*
- ▶ *Daraus entwickelte sich ein Konflikt zwischen ...*
- ▶ *Dann ...*
- ▶ *Danach ...*

erläutern (ausführen)

Sachverhalte mit Beispielen oder Belegen veranschaulichen.

- Fertige Stichwörter zum Thema an.
- Beginne mit einer allgemeinen, aber wichtigen Aussage.
- Beziehe auch Einzelheiten mit ein.
- Beende den Text mit einer knappen Zusammenfassung.

↗ **Themen, Probleme, Überzeugungen ...**

Die Bedeutung des Buchdrucks

- ▶ *vorher: handgeschriebene Bücher, geringe Reichweite von Büchern, neues Verfahren von Johannes Gutenberg, ...*
- ▶ *Die Erfindung des Buchdrucks war von großer Bedeutung ...*
- ▶ *Nun konnten mehr Menschen ...*
- ▶ *Zusammengefasst liegt die Bedeutung des Buchdrucks in ...*

erörtern

Zu einer vorgegebenen These oder Problemstellung durch Abwägen von Pro- und Kontra-Argumenten ein begründetes Ergebnis formulieren.

- Finde Pro- und Kontra-Argumente; eine Tabelle kann hilfreich sein.
- Stelle das stärkste Argument an den Schluss.
- Formuliere dein Ergebnis.

↗ **Probleme, Überzeugungen ...**

Unfreier Bauer werden?

Pro	Kontra
– kein Kriegsdienst mehr leisten und in der Erntezeit anwesend sein	– Abhängigkeit vom Grundherrn
– ...	– ...

entdecken und verstehen

Liebe Schülerin, lieber Schüler,
wir möchten dir die verschiedenen Seiten dieses Buches vorstellen.

Auftaktseiten

Jedes Kapitel startet mit einem großen Bild.
Darauf gibt es viel zu entdecken: Du kannst Eindrücke
sammeln und zusammentragen, was du schon weißt

Darum geht es …

Diese Seite gibt dir einen Überblick über wichtige Daten
und Räume, über die Themen des Kapitels und darüber,
was du am Ende wissen und können sollst.

Darum geht es …

Leben und Herrschaft im Mittelalter

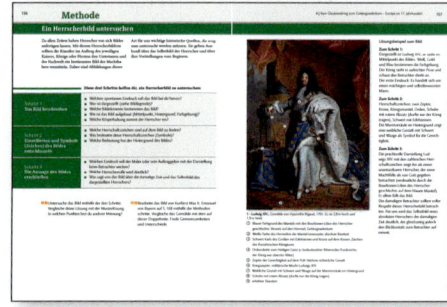

Methode

Hier kannst du Schritt für Schritt erlernen, wie du
z. B. ein Herrscherbild oder Schaubilder untersuchst
oder wie du dir ein persönliches Werturteil bildest.
Lösungsbeispiele helfen dir. Eine Übersicht der
Methoden findest du im Anhang, S. 220 ff.

Geschichte vor Ort
Auf den Spuren der Fugger in Schwaben

Geschichte vor Ort

Hier erfährst du etwas über die Geschichte Bayerns.

Zusammenfassung

Am Ende des Kapitels findest du
eine Zusammenfassung der Inhalte.

Zusammenfassung
Leben und Herrschaft im Mittelalter

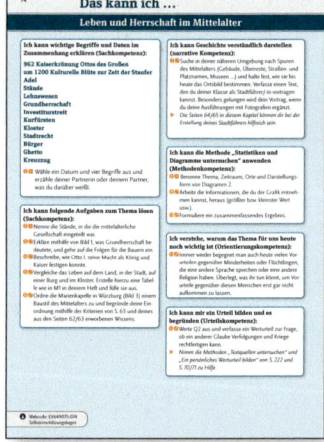

Das kann ich …

Am Ende des Kapitels kannst du dein Wissen und Können auf der
Das kann ich-Seite, aber auch mithilfe eines Selbsteinschätzungsbogens
testen. Den Selbsteinschätzungsbogen findest du unter dem webcode
unten auf der Seite. Gehe dazu auf die Webseite cornelsen.de/webcodes
und gib die genannte Zahlenkombination ein.

Längsschnitt
5 Bauwerke als Symbole der Stärke und des Glaubens

Längsschnitt

In diesem Buch findest du auch
zwei Kapitel, die bestimmte Themen
über mehrere Epochen hinweg
untersuchen. Man nennt sie Längsschnitt.

Lernaufgaben

Im Anhang findest du zu den Kapiteln 1–5 Zusatzaufgaben.
In diesen Lernaufgaben kannst du dein Wissen anwenden,
das du in dem jeweiligen Kapitel erworben hast.

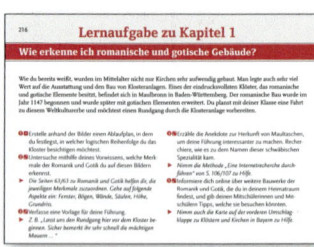

Inhaltsseite

Oben links steht immer die Frage, um die es auf der Doppelseite geht. Dann folgen Autorentexte.

Bei den Materialien werden Reden von Politikern, Zeitzeugenberichte und andere Schriften aus der Vergangenheit als Quellen mit einem **Q** versehen. Texte, in denen Wissenschaftler oder Journalisten aus heutiger Sicht etwas darstellen, tragen ein **M**.

Auf der Randspalte findest du in schwarzer Schrift Worterklärungen von schwierigen Begriffen im Autorentext.

Blau gekennzeichnete Begriffe sind wichtige Lernbegriffe zum Inhalt der jeweiligen Doppelseite. Zu diesen Lernbegriffen findest du in der Randspalte Erklärungen und du kannst sie im Lexikon hinten im Buch nachschlagen.

Aufgaben: von leicht bis schwierig …

Bei allen Aufgaben dieses Buches findest du Würfel. Sie zeigen unterschiedliche Schwierigkeitsgrade an:

- einfacher Schwierigkeitsgrad
- mittlerer Schwierigkeitsgrad
- erhöhter Schwierigkeitsgrad

▶ ▶ Starthilfen – unterstützen und fördern

Auf den Seiten dieses Buches findest du Starthilfen, die dich bei der Lösung von Aufgaben unterstützen. Sie tragen ein oranges ▶ oder rotes ▶ Dreieck und sind in kursiver Schrift gesetzt.

Hilfe durch die Operatorenliste

Alle Aufgaben enthalten bestimmte Begriffe, die dir mitteilen, was du bei dieser Aufgabe tun sollst, z. B. nenne, vergleiche, erkläre … . Dies sind die Operatoren. Auf den beiden Klappen vorne und hinten im Buch findest du eine Operatorenliste, in der du solche Begriffe nachschlagen kannst. Du findest dort außerdem Hilfen, wie du bei der Lösung von Aufgaben mit diesem Operator vorgehen kannst, und ein Beispiel dazu. Die Operatoren sind alphabetisch geordnet.

Differenzierungsangebot

Schauplatz-Seiten:

Wahlaufgaben zu einem spannenden Großbild
Auf Schauplatz-Seiten findest du – immer passend zum Kapitelthema – ein großes Bild mit Wahlaufgaben (rot), die du in Gruppenarbeit löst.

entdecken-Seiten: Wahlaufgaben mit unterschiedlichen Materialien

Auf den entdecken-Seiten kannst du dir mit einer Arbeitsgruppe ein Thema mithilfe verschiedener Materialien (Texte, Bilder) und Wahlaufgaben (rot) selbst erschließen.

1 Leben und Herrschaft im Mittelalter

Das Mittelalter fasziniert noch immer zahlreiche Menschen und löst eine Flut an Bildern und Fantasievorstellungen aus. Man denkt etwa an Ritter, Könige, Burgen und Schwerter. Diese werden in Büchern, Spielen und Filmen verarbeitet, in denen Erfundenes und wahre Begebenheiten häufig vermischt sind. Auch finden Mittelaltermärkte sowie nachgestellte Ritterturniere nach wie vor großen Anklang in der heutigen Zeit. Die Ritter auf dem Bild zeigen den Auftakt eines solchen Ritterturniers in Kaltenberg bei Landsberg am Lech.

Aber wie sah das Ritterleben im Mittelalter wirklich aus? Und was kommt dir sonst noch in den Sinn, wenn du an das Leben im Mittelalter denkst?

Leben und Herrschaft im Mittelalter

ca. 500

Beginn des Mittelalters

1 – Europa um 1250.

Fsm. = Fürstentum
Kgr. = Königreich
Rep. = Republik

Leben im Mittelalter

Im Mittelalter lebten die meisten Menschen als Bauern auf dem Land. Seit dem 11. Jahrhundert zogen viele Bauern in die Städte, deren Zahl seit dieser Zeit sprunghaft zunahm. Adlige hingegen lebten auf den Burgen, von denen es noch immer zahlreiche Überreste gibt. Weit mehr als heute entschieden sich viele Frauen und Männer aber auch für ein Leben im Kloster. Religion spielte in der Zeit des Mittelalters eine wichtige Rolle.
Im folgenden Kapitel wirst du erkennen, dass die verschiedenen Lebens- und Herrschaftsformen im Mittelalter sowie viele geschichtliche Entwicklungen in dieser Zeit eine wichtige Grundlage für unsere heutige Lebensweise und Regierungsform bildeten. Du untersuchst auch, wie eng die christliche Religion im Mittelalter mit der politischen Herrschaft verbunden war, und vergleichst die Verbindung mit der Situation in einem modernen Staat.

Am Ende des Kapitels kannst du folgende Fragen beantworten:

- Wie war die mittelalterliche Gesellschaft aufgebaut?
- Wie herrschten die Kaiser und Könige und welche Rolle spielte die Kirche dabei?
- Wie regierte Otto I. als König und Kaiser?
- Warum stritten Kaiser und Papst um die Macht?
- Welches Leben führten die Bauern in einem Dorf?
- Wie lebten die Einwohner in einer mittelalterlichen Stadt, die Adligen auf der Burg und die Mönche im Kloster?
- Warum entstanden Städte und welche Bedeutung hatten sie?
- Welche Bedrohungen gab es und wie begegneten die Menschen diesen Herausforderungen?
- Wie kam es zu den Kreuzzügen und wie verliefen sie?
- Wie untersuche ich Statistiken und Grafiken?
- Welche mittelalterlichen Spuren lassen sich in meiner Stadt finden?
- Wie bilde ich mir ein Werturteil?

962

Kaiserkrönung
Ottos des Großen

1095

Aufruf zum ersten
Kreuzzug durch
Papst Urban II.

um 1200

Kultureller Höhepunkt
zur Zeit des Herrscher-
geschlechts der Staufer

ca. 1500

Beginn der
Neuzeit

2 – Stadtansicht von Nürnberg. Kolorierter Holzschnitt von 1493.

4 – Nachgestelltes Ritterturnier auf der Landshuter Hochzeit.
Foto, 2017.

3 – Ein kaiserlicher Reiterzug. Miniatur, um 1400.

5 – Zwei Bauern bei der Feldarbeit. Buchmalerei, England,
um 1340.

❶ ▪ Sieh dir die Bilder 2–5 an und sammle Fragen dazu, die du gerne
beantwortet hättest.

❷ ▪ Untersuche die Karte und benenne Unterschiede der Länder im
Vergleich zu heute.
► *Beachte z. B. Größe, Lage, Name, Herrschaftsform.*

❸ ▪ Vermutlich hast du durch Jugendbücher, Dokumentationen oder
Filme schon einiges über das Mittelalter erfahren. Berichte der
Klasse davon.

❹ ▪ Sieh dir die vordere Klappenkarte mit den Exkursionszielen zu
mittelalterlichen Burgen, Klöstern und Kirchen in Bayern an. Nenne
diejenigen, von denen du schon gehört hast, und erzähle, was du
über sie weißt.

Die gesellschaftliche Ordnung

Sind alle Menschen gleich?

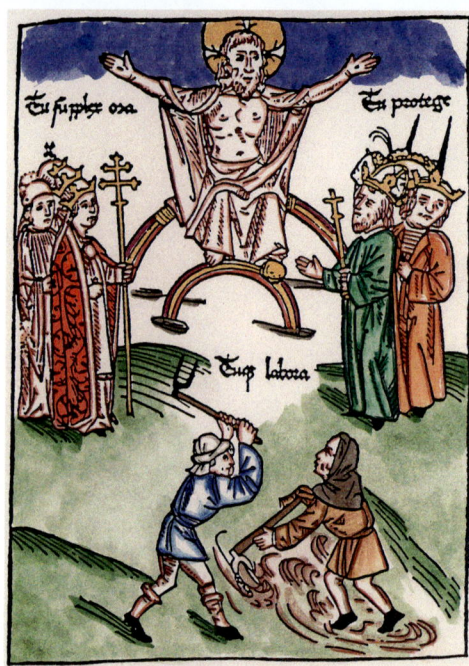

1 – Dreiständebild. Christus spricht zu dem Stand links: Du bete demütig! Zum Stand rechts: Du schütze! Und zum Stand unter ihm: Und du arbeite! Holzschnitt von Johannes Lichtenberger, 1488; nachträglich koloriert.

Stände
Dies sind gesellschaftliche Gruppen, die sich voneinander durch Herkunft, Beruf und eigene Rechte abgrenzen. Im Mittelalter unterschied man zwischen dem Stand der Geistlichkeit, des Adels und der Bauern. In der städtischen Gesellschaft kamen noch die Bürger hinzu.

Adel
Gemeint sind die Edlen – Angehörige einer in der Gesellschaft hervorgehobenen Gruppe, eines Standes, ausgestattet mit erblichen Vorrechten. Adliger konnte man von Geburt aus sein (Geburtsadel); Adliger konnte man aber auch werden, indem man im Dienst des Königs tätig war (Amts- oder Dienstadel).

*Klerus
Der Klerus umfasst alle Personen, die zu den Geistlichen gehören.

*Bürger
Unter mittelalterlichen Bürgern versteht man Stadtbewohner, die bestimmte Freiheiten genießen durften.

Einteilung in Stände
Heutzutage sind die Menschen in vielen Staaten gleichgestellt und haben auch dieselben Rechte.

Im Mittelalter waren die Menschen einander nicht ebenbürtig, stattdessen wurden sie in drei Stände, also in verschiedene Gruppen unterteilt:

- den *Klerus (Bischöfe, Äbte, Priester, Mönche und Nonnen),
- den Adel (Fürsten, Herzöge, Grafen und Ritter), eine Gesellschaftsschicht mit vielen Rechten, die über die Bauern herrschte und für den König in den Krieg zog, sowie
- Bauern und später auch *Bürger.

Diese Einteilung – so glaubte man damals – war gottgewollt. In den Stand des Adels oder der Bauern und Bürger wurde man geboren, in den Stand des Klerus konnte man durch die kirchlichen Weihen sowohl aus dem Adelsstand als auch aus dem Bauernstand gelangen.

Die Zugehörigkeit zu einem Stand bestimmte Rechte und Pflichten eines Menschen und gab vor, wie er sein Leben zu führen hatte. Die unterschiedliche Rangordnung und Aufgabenverteilung zwischen den Ständen war ein wichtiges Kennzeichen der mittelalterlichen Gesellschaft. Noch am Ende des Mittelalters wurde die mittelalterliche Ständegesellschaft in einem Holzschnitt so dargestellt, wie sie über Jahrhunderte das Leben der Menschen bestimmte (Bild 1).

Es gab aber nicht nur zwischen den Ständen rechtliche und gesellschaftliche Unterschiede, sondern auch innerhalb eines Standes. Diese Ungleichheit erkannte man zum Beispiel anhand einer vorgeschriebenen Kleiderordnung.

Q1 Der Mönch Berthold von Regensburg predigte um 1260:

… Unser Herr hat alles klug geordnet, deshalb hat er auch dem Menschen sein Leben so zugeteilt, wie er es will und nicht wie wir es wollen. Denn mancher wäre gern ein Graf und muss doch ein Schuster sein; … und du wärst gern Ritter und musst doch Bauer sein und musst uns Getreide und Wein anbauen. Wer sollte für uns den Acker bestellen, wenn ihr alle Herren wärt? Oder wer sollte uns Schuhe machen, wenn du wärst, was du wolltest? Du musst das sein, was Gott will … . Wenn du einen niedrigen Beruf hast, sollst du weder in Gedanken noch in Worten dagegen aufbegehren: „Ach Herr Gott, warum hast du mir so ein mühevolles Leben gegeben und vielen so großes Ansehen und Besitz?" Das sollst du nicht tun … Denn wenn er dir eine höhere Stellung hätte geben wollen, er hätte es getan. Da er dir nun eine niedere gegeben hat, so sollst du dich auch erniedrigen und demütig sein mit deinem Beruf; er wird dir wohl oben im Himmel eine hohe Stellung geben … .

2 – Auszug zur Falkenjagd. Französische Buchmalerei, um 1416.

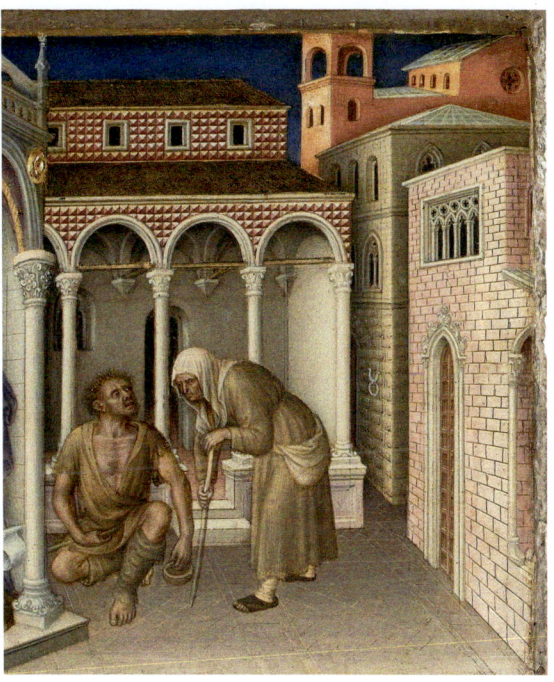

4 – Bettler vor einer Kirche. Ausschnitt aus einem Gemälde von Gentile da Fabriano, um 1423.

3 – Christliche Lehren. Französische Handschrift, 13. Jh.

❶ ▶ Betrachte die Bilder 2–4. Beschreibe, was hier vom mittelalterlichen Leben dargestellt wird.

❷ ▶ Ordne die abgebildeten Personen in den Bildern 2–4 den Ständen zu und begründe deine Entscheidung. Verwende dabei die Begriffe aus der linken Randspalte.

❸ ▶ Stelle mithilfe von Bild 1 und Q1 fest, warum im Mittelalter die Auffassung bestand, dass die Menschen angeblich unterschiedlichen Ständen angehören.

❹ ▶ Suche Gründe dafür, dass der Mönch in Q1 so eindringlich die damalige Gesellschaftsordnung mit Gottes Willen begründet.

❺ ▶ Entwirf einen Comic, in dem ein Bischof, ein Adliger und ein Bauer sich zur Einteilung der Gesellschaft in drei Stände äußern.

▶ Z. B.: *Ich bin der Bischof von Regensburg und genieße zahlreiche Sonderrechte. Ich bin der Meinung, dass die Bauern ...*

❻ ▶ In der Predigt (Q1) heißt es: „Oder wer sollte uns Schuhe machen, wenn du wärst, was du wolltest? Du musst das sein, was Gott will ...". Beurteile den Satz aus damaliger und heutiger Sicht.

❼ ▶ Überlegt in Partnerarbeit, welche verschiedenen Gruppen es bei uns in der Gesellschaft gibt. Wodurch werden Unterschiede deutlich?

▶ *Übertragt die Cluster in euer Heft und erweitert sie.*

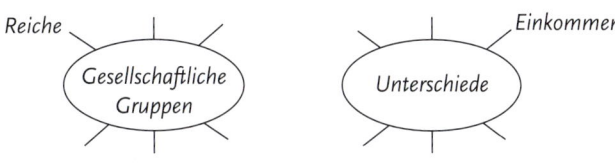

Wozu diente das Lehnswesen?

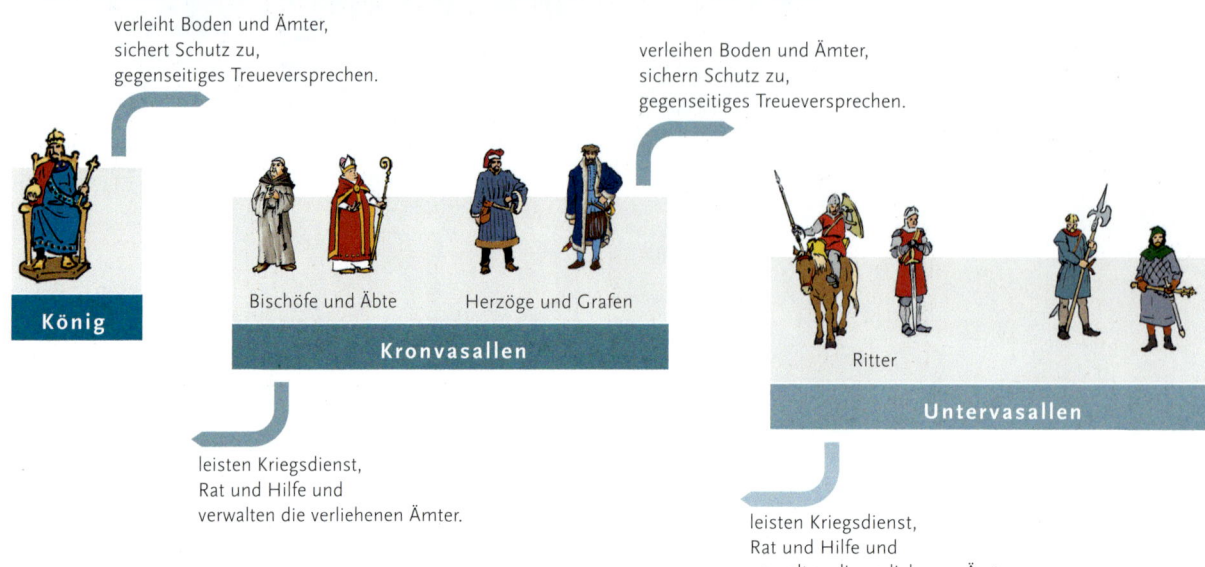

verleiht Boden und Ämter,
sichert Schutz zu,
gegenseitiges Treueversprechen.

verleihen Boden und Ämter,
sichern Schutz zu,
gegenseitiges Treueversprechen.

König

Bischöfe und Äbte   Herzöge und Grafen

Kronvasallen

Ritter

Untervasallen

leisten Kriegsdienst,
Rat und Hilfe und
verwalten die verliehenen Ämter.

leisten Kriegsdienst,
Rat und Hilfe und
verwalten die verliehenen Ämter.

1 – Das mittelalterliche Lehnswesen. Durch gegenseitige Treueversprechen waren König, Herzöge, Bischöfe und Ritter bei der Herrschaftsausübung miteinander verbunden. Die große Mehrheit der Bevölkerung, die Unfreien, war nicht lehnsfähig. Schaubild.

Glossar

Lehnswesen/Lehen
(= Geliehenes). Im Mittelalter war dies das Nutzungsrecht an einer Sache (Grundbesitz, Rechte, Ämter). Es wird vom Eigentümer (Lehnsherrn) an einen Lehnsmann übertragen. Der Lehnsmann verspricht dem Lehnsherrn dafür die Treue und bestimmte Leistungen.

✳ **geistliche Fürsten**
Unter geistlichen Fürsten verstand man im Heiligen Römischen Reich Personen, die in der katholischen Kirche ein hohes Amt innehatten, wie etwa Erzbischöfe, Bischöfe und Priester.

✳ **weltliche Fürsten**
Weltliche Herrscher, wie z. B. Könige und Kaiser, regieren nicht über die Kirche, sondern über die nicht-geistliche Welt.

✳ **Vasall**
(keltisch gwas = Knecht) Vasall ist die Bezeichnung für einen Lehnsmann, der von einem Lehnsherrn abhängig ist. Es wird noch unterschieden zwischen Kron- und Untervasallen.

Persönliche Bindungen sichern Macht

Die Könige im Mittelalter brauchten für die Verwaltung des Reiches die Unterstützung der ✳geistlichen Fürsten (Bischöfe und Äbte) und der ✳weltlichen Herrscher (Herzöge und Grafen). Sie sollten die Durchführung der königlichen Anordnungen überwachen. Wenn der Herrscher in den Krieg zog, mussten die weltlichen Herrscher ihm schwer bewaffnete Krieger zur Verfügung stellen. Dafür erhielten sie vom König als Gegenleistung Land mit Dörfern und Bauern auf Lebenszeit geliehen. Deshalb heißen diese Güter auch Lehen. Wer sein Lehen vom König erhielt, war sein ✳Kronvasall. Die Kronvasallen konnten die Güter an Untervasallen weiterverleihen. Sie gaben zum Beispiel Teile des ihnen verliehenen Landes an Ritter. Dafür leisteten die Ritter Kriegsdienst im Heer.

Durch die feierliche Vergabe eines Lehens wurde ein persönliches und gegenseitiges Treueverhältnis begründet: Der Vasall versprach seinem Herrn Rat und Hilfe, der König versprach dem Vasallen Treue und Schutz.

Persönliche Beziehungen und gegenseitige Treueversprechen stützten die mittelalterliche Gesellschaftsordnung. Eine staatliche Ordnung, wie sie heute besteht, gab es nicht.

Was ist ein Lehen?

Ein Lehen bestand nicht immer aus Landgütern. Als Lehen wurden vom König auch Kirchenämter, z. B. Abt, Äbtissin, Bischof und hohe Verwaltungsämter vergeben, wie etwa das Grafenamt.

Adlige, Bischöfe und Äbte konnten auch Lehen an Untervasallen wie z. B. Bauern vergeben.

Wenn ein Vasall starb, so sollte das Lehen an den Lehnsherrn zurückfallen. Der Lehnsherr konnte dann frei entscheiden, ob und an wen er das Lehen wieder ausgeben wollte. Der Vasall wollte das Lehen jedoch oft wie sein Eigentum an seine Kinder vererben. Nach und nach setzten viele Adlige durch, dass sie die Lehen in ihren Familien weitervererben konnten.

2 – Belehnung geistlicher und weltlicher Fürsten. Abbildung aus einer Sammlung von Rechtsgrundsätzen, dem Sachsenspiegel, um 1300.

Zeichen der Lehnsübergabe:

Krone
Zeichen königlicher Macht

Fahne
Herrschafts- und Lehns-symbol

Kniefall
Geste der Huldigung und Unterwerfung

Zepter
Herrschaftssymbol; im Lehnswesen Zeichen der Übergabe eines Lehens an einen geistlichen Fürsten (Bischof, Abt)

Q1 Der Rechtsgelehrte Galbert von Brügge schrieb zu einer Belehnung durch den Grafen von Flandern 1127:

... Zuerst: Der Graf fragte den zukünftigen Vasallen, ob er ohne Vorbehalte sein Mann werden wolle, und dieser antwortete: „Ich will es." Alsdann umschloss der Graf die zusammengelegten Hände des anderen mit seinen Händen, und sie besiegelten den Bund mit einem Kuss.

Zweitens gab der Vasall mit folgenden Worten sein Treueversprechen: „Ich verspreche bei meiner Treue, von nun an dem Grafen Wilhelm treu zu sein und ihm gegen alle anderen meine Folgschaft unwandelbar zu erhalten, aufrichtig und ohne Trug."

Drittens bekräftigte er sein Versprechen durch einen Eid, den er auf die *Reliquien der Heiligen leistete. ...

* **Reliquie**
(lat. Überrest) Dies ist ein Gegenstand religiöser Verehrung; meist handelt es sich um einen Knochen-splitter oder einen Teil des persönlichen Besitzes eines verstorbenen Heiligen.

❶ ◻ Stelle dar, was die abgestuften Farben im Schaubild bedeuten.

❷ ◪ Erkläre mithilfe des Schaubildes das Lehnswesen.
▶ *Der König verleiht Land und erhält dafür ...*
Später wollten die Vasallen ...

❸ ◪ Erläutere mit Bild 2 und den Erklärungen in der rechten Spalte die Zeichen der Lehnsübergabe.

❹ ◪ Bereitet Q1 in Gruppen zu einem szenischen Spiel auf. Beachtet dabei auch die Zeichen der Lehnsübergabe oben rechts.
▶ *Vorgehen: Rollen und Aufgaben verteilen, Requisiten zusammen-stellen, Spiel einüben und vortragen*

❺ ◪ Aus dem Begriff „Lehen" (leihen) haben sich heute etwas andere Bedeutungen entwickelt. Erläutere, worin der Unterschied liegt.
▶ *Berücksichtige dabei folgende Fragen:*
– Was erwartest du, wenn du Dinge verleihst?
– In welchen Zusammenhängen gibt es in der Gegenwart Verleihungen?

Was bedeutete Grundherrschaft?

1 – Bauern beim *Frondienst. Buchmalerei, 15. Jh.

Grundherrschaft
Dies ist eine Herrschaft über das Land und die Menschen, die auf ihm wohnten. Bauern erhielten vom Grundherrn Land, mussten dafür Abgaben entrichten und Dienste leisten.

*Frondienst
(althochdeutsch: fron = Herr). Dies sind Dienste, die hörige Bauern ihrem Grundherrn unentgeltlich leisten mussten, wie z. B. säen, ernten, pflügen.

Von der Freiheit in die Abhängigkeit

Im frühen Mittelalter (ca. 500 –1000 n. Chr.) gab es nur wenige Städte. Die meisten Menschen lebten in kleinen Dörfern von der Landwirtschaft – das waren über 90 Prozent der Bevölkerung.

Um 800 waren viele Bauern frei, d. h. sie besaßen eigenes Land, das sie bewirtschafteten, um sich und ihre Familien zu ernähren. Sie hatten aber die Pflicht, zusammen mit ihrem König in den Krieg zu ziehen. Führte ein König viele Kriege, so hatte dies für die Bauern große Nachteile: Manchmal waren diese Bauern mehrere Jahre hintereinander nicht zu Hause. Sie fehlten bei der Aussaat und der Ernte. Viele starben auch auf den Kriegszügen oder kamen so verletzt zurück, dass sie nicht mehr ihren Beruf ausüben konnten. Zahlreiche Bauernhöfe verfielen, Hunger und Not breiteten sich aus.

Um dem Kriegsdienst und dessen Folgen zu entgehen, übergaben immer mehr freie Bauern ihr Land einem Herrn, der dadurch ihr Grundherr wurde. Sie selbst wurden dadurch zu unfreien Bauern. Grundherren konnten z. B. Grafen und Fürsten, aber auch Äbte und Bischöfe sein. Der Grundherr bot den Bauern Schutz und ersparte ihnen den Kriegsdienst. Diese Bauern mussten also nicht mehr in den Krieg ziehen. Sie konnten das ganze Jahr ihre Felder bestellen. Als Gegenleistung mussten sie von den Erträgen in der Landwirtschaft einen bestimmten Anteil an den Grundherrn abliefern (Q1). Darüber hinaus waren sie verpflichtet, bestimmte Arbeiten für den Grundherrn zu verrichten, wie z. B. auf seinen Wiesen und Feldern mitzuhelfen, Zäune zu errichten, Wege anzulegen, Brücken zu bauen oder auch beim Bau des Wohnhauses und der Stallungen des Grundherrn tätig zu werden.

Anders als die freien Bauern durften sie ihr Land nicht verlassen oder vererben und auch zur Heirat brauchten sie die Einwilligung ihres Grundherrn. Diese Verfügungsgewalt über Land und Leute bezeichnet man als Grundherrschaft. Die abhängigen Bauern bezeichnet man auch als „hörige Bauern".

2 – Bäuerliche Arbeiten. Buchmalerei, 15. Jahrhundert.

* **Schindeln**
  Dies sind speziell geformte Holzplättchen zum Decken von Dächern.

* **Morgen**
  Ein Morgen war früher die Fläche, die ein Bauer mit einem Pferde- oder Ochsenpflug an einem Morgen pflügen konnte und entsprach etwa 1000–2500 m². Zum Vergleich: Ein Bundesliga-Fußballfeld ist 7140 m² groß.

* **Flachs**
  Flachs ist eine Pflanze, aus der Fasern zur Herstellung von Leinen gewonnen werden.

* **Elle**
  Dies ist eine alte Längenmaßeinheit; sie entsprach der Länge des Unterarms und betrug etwa 30 cm.

Bauer Widrad und das Kloster Prüm

In welchem Umfang die hörigen Bauern Abgaben und Dienste leisteten, erfahren wir aus einem Bericht des Klosters Prüm in der Eifel. Zu diesem Kloster gehörten auch 30 hörige Bauern. Einer dieser Bauern war Widrad.

Q1 Der Abt des Klosters Prüm schrieb im Jahr 893:

... Widrad gibt an das Kloster jedes Jahr einen Eber, ein Pfund Garn, drei Hühner, 18 Eier. Er fährt fünf Wagenladungen von seinem Mist auf unsere Äcker, bringt fünf Bündel Baumrinde für die Beleuchtung und fährt zwölf Wagenladungen Holz zum Kloster. Dieses Holz dient im Winter zum Heizen. Ferner liefert Widrad dem Kloster jährlich 50 Latten und 100 *Schindeln für Dachreparaturen. Sein Brot bäckt Widrad in unserem Brauhaus. Hierfür zahlt er an das Kloster eine Gebühr. Eine Woche in jedem Jahr verrichtet er den Hirtendienst bei unserer Schweineherde im Wald. Er bestellt drei *Morgen Land, das ganze Jahr hindurch, jede Woche drei Tage. Das bedeutet: Er muss bei der Einzäunung unserer Äcker und Weiden helfen, zur rechten Zeit pflügen, säen, ernten und die Ernte in die Scheune bringen. Bis zum Dezember, wenn das Getreide gedroschen wird, muss er es zusammen mit anderen Hörigen bewachen, damit es nicht von Brandstiftern angezündet wird ... . Wenn Widrad 15 Nächte den Wachdienst verrichtet, das Heu geerntet und auf unseren Äckern gepflügt hat, erhält er in einem guten Erntejahr Brot, Bier und Fleisch; in anderen Jahren erhält er nichts. ... Die Frau Widrads muss leinene Tücher aus reinem *Flachs anfertigen, acht *Ellen lang und zwei Ellen breit. Sie fertigt daraus Hosen für die Mönche an. ...

❶▪ Beschreibe mithilfe des Autorentextes und Bild 2 Tätigkeiten von freien Bauern im Mittelalter.

❷▪ Erarbeite anhand von Q1 die Abgaben und Dienste eines hörigen Bauern.

▸ *Übertrage die folgende Tabelle in dein Heft und notiere darin die Ergebnisse.*

Jährliche Abgaben	Frondienste	Weitere Leistungen
...	...	...
...	...	...

❸▪ Vermute, welche Abgaben und Dienste von Widrad und seiner Frau als besonders hart empfunden wurden.

❹▪ Erläutere mithilfe des Textes, Bild 1 und Q1, wie die Grundherrschaft funktionierte.

▸ *Der Hörige ..., der Grundherr ... .*

❺▪ Entwerft in Partnerarbeit ein Streitgespräch, das anschließend der Klasse vorgetragen wird: Zwei freie Bauern, die wieder in den Krieg ziehen sollen, unterhalten sich. Der eine Bauer möchte sich in die Abhängigkeit des Grundherrn begeben, der andere frei bleiben.

▸ *Sammelt zuerst Argumente für und gegen die Abhängigkeit. Legt dann eine sinnvolle Reihenfolge der Argumente fest, bevor ihr das Streitgespräch entwerft. Verteilt dann die Rollen.*

Machtausübung im Mittelalter

Wie sicherte König Otto I. seine Herrschaft?

1 – Das Reich Ottos I. und seiner Nachfolger aus dem sächsischen Herrschergeschlecht.

Legende:
- Grenze des Heiligen Römischen Reichs
- Stammesherzogtümer **in roter Schrift**
- Grenzmarken **in blauer Schrift**
- Kgr. = Königreich
- Hzm. = Herzogtum

*Salbung
Die Salbung ist das wichtigste Ritual der Krönung. Nach dem Vorbild König Davids aus dem Alten Testament wurden auch die deutschen Könige mit geweihtem Öl gesalbt. Dies sollte die besondere Stellung des Königs wie auch eine göttliche Legitimation der Herrschaft symbolisieren.

Das Reich der Deutschen entsteht

Nach dem Tod Karls des Großen zerfiel das Frankenreich durch Teilung des Erbes unter seinen Nachfahren in mehrere kleinere Reiche. Eines von ihnen war das Ostfränkische Reich. 919 wurde der Sachse Heinrich I. zum König des Ostfränkischen Reiches bestimmt. Er blieb König bis zu seinem Tod 936.

Man bezeichnete nun erstmals das Ostfränkische Reich auch als „Reich der Deutschen". Das Wort „deutsch" kommt vom Althochdeutschen „diutisc", was so viel bedeutet wie „volksmäßig, dem Volk gehörig". Als „diutisc" bezeichnet man auch die germanische Sprache, die im Ostreich gesprochen wurde. Daraus wurde allmählich der Name für die Menschen, die diese Sprache sprechen, die „Deutschen".

Otto I. wird König

Nach Heinrichs Tod übernahm sein Sohn Otto I. (Herrscherzeit 936–972) die Nachfolge. Dieser wurde im Jahr 936 in Aachen mit Zustimmung der Fürsten vom Erzbischof zum König gekrönt. Mit der *Salbung, die Otto I. bei seiner Erhebung zum König erhalten hatte, war er zum Beschützer der Kirche und des Reiches geworden. Nach seiner Krönung stellte sich aber zunächst die Frage, wie der neue Herrscher die Reichsmacht gegenüber den Herzogtümern und nach außen sichern würde.

Otto festigt seine Macht

Zum Zeitpunkt der Krönung bestand das Deutsche Reich aus fünf großen Herzogtümern: Schwaben, Bayern, Sachsen, Lothringen und Franken. Diese Herzöge wollten möglichst unabhängig vom König sein. Manche von ihnen strebten auch die Königswürde an. Um die Herzogtümer unter seine Gewalt zu bringen, setzte Otto dort nur noch Verwandte ein – auf ihre Treue glaubte er sich verlassen zu können. Als sich aber seine Verwandten gegen ihn erhoben, suchte Otto die Unterstützung der Reichskirche, die alle kirchlichen Einrichtungen wie Bistümer, Abteien, Pfarreien etc. umfasste. Denn verlassen konnte sich Otto I. nur auf Bischöfe und Äbte, da Geistliche nicht heiraten durften und somit keine Erben hatten. Starb ein Bischof oder Abt, so konnte der König erneut über das Land verfügen. Immer stärker wurden daher diese hohen Geistlichen zur Verwaltung des Reiches herangezogen und damit die weltliche mit der kirchlichen Macht verbunden. Als Gegenleistung erhielten die Geistlichen große Lehensgüter, die sie verwalten sollten. Damit waren die Bischöfe zugleich auch weltliche Herren, die dem König zu dienen hatten und auch für ihn in den Krieg ziehen mussten. Die Reichskirche war also dem Monarchen untergeordnet, unterstützte diesen und wurde von ihm materiell gesichert und gefördert.

Q1 Über die Krönung Ottos I. 936 zum König berichtete der Mönch Widukind von Corvey (925–973) in seiner Geschichte der Sachsen:

... Dort [in Aachen] versammelten sich die Herzöge und die hohen Vasallen mit den anderen Vornehmen in der Säulenhalle der Basilika Karls des Großen und führten ihren neuen Herrscher zu einem dort errichteten Thron, und sie reichten ihm die Hände und versprachen ihm Treue und gelobten ihm Beistand gegen alle seine Feinde, und so machten sie ihn nach ihrer Sitte zum König. Währenddessen erwartete der höchste Bischof [der Bischof von Mainz] mit dem gesamten Klerus und dem Volke im Inneren der Basilika den Einzug des neuen Königs. ... Dann schritt der Erzbischof mit dem König ... hinter den Altar, auf dem die königlichen *Insignien gelagert waren. ... Dieser trat nun zum Altar, nahm das Schwert ... wandte sich zum König und sprach: „Empfange dieses Schwert, mit dem du alle Feinde Christi austreiben sollst, die Barbaren und die schlechten Christen, da dir durch Gottes Wille die gesamte Macht im Reich der Franken gehört, damit allen Christen der Friede gewiss sei. Dann bekleidete er ihn mit dem spangengeschmückten Mantel und sprach: Lass dich durch diesen ... Mantel ermahnen im Eifer für den Glauben und den Himmel zu glühen und auszuharren im Schutz des Friedens bis an dein Ende. Endlich ergriff er Zepter und Stab und sprach: „Lass dich durch diese Insignien mahnen, deine Untertanen in väterlicher Zucht zu halten ... ." Dann wurde der König durch die Erzbischöfe Hildibert und Wichfried mit dem heiligen Öle gesalbt, mit der goldenen Krone gekrönt und ... über eine Wendeltreppe zu einem Throne geleitet.

2 – König Otto I. mit den Reichsinsignien Reichskrone, Reichsapfel und Zepter. Kolorierter Holzschnitt, um 1490.

* **Reichsinsignien**
Dies sind Herrschaftszeichen der deutschen Könige und Kaiser. Sie symbolisierten sowohl Aufgaben des Herrschers als auch durch biblische Bezüge, dass der König seine Herrschaft von Gott bezog. Zu den Insignien gehören: Krone, Kreuz, Schwert, Lanze des heiligen Mauritius, Zepter (eine Art Stab), Reichsapfel.

❶ Suche auf der Karte die Herzogtümer zur Zeit Ottos I. sowie die Orte, die im Verfassertext genannt werden.

❷ Übertrage das folgende Schaubild in dein Heft und beschrifte es. Aufgaben und Pflichten zwischen Reichskirche und König sollen deutlich werden.

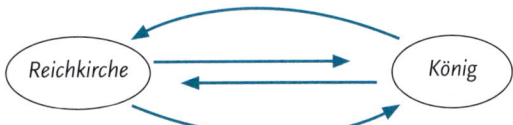

❸ Untersuche Q1. Berücksichtige besonders, welche Bedeutung das Christentum in dieser Zeremonie hatte.

▶ *Nimm die Methode „Textquellen untersuchen" von S. 222 zu Hilfe.*

❹ Die königlichen Abzeichen stehen für Aufgaben des Königs. Ordne diese Reichsinsignien in Bild 2 zu und beschreibe ihre Bedeutung mithilfe von Q1 und den Informationen in der Randspalte.

❺ Wähle eine der beiden Aufgaben:

a Ein Monarch ist unschlüssig, ob sein Cousin oder der Bischof für die Verwaltung eines seiner Gebiete infrage kommt, und gelangt schließlich zu einer Entscheidung. Verfasse hierzu einen Dialog zwischen dem Herrscher und seinem Berater.

b Ein Geistlicher soll mit weltlichen Aufgaben betraut werden. Schreibe einen inneren Monolog, in dem dieser Vor- und Nachteile, auch im Hinblick auf seinen Ruf, abwägt und schließlich eine Entscheidung fällt.

Wie wurde Otto I. Kaiser?

1 – Die Schlacht auf dem Lechfeld im Jahr 955. Buchmalerei, 1457.

962 Kaiserkrönung Ottos des Großen

***Erzbistum**
Ein Erzbistum ist ein abgegrenzter, kirchlicher Verwaltungsbezirk mit eigenem Bischof an der Spitze.

***Kaiser**
Der höchste weltliche Herrschertitel Europas entstand aus dem Namen Caesar. Den Kaisertitel trugen in der Antike die Herrscher des Römischen Reiches seit der Zeit des Augustus (63 v. Chr.–14 n. Chr.). Mit der Kaiserkrönung Karls des Großen lebte die Kaiseridee wieder auf. Das Krönungsrecht lag beim Papst, der damit auf den weltlichen Bereich Einfluss nahm. Die mittelalterlichen Kaiser verbanden mit der Kaiserkrone den Herrschaftsanspruch über Italien und die Einflussnahme auf die Kirche.

Otto I. vergrößert seine Macht

König Otto hatte immer wieder mit denselben Schwierigkeiten zu kämpfen, die seine Macht gefährdeten: Innerhalb des Reiches waren dies Aufstände der Herzöge und außerhalb des Reiches die Bedrohung durch die Überfälle der Ungarn, eines Nomaden- und Reitervolks. 955 errang Otto auf dem Lechfeld bei Augsburg den entscheidenden Sieg über die Ungarn, weil es ihm gelang, zusammen mit den Stammesherzögen ein Heer gegen sie aufzustellen. Dieser Sieg stärkte bedeutend seine Macht, indem er den Zusammenhalt der ostfränkischen Stammesherzöge zum König festigte. Otto trug seitdem den Beinamen „der Große". Auch die Vergrößerung seines Reichs durch den Sieg über die Slawen östlich der Elbe trug zur Stabilisierung der Macht Ottos bei. Bis zur Oder erstreckte sich schließlich das Herrschaftsgebiet des deutschen Königs, der jetzt auch die Slawen zum Christentum bekehren wollte. „Auf der Förderung des Christentums beruht Heil und Ordnung des königlichen Reiches" – schrieb der König allen Bischöfen und Grafen.

Er gründete deshalb im Jahr 968 das *Erzbistum Magdeburg und ließ überall neue Kirchen errichten. Dazu gehörten einfache Dorfkirchen ebenso wie große Dome und Klöster. Von ihnen aus sollte der christliche Glaube im Land verbreitet werden.

Die *Kaiserkrönung in Rom

Angeblich habe das Heer Otto nach dem Sieg auf dem Lechfeld zum Kaiser ausgerufen. Dies war das Ziel Ottos. Die Gelegenheit bot sich 962, als Papst Johannes XII. Otto die Kaiserkrone anbot, wenn er ihm gegen seine Feinde zu Hilfe käme. So zog Otto nach Rom, wo ihn der Papst zum Kaiser krönte und salbte. Damit erhielt Otto eine Auszeichnung, die ihn über alle anderen christlichen Herrscher Europas erhob. Im Gegenzug erhielt er das Treueversprechen des Papstes.

Ab dem Zeitpunkt der Krönung bis 1806 trugen die meisten deutschen Könige die Kaiserwürde. Zudem wurde das Deutsche Reich nun als „Heiliges Römisches Reich" bezeichnet. Im späten 15. Jh. erhielt es noch den Zusatz „Deutscher Nation".

Q1 Widukind schildert den Sieg Ottos I. in der Schlacht auf dem Lechfeld 955 über die Ungarn:

... Am zweiten und dritten Tag wurde der Rest der Feinde von den benachbarten Städten und Burgen aus ... vollständig *aufgerieben ... . Drei ungarische Häuptlinge waren gefangen genommen und dem Herzog Heinrich überliefert worden. Der ließ sie, wie sie es verdienten, mit einem schmählichen Tode büßen: Sie wurden am Galgen gehängt. In einem feierlichen Triumphe wurde der ruhmbedeckte König vom Heere als Vater des Vaterlandes und Imperator begrüßt ... Und wirklich hat seit 200 Jahren kein König mehr die Freude eines solchen Sieges erlebt.

Q2 Bei der Kaiserkrönung Ottos I. 962 in Rom schwor der weltliche Herrscher gegenüber dem Papst einen Eid zum Schutze Roms:

Dem Herrn Papst Johannes XII. verspricht und schwört der König Otto ... beim Vater und beim Sohne und beim Heiligen Geiste und bei diesem Holze vom lebenspendenden Kreuze und bei diesen Heiligenreliquien, dass er, wenn er mit Gottes Hilfe nach Rom kommt, die heilige römische Kirche und diesen Herrn Papst Johannes, ihren Leiter, nach Kräften hoch und sicher stellen wird ... . Und niemals sollen er oder seine Nachfolger sein Leben oder seine gesunden Glieder oder seine Ehren ... einbüßen ... . Und in Rom wird er ohne die Zustimmung des Papstes keinen Gerichtstag halten und keinen Beschluss und keine Anordnung ergehen lassen, die den Papst und die Römer angehen. Und was vom Territorium des heiligen Petrus in seine Hände kommt und kommen wird, das wird er der römischen Kirche zurückerstatten. Wem er aber in Zukunft das italische Reich anvertrauen wird, den soll er Folgendes schwören lassen: Er soll nach allen seinen Kräften dem Herrn Papst und seinen Nachfolgern bei der Verteidigung des Territoriums des heiligen Petrus beistehen.

2 – Die Kaiserfamilie Ottos I. mit Christus in der Mitte. Oben zwei Engel, rechts und links die beiden Heiligenfiguren Maria und Mauritius, Schutzpatron des von Otto I. gegründeten Erzbistums Magdeburg. Unten Otto I. der Kaiser, sein Sohn und die Kaiserin.

*aufreiben
Hiermit ist der Kampf bis zur Erschöpfung des Gegners gemeint, sodass dieser aufgeben muss.

❶ ▪ Suche auf der Karte S. 18 den Ort der Lechfeldschlacht und die neuen Grenzmarken östlich der Elbe.

❷ ▪ Erläutere den Satz: „Auf der Förderung des Christentums beruht Heil und Ordnung des königlichen Reiches."

❸ ▪ Erkläre anhand von Bild 1 und Q1, weshalb Otto den Beinamen „der Große" verdient haben soll.

❹ ▪ Nenne die Versprechungen, die Otto I. dem Papst in Q2 gibt, und bewerte sie.

❺ ▪ Erarbeite anhand von Bild 2, wie der Künstler die Stellung des Kaisers und seiner Familie darstellt.

❻ ▪ Erstelle anhand der Seiten 18 und 20 einen Zeitstrahl mit wichtigen Daten zur Geschichte des Frankenreichs bis zur Entstehung des Heiligen Römischen Reichs.

▶ *Verwende die Überschrift „Was wurde aus dem Frankenreich?".*

❼ ▪ Das Christentum hatte im Mittelalter eine besondere Bedeutung. Belege diese Aussage mit Beispielen von dieser und der vorherigen Doppelseite.

❽ ▪ Untersuche mithilfe der Worterklärung „Kaiser" (Randspalte) sowie Bild 2, weshalb das Deutsche Reich ab der Kaiserkrönung „Heiliges Römisches Reich" genannt wurde.

Wer war mächtiger: Kaiser oder Papst?

1 – Einsetzung eines Bischofs in sein Kirchenamt durch Kaiser Otto II. (Herrscherzeit 973–983). Bronzetür am Dom von Gnesen, erste Hälfte 12. Jh.

Investiturstreit
So nennt man die Auseinandersetzung zwischen Papst Gregor VII. und Kaiser Heinrich IV. von 1075–1077, in der es um das Recht der Einsetzung von Bischöfen ging. Der Kaiser musste nachgeben. Bedeutsam wurde die Auseinandersetzung, weil es um die Abgrenzung von weltlicher und kirchlicher Macht ging.

✳ **Investitur**
Darunter versteht man die Einsetzung hoher Geistlicher in ein kirchliches Amt.

✳ **Kirchenbann**
Durch den Kirchenbann wurde eine Person aus der Kirche ausgeschlossen. Einem Gebannten war es z. B. verboten, eine Kirche zu betreten, und er konnte auch nicht kirchlich bestattet werden. Kein Christ durfte mit einem Gebannten sprechen, Geschäfte abschließen usw. Nach geleisteter Buße konnte der Kirchenbann wieder aufgehoben werden.

Der König ernennt die Bischöfe

Für Karl den Großen und seine Nachfolger, die deutschen Könige, war es selbstverständlich, dass sie in ihrem Reich auch über kirchliche Angelegenheiten entscheiden konnten. Sie legitimierten dieses Recht mit dem Reichskirchensystem, der engen Verbindung zwischen Herrschaft und Kirche, wodurch die Kirche im Gegenzug weltliche Aufgaben sowie Lehnsgüter erhielt.

Der Herrscher begründete seine Gleichstellung gegenüber der Kirche auch mit der Zweischwerterlehre: Gott soll den Menschen zwei Schwerter gegeben haben. Das geistliche für den Papst und das weltliche für den Kaiser. Bestärkt durch das Reichskirchensystem sowie die Zweischwerterlehre setzte Kaiser Otto I. sogar den Papst, der ihn gekrönt hatte, ab und einen neuen ein. Der König allein bestimmte, wer zum Bischof oder Abt gewählt werden sollte.

König Heinrich IV. und Papst Gregor VII.

Auf kirchlicher Seite gab es immer stärkeren Widerstand, wenn die deutschen Könige Bischöfe und Äbte ernannten. Die Forderung nach der Freiheit der Kirche vertrat besonders der Mönch Hildebrand, der im Jahr 1073 zum Papst gewählt wurde und den Namen Gregor VII. annahm. Schon kurz nach seiner Wahl nannte er in 27 Leitsätzen seine Vorstellungen vom Papsttum (Q1).

König Heinrich IV. (Herrscherzeit 1056–1105), der zu diesem Zeitpunkt herrschte, verzichtete jedoch nicht auf sein Recht der ✳Investitur. Heinrich beleidigte den Papst öffentlich als „falschen Mönch" und forderte in einem Brief seinen Rücktritt vom Papstamt (Q2). Daraufhin verhängte der Papst den ✳Kirchenbann über den König.

Die Fürsten drohen dem König

Da die Herzöge und Grafen Gefahr liefen, von der Kirche ausgeschlossen zu werden, wenn sie mit dem gebannten König Umgang pflegten, verweigerten viele nach dem päpstlichen Bann dem König ihren Gehorsam. Zudem drohten sie ihm, einen neuen König zu wählen, falls er nicht innerhalb eines Jahres vom Bann gelöst sei. Der andauernde Kirchenbann würde demnach die Weiterführung seiner Herrschaft verhindern. So entschloss sich Heinrich, zur Burg Canossa (Italien) zu ziehen, wo sich der Papst aufhielt. Dies stellte den Höhepunkt des sogenannten Investiturstreits dar. Drei Tage lang stand der König als reuiger Sünder, nur mit einem Büßerhemd bekleidet, vor ihren Mauern. Erst am vierten Tag löste ihn der Papst vom Bann. Heinrich hatte somit die Forderung der Fürsten erfüllt, doch diese hatten bereits einen Gegenkönig gewählt. Erst nach einem dreijährigen Krieg war Heinrichs Herrschaft wiederhergestellt.

Der Machtkampf zwischen Krone und Papst ging jedoch weiter. Erst 40 Jahre später kam Heinrichs Sohn, König Heinrich V. (Herrscherzeit 1105–1125), im Wormser ✳Konkordat (1122) zu einer Einigung mit der Kirche. Die Bischöfe wurden von der Leitung einer Bischofskirche, dem Domkapitel, frei gewählt. Dann erhielten sie vom König das Zepter als Zeichen ihrer weltlichen Herrschaft. Erst dann erfolgte die Weihe zum Bischof.

2 – Papst und Kaiser. Buchmalerei aus dem „Sachsenspiegel", einem Buch mit Rechtsgrundsätzen aus dem 13. Jh.

3 – Das Verhältnis Kaiser und Papst ändert sich. Abbildung aus dem „Sachsenspiegel", 13. Jh.

✲ **Konkordat**
Darunter versteht man eine Übereinkunft zwischen Papst und König; heute auch zwischen dem Papst und den Oberhäuptern von Staaten.

Q1 Im Jahr 1075 erstellte Gregor VII. 27 Leitsätze zum Papsttum:

… 3. Er [der römische Papst] ganz allein kann Bischöfe absetzen oder auch wieder einsetzen. …
9. Alle Fürsten haben die Füße einzig und allein des Papstes zu küssen. …
12. Der Papst kann Kaiser absetzen. …
19. Über ihn [den Papst] besitzt niemand richterliche Gewalt. …
27. Der Papst kann Untertanen vom Treueid gegen ungerechte Herrscher lösen.

Q2 Aus dem Brief Heinrichs IV. im Jahr 1076 an den Papst:

… Dieser unser Herr Christus hat uns zum Königtum, dich aber nicht zur geistlichen Herrschaft berufen. … Unsere Bischöfe, die Gott berief, hast du, der Unberufene, zu verachten gelehrt. … Auch mich … hast du angetastet, mich, von dem die Überlieferung … lehrt, dass ich nur von Gott gerichtet werden darf … . So steige du denn, der du durch diesen Fluch und das Urteil aller unserer Bischöfe und unser eigenes verdammt bist, herab und verlasse den päpstlichen Stuhl, den du dir angemaßt hast. …
Ich, Heinrich, durch die Gnade Gottes König, sage dir zusammen mit allen meinen Bischöfen: Steige herab, steige herab! …

Q3 Der Geschichtsschreiber Lampert von Hersfeld schreibt in seinen Jahrbüchern 1077:

… [H]ier stand er [König Heinrich IV.] nach Ablegung der königlichen Gewänder ohne alle Abzeichen der königlichen Würde, ohne die geringste Pracht zur Schau zu stellen, barfuß und nüchtern, vom Morgen bis zum Abend … . So verhielt er sich am zweiten, so am dritten Tage. Endlich am vierten Tag wurde er zu ihm [Gregor] vorgelassen, und nach vielen Reden und Gegenreden wurde er schließlich … vom Bann losgesprochen. …

❶ Nenne die Gründe, die Heinrich IV. in Q2 für die Absetzung des Papstes anführt.

❷ Vergleiche die Bilder 1–3 im Hinblick auf die Beziehung zwischen Kaiser und Papst.
▶ *Nimm die Methode „Bilder untersuchen" von S. 221 zu Hilfe. Die Symbole können dir helfen: Krone und Schwert = König, dreistöckige Krone (Tiara) = Papst, Hirtenstab = Bischof.*

❸ Erkläre anhand von Q1, wie Gregor VII. das Machtverhältnis zwischen Kaiser und Papst sieht.

❹ Verfasse ein Antwortschreiben Heinrichs IV. an Gregor VII. (Q1), in dem er sein Recht auf die Investitur begründet.

❺ Für den Konflikt zwischen Heinrich IV. und Gregor VII. wurde später der Begriff „Investiturstreit" verwendet. Erläutere den Begriff.

❻ Begründe, weshalb das Wormser Konkordat als Kompromiss bezeichnet werden kann.

❼ Die heute verbreitete Redewendung „der Gang nach Canossa" heißt, dass man demütig um Verzeihung bitten oder Reue zeigen sollte. Erkläre, wo diese Redewendung ihren Ursprung hat.

❽ Schreibe einen inneren Monolog Heinrichs, der vor der Burg Canossa ausharrt und auf die Lossprechung des Bannes wartet.
▶ *Diese Gedanken kannst du aufgreifen und weiterführen: „Jetzt stehe ich hier schon seit drei Tagen … Was geschieht, wenn der Papst den Bann nicht löst? … Wie bin ich überhaupt in diese Lage geraten? …"*

Wie ist das Verhältnis zwischen Kirche und Staat heute?

1 – Ein *Kruzifix in einem Klassenzimmer in Augsburg. Foto, 2011.

*Kruzifix
Ein Kruzifix ist ein Kreuz mit einer Darstellung des gekreuzigten Jesus. Es ist ein Symbol des christlichen Glaubens.

*Ausschüsse des Bundestages
Hierunter versteht man Gruppen von Mitgliedern des deutschen Bundestages zu einem bestimmten Thema.

*Religionsfreiheit
Im Grundgesetz der Bundesrepublik Deutschland ist die Religionsfreiheit festgeschrieben. Dieses Gesetz besagt, dass weder der Staat noch andere bestimmen dürfen, ob der Einzelne einer Religion oder Weltanschauung angehören will. Bei Jugendlichen bis 14 Jahren entscheiden dies die Eltern, danach sie selbst. Religionsfreiheit bedeutet außerdem, seine Religion ausüben zu dürfen.

*verfassungswidrig
Darunter versteht man etwas, das unrechtmäßig ist.

Das Verhältnis im Wandel

Im Mittelalter gestaltete sich das Verhältnis zwischen Kirche und Staat meist sehr schwierig, was sich etwa im Investiturstreit niederschlug. Die Beziehung und Abhängigkeit zwischen diesen beiden veränderte sich bis zur Neuzeit immer wieder. Während sie im Mittelalter eng verflochten waren, sind Kirche und Staat heute mittlerweile rechtlich und organisatorisch getrennt.

Dennoch pflegen sie in vielen Bereichen ein partnerschaftliches Verhältnis:

– Kirchen nehmen aktiv am gesellschaftlichen Leben teil.
– Sie bringen ihre Meinung bei Anhörungen in den *Ausschüssen des Bundestages ein.
– Die christlichen Feiertage sind laut Verfassung geschützt, zu Ostern und Weihnachten gibt es bundesweite gesetzliche Feiertage.
– Finanzämter ziehen die Kirchensteuer ein. Für diesen Verwaltungsaufwand zahlen die Kirchen den Finanzämtern eine Entschädigung.
– Religionsunterricht ist in vielen Bundesländern an öffentlichen Schulen Pflichtfach. Allerdings können die Eltern ihr Kind von diesem Unterricht abmelden.
– Wer Religionslehrer werden will, braucht die Einwilligung seiner Kirche.

Der Kruzifixstreit

Trotz des partnerschaftlichen Verhältnisses kommt es zwischen Kirche und Staat immer wieder zu gegensätzlichen Ansichten, so etwa beim Kruzifixstreit in den Klassenzimmern. Denn nach der Bayerischen Volksschulordnung sollte in jedem Klassenzimmer einer öffentlichen Volksschule ein Kruzifix oder ein Kreuz hängen. Dagegen hatten 1991 Eltern geklagt. Ihrer Meinung nach sollte die Erziehung in staatlichen Schulen religiös neutral sein. Dies ist auf dem Hintergrund der *Religionsfreiheit in Deutschland zu betrachten.

Obwohl es vonseiten der Kirche und zahlreicher Bürger großen Protest gab, entschied das Bundesverfassungsgericht 1995, dass das Gesetz *verfassungswidrig sei. Allerdings blieb das Gesetz in Bayern durch die Umformulierung des Landesgesetzes fast folgenlos. So ist im Bayerischen Erziehungs- und Unterrichtsgesetz seit 2000 geregelt, dass Kreuze aufgehängt werden dürfen, sofern diese niemanden ernsthaft stören. Im Juni 2018 trat das Gesetz in Kraft, dass im Eingangsbereich der bayerischen Dienstgebäude ein Kruzifix aufgehängt werden muss. Diese Entscheidung stieß teilweise auf heftige Kritik – sogar vonseiten der Kirche – und führte zu einem weiteren Konflikt zwischen Kirche und Staat.

2 – Angela Merkel legte bei ihrer Amtseinführung als Bundeskanzlerin 2018 ihren Amtseid mit dem Zusatz „So wahr mir Gott helfe" ab. Foto, 14.3.2018.

„Ich schwöre es (so wahr mir Gott helfe)!"

„Sie schwören (bei Gott dem Allmächtigen und Allwissenden), dass Sie nach bestem Wissen die reine Wahrheit gesagt und nichts verschwiegen haben?"

3 - Schwur mit und ohne christliche Eidesformel. Illustration aus heutiger Zeit.

M1 Im Beitrag vom 16.05.2017 „Der Streit ums Kreuz in öffentlichen Gebäuden – Kruzifix-Beschluss" des Domradios der Erzdiözese Köln wird von der Journalistin Ina Rottscheidt ein Fazit über den Kruzifixstreit gezogen:

... Immer wieder taucht in Europa der Streit um die Kreuze auf; in Österreich, in der Schweiz und selbst im katholischen Spanien. Zwar bleiben die meisten Kreuze am Ende hängen, doch sie sorgen in Europa bis heute für eine religionspolitische Auseinandersetzung. Der Grund: Es geht um nichts weniger als um die Frage von Trennung von Kirche und Staat. Es geht darum, ob Religion ausschließlich Privatsache ist.

M2 Die Investitur eines katholischen Bischof wurde 2014 folgendermaßen beschrieben:

... Eine Bischofswahl in Deutschland ist aufgrund der verschiedenen Staatskirchenverträge, der sogenannten Konkordate, kompliziert. Nach Tod, Rücktritt, Versetzung oder Absetzung eines Bischofs muss ein neuer gewählt werden. Die Neubesetzung läuft dann z. B. folgendermaßen ab: Das sogenannte Domkapitel – bestehend aus den wichtigsten geistlichen Würdenträgern des Bistums – erstellt eine Liste geeigneter Kandidaten.
Das Domkapitel schickt diese Liste direkt nach Rom in den *Vatikan, in dem die Kandidaten unter Aufsicht des Papstes überprüft werden. Nach der Prüfung sendet der Vatikan eine Liste mit drei geeigneten Kandidaten zurück an das Bistum. Aus diesem Vorschlag wählt das Domkapitel den neuen Bischof für das Bistum. Der Vatikan fragt bei der amtierenden Landesregierung nach, ob Bedenken gegen den Gewählten vorliegen. Stimmt die Landesregierung zu, ernennt der Papst den Gewählten, der den Eid auf die Landesverfassung leistet. Anschließend wird die Bischofsweihe gefeiert.

*Vatikan
Der Vatikan liegt mitten in Rom und ist der kleinste Staat der Welt. Dort lebt und arbeitet der Papst.

❶ ◻ Gib mit eigenen Worten wieder, worin das partnerschaftliche Verhältnis zwischen Kirche und Staat im Verfassertext ersichtlich wird.

❷ ◻ Notiere mithilfe des Verfassertexts, Bild 2 und Bild 3 die Bereiche, in denen weiterhin eine Verflechtung zwischen Staat und Kirche stattfindet.

▶ *Im gesellschaftlichen Leben, in Teilbereichen der Politik, …*

❸ ◻ Gehe genauer darauf ein, worum es laut Ina Rottscheidt (M1) tatsächlich im Kruzifixstreit geht.

❹ ◻ Vergleiche mithilfe von M2 die Investitur eines katholischen Bischofs heutzutage mit den Regelungen im Wormser Konkordat (siehe S. 22).

❺ ◻ Informiere dich im Internet über den Kruzifixstreit in den Klassenzimmern sowie öffentlichen Dienstgebäuden und vertritt deine Meinung dazu in einer Klassendiskussion.

▶ *Nimm die Methode „Eine Internetrecherche durchführen" von S. 106/107 zu Hilfe.*

❻ ◻ Überlege dir, ob das Verhältnis zwischen Kirche und Staat heute eher verflochten, getrennt oder eine Mischform ist, und begründe deine Entscheidung anhand dieser Doppelseite.

Wie regierte der König?

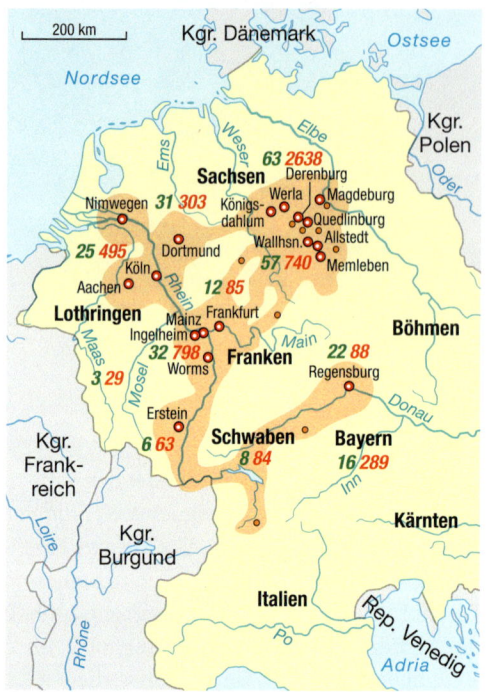

Reich Ottos I. bis 972

bereiste Herrschafts-gebiete

○ politischer Mittelpunkt, häufige Aufenthalte

○ Ort mit 3–4 Aufenthalten

Anzahl und Dauer der Königsaufenthalte in den bereisten Gebieten:

12 Anzahl der Aufenthalte

85 Tage der Aufenthalte

9 Aufenthalte in Rom (10½ Monate), 3 Italienzüge (10 Jahre)

Kgr. = Königreich

1 – Bereiste Herrschaftsgebiete und Aufenthalte Ottos I.

2 – Königssiegel Ottos I., benutzt 936–961. Umschrift: + OTTO D(ei) GR(ati)A REX (= Otto König von Gottes Gnaden). Siegel wurden aus Wachs hergestellt und mithilfe eines Siegelstocks auf Urkunden oder Verträgen befestigt. Damit bestätigte der König die Rechtmäßigkeit des Dokuments. Auf diese Weise sprach der König Recht. Auf Reisen hatte er den Siegelstock immer bei sich, um seine Aufgaben zu erfüllen.

Kurfürsten

Der Begriff geht auf das mittelhochdeutsche Wort „kur" zurück, das Wahl bedeutet. Sieben Kurfürsten wählten im Mittelalter den deutschen König.

✳ **Landesherr**

Ein Landesherr herrschte über ein Gebiet, wo er die höchste Herrschaftsgewalt ausübte. Er war Angehöriger des Adels oder des hohen Klerus.

✳ **Territorium (Sg.), Territorien (Pl.)**

Ein Territorium ist ein fest umgrenztes Gebiet.

Wie funktionierte die Königsherrschaft?

Da der Herrscher keine feste Hauptstadt und somit keinen festen Wohnsitz besaß, musste er im Land umherzuziehen, um seine Regierungsgeschäfte auszuüben (Reisekönigtum). Zudem wurde ab 1495 zunächst in unregelmäßigen Abständen und in unterschiedlichen Orten ein Reichstag abgehalten, der ab 1594 stets in Regensburg tagte, von 1663 bis 1806 sogar jährlich.

An einem Reichstag nahmen neben dem König bzw. Kaiser die Reichsstände teil. Diese ließen sich in drei Gruppen einteilen: 7 Kurfürsten, Reichsfürsten, Reichsstädte. Letztere unterstanden keinem Reichsfürsten, sondern direkt dem Kaiser und wurden womit auch als freie Städte bezeichnet.

Die Stärkung der ✳Landesherrschaft

Neben seinen Regierungsgeschäften hatte der König ständig mit konkurrierenden Adelsfamilien zu kämpfen. Denn seit dem 11. Jahrhundert herrschten Landesherren über ein fest umrissenes Gebiet (= ✳Territorium) des Reichs. Jeder Landesherr (z. B. ein Graf) musste sich beim Ausbau seiner Herrschaft gegen benachbarte Herren durchsetzen, die dasselbe Ziel verfolgten. Die Einführung und Festigung dieser Landesherrschaften nennt man Territorialisierung.

Vom 13. Jahrhundert an gelang es den Reichsfürsten, ihren politischen Einfluss weiter auszubauen, indem sie verstreut gelegene Besitzungen zu zusammenhängenden Territorien vereinigten und darin eine eigene Verwaltung aufbauten. Der Verlierer dieser Entwicklung war der König, denn er erhielt sein Amt durch die Wahl der Reichsfürsten und war somit von ihnen abhängig.

Die Goldene Bulle: ein Gesetz für die Fürsten

Ab dem 13. Jahrhundert beanspruchte eine kleine Gruppe geistlicher und weltlicher Fürsten das Recht, den König – und späteren Kaiser – zu wählen. Diese sieben Fürsten hießen Kurfürsten. Das Vorgehen war nicht neu, denn schon seit Jahrhunderten wählten die mächtigsten Fürsten im Reich den deutschen König. Um Zweifel und Streit bei den künftigen Königswahlen auszuschließen, re-

3 – Die Kurfürsten wählen 1308 Heinrich von Luxemburg (Herrscherzeit 1312–1313) zum König. Die Kurfürsten, durch die Wappen über ihren Köpfen kenntlich, sind von links nach rechts: (1) der Erzbischof von Köln, der Erzbischof von Mainz, der Erzbischof von Trier, (3) der Pfalzgraf bei Rhein, der Herzog von Sachsen, der Markgraf von Brandenburg und der König von Böhmen. Federzeichnung auf Pergament, 1341.

gelte Karl IV. 1356 im Einvernehmen mit den drei geistlichen und vier weltlichen Kurfürsten die Wahl erstmals in Schriftform: Das Wahlgesetz war bis 1806 gültig und wurde nach dem königlichen Goldsiegel (= lat. aurea bulla) „Goldene Bulle" genannt. Die darin festgelegten Regeln waren vermutlich auch ein Grund für die Beständigkeit des Heiligen Römischen Reichs.

Q1 Bestimmungen aus der Goldenen Bulle 1356:

... Die Kurfürsten sollen zur Wahl schreiten und ... Frankfurt nicht verlassen, bevor die Mehrzahl von ihnen ... ein weltliches Oberhaupt gewählt hat, nämlich einen römischen König und künftigen Kaiser. Falls sie dies jedoch nicht binnen 30 Tagen ... vollzogen haben sollten, sollen sie von da an ... nur Brot und Wasser genießen. ...

Wir bestimmen ferner, dass (der Gewählte) sogleich ... allen Kurfürsten ihre Privilegien, Rechte, Freiheiten ... und alles, was sie bis zum Tag seiner Wahl empfangen und besessen haben, ohne Verzug durch seine Briefe und sein Siegel bestätigen und bekräftigen soll. Wir verordnen daher, dass von jetzt an ... die ... Fürstentümer künftig und auf ewig ... nicht getrennt oder zersplittert werden dürfen, sondern es soll der erstgeborene Sohn in ihnen nachfolgen, und ihm allein soll Recht und Herrschaft zustehen.

❶ ▶ Stelle anhand der Karte dar, welche Herrschaftsgebiete des Reichs Otto I. häufig, selten oder gar nicht besuchte.

❷ Erkläre, warum Siegel (Bild 2) sehr wichtig für die Herrschaftsausübung des Königs gewesen sind.

❸ Zeichne das Schaubild unter der Überschrift „Wie funktionierte die mittelalterliche Königsherrschaft?" in dein Heft und vervollständige es mithilfe des Verfassertextes.

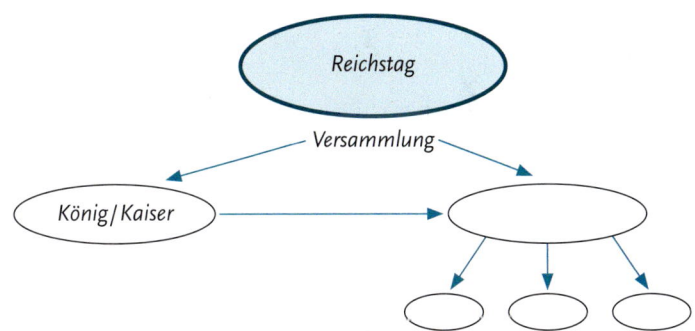

❹ Beschreibe anhand des entsprechenden Verfassertextes den Ausbau der Landesherrschaft.

❺ Ordne die Personen auf Bild 3 richtig zu und berichte, wodurch du die geistlichen und weltlichen Kurfürsten unterscheiden kannst. Nummeriere die Personen von links nach rechts von 1–7.

▶ 1 = Erzbischof von ..., 2 = ..., 3 = ..., 4 = Pfalzgraf bei ...,

❻ Erkläre anhand von Q1, welche Aufgaben den Kurfürsten und dem Herrscher bei der Königswahl zukamen.

❼ Entwerft in Partnerarbeit selbst ein Schaubild, aus dem ersichtlich wird, in welchem Abhängigkeitsverhältnis der Kaiser und die Kurfürsten zueinander stehen. Beziehe alle Informationen, die du darüber auf dieser Doppelseite findest, mit ein.

❽ Nimm Stellung zum Satz: Die Goldene Bulle war einer der Gründe für den langen Bestand des Heiligen Römischen Reichs bis ins Jahr 1806.

Welche Auswirkungen haben die Landesherrschaften bis heute?

Legende:

- Habsburgische Lande
- Luxemburgische Lande
- Wittelsbachische Lande
- Lande der Wettiner
- Lande der Welfen
- Lande der Askanier
- geistliche Gebiete
- Territorien der Reichsstädte
- weitere Territorien im Reichsgebiet
- Reichsgrenze

Abkürzungen:
Kgr. = Königreich
Kurfsm. = Kurfürstentum
Hzm. = Herzogtum
Ebm. = Erzbistum
Bm. = Bistum
Gft. = Grafschaft
Freigft. = Freigrafschaft

1 – Mitteleuropa beim Tode Kaiser Karls IV. 1378 (Herrscherzeit 1346–1378).

2 – Mitteleuropa und Deutschland heute.

Grundlagen für die heutige Zeit

Unterstützt durch die Goldene Bulle verteidigten die vielen kleinen Staaten, aus denen das Heilige Römische Reich bestand, ihre Rechte gegenüber dem Kaiser. Aus dem Mittelalter haben sich bis heute Formen der Mitbestimmung erhalten, die verhindern, dass alles von einer Zentrale aus bestimmt wird. Die Bundesrepublik Deutschland besteht aus mehreren Bundesländern. Jedes der 16 Bundesländer hat eine eigene Regierung, die zum Beispiel neue Gesetze verabschieden darf, die nur in ihrem Bundesland gelten.

Wenn sich mehrere einzelne Gliedstaaten zu einem großen Bundesstaat zusammenschließen, nennt man dieses Prinzip Föderalismus (lat.: foedus = Bündnis). Der Ursprung der föderalen Struktur ist somit im Mittelalter zu finden.

❶ Betrachte die Karte des Heiligen Römischen Reichs auf der linken Seite. Beschreibe deinen ersten Eindruck.
▶ *Achte besonders auf die Farbenvielfalt.*

❷ Erkläre an einem Beispiel, welcher Fürst im Heiligen Römischen Reich über großen Einfluss verfügte.

❸ Überlegt in Partnerarbeit, ob die vielen Landesherrschaften zur Stabilität des Heiligen Römischen Reichs beitrugen.

❹ Betrachte nun auch die aktuelle Karte. Lege eine Tabelle mit zwei Spalten an. Schreibe in die linke Spalte, welche Gebiete aus dem Heiligen Römischen Reich nicht mehr zu Deutschland gehören, und in die rechte, welchen Ländern sie heute zuzuordnen sind.

❺ Vergleiche Anzahl und Wirkung der heutigen deutschen Bundesländer mit der im Heiligen Römischen Reich im 14. Jahrhundert.

❻ Verfasse einen Lexikoneintrag zum Begriff „Föderalismus".
▶ *1. Schritt: Begriffsherkunft, 2. Schritt: Begriffsbeschreibung; 3. Schritt: Beispiel*

❼ Erläutere ausgehend vom Begriff „Föderalismus", was aus dem Mittelalter bis heute erhalten geblieben ist.

Das Leben der Bauern

Wie sah ein mittelalterliches Dorf aus?

1 – Mittelalterliches Dorf um 1000. Illustration, 2012.

Ein mittelalterliches Dorf

Die Bauerndörfer im Mittelalter waren nicht sehr groß; nur wenige hatten mehr als 100 bis 200 Einwohner. In der Mitte des Dorfes stand die Kirche, erbaut aus Stein. Um die Kirche gruppierten sich die kleineren oder größeren Bauernhäuser, überwiegend errichtet aus Holz.

Die meisten Bauernhäuser bestanden aus einem einzigen Raum: Ein grob gezimmerter Tisch, ein paar Bänke an den Wänden, niedrige dreibeinige Hocker und eine kleine Kochecke mit offenem Feuer – das war fast die ganze Ausstattung. Betten gab es nicht. Zum Schlafen legte man sich auf einen Strohsack. Als Toilette diente oft der Misthaufen.

Die Arbeitszeit wurde durch die Jahreszeit bestimmt: Wenn es hell wurde, stand man auf; im Sommer zwischen 4 und 5 Uhr. Die erste Hauptmahlzeit gab es erst um etwa 10.00 Uhr.

Sobald es dunkel wurde, ging man schlafen, denn eine Beleuchtung gab es kaum. Wenn dann am nächsten Morgen das Tageslicht durch kleine Öffnungen des Dachs fiel, die durch Weidengeflecht oder Schweinsblasen nur notdürftig geschlossen waren, begann ein neuer langer Arbeitstag für die ganze Familie. Um das Überleben zu sichern, mussten alle mitarbeiten – auch die Kinder.

❶▸ Beschreibe die Anlage des Dorfes.

❷▸ Ein Dorf sollte seinen Bewohnern Schutz, ausreichende Ernährung und gute Seelsorge bieten. Erkläre, durch welche Anlagen dies deutlich wird.

❸▸ Verfasse mithilfe von Bild und Text einen Tagebucheintrag aus der Sicht eines Bauernjungen, der über seinen Tagesablauf berichtet.

▸ *Du kannst folgendermaßen beginnen: Heute bin ich schon wieder um 4.15 Uhr von den ersten Sonnenstrahlen geweckt worden. Schnell sprang ich vom Strohsack auf und …*

Wie konnte man die Menschen besser ernähren?

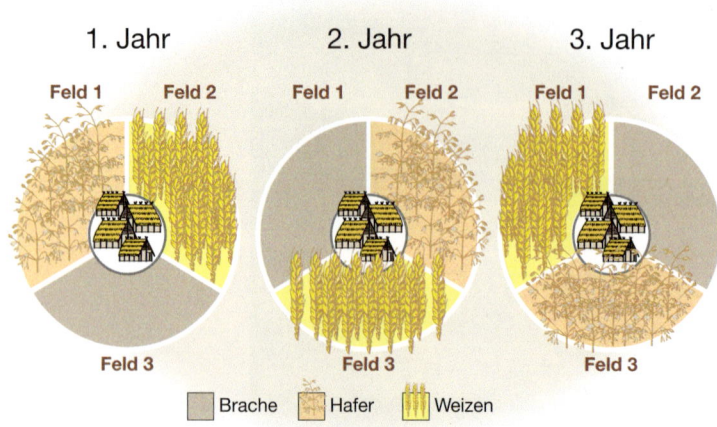

1 – Die Dreifelderwirtschaft. Schaubild.

2 – Fortschritte in der Landwirtschaft. Schaubild.

* **Mergel**
Darunter versteht man ein Gestein aus Ton und Kalk, das vor allem zur Verbesserung von Sandböden eingesetzt wurde.

* **Sichel**
Sie ist ein Werkzeug zum Schneiden von kleinen Getreidemengen.

Neue Probleme durch wachsende Bevölkerungszahl und Missernten

Geschichtswissenschaftler schätzen, dass um das Jahr 650 etwa 9 Millionen Menschen in Europa lebten. Die Bevölkerungszahl war um 1340 jedoch auf etwa 50 Millionen Menschen in Europa angestiegen. Um so viele Menschen zu ernähren, benötigte man neue Anbaumethoden und Geräte.
Des Weiteren wollte man damit auf immer wiederkehrende Missernten reagieren, die eine Kettenreaktion von hungerbedingtem Arbeitsausfall, erhöhter Krankheitsanfälligkeit, Viehseuchen, Landflucht, Teuerung, Kriminalität und Verelendung in Gang setzten.

Die Dreifelderwirtschaft

Seit dem 9. Jahrhundert setzte sich langsam in ganz Europa eine neue Art der Bodennutzung durch. Die Bauern teilten ihre Ackerfläche jetzt in drei gleich große Teile ein. Ein Feld bestellte man mit Wintergetreide (Weizen, Roggen oder Gerste), das zweite mit Sommergetreide (Hafer, Gerste), und das dritte diente als Weide für das Vieh. Diese Dreifelderwirtschaft brachte den Bauern im Vergleich zur bisherigen Zweifelderwirtschaft große Vorteile:

– Das Feld, das nicht bearbeitet wurde, konnte sich gut erholen. Da das Vieh darauf weidete, wurde es gleichzeitig gedüngt.
– Die Arbeiten des Pflügens, Säens und Erntens konnten gleichmäßiger über das ganze Jahr verteilt werden.
– Die Getreideerträge fielen höher aus.
– Zwei verschiedene Saaten boten größere Sicherheit gegenüber Unwettern.

Neue Arbeitsgeräte und Techniken

Da mit dem Hakenpflug der Boden nur aufgerissen werden konnte, wurde er seit dem frühen Mittelalter vom Räderpflug mit eiserner Pflugschar allmählich abgelöst. Damit konnte der Boden stärker aufgelockert werden und die im Boden befindlichen Nährstoffe gelangten leichter nach oben zu den Pflanzen.
Für die Pferde wurde im 8. Jahrhundert eine ganz neue Art des Anschirrens entdeckt. Das Kummet war ein gepolsterter, versteifter Halsring. Dieser Halsring übertrug die Zuglast auf die Schulterblätter der Pferde und erhöhte so die Zugkraft auf das Vier- bis Fünffache.
Die *Sichel wurde seit dem 11. Jahrhundert durch die Sense ersetzt. Mit ihr konnten die Bauern rascher ernten und die Getreidehalme tief unten abschneiden.
Das Dreschen des Korns wurde einfacher und ergiebiger durch den Einsatz von

3 – Die 4,5 Tonnen schwere Schillerglocke in Schaffhausen (Schweiz) wurde 1486 gegossen und diente u. a. zum Vertreiben böser Geister und Dämonen. Ihre lateinische Inschrift lautet übersetzt „Die Lebenden rufe ich, die Toten beklage ich, die Blitze breche ich".

Dreschflegeln. Zuvor wurde das Korn mit einem Stock ausgeschlagen oder durch Tiere oder Menschen ausgetreten oder ausgestampft. Der Dreschflegel war in Mitteleuropa bis zum 19. Jahrhundert in Gebrauch. Erst dann wurde er von der Dreschmaschine abgelöst. Durch besseres Saatgut sowie die Düngung mit Mist und dem Gestein Mergel konnten die Erträge ebenfalls gesteigert werden.

Missernten nähren den *Aberglauben

Durch die Neuerungen in der Landwirtschaft konnten die Erträge beträchtlich gesteigert werden. Dennoch reichten sie für die Versorgung der schnell wachsenden Bevölkerung in manchen Jahren kaum aus. Besonders in Zeiten der Missernte, die durch Naturkatastrophen wie Hagel, Frost und Überschwemmungen hervorgerufen wurden, starben viele Menschen an Hunger. Die Bevölkerung erklärte sich solch verheerende Naturkatastrophen häufig als ein direktes Eingreifen Gottes zur Strafe für die Sünden der Menschen. Oft wurden aber auch böse Mächte für eine durch Missernten hervorgerufene Hungersnot verantwortlich gemacht. So kam es zu zahlreichen Hexenverfolgungen (siehe S. 132/133) und abergläubischen Handlungen wie das Wetterläuten. Hier sollte durch das Läuten der geweihten Kirchenglocken Unwetter von den Dörfern ferngehalten werden. Auch warf man Steine gegen den Himmel oder schoss Pfeile gegen die Wolken. Amulette sollten ebenfalls als Abwehr vor verheerenden Naturkatastrophen schützen. Abergläubische Vorstellungen gab es zudem in Bezug auf bestimmtes Tierverhalten. So schloss man beispielsweise auf schlechtes Wetter, wenn eine Fledermaus abends nicht ausflog. Hielt man die Finkenart „Kreuzschnabel" im Stubenkäfig, sollte dies Blitzschlag verhindern. Auch entwickelten sich Bauernregeln, die als Orientierung für Wettervorhersagen dienten.

Q1 Auszug aus der „Bauernpraktik", ein Haus- und Wetterkalender, erstmals erschienen 1508 in Augsburg:

Wenn es in der Christnacht und abends lauter und klar, ohne Wind und Regen ist, so wird des Jahres Wein und Frucht genug. ... Die Christnacht, so der Wind wehet, so sterben die Fürsten im Land, ... die vierte Nacht, so wird Hunger sein.

* Aberglaube
Ein Aberglaube ist eine abwertend gebrauchte Bezeichnung für magische Vorstellungen sowie Praktiken, die ausgeübt werden, um bestimmte magische Wirkungen herbeizuführen oder unerwünschte abzuwehren.

❶ ▶ Fasse in eigenen Worten die Bedeutung von Neuerungen in der Landwirtschaft zusammen.

❷ ▶ Beschreibe mithilfe von Schaubild 1 und des entsprechenden Textes die Dreifelderwirtschaft und erkläre ihre Vorteile.

❸ ▶ Erläutere anhand von Schaubild 2 und des Textes, durch welche weiteren Maßnahmen die landwirtschaftlichen Erträge gesteigert werden konnten.

▶ *Lege folgende Tabelle an:*

Alte Geräte	Neue Geräte	Verbesserung
Sichel	Sense	...

❹ ▶ Entwirf zu einem neuen Arbeitsgerät oder zur Dreifelderwirtschaft ein Werbeplakat.

❺ ▶ Zwei Bauern treffen sich nach einem verheerenden Hagelschlag und rätseln darüber, wie es zu dieser Katastrophe kommen konnte. Außerdem geben sie sich Ratschläge, wie man angeblich Unwetter fernhalten kann.

▶ *So kannst du beginnen: „Es ist zum Verzweifeln, schon wieder hat der Hagel den Großteil meiner Ernte vernichtet! Wieso hat Gott uns das angetan?"*

❻ ▶ Lege zwei Spalten an. Notiere die Bauernregeln aus Q1 in der linken Spalte und „übersetze" sie in der rechten Spalte ins Neuhochdeutsche. Ergänze die Tabelle durch weitere Bauernregeln.

Die Welt des Adels

Warum wurden Burgen gebaut?

1 – Die Harburg in Schwaben (Landkreis Donau-Ries), erbaut im 11./12. Jahrhundert.

2 – Burg Brennhausen bei Sulzdorf an der Lederhecke (Landkreis Rhön-Grabfeld in Unterfranken), 13. Jahrhundert.

✳ Naher Osten
Darunter versteht man Regionen in Asien, die – im Unterschied zum Fernen Osten – näher an Europa liegen: Bahrain, Irak, Jemen, Jordanien, Katar, Kuwait, Libanon, Oman, Saudi-Arabien, Syrien, Vereinigte Arabische Emirate und Israel. Oft werden auch die Türkei und der Iran in diese Gruppe einbezogen.

✳ Kemenate
Dies war zunächst der einzige beheizbare Raum und deshalb vor allem der Aufenthalts- und Arbeitsraum der Rittersfrau, der Kinder und der weiblichen Bediensteten.

✳ Zisterne
Die Zisterne war ein Sammelbecken für Regenwasser.

Entstehung von Burgen

Lange Zeit haben die Adligen in den Dörfern in unmittelbarer Nähe zu den Bauern gelebt. Ihr Herrenhof unterschied sich meist nur durch seine Größe und Befestigung vom Bauernhof. Erst zwischen dem 9. und dem 16. Jahrhundert entstanden in Europa und im ✳Nahen Osten Burgen. Zunehmende Kriege beschleunigten den Bau von befestigten Plätzen, um die Landbevölkerung vor Feinden zu schützen. Je nach landschaftlicher Begebenheit entstanden neben Höhenburgen auf Bergkuppen auch Wasserburgen im flachen Gelände. Von den rund 19 000 Burganlagen im Mittelalter sind heute noch bei zwei Dritteln zumindest die Burgreste sichtbar (für Bayern siehe Beispiele auf der vorderen Klappenkarte).

Die Aufgaben einer Burg

Sicherlich war die Burg der Wohnsitz des Burgherrn und seiner Familie, dennoch hatte sie zahlreiche weitere Aufgaben zu erfüllen. Sie diente der Landbevölkerung im Kriegsfall als Zufluchtsort und bot Schutz hinter ihren dicken Mauern. Des Weiteren stellte eine Burg den Mittelpunkt der Verwaltung dar und war Herberge für Händler und Reisende, die sich dort zu Märkten trafen. Außerdem war eine Burg Schauplatz von

Ritterturnieren und ermöglichte es dem Burgherrn, seine Macht zu demonstrieren. Die wichtigste Aufgabe der Burg war es, die Herrschaft in militärischer und wirtschaftlicher Hinsicht zu sichern.

Die Burg als Verteidigungsanlage

Somit war eine Burg in erster Linie als militärische Anlage geplant und gebaut. Vom höchsten und mächtigsten Turm, dem Bergfried, konnte man die unmittelbare Umgebung überblicken. Im Fall eines Angriffs, einer Belagerung und Eroberung war er der letzte Zufluchtsort vor dem Feind. Als Palas bezeichnete man das Haupt- oder Herrenhaus, welches meist im ersten Obergeschoss angesiedelt und an das oftmals die ✳Kemenaten angegliedert waren. Hinzu kamen in einer Burg viele weitere Gebäude: Stallungen, Scheunen, Wohnräume für Knechte und Mägde. Auf keinen Fall durfte eine Kapelle für den Gottesdienst und die kirchlichen Feste fehlen. Um nicht an Wassernot zu leiden, legte man bis zu 80 Meter tiefe Ziehbrunnen oder ✳Zisternen an. Umgeben war die gesamte Anlage von einem Wall, einem Graben und einer Ringmauer mit Wehrgängen und Türmen, die Schutz vor Angriffen und Überfällen boten.

Alltagsleben auf der Burg

Das Leben auf einer Burg war vor allem im Winter hart und beschwerlich. Da nur wenige Räume beheizbar waren und es bis ins 13. Jahrhundert nur selten Glasscheiben gab, war es im Inneren einer Burganlage häufig zugig und kalt. Gänge und Treppen waren nachts nur notdürftig oder gar nicht beleuchtet, beheizt wurden zunächst nur wenige Räume wie die Kemenate.

Q1 Über sein Leben auf der Steckelburg bei Fulda schrieb im Jahr 1518 der Ritter Ulrich von Hutten:

... Die Burg selbst ... ist nicht als angenehmer Aufenthalt, sondern als Festung gebaut. Sie ist von Mauer und Graben umgeben, innen ist sie eng und durch Stallungen für Vieh und Pferde zusammengedrängt. Daneben liegen dunkle Kammern, vollgepfropft mit Geschützen, Pech, Schwefel und sonstigem Zubehör für Waffen und Kriegsgerät. Überall stinkt es nach Schießpulver; und dann die Hunde und ihr Dreck, auch das – ich muss es schon sagen – ein lieblicher Duft! ... Man hört das Blöken der Schafe, das Brüllen der Rinder, das Bellen der Hunde, das Rufen der auf dem Feld Arbeitenden, das Knarren und Rattern der Fuhrwerke und Karren; ... Der ganze Tag bringt vom Morgen an Sorge und Plage, ständige Unruhe und dauernden Betrieb. Äcker müssen gepflügt und umgegraben werden, Weinberge müssen bestellt, Bäume gepflanzt, Wiesen bewässert werden; man muss eggen, säen, düngen, mähen und dreschen; ... Wenn aber einmal ein schlechtes Ertragsjahr kommt, wie in dieser mageren Gegend meistens, dann haben wir fürchterliche Not und Armut.

3 – Angriff auf eine Burg. Aus einer mittelalterlichen Handschrift, um 1300.

❶ Ermittle mithilfe der Bilder 1 und 2, welche Burgtypen es gibt. Halte anschließend fest, welche Vor- und Nachteile diese verschiedenen Burgtypen jeweils mit sich bringen.

❷ Beschreibe mithilfe von Bild 3, wie die Angreifer vorgehen und wie sich die Burgbewohner verteidigen. Berücksichtige dabei, wer an der Verteidigung beteiligt ist.

❸ Informiere dich mithilfe des Textes und Q1 über die verschiedenen Aufgaben der Burgbewohner. Verfasse anschließend ein kurzes Hörspiel über das Leben auf einer Burg im Winter.
– Überlege dir, welche Hintergrundgeräusche du bei einer Aufnahme mit dem Handy einspielen könntest.
– Nimm die Erzählung auf und präsentiere diese deinen Mitschülerinnen und Mitschülern.

❹ Wähle auf der vorderen Klappe dieses Buches eine Burg in deiner näheren Umgebung aus, sammle Bilder, Legenden oder Sagen über diese und gestalte einen Burgensteckbrief für eine Wandzeitung.
▶ *Der Steckbrief sollte folgende Elemente enthalten: Bauherr, Entstehungszeit, Burgentyp.*

❺ Vergleiche die ausgewählte Burg deiner Heimat mit der Zeichnung auf Seite 36/37 und überprüfe, welche Gebäude(-teile) gut erhalten bzw. welche nicht mehr erhalten sind.

Auf der Burg

Bergfried

Kapelle

Palas

Mägde/
Knechte

Kemenate

Brunnen

Kernburg

Schildmauer
mit Wehrgang

Wohnhaus der
ritterlichen
Burgmannen

Zwinger

Wohnhaus
der Wachen

Schalentrum

Tortürme

Burgtor mit
Zugbrücke

Wachstube

1 – Eine ideale Burg. Illustration, 2019.

Schauplatz Geschichte

Pferdestall

Schalenturm

Schmiede

Wehrmauer

Burgen waren sehr unterschiedlich ausgebaut. Hier siehst du ein Modell einer idealen Burg, die es so in Wirklichkeit nicht gegeben hat.

Bildet Gruppen und bearbeitet eine der Aufgaben 1–3. Stellt eure Ergebnisse den anderen Gruppen anschließend vor.

❶ Seht euch die Burg an und zählt auf, was ihr über die verschiedenen Gebäudeteile bereits wisst:
 – Burgtor mit Zugbrücke
 – Palas
 – Wehrturm
 – Bergfried
 – Kemenate
 – Brunnen
 – Mauer
 – Kapelle

❷ Ein Adliger will eine Burg bauen. Schreibt mithilfe des Bildes und des Texts auf den Seiten 34/35 einen kurzen Brief, in dem der Auftraggeber seinem Baumeister erklärt, welche Räume er unbedingt braucht.

❸ Ihr kommt als Knappe zu Ritter Kunibert und seiner Frau Kunigunde, die gerade im großen Saal im Palas ihr Mittagsmahl einnehmen. Überlegt euch, welche Fragen ihr den beiden stellen möchtet, und formuliert mögliche Antworten.

▶ *Folgende Aspekte könnten in eurem Gespräch eine Rolle spielen: Gebäude der Burg, Personen (Knechte und Mägde, Handwerker, Küchenmeister, Stallmeister, Burgvogt …) und deren Aufgaben.*

Welcher neue Stand bildet sich heraus?

1 – Die Schwertleite des Ritters Lancelot. Malerei aus einer französischen Handschrift, 14. Jahrhundert.

Der Aufstieg der Ritter

Ritter war zunächst nur ein Berufsstand und jeder, der sich ein Pferd und die teure Ausrüstung leisten konnte, konnte Ritter sein. Ein Berufskrieger war jedoch nicht in der Lage, sich um seinen Lebensunterhalt zu kümmern. Deshalb konnten nur reiche Adlige, die Grundbesitz geerbt hatten, diesen Berufsstand ausüben. Der Landbesitz garantierte Einkünfte, Wohnung und Versorgung mit Nahrungsmitteln. Auch nichtadlige Reiche konnten Ritter sein, wenn sie Einkünfte aus Lehen erhielten. Die nichtadligen Ritter strebten danach, ihre Lebensweise der des Adels anzupassen. Mit dem Aufstieg des Rittertums sanken jedoch die Stellung und das Ansehen der Bauern in der mittelalterlichen Gesellschaft.

Die Ausbildung zum Ritter

Zum Ritter wurde man nicht geboren, sondern erzogen und so entwickelte sich eine eigene Erziehung für die Söhne der Ritter. Im Alter von sieben Jahren wurde der Junge zum ❋Pagen. Das heißt, ihm wurden am Hof eines befreundeten Ritters neben der kriegerischen Ausbildung auch die Grund-

lagen des Rittertums vermittelt. Der Page wurde im Reiten, Schwimmen und Bogenschießen ebenso unterrichtet wie im Tanzen, Singen oder Lautenspiel. Lesen und Schreiben hingegen spielten in der Erziehung eine eher geringere Rolle.
Nach dieser Grundausbildung wechselte der nun 14-Jährige zu einem anderen Herrn und wurde dessen ❋Knappe. In der Welt der Erwachsenen nahm der Junge nun am Alltag seines Lehrmeisters teil und sollte zum vollkommenen Ritter herangezogen werden. Um die Kampftechniken zu erlernen, trug der Knappe Schild und Speer seines Meisters, begleitete ihn auf Turnieren, bei der Jagd und sogar in der Schlacht.
Außerdem lernte er neben der kriegerischen Ausbildung auch höfisches Benehmen, das heißt ein Verhalten, wie es an einem Adels- oder Königshof üblich war, vor allem das Benehmen bei Tisch.

Aufnahme in den Ritterstand

Wenn der Knappe die ritterlichen Tugenden erlernt und unter Beweis gestellt hatte, wurde er mit 21 Jahren in die Ritterschaft aufgenommen. Eine der bekanntesten Darstellun-

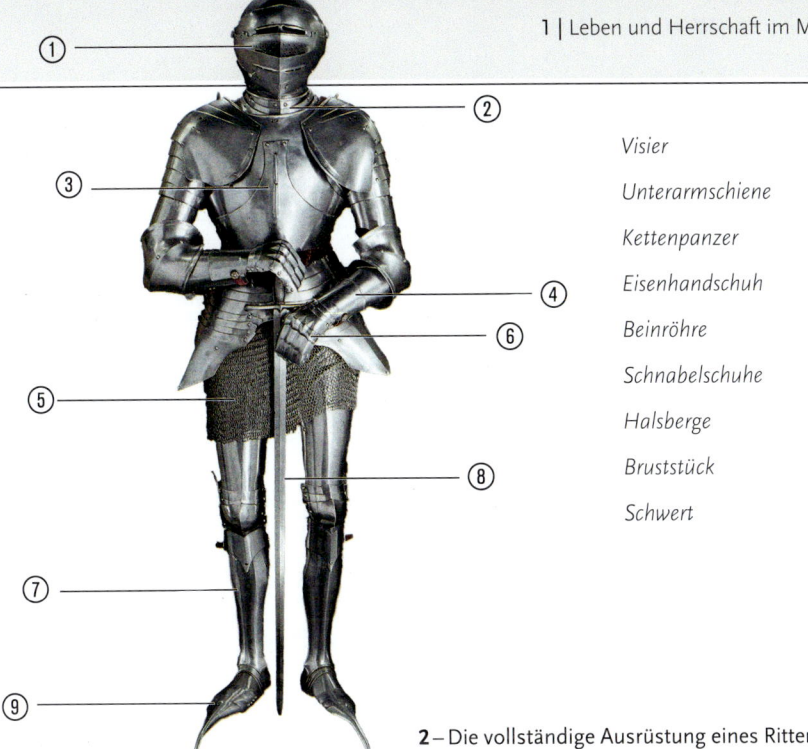

Visier

Unterarmschiene

Kettenpanzer

Eisenhandschuh

Beinröhre

Schnabelschuhe

Halsberge

Bruststück

Schwert

2 – Die vollständige Ausrüstung eines Ritters. Französische Rüstung von 1470.

gen dieser Zeremonie (Schwertleite) findet sich im Versroman „Tristan": Nach dem Besuch der Messe und dem Empfang des Segens in der Kirche umgürtete Tristans Onkel Marke den Helden mit dem Schwert, legte ihm seine *Sporen an und ermahnte ihn, die ritterlichen Tugenden zu achten (Bild 1). Nach der religiösen Zeremonie folgte ein weltliches Fest mit Essen und Musik.

Die Erziehung zur adligen Frau

Die Töchter der Ritter wurden im Gegensatz zu den Jungen auf der elterlichen Burg auf ihr künftiges Leben als Ehefrau eines Ritters und als Burgherrin vorbereitet. Sie lernten Handarbeiten wie Spinnen, Nähen und Stricken. Adlige Mädchen erlernten neben dem Lesen und Schreiben auch Fremdsprachen wie Französisch oder Latein. Ebenso gehörten der Gesang und das Spielen eines Musikinstruments zur Ausbildung. Um die Chancen auf eine vorteilhafte Heirat mit einem vermögenden Adligen zu erhöhen, wurde ein Edelfräulein oft mit 14 Jahren an einen anderen Hof gebracht, wo sie höfisches Benehmen, Dichtung und das Führen eines Haushalts erlernte. Ab dem 16. Lebensjahr wurde von ihr erwartet, dass sie alle Pflichten am Hof selbst übernahm. Dort konnte sie Anordnungen erteilen und Entscheidun-

gen treffen, die von allen Untergebenen anstandslos befolgt wurden. Gab es keine männlichen Nachkommen, konnten adlige Frauen Rechte und Pflichten wie ein Mann übernehmen. Sie verwalteten den Besitz, hielten Gericht und stellten im Kriegsfall Truppen auf.

* Sporen

Dies sind am Fußschutz der Ritterrüstung befestigte Metallstücke mit einem Dorn. Der Reiter drückt diese kurz in das Pferd, um es zu Schnelligkeit anzutreiben. Bei der Schwertleite waren sie ein Symbol für das Rittertum.

❶ ▪ Beschreibe mithilfe des Texts „Der Aufstieg der Ritter", wer den Beruf des Ritters ergreifen konnte.

❷ ▪ Erkläre die Stationen der Ritterausbildung.

❸ ▪ Vergleiche die Erziehung eines adligen Mädchens mit der eines Jungen. Halte dein Ergebnis in einer Tabelle fest.

	Jungen	Mädchen
Bildung	Schreiben und lesen eher unwichtig	…
…	….	….

❹ ▪ Betrachte die Ausrüstung eines Ritters. Ordne in deinem Heft den Ziffern die korrekte Beschriftung zu und vermute, welche Vor- und Nachteile diese Rüstung mit sich brachte.

❺ ▪ Zwei junge Adlige, Albrecht und Jacob, haben die Schwertleite eines Freundes miterlebt und unterhalten sich am nächsten Tag darüber. Entwickelt in Partnerarbeit ein szenisches Spiel über dieses Ereignis und spielt es in der Klasse vor.

▶ *Vollzieht den Ablauf mithilfe des Texts und des Bildes nach und überlegt, wie ihr die feierliche Stimmung der Zeremonie zum Ausdruck bringen könnt.*

Was zeichnet einen Ritter aus?

Burg Trifels bei Annweiler

Wäscherschloss bei
Göppingen (Friedrich I.)

Burgruine Hohenstaufen
(Friedrich I.)

Castel del Monte,
Apulien (Friedrich II.)

1 – Das Reich der Staufer.

**1200: Kulturelle Blüte
zur Zeit der Staufer**

Staufer
Die Staufer waren ein
Adelsgeschlecht, welches
vom 11. bis zum 13. Jahr-
hundert mehrere schwäbi-
sche Herzöge und
römisch-deutsche Kaiser
hervorbrachte:
Konrad III. (1138–1152)
Friedrich I. Barbarossa
(1152–1190)
Heinrich VI. (1190–1197)
Philipp von Schwaben
(1198–1208)
Friedrich II. (1212–1250)
Konrad IV. (1250–1254)

Minnelied
Darunter versteht man ein
kunstvolles Lied oder ein
vertontes Liebesgedicht,
in welchem es meist um
die Verehrung einer für
den Sänger unerreichbaren
Frau ging.

Glanzzeit des Rittertums

Zur Zeit des Herrschergeschlechts der
*Staufer (1138–1268) erlebte das Reich eine
kulturelle Blüte. Dies wurde besonders an
der Wertschätzung des Rittertums und seiner Tugenden bei Hof deutlich. Neben der
Gehorsamkeit und Treue gegenüber dem
Dienstherrn gehörten auch Tapferkeit oder
das Führen eines christlichen Lebens zu den
Rittertugenden. So berichtete die höfische
Dichtung von edlen Rittern und ihren küh-
nen Taten und Tugenden oder von der Liebe
zu einer schönen Frau. Weil sich die Adligen
für das ungewöhnliche Leben dieser Helden
begeistern konnten, nahm man sich ihre ritterlichen Tugenden zum Vorbild. Die Lektüre der Werke von Gottfried von Straßburg
(„Tristan und Isolde"), Wolfram von Eschen-
bach („Parzival") oder Hartmann von Aue
(„Erec"), die in ihren Erzählungen und
*Minneliedern das Bild des idealen Ritters
darstellten, gehörten neben der Bibel zur
wichtigsten Lektüre auf der Burg. Noch heute wird ein Mensch, der gewisse Anstands-
formen wahrt, als „höflich" bezeichnet.

Die Teilnahme am Ritterturnier

Dem Ritterstand war es besonders wichtig,
sich vom Bürgertum der Stadt und den Bauern abzugrenzen. Aus diesem Grund legte
man neben dem Erwerb von Rittertugenden
auch großen Wert auf die Teilnahme an
Ritterturnieren.
Nach der Schwertleite durfte der junge Ritter
erstmals als Kämpfer an diesen teilnehmen.
Als Berufskrieger musste er sich ständig in
der Beherrschung seiner Waffen üben. Diesem Zweck dienten auch die Turniere. Zugleich waren sie aber prächtige und aufwändige Feste der höfischen Gesellschaft. Siege
im Turnier galten als ebenso ehrenhaft wie
eine gewonnene Schlacht. Allerdings bestand auch die Gefahr, dass Ritter, die von
Turnier zu Turnier zogen, die Bewirtschaftung ihrer Güter vernachlässigten und ver-
armten.

2 – Ritter im Zweikampf. Buchmalerei aus der Manessischen Liederhandschrift, 14. Jahrhundert.

Schon Tage vor dem Turnier versammelten sich in der Nähe des Turnierplatzes nicht nur die teilnehmenden Kämpfer. Auch Spielleute, Musikanten oder Gaukler kamen zusammen, um die Leute zu belustigen und Geschäfte zu machen. Farbenprächtige Umzüge mit wehenden Fahnen und glänzenden Wappenschildern bildeten den Rahmen für die eigentlichen Kämpfe. Neben dem Volk füllten auch Adlige die Zuschauerreihen. Diese saßen allerdings etwas abgetrennt auf einer Tribüne.

Das Ritterturnier – ein gefährliches Unterfangen?

Eröffnet wurde ein Turnier meist durch den Zweikampf zu Pferd (Tjost), bei welchem der Gegner mit einer stumpfen, 3,70 m langen Stechlanze aus dem Sattel gehoben werden musste. Der Sieger erhielt aus der Hand einer Dame den Siegespreis, der Unterlegene verlor oft Pferd und Rüstung. Nach den Einzelkämpfen begannen die Gruppenkämpfe (Buhurt und Turnei). Scharen von Rittern stürmten aufeinander los. Dies endete nicht immer nur mit Beulen und Wunden. Aus überlieferten Listen wissen wir, dass zahlreiche Ritter bei Turnieren getötet wurden – so zum Beispiel 60 Ritter bei einem Turnier in Neuss bei Köln im Jahre 1241. Im Spätmittelalter wurden deshalb von der Kirche Turniere verboten. Die Geistlichen gingen sogar so weit, denjenigen, die auf einem Turnier verunglückten, ein christliches Begräbnis zu verweigern.

❶ 🔲 Nenne mithilfe des Textes verschiedene Tugenden, die ein Ritter beherrschen sollte.

❷ 🔲 Ermittle mithilfe der Karte, wo die Staufer ansässig waren.

❸ 🔲 Erstelle mithilfe deiner Ergebnisse aus Aufgabe 2 und den Informationen aus der Randspalte eine Mindmap. Gehe darauf ein, welche Herrscher die Staufer hervorbrachten, welche Gebäude sie errichteten und wo in Europa sie ansässig waren.

❹ 🔲 Gestalte ein Werbeplakat für ein Ritterturnier. Nimm die Materialien dieser Doppelseite zu Hilfe.

▶ *Achte in deinem Beitrag auf folgende Aspekte: Gründe der Teilnahme, Teilnehmer, Ablauf und Kämpfe, Ausgang des Turniers*

Das Leben im Kloster

Wie lebten Mönche und Nonnen im Kloster?

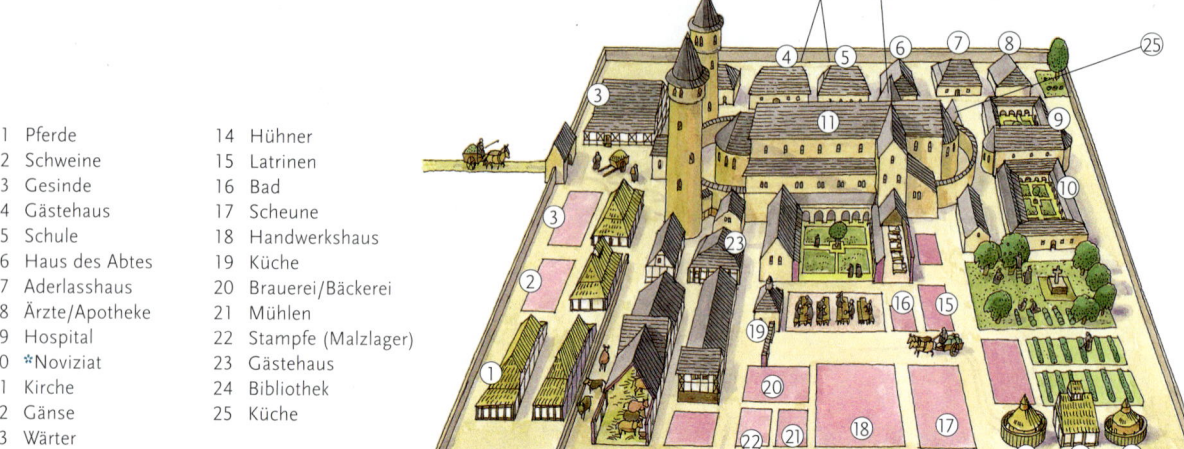

1 Pferde
2 Schweine
3 Gesinde
4 Gästehaus
5 Schule
6 Haus des Abtes
7 Aderlasshaus
8 Ärzte/Apotheke
9 Hospital
10 *Noviziat
11 Kirche
12 Gänse
13 Wärter

14 Hühner
15 Latrinen
16 Bad
17 Scheune
18 Handwerkshaus
19 Küche
20 Brauerei/Bäckerei
21 Mühlen
22 Stampfe (Malzlager)
23 Gästehaus
24 Bibliothek
25 Küche

1 – Klosterplan von St. Gallen in der Schweiz. Rekonstruktionszeichnung nach einem Plan von 820 n. Chr. Das Kloster entwickelte sich in der Mitte des 8. Jahrhunderts zu einem der bedeutendsten Stätten mittelalterlicher Kultur und soll ein ideales Kloster darstellen. Rekonstruktionszeichnung.

Kloster
Dies ist eine Kirche mit Wohn- und Wirtschaftsgebäude, abgeschlossen von der Umgebung. Hier beten und arbeiten Mönche bzw. Nonnen nach bestimmten kirchlichen Regeln. Klöster waren im Mittelalter Zentren der Bildung und Wissenschaft.

*Abt/Äbtissin
Dies ist der Vorsteher oder die Vorsteherin eines Klosters

*Noviziat/Novize
Novizinnen und Novizen sind Frauen und Männer, die prüfen, ob sie Nonnen bzw. Mönche werden möchten und die Gelübde ablegen wollen.

Leben im Kloster
Bereits im 3. Jahrhundert nach Christus gab es in Ägypten einzelne, sehr gläubige Christen, die weit weg von allen ihr Leben ganz Gott widmen wollten. Diese zurückgezogene Lebensform nennt man auch Einsiedlertum. Daraus entstanden Klöster: Glaubensgemeinschaften von Männern (Mönchen) und Frauen (Nonnen), die ihr Leben ganz dem Glauben widmen wollten. Seit dem 5. Jahrhundert breitete sich das Mönchtum schließlich in Europa aus. Die Mönche lebten von der Außenwelt abgeschottet nach festen Regeln unter der Leitung eines *Abtes. Nonnen stand eine Äbtissin vor. Der Tagesablauf im Kloster wurde durch Gebet und Arbeit bestimmt.

Regeln des Heiligen Benedikt
Diese Lebensform wurde zum Vorbild für Benedikt von Nursia (480–547) in Italien, dem bekanntesten Mönch von allen. Er hatte einige Jahre als Einsiedler gelebt, bevor er 529 auf dem Monte Cassino, einem Berg in der Nähe von Neapel, ein Kloster gründete. Ebenso seine Schwester Scholastika, sie wurde *Äbtissin eines Frauenklosters in der Nähe des Monte Cassino.

Frauen und Männer, die in ein Kloster eintreten wollten, mussten drei feierliche Versprechen (Gelübde) ablegen: Sie verpflichteten sich, arm, also ohne Besitz, zu leben. Außerdem versprachen sie, ehelos zu bleiben und dem Abt oder der Äbtissin zu gehorchen. Benedikt gab in 73 Kapiteln klare Anweisungen für das Leben im Kloster. In allen Benediktinerklöstern bestimmten diese Regeln das Leben von Mönchen und Nonnen in ganz Europa – vom 6. Jahrhundert bis heute.

Arbeiten im Kloster
Der Leitgedanke Benedikts „bete und arbeite" sprach viele Menschen an. Für adlige Familien war es eine Ehre, wenn eine Tochter oder ein Sohn ins Kloster ging. Der Tagesablauf in einem Kloster war geprägt von einem ständigen Wechsel von Gebet und Arbeit. Bei der Arbeit sollten die Mönche in der Regel schweigen. Mönche und Nonnen waren sowohl landwirtschaftlich als auch handwerklich tätig, kümmerten sich um Arme und Kranke, gaben Reisenden Unterkunft und boten alten Menschen eine Bleibe.

2 – Tagesablauf in einem mittelalterlichen Kloster nach den Regeln des heiligen Benedikt.

Legende:
- Ruhe
- Gebete
- Studium und Arbeit
- Mahlzeiten

Im Laufe der Jahrhunderte entstanden neben den Benediktinern zahlreiche andere Klostergemeinschaften (Orden), wie die Franziskaner, Dominikaner, die Zisterzienser und die Karmeliter, die zum Teil bis heute existieren. Diese Orden gibt es sowohl für Mönche als auch für Nonnen.

... 66: Wenn möglich soll das Kloster so angelegt sein, dass alles Notwendige, d. h. Wasser, Mühle, Garten und die Werkstätten sich innerhalb der Klostermauern befinden. So brauchen die Mönche nicht draußen umherzugehen, was für ihre Seelen durchaus nicht zuträglich ist. ...

✱ Müßiggang
Dies ist ein altmodischer Ausdruck für Faulheit.

Q1 Für das Zusammenleben gab Benedikt den Mönchen im Jahre 540 eine feste Regel:

... 33: Keiner wage es, ohne Erlaubnis des Abtes etwas wegzunehmen oder zu empfangen oder etwas Eigen zu besitzen ... alles sei allen gemeinsam ...

... 48: ✱Müßiggang ist ein Feind der Seele. Deshalb sollen sich die Brüder beschäftigen: zu bestimmten Zeiten mit Handarbeit, zu bestimmten anderen Stunden mit heiliger Lesung. Wenn die Ortsverhältnisse oder die Armut fordern, dass sie das Einbringen der Ernte selbst besorgen, sollen sie deswegen nicht missmutig werden. Sie sind nämlich erst wahre Mönche, wenn sie von der Arbeit ihrer Hände leben ...

❶ ▶ Aus dem Klosterplan von St. Gallen kannst du die Berufe und Tätigkeiten der Mönche erkennen. Arbeite diese heraus und trage sie in eine Tabelle in dein Heft ein:

▶

Gebäude	Berufe	Tätigkeiten
Hospital	...	...

❷ Markiere in der Tabelle aus Aufgabe 1 die Bereiche Beten und Arbeiten mit unterschiedlichen Farben. Was wird deutlich?

❸ Erkläre mithilfe des Textes und Q1 wichtige Ordensregeln des Benedikt von Nursia.

❹ Das Diagramm oben zeigt den Tagesablauf eines Mönchs im Mittelalter. Zeichne nach dem Vorbild des Diagramms deinen Tagesablauf und vergleiche.

❺ Recherchiere im Internet, wo sich in der Nähe deines Schul- bzw. Heimatortes ein Kloster befindet. Erkundige dich auf der Homepage über das Kloster, z. B. Gründungsjahr des Klosters, Größe, Regeln, Tätigkeiten der Nonnen und Mönche heute. Gestalte zu diesen Informationen eine Collage und stelle sie deinen Klassenkameradinnen und -kameraden vor.

Wie prägten Klöster die Kultur im Mittelalter?

1 – Mönche beim Gebet. Buchmalerei, 15. Jh.

2 – Kloster Scheyern. Die Benediktinerabtei wurde 1119 gegründet.

✳ Chronik
Dies ist eine Aufzeichnung geschichtlicher Ereignisse in zeitlicher Reihenfolge.

Hildegard von Bingen empfängt eine göttliche Botschaft und gibt sie an ihren Schreiber, den Mönch Vollmar, weiter. Handschrift aus dem 12. Jahrhundert.

Klöster als kulturelle Zentren

Mönchen und Nonnen sind viele prächtige Kloster- und Kirchenbauten zu verdanken, die wir auch heute noch bewundern können. Klöster waren im Mittelalter fast die einzigen Orte, an denen Bildung und Wissenschaft gefördert wurden.

In der Klosterschule erhielten junge Männer, die sich auf das Leben im Kloster vorbereiteten, ihre Ausbildung im Lesen, Rechnen und Schreiben. Sie hatten die Chance, später als Lehrer oder Berater am Hof des Königs oder eines Grafen tätig zu werden. Diese Klosterschulen standen oft auch der Bevölkerung, die in der Nähe des Klosters wohnte, offen, um hier grundlegende Kenntnisse zu erhalten.

Mönche und Nonnen sammelten und bewahrten Wissen und Kenntnisse aus der Antike und der eigenen Zeit. Sie fertigten aufwendige Bücher an, die sie in mühevoller Handarbeit schrieben und reichhaltig bemalten. ✳Chroniken, Lebensbeschreibungen, religiöse Texte und Werke der Dichtkunst in lateinischer Sprache stehen uns auch heute noch in zahlreichen Klosterbibliotheken zur Verfügung. Wissen aus der Antike und der arabischen Welt wurde so bis heute weitergegeben.

Wirken über die Klostermauern hinaus

In der Abgeschiedenheit der Klöster wollten Frauen und Männer ihr ganzes Leben Gott widmen. Doch ihr Wirken ging weit über die Klostermauern hinaus. Nonnen und Mönchen war es zu verdanken, wenn bislang unbewohnte Gebiete abgeholzt und bewohnbar gemacht wurden, Straßen und Wege gebaut, Teiche und Bewässerungssysteme angelegt wurden. Von den Klöstern wurden neue Getreide- und Obstsorten eingeführt und gezüchtet. Ihre Erfahrungen und Erkenntnisse schrieben die Mönche in Büchern über den Gartenbau, über Heilkräuter und die Heilkunst nieder. Manche Mönche waren Krankenpfleger oder gaben medizinischen Rat. Schneidereien, Schreinereien, Schmieden versorgten die Bevölkerung. Selbst in der Viehzucht waren Klöster Vorbild für die ganze Region.

3 – Herstellung eines Buches. Handschrift aus dem Kloster Michaelsberg in Bamberg, 12. Jahrhundert.

a Mit einem *Griffel ritzt ein Mönch Notizen für ein Buch in zwei Wachstafeln.

b Mit dem Schabstein wird eine zum Trocknen aufgespannte Tierhaut geglättet.

c Ein Mönch bereitet die zugeschnittenen *Pergamentblätter zum Beschreiben vor.

d Aus einer Gänsefeder wird eine Schreibfeder geschnitzt.

e Ein Mönch überprüft das Geschriebene und korrigiert den Fehler mithilfe des Radiermessers in seiner Rechten.

f Der Mönch mit Farbschale und Pinsel fertigt kunstvolle Bemalungen für das Buch an.

g Die zusammengelegten Blätter werden zu einem Buchblock zusammengebunden.

h Die Buchdeckel werden aus einem Holzbrett mit einem Beil zurechtgeschlagen.

i Der Metallverschluss des Bucheinbandes wird mit einem Hammer bearbeitet.

j Ein Mönch zeigt das fertige Buch.

k Ein Mönch zeigt einem Klosterschüler das Buch und verweist auf die Vermittlung von Glauben und Wissenschaft durch die Bücher.

Mächtige Frauen

Frauen hatten im Mittelalter wenig Macht. Als Äbtissin eines Klosters konnten Frauen Männern jedoch ebenbürtig sein. Eine der bedeutendsten Äbtissinnen im Mittelalter war Hildegard von Bingen (1098–1179). Von 1147 bis 1179 leitete sie ein Kloster auf dem Rupertsberg bei Bingen (heute: Rheinland-Pfalz). Sie ist dafür berühmt, dass sie göttliche Eingebungen (Randspalte links) hatte und Wunderheilungen vollbringen konnte. Sie komponierte und unternahm Missions- und Predigtreisen. In ihrem Kloster ließ sie nach Ursachen und Behandlungsmöglichkeiten von Krankheiten suchen. Selbst weltliche Fürsten holten sich bei ihr Rat.

Klosterleben heute

Bis heute haben sich zahlreiche Klöster erhalten, wenngleich sie mit Nachwuchsproblemen zu kämpfen haben. Heutige Klöster prägen oft immer noch das kulturelle und religiöse Leben. Neben Gottesdiensten und Konzerten bieten sie Freizeiten und Bildung für Jugendliche und Erwachsene an. Gestresste Menschen können sich im Kloster erholen. Oft gleichen Klöster heute Wirtschaftsunternehmen. Sie führen Läden, in denen sie Produkte aus der eigenen Landwirtschaft, Gärtnerei und Brauerei vermarkten, bieten hotelähnliche Unterkunft und Gastronomie an und organisieren Tagungen.

* **Griffel**
Dies ist ein Stift, mit dem man Buchstaben in eine Wachstafel einritzen kann.

* **Pergament**
Damit ist eine Tierhaut gemeint, die in früheren Zeiten als Material zum Beschriften genutzt wurde.

❶ Ordne die Tätigkeiten bei der Buchherstellung (Legende Bild 3) den Bildern in der Handschrift zu und übernimm die Reihenfolge in dein Heft.

❷ Beschreibe anschließend mit eigenen Worten, wie ein Buch im Mittelalter hergestellt wurde.

❸ Entwirf eine Mindmap zur Rolle der Klöster im Mittelalter. Was leisteten sie? Wie prägten sie das Leben der Menschen?

▶ *Nimm die Methode „Eine Mindmap erstellen" von S. 220 zu Hilfe.*

❹ Wähle ein Kloster aus der vorderen Klappenkarte aus und ermittle im Internet, ob es auch heute noch von Mönchen oder Nonnen bewohnt wird. Entwirf dann ein Poster, das junge Menschen dazu einlädt, einige Zeit im Kloster zu verbringen.

❺ Nimm Stellung zu der Aussage: „Ohne Klöster keine Kultur".

Die Stadt im Mittelalter

Was unterscheidet die Stadt vom Land?

1 – Die Ansicht der Stadt Bamberg. Holzschnitt von Michael Wohlgemut in der Weltchronik von Hartmann Schedel, 1493.

*Maß
Dies ist eine alte Bezeichnung für eine bestimmte Menge an Lebensmitteln. Ein Maß beträgt heute 1,069 Liter.

Mauern, Markt, Gericht und Rathaus – die Stadt im Mittelalter

Im Mittelalter gab es im Deutschen Reich rund 4000 Städte, von denen die meisten weniger als 2000 Einwohner hatten, da nur 20 Prozent der Bevölkerung innerhalb der Stadtmauern lebte.

M1 Der Historiker Winfried Ackermann schrieb 1987 in einer erfundenen Erzählung:

... Noch ehe der Tag angebrochen ist, macht sich der Bauer auf den Weg zur Stadt. Heute nimmt er zum ersten Mal seinen Sohn mit. Dieser trägt einen Korb mit Eiern. Über die Schulter hat er sich zwei Hühner gehängt. Der Vater hat in seinem schweren Tragekorb einige *Maß Mehl, Butter und noch ein paar Felle. Das Dorf liegt über vier Stunden Fußmarsch von der Stadt entfernt.

Endlich, als die Sonne aufgeht, sehen sie die Türme der Stadt vor sich. Der Sohn ist ganz aufgeregt.

„Vater! So viele Türme und Dächer habe ich noch nie gesehen. Jetzt weiß ich, was eine Stadt ist! Wo viele Menschen wohnen, das ist eine Stadt."

„Nein", entgegnete der Vater, „das stimmt nicht ganz. Nicht die Zahl der Menschen ist entscheidend. Der Ort muss eine Mauer, sein eigenes Gericht und sein eigenes Rathaus haben. Dann kann er sich Stadt nennen. Außerdem hat jede Stadt einen Markt. Er befindet sich in der Nähe der großen Stadtkirche und des Rathauses. Wir sind bald dort."

MONS MONACORVM

Von allen Seiten haben sich inzwischen Bauern hinzugesellt. Mit vielen anderen stehen sie vor dem Stadttor.

Ein Stadtknecht hält sie an. Er durchsucht den schweren Tragekorb. Dann dürfen sie passieren, ohne eine Abgabe zahlen zu müssen, denn sie tragen nur die für die Stadt wichtigen Lebensmittel mit sich. Für andere Waren muss man nämlich Torzoll bezahlen. Schnell haben sich die beiden durch das Gedränge der Wagen und Menschen hindurchgeschlängelt. Sie laufen durch die engen Gassen und gelangen endlich auf den Hauptmarkt. Hier wird alles angeboten, was die Bürger der Stadt brauchen ... .

❶ ▶ Beschreibe mithilfe von M1 und dem Bild die wichtigsten Merkmale, durch die sich eine Stadt vom Dorf unterscheidet.

❷ ▶ Nimm deine Aufzeichnungen von Aufgabe 1 zu Hilfe und ermittle, was eine heutige Stadt ausmacht. Halte dein Ergebnis in einer Tabelle fest.

	Mittelalterliche Stadt	Heutige Stadt
Stadtmauer	– zum Schutz vor Angreifern	– ...

❸ ▶ Als der Junge spätabends mit seinem Vater nach Hause zurückkehrt, möchte er seiner Mutter und seinen jüngeren Geschwistern berichten, was er gesehen hat. Erzähle die Geschichte weiter:

▶ *Wir waren noch weit entfernt, da sahen wir bereits die gewaltigen Türme des Bamberger Doms und das Stadttor ...*

❹ ▶ „Städte und Dörfer waren aufeinander angewiesen". Begründe diese Behauptung.

Wie entstanden Städte?

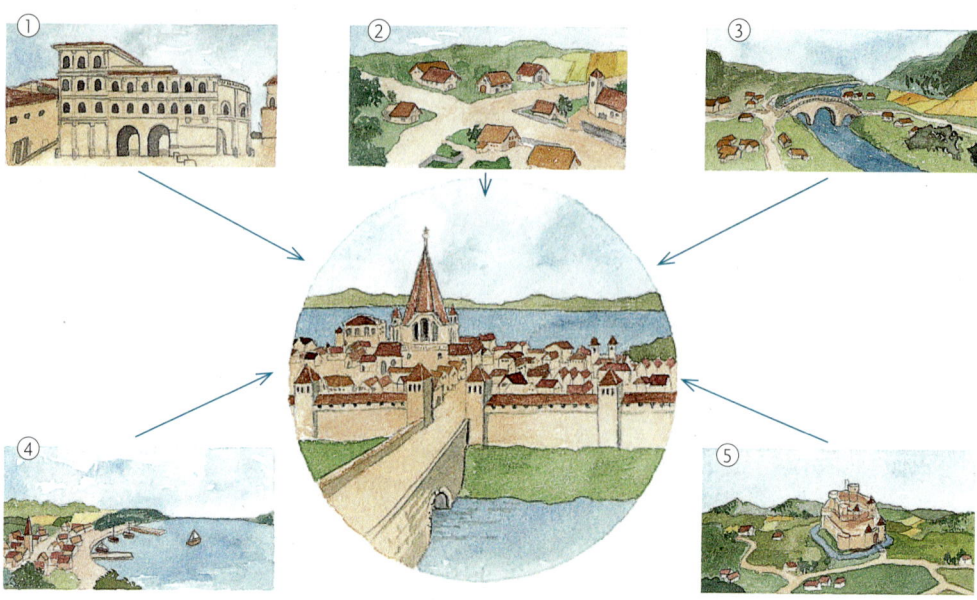

1 – Voraussetzungen für die Entstehung von Städten. Schaubild.

✳ Wittelsbacher
Das Haus Wittelsbach zählt zu den ältesten deutschen Adelshäusern und brachte zahlreiche Pfalzgrafen, Herzöge, Kurfürsten und Könige von Bayern hervor.

Am Alten Rathaus in Regensburg sind noch die mittelalterlichen Längenmaße Klafter, Fuß und Elle zu sehen. Die von den Stadtherren verbindlich festgelegten Maße dienten als Orientierung für korrekt abgemessene Waren und für Handwerker, die ihre eigenen Werkzeuge daran eichen konnten. Auch für andere Waren gab es Maße, z. B. für Brot.

Die Anfänge mittelalterlicher Städte

Im frühen Mittelalter lebten die meisten Menschen von der Landwirtschaft und konnten sich selbst versorgen. Erst ab dem 12. Jahrhundert begann eine Spezialisierung auf bestimmte berufliche Tätigkeiten und das Handwerk, auch der Handel entwickelte sich. Kaufleute, die auf Kundschaft angewiesen waren, ließen sich zu dieser Zeit bevorzugt an geographisch günstig gelegenen Orten nieder und siedelten an wichtigen Handelsstraßen, Flussübergängen oder Hafenbuchten. Manchmal suchten sie auch Schutz in der Nähe von Burgen. Diese Burgen waren im 8. und 9. Jahrhundert von Grafen oder Bischöfen hinter alten Mauerresten aus dem römischen Reich oder am ehemaligen Standort eines Römerkastells errichtet worden.

Jede neu gegründete Stadt hatte einen Grundherrn, den Grafen, Herzog oder Bischof, auf dessen Grund und Boden die Stadt stand. Als Stadtherr sorgte er für einen geordneten Handel in der Stadt oder auf dem Markt und forderte Abgaben von den Bürgern, um Einnahmen zu erzielen. Die Ordnung für Städte wurden in sogenannten Stadtrechten oder auch Marktord-

nungen schriftlich niedergelegt. Diese Regelungen konnten von Ort zu Ort unterschiedlich sein.

In Bayern wird die mittelalterliche Gründung mit der Berechtigung, einen Markt abzuhalten, noch im Stadtnamen deutlich, z. B. Marktheidenfeld.

Die Gründung der Stadt Landshut

Als unter der Regierungszeit des zweiten bayerischen Herzogs aus dem Hause der ✳Wittelsbacher, Ludwig dem Kehlheimer, der Handel in Bayern aufkeimte, entschied er sich im Jahr 1204 dazu, an der Isar eine Stadt zu gründen und den Fluss zu überbrücken. Dies war an der von Ludwig ausgewählten Stelle besonders günstig, da dank der Mühleninsel in der Mitte des Flusses nur zwei kleinere statt einer großen Brücke errichtet werden mussten. Des Weiteren eignete sich der Hofberg in der Nähe der Isar, um eine Burg zu errichten. Die als Landshut bezeichnete Siedlung erwies sich somit in mehrerlei Hinsicht als optimaler Handelsposten. Die junge Stadt wuchs in der Folgezeit schnell, sodass die Stadtmauern mehrmals erweitert und neue Stadttore errichtet werden mussten.

2 – Markt in einer flämischen Stadt. Gemälde von Pieter Aertsen, Mitte 16. Jh.

Markt in mittelalterlichen Städten

Ursprünglich gab es nur wenige Markttage im Jahr, später fand jedoch bis zu dreimal pro Woche der Wochenmarkt statt. An diesen Tagen strömten die Menschen aus der ganzen Umgebung in die Stadt. Pünktlich um 7 Uhr konnte der Markttag nach Aufziehen der Marktfahne beginnen. Auf langen, überdachten Tischen oder in hölzernen Verkaufsbuden boten Metzger, Bäcker, Bauern, Händler und Handwerker ihre Waren an. Geldwechsler saßen auf ihren Bänken vor dem Rathaus, prüften und wogen die vielen Münzen, die im Umlauf waren. Doch die Märkte dienten nicht nur dem Handel. Sie waren auch ein Treffpunkt, wo Nachrichten, die Fernhandelskaufleute aus allen Ländern der Welt mitbrachten, ausgetauscht wurden. Fahrendes Volk, Gaukler und Musikanten sorgten für Unterhaltung. Auch die *Bader hatten ihren Stand aufgestellt und behandelten kleinere Verletzungen oder zogen Zähne.

Mit dem Läuten der Feierabendglocke und dem Einziehen der Marktfahne endete das Markttreiben.

Q1 Marktordnung des Herzogs von Niederbayern für die Stadt Landshut, 1256:

Wir verbieten Schwerter und Dolche innerhalb der Stadt zu tragen. Wer ein Schwert trägt, zahlt der Stadt 6 *Schilling und dem Richter 60 Pfennig ...

Die Leute, die von außerhalb Waren in die Stadt bringen, dürfen diese nicht außerhalb des öffentlichen Marktes verkaufen. ... Wer das übertritt, zahlt der Stadt 6 Schilling und dem Richter 60 Pfennig. Hat er kein Geld, so wird ihm die Hand abgeschlagen.

Wir ordnen an, dass zwei gute ... Würste für einen Pfennig verkauft werden sollen; sie dürfen nur aus reinem Schweinefleisch ... gemacht werden. Wer dagegen verstößt, zahlt 1 Pfund [= 240 Pfennige] Strafe und wird für die Dauer eines Jahres vom Handwerk ausgeschlossen. ...

* **Bader**
Ein Bader betrieb eine Badestube, konnte aber auch als Friseur, Zahnarzt und Arzt tätig sein.

* **Schilling**
Die ist eine mittelalterliche Münze.
Das tägliche Einkommen eines Zimmermanns lag in etwa bei ein bis zwei Schillingen, ein Schwein kostete ca. fünf Schilling.

❶ ▶ Ordne den Darstellungen im Schaubild die richtigen Bildunterschriften zu und übertrage diese in dein Heft: Kreuzungen von Handelswegen (A), Hafenbuchten (B), ehemalige Römerstädte (C), Flussübergänge (D), Burgen (E).

❷ ■ Überprüfe mithilfe des Textes und des Schaubildes, ob die Gründung der Stadt Landshut typisch für mittelalterliche Stadtgründungen war, und belege deine Meinung mit Textstellen.

❸ ◆ Werte die abgedruckte Marktordnung (Q1) aus und beurteile, ob diese sinnvoll war.

▶ *Nimm die Methode „Textquellen untersuchen" von S. 222 zu Hilfe.*

❹ ■ Erkundige dich, ob es auch heute noch eine Marktordnung gibt. Befrage dazu Verkäuferinnen und Verkäufer auf dem Wochenmarkt in deinem Heimatort.

❺ ■ Der Bader kommt am Abend vom Markttag nach Hause und schreibt in sein Tagebuch: Heute musste ich bereits früh aufstehen, um pünktlich um 7 Uhr hinter meinem Stand auf dem Markt zu sein. ...

▶ *Der Text links und Bild 2 können dir bei dem Tagebucheintrag helfen.*

Macht Stadtluft alle frei und gleich?

Bürger
Dies ist ursprünglich die Bezeichnung für die im Schutz einer Burg lebenden Menschen. Seit dem Mittelalter ist dies die Bezeichnung für die freien Stadtbewohner mit vollem Bürgerrecht.

❋ **Gewerkschaft**
Unter einer Gewerkschaft versteht man den Zusammenschluss von Arbeitnehmern, um ihre wirtschaftlichen, sozialen und kulturellen Interessen gegenüber den Arbeitgebern zu vertreten.

❋ **Zunft**
Das ist ein Zusammenschluss von Handwerkern einer Berufsrichtung in den mittelalterlichen Städten. Die Zunftordnung schrieb die Herstellung und den Verkauf von Waren sowie das Zusammenleben der Handwerker vor. Es galt der Zunftzwang, d. h., kein Meister durfte ohne Mitgliedschaft in einer Zunft seinen Beruf ausüben. Die Zünfte kümmerten sich auch um private Belange ihrer Mitglieder, z. B. um die Versorgung von Familie in Notlagen.

❋ **Tagelöhner**
Dies waren Personen ohne Grundbesitz und Berufsausbildung. Sie waren daher ohne festes Beschäftigungsverhältnis und gezwungen, unterschiedliche Hilfstätigkeiten anzunehmen. Der Name „Tagelöhner" ergab sich aus der Tatsache, dass diese Beschäftigungen oft von einem zum anderen Tag wechselten.

❋ **Pappenheimer**
So bezeichnete man die Personen, die für die Entleerung der Toilettengruben zuständig waren.

1 – Ein Patrizier mit seiner Familie. Gemälde von Jean Bourdichon, etwa 1457–1521.

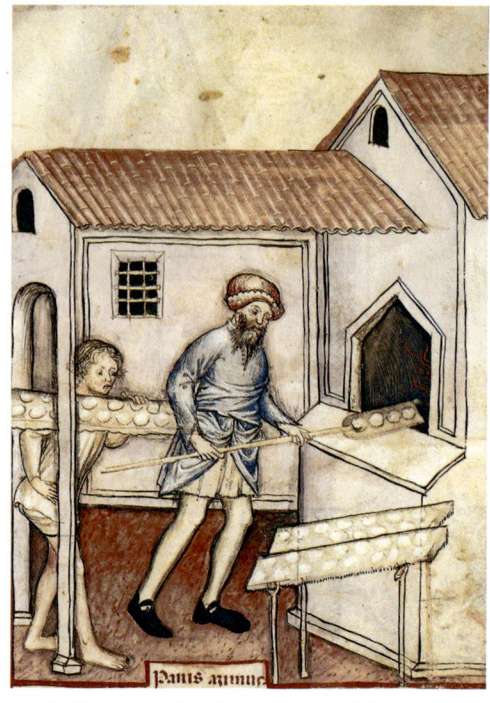

2 – Ein Bäcker. Buchmalerei aus dem 14. Jh.

Wer hatte das Sagen in der Stadt?

Herkunft, Vermögen und Beruf bestimmten, ob eine Person zum ersten Stand, zur Mittelschicht oder zur Unterschicht einer Stadt gehörte. Die Möglichkeit, sich politisch zu betätigen, zu wählen und Ämter zu übernehmen, war nur den Zugehörigen von Mittel- und Oberschicht erlaubt.

Zur reichen Elite einer Stadt gehörten die Patrizier, die wohlhabenden Fernhandelskaufleute und die adligen Großgrundbesitzer, die in die Stadt gezogen waren. Ihre prächtigen Häuser standen um den Marktplatz im Zentrum der Stadt. Sie bildeten die Führungsschicht und besetzten im 13. und 14. Jahrhundert die leitenden Ämter der Stadt. Der Sohn eines Patriziers heiratete in der Regel nur die Tochter einer anderen Patrizierfamilie. Als Residenzen dieser Familien entstanden in der Stadt „Geschlechtertürme", wie sie heute noch zahlreich in Regensburg erhalten sind. In Nürnberg steht das „Nassauer Haus".

Wer zählte außerdem zu den ❋Bürgern?

Rund ein Drittel der Einwohner Nürnbergs gehörte zur Mittelschicht. Die Mitglieder eines Gewerbes, wie Handwerker oder Krämer, lebten häufig zusammen in einer Straße. Da sie die wichtigsten Produzenten von wirtschaftlichen Gütern in der Stadt waren und dadurch zum Wohlstand dieser beitrugen, kamen auch ihnen gewisse politische Rechte, sogenannte Bürgerrechte, zu. Innerhalb der Mittelschicht gab es Wohlhabende, wie z. B. die Goldschmiede, aber auch Ärmere, wie etwa die Leinenweber. Heute vertreten ❋Gewerkschaften die Interessen von Arbeitnehmern; im Mittelalter schlossen sich die Handwerker in Zünften zusammen. Diese legten die Zahl der Betriebe sowie der Lehrlinge und Gesellen fest und regelten deren Ausbildung. Außerdem überwachten Zünfte die Menge der produzierten Ware, die Qualität der hergestellten Produkte und die Einhaltung der Preise. Wenn ein Mitglied der ❋Zunft starb, kümmerten sie sich um Witwen und Waisen.

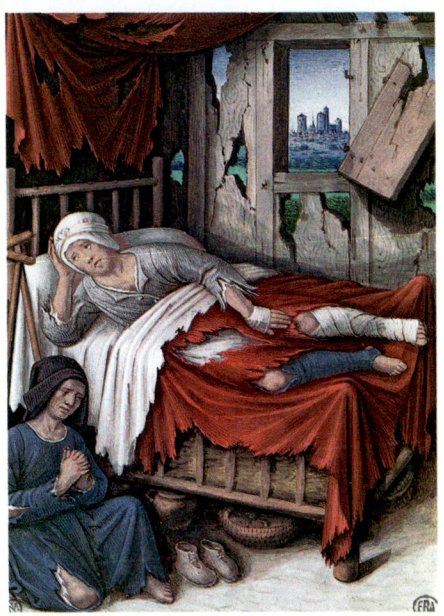

3 – Ein Tagelöhner mit seiner Familie. Gemälde von Jean Bourdichon, etwa 1457–1521.

4 – Der Scharfrichter, 16. Jh.

Die „Bäckertaufe": Eine Strafe, die wegen des Backens eines zu kleinen Brotes ausgesprochen wurde.

Wer lebte am Rand der Gesellschaft?

Von der Verwaltung einer Stadt ausgeschlossen waren neben den Juden (siehe S. 54/55, 57) die Angehörigen der Unterschicht. Zu ihnen zählten Knechte und Mägde, Gesellen und Lehrlinge, *Tagelöhner, Bettler, Invaliden und Arme. Ganz am Rande der Gesellschaft lebten diejenigen, die anrüchige Berufe ausübten: Bader, Totengräber, Abdecker, Henker (Scharfrichter) oder *Pappenheimer wohnten meist in schäbigen Hütten im Schatten der Stadtmauer und jeder Kontakt zu ihnen wurde vermieden. Niemand wollte mit ihnen im Wirtshaus an einem Tisch sitzen, niemand spielte mit ihren Kindern oder wollte ihre Töchter zur Frau haben. All diese Personen gehörten nicht zu den Bürgern einer Stadt, doch sie waren frei in dem Sinne, dass sie nur den für alle Stadtbewohner geltenden Gesetzen und Verordnungen unterworfen waren. Angesichts der Willkür adliger Herrn auf dem Land schauten viele Landbewohner neidisch auf die Städter und das Sprichwort „Stadtluft macht frei!" kam auf.

Q1 In der Zunftordnung der Hildesheimer Tuchmacher heißt es im Jahre 1313:

... Wer auch immer ihrer Zunft beizutreten und Tuch herzustellen gewillt ist, der soll unserer Stadt fünfzehn Schillinge geben und den Tuchmachern fünf ... Tuchmacher sollen schwören, dass hier nur solches Tuch hergestellt wird, das zum Verkauf sich eignet, für gut befunden und der Stadt nützlich und ihrem Ansehen dienlich ist ... Wenn jemand von ihnen mit falschen Stoffen ... aufgegriffen wird, dann soll man diese Waren verbrennen und demjenigen, der damit aufgegriffen wird, soll die Mitgliedschaft in seiner Zunft und unser Bürgerrecht solange entzogen werden, bis er beides durch doppelte Bezahlung wieder erlangt hat ...

1 Erstelle mithilfe des Textes und der Bilder eine Tabelle mit den Bevölkerungsgruppen einer mittelalterlichen Stadt. Nenne die Merkmale, durch die sich die Gruppen voneinander unterscheiden.

2 Zeichnet zu zweit ein Schaubild, in dem die Ränge der Bevölkerungsgruppen deutlich werden.

▶ *Überlegt euch zuerst, wie man eine Rangfolge im Bild darstellen kann, und ordnet dann die Gruppen in der Stadt zu.*

3 Erkläre mithilfe des Textes und Q1, welche Aufgaben eine Zunft übernommen hat.

4 Ein Nürnberger Bäckermeister hat gegen die Zunftordnung verstoßen und ihm droht die „Bäckertaufe" (siehe Randspalte oben). Verfasse eine Erzählung, die über dieses Ereignis im mittelalterlichen Nürnberg berichtet.

Methode

Statistiken und Diagramme untersuchen

Statistiken können dabei helfen, Zahlen und Daten besser zu verstehen und mit anderen Daten zu vergleichen. Sie begegnen uns in Zeitungen, im Fernsehen, aber auch im Internet. Meist liegen sie in aufbereiteter Form von Tabellen oder unterschiedlichen Diagrammen und Grafiken vor.

Häufig ziehen wir im Geschichtsunterricht Statistiken und Diagramme heran. Sie sollen uns helfen, historische Entwicklungen über einen längeren Zeitraum darzustellen und sie miteinander zu vergleichen.

Wie das funktioniert und was dabei zu beachten ist, kannst du am Beispiel der Bevölkerungsentwicklung spätmittelalterlicher Städte erarbeiten.

Folgende Schritte helfen dir, Statistiken und Diagramme zu untersuchen:

Schritt 1 **Das Thema klären**	■ Was ist dargestellt? Informationen zum Thema findest du in Über- oder Unterschriften, Legenden oder anderen Beschreibungen. ■ Welcher Zeitraum ist dargestellt? ■ Welche Orte, Länder oder Regionen werden in die Statistik einbezogen?
Schritt 2 **Die Darstellung verstehen**	■ Welche Form der Darstellung wird genutzt (Tabelle, Säulen-, Linien-, Kreis- oder Flächendiagramm)? ■ Welche Größen und Maßeinheiten wurden verwendet (z. B. Zeit in Jahren, Einwohnerzahlen, Anteile in Prozent)? ■ Wie viele verschiedene Sachverhalte werden dargestellt (z. B. wird die Einwohnerzahl für einen oder mehrere Orte untersucht)?
Schritt 3 **Den Inhalt aufschlüsseln**	■ Welche besonderen Informationen kann man entnehmen (z. B. größter Wert/ kleinster Wert, starke oder plötzliche Veränderungen)? ■ Welche Entwicklungen kann man ablesen (z. B. Zunahme/Wachstum, Abnahme/Rückgang, Stabilität)?
Schritt 4 **Eine Bewertung finden**	■ Benötigt man für die Beantwortung der Sachfragen weitere Informationen? ■ Welche Ergebnisse kann man zusammenfassend formulieren? ■ Welche Folgerungen kann man aus den Daten ziehen?

❶ ▸ Vollziehe die Musterlösung nach.

❷ ▸ Prüfe, welche Darstellungsform dir für die Einwohnerzahlen bayerischer Städte (Material 1 oder 2) geeigneter erscheint.

❸ ▸ Werte mit den gleichen Schritten Material 3 aus.

❹ ▸ Erstelle mithilfe der Daten von Tabelle 3 ein Säulendiagramm am Computer. Beschrifte die x-Achse mit den vorgegebenen Jahreszahlen und unterscheide in der Legende Stadt- und Landbevölkerung.

▸ *Suche dazu mithilfe der Stichwörter „Erstellung Säulendiagramm" im Internet ein Programm. Sicher kann dich auch dein/-e Informatiklehrer/-in unterstützen.*

	1400	1450	1500	1550	1600
Augsburg	10 000	20 000	30 000	31 000	40 000
Nürnberg	5 000	18 000	36 000	39 000	40 000
München	11 000	10 000	13 500	14 000	18 000
Ingolstadt	–	4000	5000	4500	6000
Memmingen	–	5000	5800	6000	7000

1 – Einwohnerzahlen verschiedener bayerischer Städte von 1400 bis 1600.

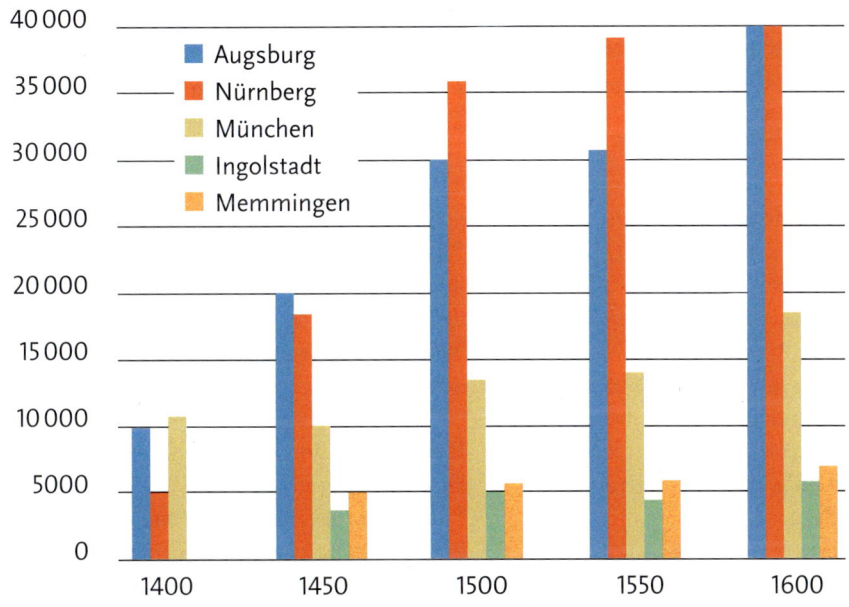

2 – Einwohnerzahlen verschiedener bayerischer Städte von 1400 bis 1600. Diagramm.

Jahr	Stadtbevölkerung	Landbevölkerung
um 1000	ca. 0,5 %	ca. 99,5 %
um 1200	ca. 0,4 %	ca. 99,6 %
um 1350	ca. 10,0 %	ca. 90 %
um 1400	ca. 12,0 %	ca. 88 %
um 1800	ca. 18,0 %	ca. 82 %
1871	28,5 %	71,5 %
1910	70,1 %	29,9 %
2000	88,0 %	12 %

3 – Stadt- und Landbevölkerung in Deutschland (in Prozent der Gesamtbevölkerung).

Lösungsbeispiel:

Zum Schritt 1:
Die Tabelle 1 nennt die Bevölkerungszahlen verschiedener bayerischer Städte (Augsburg, Nürnberg, München, Ingolstadt, Memmingen) zwischen 1400 und 1600. Bei den Städten Memmingen und Ingolstadt lassen sich die Einwohnerzahlen um 1400 nicht mehr zurückverfolgen.

Zum Schritt 2:
Im Diagramm werden die Angaben aus der Tabelle 1 grafisch als Säulendiagramm umgesetzt.

Zum Schritt 3:
Für jede der fünf Städte kann man in Tabelle 1 den Verlauf des Bevölkerungswachstums in einer Stadt oder im Vergleich für ein bestimmtes Jahr ablesen. Auffällig ist, dass Ingolstadt um 1550 einen Bevölkerungsrückgang zu verzeichnen hat. Ebenso ist festzustellen, dass Nürnberg und Augsburg im Mittelalter mehr Einwohner als München hatten.

Zum Schritt 4:
Zusammenfassend kann man sagen, dass die Statistiken zur Bevölkerungsentwicklung den Bevölkerungsanstieg in fünf bayerischen Städten zwischen 1400 und 1600 widerspiegeln. Vor allem Augsburg und Nürnberg waren im Spätmittelalter bedeutende Städte mit deutlich mehr Einwohnern als München. Es stellt sich die Frage, aus welchen Gründen dies so war. Hier müssen zusätzliche Informationen herangezogen werden.

Wie lebten Juden und Christen zusammen?

1 – Kaiser Heinrich VII. verleiht im 14. Jahrhundert Juden einen Schutzbrief. Buchmalerei aus der Trierer Bilderhandschrift, 14. Jh.

2 – Ein jüdischer Arzt und sein Patient. Holzschnitt, 1487.

Ghetto
Der Begriff „Ghetto" bezeichnet ein abgesondertes Wohngebiet einer bestimmten Bevölkerungsgruppe im Mittelalter und der Frühen Neuzeit, vor allem das der Juden. Der Name stammt aus dem Italienischen und war ursprünglich der Name des jüdischen Viertels von Venedig.

* **Kreuzzüge**
So wurden die Kriege zwischen Christen und Muslime im damaligen Palästina genannt. Anlass war die Besetzung Jerusalems durch Muslime und die Unterbrechung der christlichen Pilgerwege (siehe S. 66). Die Auseinandersetzung gegen die „Ungläubigen" in der Ferne richtete sich dann auch gegen die Andersgläubigen im eigenen Land.

* **Pogrom**
Unter Pogrom ist die gewalttätige Ausschreitung gegen religiöse und nationale Minderheiten zu verstehen.

* **Ritualmord**
Juden wurden beschuldigt, Kinder ermordet zu haben, um aus ihrem Blut Heiltränke herzustellen.

Friedliches Miteinander zwischen Juden und Christen

Neben den Christen lebte im 10. und 11. Jahrhundert auch eine jüdische Minderheit im Heiligen Römischen Reich. Die älteste jüdische Gemeinde in Bayern ist für das frühe 11. Jahrhundert in Regensburg belegt. Insgesamt schätzt man die jüdische Bevölkerung Deutschlands zu dieser Zeit auf ca. 20 000 Menschen.

Die Juden arbeiteten als Ärzte, Gelehrte oder Handwerker. Besonders hohes Ansehen erlangten sie bei den Christen jedoch als Kaufleute, da sie Kontakte zu jüdischen Gemeinden rund um das Mittelmeer knüpften und so den Handel mit dem Orient aufrechthielten. Dafür wurden ihnen vom Kaiser bestimmte Vorrechte und Schutz in Form eines Schutzbriefes gewährt (Bild 1), wofür sie allerdings zusätzliche Abgaben zu leisten hatten.

Trotz ihrer unterschiedlichen Kultur und Religion lebten Juden und Christen lange Zeit friedlich nebeneinander.

Ein Leben am Rand der Gesellschaft

Die Juden wirkten zunächst wie alle anderen Bewohner am städtischen Leben mit, doch ihr wirtschaftlicher Erfolg erregte oftmals Neid.

Ab dem Beginn der *Kreuzzüge im Jahr 1095 kam es zu einem Wandel der Beziehungen zwischen Christen und Juden: Erste *Pogrome fanden statt. Jüdische Häuser und Synagogen wurden vielerorts geplündert, zerstört und in Brand gesteckt. Über 5000 Juden wurden ermordet und ihre rechtliche Lage verschlechterte sich immens.

Höhepunkt der Feindseligkeit

Durch die Verbreitung von Gerüchten über *Ritualmorde und *Hostienfrevel kam es immer wieder zu Ausschreitungen. Juden wurden als Sündenböcke für Missernten, Naturkatastrophen, Krankheiten, Armut und persönliches Leid verantwortlich gemacht. Die Feindseligkeit ihnen gegenüber erreichte einen Höhepunkt, als in Europa 1348/1349 die Pest (siehe S. 58) ausbrach, die ein Drittel der Bevölkerung hinwegraffte.

M1 **Die jüdische Ärztin Sarah aus Würzburg könnte 1419 Folgendes in ihrem Tagebuch notiert haben:**
Heute hat mir Bischof Johann II. erlaubt, gegen eine jährliche Gebühr von 10 Gulden im ganzen Bistum zu praktizieren. Damit ergeht es mir besser als so manchem jüdischen Mitbürger. Mein Nachbar David, der von Beruf Schuster ist, darf seit einigen Tagen nicht mehr arbeiten und ein Freund von ihm wurde aus seinem öffentlichen Amt entlassen. Außerdem ist es Juden untersagt

3 – Ein jüdischer Geldhändler und sein Schuldner. Holzschnitt, 1542.

4 – Juden werden auf dem Scheiterhaufen verbrannt. Holzschnitt von Michael Wolgemut, 15. Jahrhundert.

worden, landwirtschaftlichen Besitz oder Häuser zu erwerben. Diese Verbote führen dazu, dass meinen jüdischen Mitbürgern in der Stadt nur noch eine Tätigkeit im Handel oder im Geldverleih bleibt, die den Christen verboten ist. Diese behaupten, da sie meist hoch verschuldet sind, die Juden würden Wucherzinsen für das verliehene Geld nehmen. Doch es ist meiner Meinung nach nur verständlich, dass die Geldverleiher hohe Zinsen verlangen, schließlich sehen sie von ihrem Geld nur zu oft nichts mehr …

Außerdem müssen die Juden nun verschiedenen Kleidervorschriften gehorchen. Der Kaftan, ein weiter Mantel mit Streifen gehört ebenso zur jüdischen Kleidung wie ein Spitzhut … .

Große Sorgen bereitet mir als Ärztin allerdings, dass die jüdische Bevölkerung in Ghettos leben muss, das sind überbevölkerte, verbaute, dunkle und schmutzige Gebäude an der Stadtmauer. Dort leben die Menschen zusammengepfercht und Krankheiten können sich rasend schnell verbreiten. Stadtknechte bewachen diese jüdischen Wohnviertel hinter Mauern und Toren, und falls des Nachts ein Notfall eintritt, können mich die jüdischen Bewohner nicht verständigen … .

Q1 Die Straßburger Chronik berichtet über die Pest im Jahre 1349:

… Wegen dieser Pest wurden die Juden beschuldigt, sie hätten Gift in das Wasser und die Brunnen getan. Als nun in Straßburg alles Volk über die Juden ergrimmt war, versperrte man die Judengasse … . Dann fing man sie und verbrannte sie auf einem hölzernen Gerüst. Wer sich taufen lassen wollte, durfte am Leben bleiben.

Was man den Juden schuldig war, galt als bezahlt. Das Geld war auch die Ursache, warum die Juden getötet wurden. Wären sie arm und die Landesherren ihnen nichts schuldig gewesen, so hätte man sie auch nicht verbrannt …

* Hostienfrevel
Katholische Christen glauben, dass sie im Gottesdienst mit der geweihten Hostie (einer Oblate) den Leib Christi in sich aufnehmen. Im Mittelalter wurde behauptet, dass Juden Hostien durchbohrten, die dann als der lebendige Leib Christi zu bluten begännen. Die Grausamkeit in der Verleumdung liegt darin, dass nach jüdischem Gesetz Blut ebenso wie Schweinefleisch unantastbar ist und weggeschüttet werden muss.

❶ ▪ Benenne, auf welchen Gebieten sich die jüdische Stadtbevölkerung Ansehen erwarb.

❷ ▪ Beschreibe mithilfe von M1 und Bild 2 die Kleidervorschriften für die jüdische Stadtbevölkerung.

❸ ▪ Juden und Christen lebten lange Zeit friedlich miteinander. Begründe diese Aussage mithilfe des Textes und der Bilder 1 und 2.

❹ ▪ Fasse zusammen, welche Vorwürfe gegen Juden erhoben wurden und wie mit ihnen umgegangen wurde. Nimm hierfür den Text wie auch die Bilder 3 und 4 zu Hilfe.

❺ ▪ Der Schuldner auf Bild 3 kommt zu dem Geldverleiher. Verfasst in Partnerarbeit ein Hörspielskript über das Gespräch zwischen dem Christen und dem Juden, in welchem beide ihren Standpunkt vertreten.

▶ *Überlegt euch zuerst, welche Argumente beide Parteien vorbringen könnten. Nehmt dazu M1 zu Hilfe. Erstellt dann den Hörspieldialog.*

❻ ▪ Beurteile Quelle 1 aus heutiger Sicht und bewerte das Verhalten der Bevölkerung.

▶ *Das Volk war der Ansicht, dass …*

Warum forderten die Stadtbewohner mehr Mitbestimmung?

1 – Der Rat der Stadt Augsburg. Vertreter der Zünfte betreten die Ratsstube. Sie fordern, an der Regierung der Stadt beteiligt zu werden. Links sitzen der Stadtschreiber und sein Gehilfe. In der Mitte liegen auf einem Kissen die Schlüssel und das Stadtrechtsbuch. Buchmalerei, 14. Jahrhundert.

✻ Aussteuer
Dies sind Güter, die die Braut mit in die Ehe brachte, wie z. B. Geschirr, Besteck, Bettwäsche ...

Bürger erheben sich gegen Stadtherren

Im frühen Mittelalter wurden die Städte von einem weltlichen oder geistlichen Stadtherrn regiert. Der von ihnen eingesetzte Verwalter organisierte die Verteidigung der Stadt in Kriegszeiten, trieb Steuern ein und regelte das Zusammenleben der Bürger. Als Bürger galten seit dem Mittelalter die freien Stadtbewohner mit vollem Bürgerrecht. Als im Laufe der Zeit die Städte immer größer wurden, wuchs auch das Selbstbewusstsein ihrer Bürger. Vor allem die reichen Patrizier wollten sich nicht mehr länger alles von ihrem Stadtherrn vorschreiben lassen. Diese hatten teilweise willkürlich Geld für ihre privaten Belange eingezogen. Die *✻Aussteuer ihrer Töchter ließen sie sich von den Bürgern finanzieren. In einigen Städten widersetzten sie sich immer öfter den Anordnungen des Stadtherrn – auch mit Gewalt. In anderen Städten kauften die Patrizier ihrem Stadtherrn ein Recht nach dem anderen ab. Jetzt konnten die Patrizier selbst den Bürgermeister und die Ratsherren wählen.

Der Rat setzte selber die Steuern fest. Er bestimmte die Zeiten für das Öffnen und Schließen der Stadttore und sogar, wie sich die Bewohner kleiden mussten und wie lange Hochzeitsfeiern und Feste dauern durften. Nichts konnte in der Stadt ohne die Genehmigung des Rats geschehen.

Auch Handwerker fordern mehr Rechte

Es waren vor allem die kleinen Kaufleute und Handwerker, die mit ihren Steuerzahlungen den Bau des prächtigen Rathauses und der Kirchen, des Krankenhauses und der Stadtmauern ermöglichten. Wenn es in der Stadt brannte, organisierten sie die Löscharbeiten (siehe S. 59). In Kriegen trugen sie die Hauptlast der Verteidigung. Vom Stadtregiment aber blieben sie ausgeschlossen. Hiergegen wehrten sich die kleinen Kaufleute und Handwerker seit dem 14. Jahrhundert immer häufiger. In vielen Städten forderten die Bürger ein Mitspracherecht am Stadtregiment. In einigen Städten lösten die Zünfte die Herrschaft der Patrizier sogar völlig ab. Häufig kam es zu einer Einigung zwischen den beiden Gruppen. Kauf-

entscheiden gemeinsam über Angelegenheiten der Stadt

Bürgermeister ← wählen **Ratsherren** ← wählen aus ihren Reihen **Patrizier, Handwerksmeister (Zunftmitglieder)**

mit politischen Rechten

ohne politische Mitbestimmung

Frauen   **Gesellen, Lehrlinge, Lohnarbeiter, Knechte**   **„Unehrliche Leute", Bettler**   **Juden**

2 – Herrschaft in mittelalterlichen Städten ab dem 14. Jahrhundert. Schaubild.

leute und Zunftmitglieder durften den Rat wählen.

Von dieser städtischen Selbstverwaltung waren aber die einfachen Stadtbewohner wie Frauen, Gesellen, Knechte oder auch Juden ausgeschlossen. Dies lag vor allem auch daran, dass alle Ämter ehrenamtlich vergeben wurden. Dies bedeutet, dass man kein Geld bekam, und setzte voraus, dass man ein gewisses Vermögen besaß.

heitszeichen der Stadtregierung: die Türschlüssel und die Schlüssel zur Sturmglocke und zum Ratsarchiv, das Stadtsiegel und das Stadtrechtsbuch. Dann schworen „Reich und Arm", Ratsherren und Handwerker, eine „zünftliche Regierung" zu führen.

Q1 So heißt es in der Chronik der Stadt Augsburg von 1368:

... Sturmglocken riefen in der Frühe des 23. Oktober 1368 die Ratsherren zu einer außerordentlichen Ratssitzung zusammen. Schweigend eilten die Ratsherren durch die Reihen der bewaffneten Handwerker dem Rathaus zu. Dann besetzten Wachen der Zünfte die Rathauspforten und schlossen so die Falle. Sechs ehrenwerte Zunftmeister traten vor den Rat der Stadt und Hans Weiß [ihr Sprecher] forderte in schlichten Worten die Teilnahme der Zünfte an der städtischen Regierung. Nach stundenlangen Debatten gaben die Ratsherren schließlich nach. Der auf dem Perlachplatz ausharrenden Menge verkündete man die alsbaldige Einführung der Zunftverfassung. Der Rat übergab die Ho-

❶ Beschreibe mithilfe des Texts, wie die Städte im frühen Mittelalter regiert wurden.

❷ Erkläre anhand des Textes, wie die Selbstverwaltung der Städte entstanden ist.

❸ Erläutere mithilfe des Schaubildes, wie die Herrschaft in mittelalterlichen Städten ab dem 14. Jahrhundert aussah. Was müsste man an dem Schaubild ändern, um die Situation im 12. Jahrhundert darzustellen?

❹ Untersuche die Geschehnisse in Augsburg in Q1 und Bild 1. Beantworte anschließend die W-Fragen und fasse die Ereignisse zusammen.

▶ *Nimm die Methode „Textquellen untersuchen" von S. 222 zu Hilfe.*

❺ Verfasst in Partnerarbeit ein Gespräch zwischen Hans Weiß und einem Vertreter der Patrizier.

▶ *Überlegt euch, wie Hans Weiß und die Zunftmeister ihre Forderungen vor dem Rat begründen und was die Patrizier ihnen entgegnen könnten. Nehmt die Texte dieser Doppelseite und Bild 1 zu Hilfe.*

❻ Erläutere, wer in Deutschland als Bürger gilt und wer in deiner Gemeinde den Bürgermeister und den Gemeinderat bzw. Stadtrat wählt. Informiere dich dazu auf der Homepage des Freistaates Bayern.

Welche Gefahren drohten in den Städten?

1 – Leprakranke vor der Stadt. Ausschnitt aus einer französischen Buchillustration zwischen 1333 und 1350.

* Pest
Die Pest ist eine hochgradig ansteckende Infektionskrankheit, die bei Mensch und Tier durch ein Bakterium ausgelöst wird. Die Pest kann durch den Biss von mit Krankheitserregern verseuchten Insekten (v. a. Flöhen) oder durch Tröpfcheninfektion übertragen werden.

Krankheiten

Während die Menschen auf dem Land vor allem gegen Hunger durch Missernten (siehe S. 32) kämpfen mussten, hatten es Bewohner mittelalterlicher Städte mit ganz anderen Problemen zu tun. Es lebten sehr viel mehr Menschen auf engstem Raum. Vor allem die schlechte Hygiene der Menschen und die Unsauberkeit in den Straßen stellten ein großes Problem dar. Nachttöpfe wurden auf den Straßen entleert, Mist der Tiere wurde vor den Häusern gelagert und Trinkwasser entnahm man aus schmutzigen Flüssen. So konnten sich Krankheiten wie *Pest , Cholera, Typhus und Lepra rasend schnell ausbreiten.

Zur Behandlung gab es Ärzte (siehe S. 54, Bild 2) und Apotheker. Diese waren aber sehr schlecht ausgebildet und versuchten diese Krankheiten mit Kräutern zu behandeln. Menschen mit ansteckenden Krankheiten mussten sich in Krankenhäusern, die in vielen Städten entstanden sind, ein Bett teilen. Menschen mit stark ansteckenden Krankheiten verbannte man vor die Tore einer Stadt in sogenannte Siechhäuser oder ganze Siechhöfe. Sie durften die Städte nicht mehr betreten und mussten jeden, der sich ihnen näherte, mit einem Klappern warnen (Bild 1).

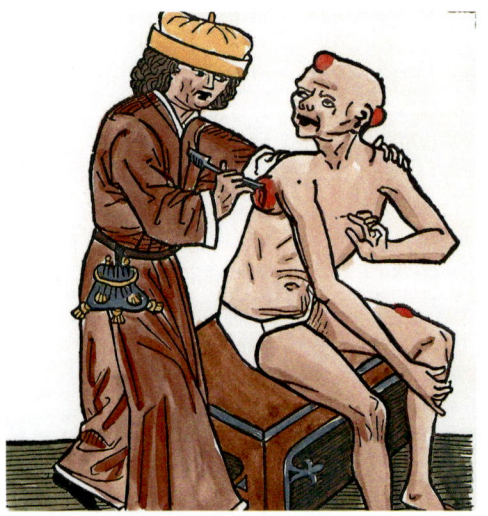

2 – Einem Kranken werden von einem Arzt die Pestbeulen aufgeschnitten. Holzschnitt, Nürnberg, 1482.

3 – Mittelalterliches Seuchenhospital. Buchmalerei, um 1490.

ent tdecken

4 – Bei dem großen Stadtbrand von Bern 1405 zerstörte das Feuer an die 600 Häuser, über 600 Todesopfer waren zu beklagen. Buchmalerei, 1405.

Feuer

Q1 In der Nürnberger Feuerordnung von 1544 gab es ein kleines Merkblatt für jeden Bürger:
Man soll auch jährlich den vier Türmern [auf den Türmen der vier Stadtkirchen] anzeigen und befehlen, nämlich wann ein Feuer aufgeht, dass sie blasen … damit das Gesindt umso schneller zum Feuer eilet … . Daneben soll auch einem jeden ein geschmeidiges kleines Registerlein [Verzeichnis] zugestellt …, … nämlich: Wo die Eimer und Spritzen gefunden werden. Wo der Fischbach abzuschlagen und die Schutzbretter zu finden sein. Wo die Wasser Kuffen [Eimer] stehen. Wo die Leitern hängen. Wo die Wasser Schuffen [Schöpfer] an der Pegnitz sein.

Bildet Gruppen und bearbeitet die Aufgabe A, B oder C. Stellt eure Ergebnisse den anderen Gruppen anschließend vor.

Gruppe A:
➊ ◧ Erstellt anhand von Q1 eine Liste aller Maßnahmen, die in Nürnberg zur Bekämpfung von Feuern getroffen wurden.
➋ ◧ Erstellt mithilfe eurer Liste aus Aufgabe 1 und den Maßnahmen, die ihr in Bild 4 erkennt, einen Plan, wie man sich vor großen Feuern schützen kann. Gestaltet dazu einen Aushang, den ihr in einer mittelalterlichen Stadt austeilen würdet.

Gruppe B:
➊ ◧ Erstellt eine Wandzeitung, in der ihr die hygienischen und gesundheitlichen Probleme in einer mittelalterlichen Stadt beschreibt.
➋ ◧ Führt zu jedem eurer Aspekte Maßnahmen auf, die in heutigen Städten ergriffen werden, um diese Probleme zu vermeiden.

Gruppe C:
➊ ◧ Beschreibt, welche Maßnahmen im Mittelalter ergriffen wurden, um mit den Problemen, die auf diesen Seiten erläutert werden, umzugehen.
➋ ◧ Recherchiert, welche Zeugnisse dieser Zeit ihr heute noch in bayerischen Städten finden könnt, z. B. Siechhäuser und -höfe, Krankenhäuser (Spitäler) … . Berichtet in eurer Klasse darüber.
▶ *Ihr könnt in Sachbüchern ermitteln, im Internet recherchieren oder jemanden befragen.*

Warum schlossen sich Städte zusammen?

vorhandene Rohstoffe:

- ■ Messestadt
- ◆ Bankenzentrum
- — wichtige Handelswege

- 🪵 Holz
- 🌾 Getreide
- 🍇 Wein
- 🫒 Olivenöl
- 🕯 Wachs
- 〽 Pelze, Felle
- 🐟 Fisch
- Ⓖ Wolltuch
- ⊞ Leinen
- ● Baumwolle
- 🅂 Salz
- ⬠ Alaun
  (zur Tuchherstellung)
- Ⓜ Metalle

HRR. = Heiliges Römisches
Reich

1 – Handelswege und Waren in Europa um 1400.

Koggen dienten ab dem
14. Jahrhundert als Han-
dels- und Kriegsschiffe.
Holzschnitt, 15. Jh.

✱ **Handelskontore**
Dies sind Handelsnieder-
lassungen von Kaufleuten
im Ausland. Die Hanse
besaß Kontore in Brügge,
Bergen, Nowgorod und
London.

Markt und Fernhandel

Jede Stadt im Mittelalter war geprägt von
ihrem Markt. Während die kleinen Händler
vor Ort für Nachschub von Dingen des täglichen Bedarfs sorgten, belieferten Händler
und Kaufleute von weit her die Menschen
mit Waren und Luxusgütern. In vielen Han-
delsstädten entwickelten sich Messen, bei
denen Kaufleute aus der ganzen Welt zu-
sammenkamen. Über feste Handelsrouten
brachten sie die Dinge aus aller Welt nach
Europa: kostbare Stoffe, Salz, Gewürze, Süd-
früchte, Wein oder Parfüm. Da die Wege zu
dieser Zeit oft nicht befestigt waren und
Transporte oft überfallen wurden, reisten viele Fernhändler auf Flüssen. Während der oft
monatelangen Reisen führten die Frauen der
Händler die Geschäfte weiter. Die Händler
schlossen sich schließlich, ähnlich wie die
Handwerker zu Zünften, zu Gilden zusammen. Die Mitglieder einer Gilde unterstützten sich gegenseitig in Notsituationen und
ihre Interessen wurden vertreten. Viele Menschen gelangten zu großem Reichtum wie

die Familien der Fugger aus Augsburg oder
der Medici aus Florenz (heutiges Italien).

Die Gründung der Hanse

Ab dem 12. Jahrhundert wuchs der Handel
in Europa immer mehr und so gewannen
auch die Gilden an Bedeutung. Um ihren
Gewinn und den Handel zu steigern sowie
für ihre eigene Sicherheit zu sorgen, schlossen sich die Kaufleute zu Fahrtgenossenschaften zusammen. Im Laufe der Zeit
hatten nämlich Überfälle zugenommen.
Schließlich schlossen sich aber nicht mehr
nur die Kaufleute zusammen, sondern ganze Städte, aus denen sie stammten. In Süddeutschland entstand der schwäbische Städtebund, der bedeutendste aber wurde die
Hanse in Norddeutschland. Sie beherrschte
den gesamten Fernhandel im Nord- und
Ostseeraum. Zeitweise gehörten bis zu
160 Städte dazu, die von der Hansestadt
Lübeck aus geleitet wurden. Es entstanden
✱Handelskontore an zentralen Handels-
plätzen wie z. B. Hamburg. Auch dort lagen

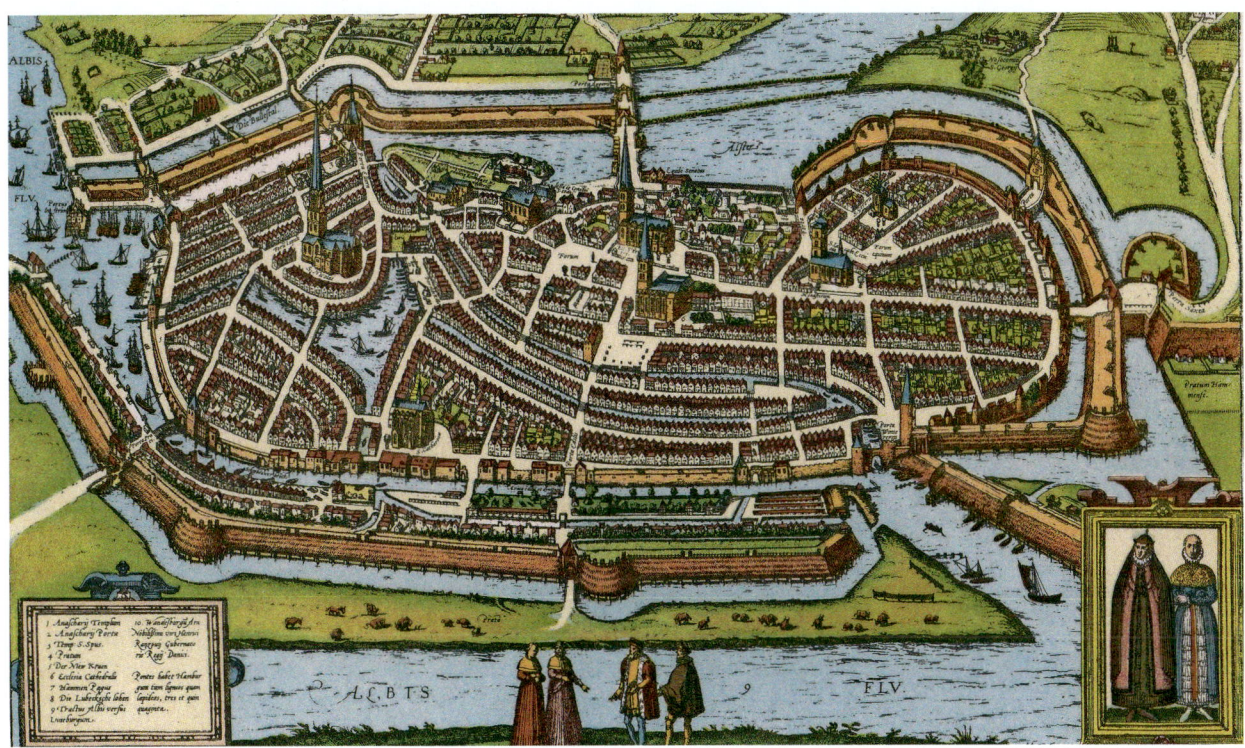

2 – Hamburg. Stadtansicht aus einem Atlas aus dem 16. Jh.

die zentralen Handelsplätze nie direkt am Meer. Über Flusszuläufe erreichte man die Orte, womit man verhindern wollte, dass Überfälle auf die Städte gelangen. Die Handelsvertreter organisierten Fahrttermine und die Beladung der großen Frachtschiffe oder sie verhandelten mit ausländischen Herrschern über Zollvergünstigungen. So übte die Hanse nicht nur wirtschaftliche Macht aus, sondern auch politische Macht. Es wurde auf den Hansetagen in Lübeck sogar über Krieg und Frieden verhandelt.

Mitte des 15. Jahrhunderts schwand der Einfluss der Hanse, als Staaten wie England, Russland und Dänemark den Handel übernahmen, und nach der Entdeckung Amerikas verlagerte sich der Handel ganz zum Atlantik.

Q1　1469 schrieb die Hanse an den englischen Kronrat:

Die Hansa Theutonica [deutsche Hanse] ist ... ein festes Bündnis von vielen Städten, Orten und Gemeinschaften zu dem Zwecke, dass die Handelsunternehmungen zu Wasser und zu Land den erwünschten und günstigen Erfolg haben und dass ein wirksamer Schutz gegen Seeräuber und Wegelagerer geleistet werde, damit nicht durch deren Nachstellungen die Kaufleute ihrer Güter und Werte beraubt würden.

❶ ▶ Ermittle mithilfe der Karte deutsche Hansestädte.

❷ ▶ Überprüfe, welche Städte den Begriff Hanse heute noch in ihrem Namen tragen.
▶ *Nutze das Internet und verwende die Suchstichworte „Hansestädte heute".*

❸ ▶ Erkläre, welchen Vorteil die Lage der Hansestadt Hamburg bot und begründe ihren Aufbau mithilfe des Textes.

❹ ▶ Erkläre mithilfe von Q1 den Zweck der Hanse.

❺ ▶ Entwickle ein Gespräch zwischen zwei Kaufleuten, in dem einer der beiden den anderen zum Beitritt in die Hanse überzeugen will. Nutze dein Wissen aus den Materialien dieser Doppelseite.
▶ *Händler 1: In letzter Zeit laufen die Geschäfte nicht so gut und es wird immer gefährlicher.*
Händler 2: Dann solltest du ...

Worin unterscheiden sich romanische und gotische Kirchen?

1 – Der Dom zu Bamberg, erbaut 1009–1012.

2 – Der Dom in Regensburg. Nach einem Brand im Jahr 1275 wurde die Kirche neu erbaut.

＊ Fresko (Singular)
Fresken (Plural)
Auf den frischen (italienisch fresco = frisch), noch feuchten Kalkputz trugen Maler die Farben auf, so dass sie sich mit dem Untergrund verbunden haben.

＊ zivilisiert/unzivilisiert
Zivilisiert nennt man einen Staat oder eine Gesellschaft, wenn sie hoch entwickelt sind (organisiertes Staatswesen, Kultur wie z. B. Großbauten, Schrift). „Unzivilisiert" sagt man, wenn man das Gegenteil ausdrücken möchte.

Kapitell in der Bamberger Karmelitenkirche.

Kirchen entstehen in ganz Europa

Das Leben der Menschen im Mittelalter war zutiefst vom Glauben geprägt. Zur Ehre Gottes entstanden vermehrt ab dem 11. Jahrhundert viele prächtige Gotteshäuser in ganz Europa. Mit ihrer prächtigen Ausstattung wollten Herrscher, Adlige, Bischöfe und Äbte, die bedeutende Summen zur Verfügung stellten, aber auch ihre Macht und ihren Reichtum zeigen.

Die bekanntesten Dome in Bayern stammen in Würzburg und Bamberg aus dieser Zeit.

Romanik als neuer Baustil

Bis ins 13. Jahrhundert erinnerten diese Bauwerke an die römische Architektur der Antike. So entstand die Bezeichnung ＊Romanik oder romanisch für diesen Baustil und diese Zeit von ca. 1000 bis 1250 n. Chr. Typisch für romanische Bauwerke sind die gewölbten Rundbögen. Diese finden sich an Türen, aber auch an kleinen Seitenfenstern. Die Mauern waren sehr dick, sodass die Kirchen beinahe an Burgen erinnerten und so oft auch „Gottesburgen" genannt wurden. Ihre starken Mauern sollten im Notfall noch vor Feinden Schutz bieten.

Der Grundriss einer solchen Basilika in Form eines Kreuzes sollte an das Kreuz Jesu Christi erinnern. Es entsprach damit aber auch der römischen Basilika, die im alten Rom als Markt- und Gerichtshalle diente.

Im Innern waren romanische Kirchen zunächst sehr einfach ausgestattet; mit der Zeit wurden sie aber immer reicher verziert. Da durch die kleinen Fenster nur sehr wenig Licht in den Innenraum gelangte, bemalte man die Holzdecken und auch die Wände mit Bildern aus dem Leben Jesu und Heiligen. Diese Bilder verblassten aber mit der Zeit, da sie in einer sehr empfindlichen Maltechnik, der ＊Freskotechnik, aufgetragen wurden. Heute wirken diese blassen Kirchen oft sehr düster.

Bis heute erhalten sind aber zahlreiche Steinmetzarbeiten an Toren, Altären und Säulen (Randspalte). Teilweise waren Tier- und Sagengestalten dargestellt, die böse Mächte fernhalten sollten (Randspalte).

Gotik – dem Himmel entgegen

Ab dem 13. Jahrhundert änderte sich die Art des Bauens. Von Frankreich her breitete sich immer mehr der Baustil der Gotik aus und blieb bis zum 16. Jahrhundert. modern. „Gotisch" heißt so viel wie „barbarisch"und sollte abwertend einen Vergleich mit den – damals so gesehenen – ＊unzivilisierten Goten darstellen.

In ganz Europa entstanden so riesige Kirchen. Das bekannteste Beispiel in Deutschland ist der Kölner Dom.

3 – Die Basilika St. Peter und Paul auf dem Petersberg bei Erdweg in der Diözese München-Freising wurde 1107 n. Chr. eingeweiht. Bei Renovierungsarbeiten wurden die Fresken entdeckt und restauriert.

4 – St. Lorenz, Nürnberg (erbaut 1280 bis 1477; wiederaufgebaut 1945 bis 1952). Blick in das Langhaus mit Spitzbogengewölbe.

Von nun an strebten die Bauherren danach möglichst hohe Kirchen zu errichten. Höhe sollte die Nähe zu Gott symbolisieren. Zierliche Spitzbögen kennzeichnen gotische Kirchen. Zudem wollte man die Kirchen heller machen und so wurden Mauern durch zahlreiche Fenster geöffnet. Man wollte durch das einfallende Licht die Herrlichkeit und das Wirken Gottes deutlich machen. Dies wurde noch verstärkt, indem man große Fensterscheiben einsetzte, in denen Szenen aus der Bibel oder Heilige dargestellt sind. Da ein Großteil der Bevölkerung nicht lesen konnte, wurde so den Menschen der Glaube näher gebracht.

Während in der Zeit der Romanik Kirchen von Bischöfen, Klöstern und Königen errichtet wurden, war es in der Zeit der Gotik die Stadtbevölkerung – reiche Patrizier, Handwerker und Arme, die diese Gebäude zum größten Teil errichteten und finanzierten. Teilweise wurden diese Gebäude erst nach Jahrhunderten fertiggestellt, weil finanzielle Probleme, Einstürze oder auch Brände die Projekte zum Stocken brachten.

M1 Checkliste zur Unterscheidung von Romanik und Gotik:
– **Entstehungszeit:** Liegt die Entstehungszeit in der Frühzeit oder der späteren Zeit des Hochmittelalters?
– **Gewölbe:** Handelt es sich um ein Rundbogen- oder Spitzbogengewölbe?
– **Fenster:** Gibt es eher schlichte kleine Fenster oder große bunte Fenster, die Bildergeschichten erzählen?

Fenster im Regensburger Dom.

❶ ▪ Beschreibe, woher die Begriffe „Romanik" und „Gotik" kommen.
❷ ▪ Ordne den Kriterien in M1 jeweils die Begriffe Romanik und Gotik zu. Schreibe die Ergebnisse in dein Heft.
▶ *Entstehungszeit: Frühzeit = ..., Hochzeit = ...*
❸ ▪ Erstelle in deinem Heft eine Tabelle, in der du den Bildern die Merkmale „Romanik und Gotik" zuordnest. Berücksichtige auch die Bilder in der Randspalte.
▶ *Nimm die Checkliste und deine Ergebnisse aus Aufgabe 2 zu Hilfe.*

	Romanik	Gotik	Begründung
Bild 1	x		Der Dom wurde in romanischer Zeit erbaut. Seine Form ...
Bild 2	...	...	...

❹ ▪ Untersuche mithilfe der Checkliste aus M1 eine Kirche in deinem Heimatort. Stelle fest, ob du an ihr Kennzeichen für Romanik und Gotik erkennen kannst. Auch neuere Kirchen ahmen diese Bauformen nach.
❺ ▪ Bearbeite die Lernaufgabe auf S. 216 zum Thema Romanik und Gotik.

Methode

Wir entdecken unsere Stadt – was ist vom Mittelalter noch übrig?

„Ist vom Mittelalter hier in Nördlingen noch was übrig?", fragt Anna ihren Geschichtslehrer Herrn Kleinert. Er antwortet: „Hier in unserer kleinen Stadt ist sogar noch sehr viel davon zu sehen." Anna ist verblüfft: „Hier in unserer kleinen Stadt?" „Ja, natürlich", antwortet Herr Kleinert. Man beschließt, auf die Suche nach dem Mittelalter zu gehen.

Aber woher soll man nur die notwendigen Informationen bekommen? Herr Kleinert meint: „Wir können das Mittelalter heute noch in vielen alltäglichen Dingen finden, wenn wir durch die Stadt gehen, etwa in einem Stadtplan oder einem Luftbild." Die Klasse schaut ihn erstaunt an. „Alles eine Frage der Auswertung", sagt er schließlich. „Lasst uns loslegen!"

Diese Hinweise helfen dir, Informationen zu suchen und zu verarbeiten:

Schritt 1 **Luftbilder und Stadtpläne auswerten**	Besorge dir im Internet oder im Tourismusbüro ein Luftbild deiner Stadt oder einen Stadtplan. ■ Wo sind auffällige Linien oder Konturen im Stadtbild erkennbar? ■ Wo liegt der Stadtkern? ■ Welche besonderen Merkmale einer mittelalterlichen Stadt lassen sich noch erkennen, z. B. Marktplatz, Kirchen, Stadtmauern, Stadttore, Wälle?
Schritt 2 **Flur-, Platz-, Straßen-namen analysieren**	Besorge dir einen Stadtplan mit genauer Beschriftung. ■ Welche Straßen-, Platz- und Flurnamen könnten auf das Mittelalter hinweisen? Achte besonders auf Berufsbezeichnungen. ■ Was bedeuten diese Namen?
Schritt 3 **Das Stadtbild beurteilen**	Informiere dich im Internet, dem Tourismusbüro, in Büchern oder direkt vor Ort über mittelalterliche Bauwerke in deiner Stadt. ■ Welche Überreste aus dem Mittelalter lassen sich finden? ■ Welche Bauten sind wirklich aus dem Mittelalter? Welche sind nur dem Mittelalter nachempfunden und später gebaut? Für fast jede Gemeinde gibt es beim zuständigen Denkmalamt eine Ortsbeschreibung, die ihr für eure Entdeckung heranziehen könnt. Dokumentiere deine Entdeckungen mit Fotos und Zeichnungen.
Schritt 4 **Museum und Archiv erkunden**	Besuche das Stadtarchiv oder das Stadtmuseum in deinem Ort. ■ Welche Quellen und Ausstellungsgegenstände stammen aus dem Mittelalter? ■ Versuche möglichst viel über die einstige Funktion der Dinge herauszufinden. ■ Sind schriftliche Quellen oder Darstellungen zur mittelalterlichen Geschichte verfügbar? Was verraten sie dir über das städtische Leben im Mittelalter?

❶ ▣ Beschreibe und erkläre das Stadtbild Nördlingens (Bild 1). Beschreibe die Lage, Form, prägnante Gebäude, Straßenanordnung.

❷ ▣ Bereite mithilfe dieser Doppelseite eine eigene Erkundung deines Schulortes oder Wohnortes vor.

1 – Luftbild der Stadt Nördlingen.

2 – Das Steinhaus in Nördlingen.

Kohlenmarkt

Münzgasse

Henkergasse

Judengasse

Spitalhof

3 – Straßennamen in Nördlingen

4 – Der sogenannte Narrenspiegel am Rathaus.

Lösungsbeispiel:

Zum Schritt 1:

Meist zeichnen sich die Altstädte deutlich im Stadtbild ab. Man erkennt hier die ehemalige Stadtmauer, die rund um den Stadtkern verläuft. Marktplätze liegen bei kleineren Städten oft in der Mitte, ebenso Kirchen.

Zum Schritt 2:

Einige Straßennamen erinnern an wichtige Einrichtungen und Berufe der mittelalterlichen Stadt. Das Spital war so etwas wie ein mittelalterliches Krankenhaus, in der Tuchmachergasse wurden Stoffe hergestellt, ... Vielleicht kannst du auch Straßennamen finden, die nach Berufsgruppen benannt sind, z. B. Webergasse. Dort hatten im Mittelalter dann alle Weber ihre Wohnungen und Werkstätten.

Zum Schritt 3:

Nicht alles, was nach Mittelalter aussieht, etwa ein Gebäude, ist auch aus dieser Zeit. Um Genaueres herauszufinden, kann man auf die Stadtbeschreibung des Denkmalamtes oder das örtliche Tourismusbüro zurückgreifen. Oft sind unscheinbare Überreste erhalten: Straßenzüge, Friedhöfe, Quellen und Brunnen, Grundstücksgrenzen. Das Steinhaus zu Nördlingen wurde im 12. Jahrhundert erbaut und diente ab 1382 bis heute als Rathaus. Das oberste Stockwerk, der Erker (Vorbau) und der Schatzturm wurden allerdings erst 1509 hinzugefügt.

Zum Schritt 4:

Manche alten Gegenstände kennen wir auch heute noch, etwa Münzen. Manche Gegenstände dagegen wirken fremdartig. Im Mittelalter befand sich unterhalb der Rathaustreppe ein vergittertes Narrenhäuschen, in dem Übeltäter für leichtere Vergehen zur Schau gestellt wurden. Wer den Narr ansah, wurde selber einer.

Die Kreuzzüge – Kriege im Namen Gottes

Welche Ziele verfolgten die Kreuzfahrer?

1 – Papst Urban II. ruft zum Kreuzzug auf. Buchmalerei, 14. Jahrhundert.

2 – Christus auf dem Weg nach Jerusalem, gefolgt von den Kreuzrittern. Buchmalerei, 14. Jahrhundert.

Kreuzzug
So wurden im Mittelalter die Kriege zwischen Christen und Muslimen im damaligen Palästina genannt. Anlass war die Besetzung Jerusalems durch Muslime und die Unterbrechung der christlichen Pilgerwege.

✳ **Konzil**
Dies ist eine Zusammenkunft aller Bischöfe.

Toleranz zwischen den Religionen

Nach dem Tod Mohammeds, des Begründers des Islam, im Jahr 632 n. Chr. errichteten die Araber ein riesiges Weltreich, das von Indien und China, über Palästina bis nach Spanien und Portugal reichte. Lange Zeit lebten in diesen Gebieten Christen und Muslime friedlich miteinander. So konnten Christen ungestört Pilgerreisen in das Zentrum der christlichen Welt mit Städten wie Jerusalem, Bethlehem oder Jericho machen. Die dortigen Herrscher der Araber begrüßten diese Ströme von Wallfahrern, da sie ihnen wegen der Pilgersteuer viel Geld ins Land brachten. Im Abendland allerdings verbreitete sich allmählich die Ansicht, dass man den „ungläubigen Muslimen das Heilige Land eines Tages wieder entreißen" müsse.

Als im 11. Jahrhundert aber die Seldschuken, ein türkisches Reitervolk aus Mittelasien, Kleinasien und Palästina eroberten, veränderte sich die friedliche Stimmung schlagartig. Die Besatzer verwehrten den Pilgern den Zutritt zu den heiligen Stätten und viele Pilger wurden ausgeraubt und ermordet.

Der Aufruf zum Kreuzzug

Als der byzantinische Kaiser sein Reich bedroht sah, bat er 1095 Papst Urban II. um Hilfe. Dieser rief im ✳Konzil von Clermont (heutiges Frankreich) die Teilnehmer und alle Christen dazu auf, in einem Kreuzzug Jerusalem und das Heilige Land von den Muslimen zu befreien (Bild 3). Wanderprediger verbreiteten den Aufruf des Papstes in ganz Europa, wo der Aufruf auf große Begeisterung stieß. Hunderttausende waren bereit, Familie und Heimat zu verlassen, um unter dem Zeichen des Kreuzes in das Heilige Land zu ziehen.

Hass gegen Andersdenkende

Im Jahr 1096 begann schließlich der erste Kreuzzug. Ritterheere, Adlige, Bauern, Handwerker und auch Diebe brachen ins Heilige Land auf. Allein während des Ersten Kreuzzuges zogen über 300 000 Menschen los, darunter auch viele Frauen und Kinder, von denen die wenigsten ihr Ziel erreichten. Insgesamt folgten bis zum Jahr 1270 sieben Kreuzzüge.

3 – Aufbruch von Kreuzfahrern in Heilige Land. Buchmalerei, 14. Jahrhundert.

Auf ihrem Weg ins Heilige Land lagen jüdische Gemeinden und für diese hatten die Kreuzzüge tragische Folgen. Die *fanatischen Kreuzfahrer gingen schon im eigenen Land gegen die angeblichen Feinde des Christentums mit großer Grausamkeit vor. In Städten wie Worms, Speyer oder Regensburg wurden jüdische Häuser zerstört, Synagogen geplündert und Juden ermordet (siehe S. 54/55). Die christliche Bevölkerung sah diesem Morden an den jüdischen Mitbürgern tatenlos zu.

Q1 Über die Motive der Kreuzfahrer berichtet der Chronist der Würzburger Jahrbücher 1147:

… Die einen … gingen, um neue Länder zu sehen. Andere, gezwungen durch Armut, … waren bereit, gegen die Feinde des christlichen Kreuzes zu kämpfen …, um ihre Armut zu lindern. Ferner gab es Leute, die von Schulden gedrückt wurden, wieder andere waren bestrebt, die ihrem Herrn geschuldeten Dienste loszuwerden, oder sie erwarteten sogar für ihre Verfehlungen die verdienten Strafen. …

Q2 Der jüdische Chronist Salomo bar Simson aus Mainz schrieb 1140:

… Als die Kreuzfahrer durch die Städte kamen, in denen Juden wohnten, sprachen sie …: „Wir ziehen dahin, das Heilige Grab aufzusuchen und Rache an den Muslimen zu nehmen, und hier sind die Juden, die Jesus umgebracht und gekreuzigt haben. Lasst uns zuerst an ihnen Rache nehmen." … Sie überfielen die Juden in ihren Häusern und brachten sie um, Männer, Frauen und Kinder, Jünglinge und Greise. …

* fanatisch/Fanatiker
So nennt man Menschen, die ihre Überzeugung mit blinder Leidenschaft, unbedingt und kompromisslos durchzusetzen versuchen. Dabei ist ihnen auch Gewalt als Mittel recht.

❶ ▫ Beschreibe kurz mithilfe des Texts und Bild 2, woraus sich der Begriff „Kreuzzug" ableitet.

❷ ▫ Kreuzfahrer bereiten ihr Schiff für den Weg ins Heilige Land vor. Notiere stichpunktartig mithilfe von Bild 3, was sie alles mitnehmen müssen.

❸ ▪ Arbeite mithilfe von Bild 2 und Q1 Gründe für die Beteiligung an den Kreuzzügen heraus.

❹ ▪ Erläutere anhand von Q2, warum es aus der Sicht der Menschen damals zu Gewalt gegen Juden kam.

❺ ▪ Beurteilt in Partnerarbeit mithilfe eurer Ergebnisse aus Aufgabe 3, welches Motiv wohl maßgeblich für die zahlreiche Teilnahme an den Kreuzzügen war.

▶ *Berücksichtigt die Denkweise der damaligen Zeit.*

Was geschah nach der Eroberung Jerusalems?

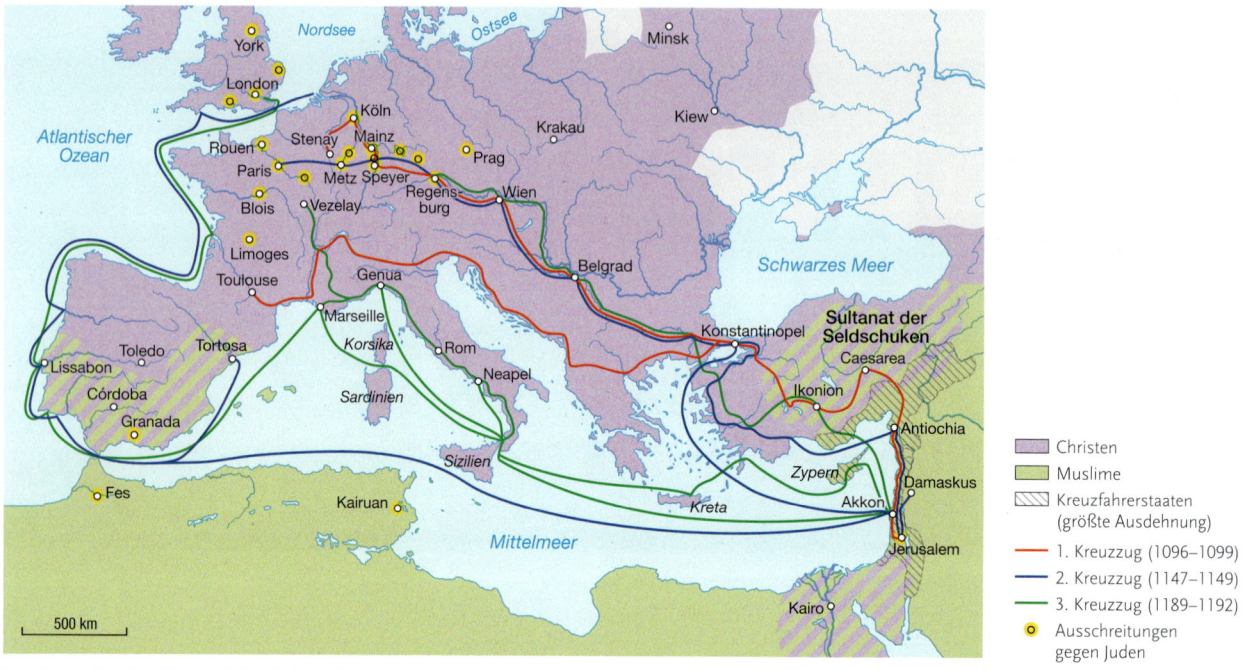

1 – Kreuzzüge im 11. und 12. Jahrhundert

Map legend:
- Christen
- Muslime
- Kreuzfahrerstaaten (größte Ausdehnung)
- 1. Kreuzzug (1096–1099)
- 2. Kreuzzug (1147–1149)
- 3. Kreuzzug (1189–1192)
- Ausschreitungen gegen Juden

Kreuzfahrer gründen Staaten

Drei Jahre brauchten die Kreuzfahrer für ihren Zug nach Jerusalem. Krankheiten, das ungewohnte Klima, die Strapazen des Marsches und die ständigen Überfälle der Seldschuken führten bereits unterwegs zu vielen Todesfällen. Als man Jerusalem schließlich erreicht hatte, konnte die Stadt erst nach vielen Kämpfen wegen des heftigem Widerstands der Verteidiger im Juli 1099 erobert werden.

Viele Kreuzfahrer kehrten nicht nach Hause zurück, sondern blieben auf Dauer in Palästina, weil sie nicht noch einmal die Strapazen des Rückwegs erleben wollten. Sie gründeten sogenannte Kreuzfahrerstaaten und bauten große Burganlagen, damit sie sich vor muslimischen Angriffen schützen konnten und ihre Herrschaft gesichert war. Etwa 100 000 Europäer wanderten in diese Staaten ein.

Das Aufblühen des Fernhandels

Viele Kreuzfahrer waren aus wirtschaftlichen Gründen aufgebrochen. So entwickelte sich in kürzester Zeit ein reger Fernhandel.

Es waren hauptsächlich italienische Kaufleute, die den Handel mit Luxusgütern aus dem Orient organisierten. Die Nachfrage nach Gewürzen, Stoffen, Edelsteinen und Farbstoffen war riesig in Europa. Kaufleute aus Süddeutschland exportierten aber auch Produkte wie Getreide, Leinen, Pelze und Metalle in den Orient.

Kultureller Austausch

Weniger durch die Kreuzfahrer als mehr durch das von den Muslimen lange Zeit beherrschte Spanien und Sizilien gelangte arabisches und auch jüdisches Wissen nach Europa, deren Kultur und Kenntnisse im Bereich der Medizin, Philosophie, Mathematik und Astronomie der europäisch-christlichen Kultur weit voraus waren. Die Stadt Córdoba in Spanien galt als Zentrum von Wissenschaft und Bildung.

So rechnen die Europäer auch heute noch mit arabischen Ziffern. Und die ersten Grundlagen der Erforschung der Anatomie des Menschen fanden arabische Ärzte heraus. Die Araber konnten auch bereits den Erdumfang berechnen.

Kampf um die Kreuzfahrerstaaten

Unter *Sultan Saladin (1137–1193) griffen Muslime die Kreuzfahrerstaaten an und konnten die meisten Gebiete zurückerobern. Dabei kam es auf beiden Seiten zu Grausamkeiten. Im September des Jahres 1187 begann Saladin mit der Belagerung Jerusalems. Er befahl seinen Soldaten aber, keine Christen, seien sie *Franken oder Orientalen, zu behelligen. Es gab zwar mehrtägige Auseinandersetzungen, aber weder Morde noch Plünderungen. Saladin ließ die Christen sogar vor fanatischen Muslimen schützen. Er postierte Wachen vor christlichen Gotteshäusern und erlaubte allen Franken, nach Jerusalem zu pilgern. Allerdings ließ er das Kreuz auf dem Felsendom herunternehmen und die Al-Aksa-Moschee, die zunächst als christliche Kirche gedient hatte, wurde wieder ein muslimisches Gotteshaus. Schließlich einigten sich beide Seiten in einem Vertrag. Die Christen übergaben Jerusalem kampflos an Saladin.

2 – Die Eroberung Jerusalems durch die Kreuzritter 1099. Französische Buchmalerei, 15. Jh.

Q1 Der arabische Chronist Ibn al-Athir (1160 bis 1233) berichtet über die Eroberung Jerusalems 1099 in seiner Geschichte der Kreuzzüge:

... In der Al-Aksa-Moschee ... töteten die Franken mehr als 70 000 Muslime, unter ihnen viele ... Religionsgelehrte ..., die ihr Land verlassen hatten, um in frommer Zurückgezogenheit an diesem heiligen Ort zu leben. Aus dem Felsendom raubten die Franken mehr als vierzig Silberleuchter, ... zwanzig goldene und andere unermessliche

Beute. Die Flüchtlinge erreichten Bagdad. ... In der Kanzlei des Kalifen gaben sie einen Bericht, der die Augen mit Tränen füllte und die Herzen betrübte. ... Wegen des schweren Unglückes, das sie erduldet hatten, brachen sie sogar das Fasten. ...

Q2 Der französische Mönch Fulcher von Chartres (1059–1127) schildert das gleiche Ereignis um 1100 in seiner Chronik:

... Nach dem großen Gemetzel betraten sie die Häuser und ergriffen alles, was sie vorfanden. Es geschah so, dass jeder, der zuerst ein Haus betrat, ob er reich oder arm war, nicht von einem anderen Franken bedroht wurde. Er durfte das Haus und den Palast oder was er fand, besetzen und besitzen, als wäre es sein Eigen. So einigten sie sich gegenseitig über ihr Recht auf Besitz. Auf diese Weise wurden viele arme Leute reich. ...

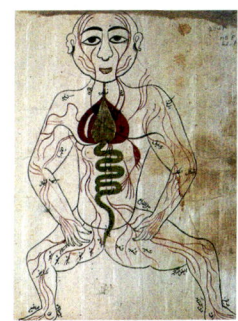

Blutkreislauf und Verdauungssystem des Menschen. Arabische Illustration, 15. Jh.

---

❶ ▣ Benenne anhand des Textes und des Bildes in der Randspalte, wie die Europäer von den Kreuzzügen profitierten.

❷ ▣ Beschreibe Bild 2 und vermute, in welcher Absicht es gemalt wurde.
▶ *Nimm die Bildunterschrift zu Hilfe.*

❸ ▣ Verfolge anhand der Karte den Weg der Kreuzfahrer während des Ersten Kreuzzugs. Benenne mithilfe eines Atlas die heutigen Staaten, durch die ihr Weg führte.

❹ ▣ Vergleiche die Berichte Q1 und Q2 in Bezug auf Verfasser, Inhalt und Unterschiede miteinander.

▶ *Nimm die Methode „Textquellen vergleichen" von S. 222 zu Hilfe. Lege eine Tabelle mit den in der Aufgabe oben genannten Kriterien an.*

❺ ▣ Überlegt in Partnerarbeit, welche Folgerungen wir heute aus den Kreuzzügen ziehen sollten.

❻ ▣ Auch im Bereich der Architektur und Kultur hatten die Araber Einfluss auf Europa. Vor allem Städte in Spanien wie Córdoba, Sevilla, Granada sind geprägt von orientalischer Architektur. Welchen Einfluss hatten die Araber architektonisch und kulturell auf diese Städte? Suche online nach Informationen und stelle diese in einer Präsentation der Klasse vor.

Methode

Ein persönliches Werturteil bilden

Oft haben wir sehr schnell eine Meinung zum Handeln von Menschen. In einem Werturteil bringen wir zum Ausdruck, was und wie wir aus heutiger Sicht über ein geschichtliches Ereignis denken. Wir können z. B. Zustimmung, Ablehnung, Sympathie oder Antipathie dadurch ausdrücken, sollten aber unsere Haltung immer gut begründen können.

Ein Werturteil über Menschen und ihr Handeln in der Vergangenheit zu bilden hilft uns auch, uns in der Gegenwart zu orientieren. Doch wie gelingt es uns, ein begründetes Werturteil über Vorkommnisse in der Geschichte zu bekommen?

Folgende Tipps und Hinweise helfen dir, zu einem begründeten, persönlichen Werturteil zu gelangen:

Schritt 1 **Klären, was oder wer beurteilt werden soll**	■ Welche Einstellungen oder Handlungen von Menschen sollen beurteilt werden? ■ Welche Fragestellung steht im Mittelpunkt? ■ Hältst du z. B. das Handeln der Menschen für – gerechtfertigt oder ungerechtfertigt? – vorbildhaft oder abschreckend? – Erfolg versprechend oder zum Scheitern verurteilt? – wertvoll oder wertlos?
Schritt 2 **Einen Maßstab heranziehen und offenlegen**	■ Was kann dir für dein Urteil als Maßstab dienen, z. B. die Menschenrechte, das Grundgesetz (M1), eine Religion …?
Schritt 3 **Ein begründetes Werturteil formulieren**	■ Wie stehst du zu den damaligen Problemen aus heutiger Sicht? ■ Ist das Handeln der Beteiligten aus deiner Sicht gerechtfertigt? ■ Würdest du ebenso oder ganz anders handeln? ■ Du kannst auch abwägen (einerseits – andererseits), da ein Werturteil nicht immer eindeutig sein muss. Du solltest deine Meinung auf jeden Fall begründen. Wortmaterial findest du in M2.
Schritt 4 **Urteile vergleichen**	■ Zu welchen Urteilen sind Mitschülerinnen und Mitschüler oder andere Menschen gekommen? ■ Können die Einstellungen und Argumente deiner Mitschülerinnen und Mitschüler dich überzeugen? ■ Respektiere die Meinungen der Anderen. Unterschiedliche Menschen, teils mit unterschiedlicher Herkunft, beurteilen Dinge oft verschieden.

❶ Bearbeite mithilfe der vier Schritte und der Materialien der nächsten Seite folgende Urteilsfrage: Wie beurteilst du das Vorgehen der Kreuzritter aus heutiger und persönlicher Sicht?
Schlage zum Hintergrund auf den Seiten 66–69 nach.

❷ Worin stimmst du mit den Schülern auf S. 71 überein, wobei würdest du ihnen widersprechen?
▶ *Nimm das Wortmaterial aus M2 zu Hilfe.*

M1 Im Artikel 4 des Grundgesetzes der Bundesrepublik Deutschland von 1949 heißt es zu den Grundrechten eines Menschen:

...

(1) Die Freiheit des Glaubens, des Gewissens und die Freiheit des religiösen und weltanschaulichen Bekenntnisses sind unverletzlich.

(2) Die ungestörte Religionsausübung wird gewährleistet.

(3) Niemand darf gegen sein Gewissen zum Kriegsdienst mit der Waffe gezwungen werden. ...

1 – Schülerinnen und Schüler beim Meinungsaustausch.

M2 Mögliches Wortmaterial, das du in deiner Argumentation verwenden kannst:

– Ich denke zu der Frage ...
– Meine Sicht zu diesem Thema ...
– Nach meiner Überzeugung ...
– Meiner Ansicht nach ...
– Ich komme zu dieser Ansicht, weil ...
– Einerseits ... , andererseits ...
– Obwohl ich auch Verständnis für ..., überwiegt dennoch ...

M3 Lösungsbeispiele von Schülerinnen und Schülern:

Hassan schreibt:
Zum Schritt 2:
... Ich bin mit dem Koran erzogen worden, er ist für mich wichtig ...

Zum Schritt 3:
... Die Kreuzritter haben viele Muslime ermordet und den Islam mit Füßen getreten. Ich denke, dass das sehr ungerecht war und man so nicht mit Menschen umgeht, die eine andere Religion haben. ...

Lena schreibt:
Zum Schritt 2:
... Meiner Ansicht nach sollte jeder seine Religion haben dürfen und den anderen ihre Freiheit lassen. Schließlich ist dies auch im Grundgesetz verankert. ...

Zum Schritt 3:
... Ich kann einerseits durchaus verstehen, dass die Kreuzritter für ihre Pilger freien Zugang zu den heiligen Stätten haben wollten. Andererseits finde ich es schrecklich, wie sie unterwegs mit den Juden umgegangen sind und sich in Jerusalem den Muslimen gegenüber verhalten haben. ...

Tom schreibt:
Zum Schritt 2:
... Im Konfirmandenunterricht haben wir uns mit den 10 Geboten befasst. Dort heißt es, du sollst nicht ...

Zum Schritt 3:
... Ich verstehe überhaupt nicht, wie die Geistlichen die Kreuzritter auffordern konnten, Gewalt anzuwenden. Das passt doch nicht mit der Bibel und den 10 Geboten zusammen ...

Juden, Christen und Muslime bei uns

Jerusalem – friedliche Begegnung der Religionen?

1 – Blick auf den Tempelberg in Jerusalem mit Klagemauer und Felsendom.

2 – Juden bei einer *Bar Mizwa an der Klagemauer.

* **Bar Mizwa / Bat Mizwa**
Bar Mizwa ist eine Feier, in der jüdische Jungen im Alter von 13 Jahren ihre Aufnahme als vollwertiges Mitglied in die jüdische Gemeinde feiern. Mädchen tun dies bei der Bat Mizwa im Alter von 12 Jahren.

Jerusalem – die Stadt der Religionen

Auch heute noch ist Jerusalem eine heilige Stadt für Juden, Muslime und Christen. Pilger aus aller Welt besuchen jährlich ihre heiligen Stätten.

Im Zentrum steht dabei der Tempelberg. Juden beten an der Klagemauer, einem Überrest des Tempels Salomo, an dem laut der Bibel die zehn Gebote aufbewahrt waren. Muslime besuchen dagegen die Al-Aksa-Moschee und den Felsendom auf dem Tempelberg. Unter dessen prächtiger Kuppel soll der Ort liegen, an dem Mohammed, der Begründer des Islams, in den Himmel aufgefahren ist.

Christen sehen den Tempelberg als Ort, an dem Jesus sich aufgehalten hat. Seit der Zerstörung des Tempels beten sie gemeinsam in der Grabeskirche in der Altstadt Jerusalems. Dort soll sich das Grab Jesu befinden.

Auch wenn alle Pilger zunächst mit friedlichen Absichten nach Jerusalem kommen, kommt es immer wieder zu Konflikten. Vor allem einheimische Gläubige geraten immer wieder aneinander wegen unterschiedlicher Ansichten.

❶ ▣ Führt ein Projekt zu den drei Religionen in Jerusalem in heutiger Zeit durch. Bildet dafür drei Gruppen und entscheidet, welche Gruppe sich mit dem christlichen, jüdischen und muslimischen Glauben beschäftigt. Teilt die Arbeit unter euch auf, tragt die Ergebnisse in einem Lernplakat zusammen (siehe S. 223) und stellt dieses vor.

▶ *Informiert euch, welche Sehenswürdigkeiten bzw. heiligen Stätten für gläubige Christen, Juden oder Muslime wichtig sind.*

▶ *Findet Bilder zu den jeweiligen Orten oder auch Stadtteilen und Informationen zu ihrer Bedeutung.*

▶ *Versucht etwas über das Leben der Christen, Juden oder Muslime an diesen Orten herauszufinden. Kam oder kommt es zu Konflikten mit anderen Religionen?*

▶ *Wie suchen diese Religionen Kontakt zu anderen Gläubigen?*

▶ *Zeigt Möglichkeiten auf, wie die Verständigung untereinander verbessert werden kann.*

▶ *Informationen und Bilder findet ihr online und in Büchern über Jerusalem. Überlegt euch für die Online-Recherche treffsichere Suchstichworte.*

Zusammenfassung

Leben und Herrschaft im Mittelalter

Das Reich der Deutschen

Nach dem Tod Karls des Großen zerfiel das Frankenreich. Unter Heinrich I. (919–936) sprach man zum ersten Mal vom „Reich der Deutschen". Unter Otto I. wurden Lehen hauptsächlich nur noch an Geistliche gegeben, da diese keine Nachfolger hatten. Sie vernachlässigten ihre geistlichen Aufgaben aber immer mehr. So gab es immer stärkeren Widerstand gegen die Einsetzung von Geistlichen in weltliche Ämter. Der Streit eskalierte zwischen Heinrich IV. und Papst Gregor VII. Erst 1122 wurde im Wormser Konkordat der Streit beigelegt.

Leben der Menschen im Mittelalter

Das Leben der Menschen im Mittelalter hing weitgehend davon ab, in welchen Stand sie hineingeboren wurden. Das tägliche Leben eines Adligen oder Geistlichen verlief anders als das eines Stadtbewohners oder Bauern.
Im Mittelalter lebten fast alle Menschen auf dem Land. Die meisten Bauern waren von ihren adligen und geistlichen Grundherren abhängig, mussten Abgaben und Frondienste leisten. Diese Grundherren waren dem König bei der Verwaltung des Reiches behilflich. Dafür erhielten sie von ihm Landgüter geliehen (Lehen). Da die Bevölkerung ständig zunahm, musste die Lebensmittelproduktion gesteigert werden, was mithilfe der Dreifelderwirtschaft gelang.
Mit der Zeit bildetet sich der Stand der Ritter heraus. In Burgen fühlten sie sich den Idealen der Treue und der Gerechtigkeit verpflichtet und führten ein standesgemäßes Leben am Hofe.
In Klöstern weihten Männer und Frauen ihr Leben ganz Gott. Der Tagesablauf von Mönchen und Nonnen vollzog sich in einer strengen Ordnung von Gebets-, Arbeits- und Ruhezeiten. Klöster waren gleichzeitig Orte des Gebets, aber auch Wirtschaftsbetriebe sowie Zentren von Bildung und Wissenschaft.

Das Leben in der Stadt

In den Städten bestimmten Handwerker, Händler und Kaufleute das Leben. Stadtherr war meist ein Graf, Herzog oder Bischof, der dadurch wichtige Einnahmen erhielt. Nach und nach übernahmen aber die Patrizier die Stadtherrschaft. Seit dem 14. Jahrhundert erkämpften sich die Zünfte Mitspracherechte. Keine Rechte hatten die Angehörigen der Unterschicht und die jüdischen Einwohner, die seit dem 11. Jahrhundert immer wieder verfolgt wurden.
Vor allem in den Städten entstanden im Hochmittalter prächtige Kirchen im Stil der Romanik und Gotik.

Die Kreuzzüge – Kriege im Namen Gottes

Als im 11. Jahrhundert das Volk der Seldschuken nach Kleinasien und Palästina vordrang, endete die Zeit des friedlichen Miteinanders von Christen und Muslimen. Papst Urban II. rief 1095 zum Kreuzzug auf. Hunderttausende Christen brachen auf den Weg ins Heilige Land auf. Im Deutschen Reich kam es auf diesem Weg zu Pogromen an der jüdischen Bevölkerung. Fast 200 Jahre dauerten die Kämpfe in Palästina.
In Palästina gründeten die Kreuzfahrer Staaten und ein reger Handel mit Europa entstand. Es erfolgte ein reger Austausch an Wissen und Kultur.
Dies nahm ein Ende, als Sultan Saladin 1187 Jerusalem belagerte. Palästina fiel wieder unter muslimische Herrschaft.

ab 936 n. Chr.

Das Reich Ottos I.

ab 900 n. Chr.

Bauern bei der Fronarbeit.

ab 1100 n. Chr.

Zahlreiche Städtegründungen.

1099 n. Chr.

Die Eroberung Jerusalems durch die Kreuzritter

Das kann ich …

Leben und Herrschaft im Mittelalter

Ich kann wichtige Begriffe und Daten im Zusammenhang erklären (Sachkompetenz):

962 Kaiserkrönung Ottos des Großen
um 1200 Kulturelle Blüte zur Zeit der Staufer
Adel
Stände
Lehnswesen
Grundherrschaft
Investiturstreit
Kurfürsten
Kloster
Stadtrecht
Bürger
Ghetto
Kreuzzug

❶ Wähle ein Datum und vier Begriffe aus und erzähle deiner Partnerin oder deinem Partner, was du darüber weißt.

Ich kann folgende Aufgaben zum Thema lösen (Sachkompetenz):

❷ Nenne die Stände, in die die mittelalterliche Gesellschaft eingeteilt war.

❸ Erkläre mithilfe von Bild 1, was Grundherrschaft bedeutete, und gehe auf die Folgen für die Bauern ein.

❹ Beschreibe, wie Otto I. seine Macht als König und Kaiser festigen konnte.

❺ Vergleiche das Leben auf dem Land, in der Stadt, auf einer Burg und im Kloster. Erstelle hierzu eine Tabelle wie in M1 in deinem Heft und fülle sie aus.

❻ Ordne die Marienkapelle in Würzburg (Bild 3) einem Baustil des Mittelalters zu und begründe deine Einordnung mithilfe der Kriterien von S. 63 und deines aus den Seiten 62/63 erworbenen Wissens.

Ich kann Geschichte verständlich darstellen (narrative Kompetenz):

❼ Suche in deiner näheren Umgebung nach Spuren des Mittelalters (Gebäude, Überreste, Straßen- und Platznamen, Museen …) und halte fest, wie sie bis heute das Ortsbild bestimmen. Verfasse einen Text, den du deiner Klasse als Stadtführer/-in vortragen kannst. Besonders gelungen wird dein Vortrag, wenn du deine Ausführungen mit Fotografien ergänzt.

▶ *Die Seiten 64/65 in diesem Kapitel können dir bei der Erstellung deines Stadtführers hilfreich sein.*

Ich kann die Methode „Statistiken und Diagramme untersuchen" anwenden (Methodenkompetenz):

❽ Benenne Thema, Zeitraum, Orte und Darstellungsform von Diagramm 2.

❾ Arbeite die Informationen, die du der Grafik entnehmen kannst, heraus (größter bzw. kleinster Wert usw.).

❿ Formuliere ein zusammenfassendes Ergebnis.

Ich verstehe, warum das Thema für uns heute noch wichtig ist (Orientierungskompetenz):

⓫ Immer wieder begegnet man auch heute vielen Vorurteilen gegenüber Minderheiten oder Flüchtlingen, die eine andere Sprache sprechen oder eine andere Religion haben. Überlegt, was ihr tun könnt, um Vorurteile gegenüber diesen Menschen erst gar nicht aufkommen zu lassen.

Ich kann mir ein Urteil bilden und es begründen (Urteilskompetenz):

⓬ Werte Q2 aus und verfasse ein Werturteil zur Frage, ob ein anderer Glaube Verfolgungen und Kriege rechtfertigen kann.

▶ *Nimm die Methoden „Textquellen untersuchen" und „Ein persönliches Werturteil bilden" von S. 222 und S. 70/71 zu Hilfe.*

Verstehen

1 – Aus einem bäuerlichen Abgabenkalender. Sachsenspiegel, 13. Jh.

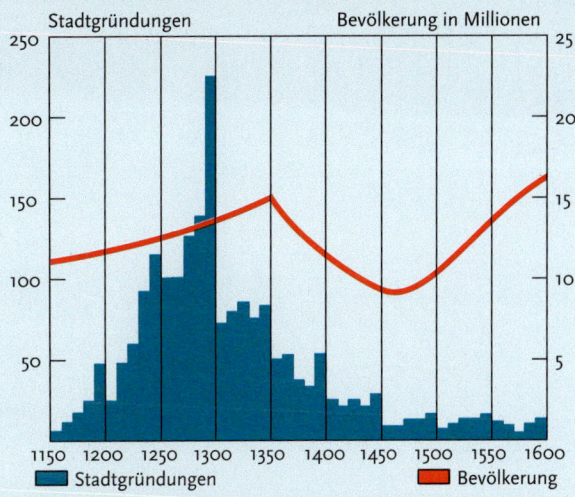

2 – Stadtgründungen und Bevölkerungsentwicklung in Mitteleuropa. Diagramm.

M1 **Vergleich des Lebens in Stadt, Land, Burg und Kloster**

	Dorf	Stadt	Burg	Kloster
Bewohner	Bauern	…	Adel	…
Aufgaben/ Tagesablauf	Bestellen der Felder	…	…	….
Probleme	…	…	…	….

3 – Die Marienkapelle in Würzburg. Der Bau begann im 14. Jh. und wurde im 15. Jh. vollendet.

Q1 **Papst Urban II. sprach am 27. November 1095 auf dem Konzil von Clermont:**

… Jerusalem ist die Mitte der Erde, das fruchtbarste aller Länder, als wäre es ein zweites Paradies der Wonne. Der Erlöser der Menschheit hat es … durch seine Ankunft verherrlicht, … durch sein Sterben erlöst, durch sein Grab ausgezeichnet. …
Die Stadt des Königs, im Zentrum der Welt gelegen, wird jetzt von ihren Widersachern gefangen gehalten. Sie flieht unablässig um eure Hilfe. Begebt euch also auf diesen Weg zur Vergebung eurer Sünden, unvergleichlicher Ruhm ist euch im Himmelreich gewiss. … Wenn ihr die Feinde angreift, werden alle im Heer Gottes dies eine rufen: „Deus lo vult! Deus lo vult!" [„Gott will es!"]. …

2 Neue Horizonte – neue Welten

Sich auf das weite Meer hinauswagen zu können, davon hatten Seefahrer immer geträumt. Seit dem 15. Jahrhundert gab es diese Möglichkeit. Mit den Karavellen – hier im Bild Nachbauten aus heutiger Zeit – konnten die Seefahrer auch gegen den Wind segeln. Sie befuhren die Ozeane und entdeckten neue Kontinente.

Die Europäer stießen aber nicht nur auf unbekannte Welten. Es kam in vielen Bereichen zu neuen Entdeckungen, Erfindungen und Erkenntnissen: in der Wissenschaft und Technik, der Kunst und Kultur und sogar in der Religion. So entstand ein neues Welt- und Menschenbild. Doch wie genau gestaltete sich der Aufbruch in diese neue Zeit – die Neuzeit?

Neue Horizonte – neue Welten

1 – Europäische Entdeckungsfahrten im 15./16. Jahrhundert.

Während im Mittelalter der christliche Glaube das Weltbild der Menschen in Europa bestimmte, änderte sich dies um 1500. Die Menschen begannen sich für naturwissenschaftliche Vorgänge zu interessieren, sie wollten alles genau wissen und gelangten so zu zahlreichen Erfindungen und Entdeckungen.

In diesem Kapitel wirst du viele dieser Neuerungen und ihre Folgen kennenlernen. Sie prägen maßgeblich unser heutiges Denken und vermutlich viele gesellschaftliche Entwicklungen der noch kommenden Jahrhunderte.

Am Ende des Kapitels kannst du folgende Fragen beantworten:

- Welche Veränderungen kennzeichneten den Übergang vom Mittelalter zur Neuzeit?
- Welche Folgen hatte die Ausbreitung des Osmanischen Reiches in Europa?
- Wie verlief die Entdeckung Amerikas?
- Welche Folgen hatten die Entdeckungen für die einheimische Bevölkerung und ihre Kultur?
- Wie kann ich Informationen zu geschichtlichen Themen mithilfe des Internets erhalten?

❶▪ Ermittle mithilfe der Karte und eines Atlas Ausgangs- und Zielpunkte für Entdeckungsfahrten im 15. und 16. Jahrhundert.

❷▪ Ordne die Bilder 3–5 den Angaben in der Zeitleiste zu.

❸▪ Berichte, was du über die Entdeckungen im 15. und 16. Jahrhundert schon weißt. Die Bilder auf der rechten Seite helfen dir dabei.

1450	1453	1492	15.–16. Jh.
Erfindung des Buchdrucks	Eroberung Konstantinopels	Erste Entdeckungsreise des Kolumbus	Epoche der Renaissance

2 – Ehrfürchtig und neugierig blickt ein Mensch über den Horizont hinaus. Kolorierter Holzschnitt aus dem 19. Jahrhundert.

4 – Maya-Tempel von Tulum. Foto, 2004.

3 – Belagerung Konstantinopels durch die Türken unter Sultan Mohammad II. Fatin, April/Mai 1453. Übersetzung türkischer Schiffe über das Goldene Horn. Radierung, 17. Jh., spätere Kolorierung.

5 – Landung des Kolumbus auf der Insel Guanahani (heute San Salvador) 1492. Kupferstich von Theodor de Bry, 1594.

Wandel in der Frühen Neuzeit

Wie änderte sich das Weltbild?

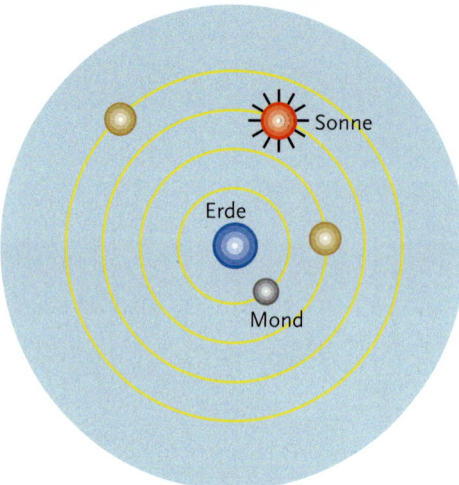

1 – Bewegung der Planeten nach der mittelalterlichen Vorstellung (= geozentrisches Weltbild). Schaubild.

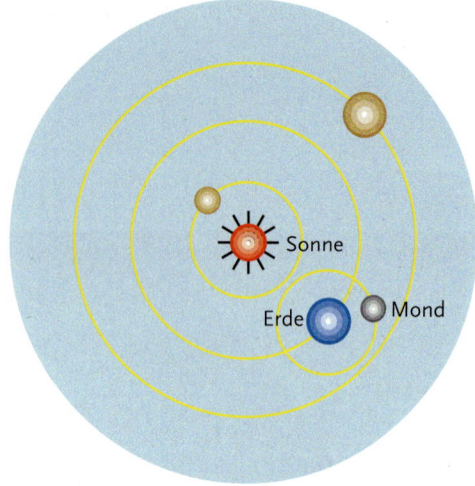

2 – Bewegung der Planeten nach den Berechnungen des Kopernikus (= heliozentrisches Weltbild). Schaubild.

Leonardo da Vinci, Selbstporträt von Leonardo da Vinci, um 1512.

Ein neues Bild der Erde entsteht

Der christliche Glaube bestimmte im Mittelalter in Europa das gesamte Leben. Auch zu wissenschaftlichen Fragen wurden Antworten in der Bibel gesucht. Aber im 15. Jahrhundert änderte sich dies.

Für diese neue Denkweise steht beispielsweise der polnische Priester und Astronom Nikolaus Kopernikus (1473–1543).

Als Priester war er davon überzeugt, dass sich die Erde im Mittelpunkt des Weltalls befinde und die Sonne sowie die Planeten sich um die Erde drehen würden. Der Mensch als Krönung der Schöpfung lebe im Zentrum dieses Weltalls.

Als Wissenschaftler kam Kopernikus zu einer ganz anderen Ansicht. Er beobachtete den Sternenhimmel und erkannte, dass sich die Erde wie die anderen Planeten um die Sonne dreht. Kopernikus wagte es nicht, dies zu veröffentlichen, da es der religiösen Lehre widersprach. Erst 30 Jahre später, am Tag seines Todes, erschien sein Buch, das von der Kirche sofort verboten wurde. Aber die neuen Erkenntnisse setzten sich trotzdem durch; die kirchliche Lehrmeinung wurde infrage gestellt. Der Übergang vom alten zum neuen Weltbild wird daher auch „kopernikanische Wende" genannt.

Ein ❋Universalgenie

In der Zeit um 1500 war Leonardo da Vinci einer der berühmtesten Forscher und Künstler. Er wurde 1452 in einem Bauernhaus bei Vinci, 30 km von Florenz entfernt, geboren. Da Vinci lernte in der Dorfschule nur mit Mühe das Lesen, Schreiben und Rechnen, aber er beobachtete genau seine Umwelt. Jahrelang beschäftigte er sich z. B. intensiv mit dem Flug von Vögeln, Fledermäusen und Insekten. Seine genauen Beobachtungen waren die Grundlage für die Konstruktion von damals unvorstellbaren Maschinen, wie z. B. Flugapparaten, U-Booten, Fallschirmen oder Panzerwagen.

Er war auch an medizinischen Fragen interessiert. Aber die katholische Kirche verbot das ❋Sezieren menschlicher Körper. Trotzdem nahm da Vinci über 30 Leichenöffnungen selbst vor, um sich ein genaues Bild vom Körper und seinen Organen sowie möglichen Ursachen von Krankheiten zu machen. Er legte mit seinen Körperstudien den Grundstein für die weitere medizinische Forschung.

Leonardo da Vinci war auch ein hervorragender Künstler. Er schuf einige der berühmtesten Gemälde der Welt, wie die Mona Lisa (Bild 3).

3 – Mona Lisa. Gemälde von Leonardo da Vinci, ca. 1503.

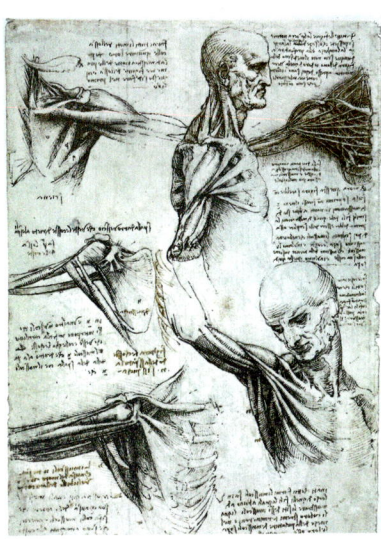

4 – Studienblatt zur Hals- und Schultermuskulatur. Leonardo da Vinci, ca. 1509.

5 – Luftschraube: Vorläufer des Hubschraubers. Modell nach einer Zeichnung von Leonardo da Vinci, 1480–1490.

Konflikte mit der Kirche

Gestützt auf das neu erfundene Fernrohr, auf Beobachtungen am Sternenhimmel und auf Experimente erbrachte der italienische Wissenschaftler Galileo Galilei (1564–1642) den Beweis, dass sich die Erde um die eigene Achse dreht und zusammen mit dem Mond um die Sonne. Sein Eintreten für diese Lehre brachte ihn in Konflikt mit dem Papst. Galilei wurde in Rom verhört und in Haft genommen. Man drohte ihm die Folter an, daraufhin widerrief Galilei seine Lehre. Das Urteil der Kirche fiel relativ milde aus: Galilei wurde nicht als *Ketzer verbrannt, sondern zu unbefristeter Kerkerhaft verurteilt.

Q1 **Der niederländische Gelehrte Rudolf Agricola (1443–1485) schrieb 1472 an einen Freund:**

... Lass dir verdächtig sein, was du bisher gelernt hast. Verurteile alles und verwirf das, wofür du keine stichhaltigen Beweise findest. Auf dem Glauben beruht die Frömmigkeit, die wissenschaftliche Bildung aber sucht stets nach Beweisen ...

Q2 **Seine Vorgehensweise begründete Leonardo 1493 mit folgenden Worten:**

... Mir aber scheint, es sei alles Wissen eitel und voller Irrtümer, das nicht von der Erfahrung, der Mutter aller Gewissheit, zur Welt gebracht wird ... Hüte dich vor den Lehren jener Spekulanten, deren Überlegungen nicht von der Erfahrung bestätigt sind... Wir müssen von der Erfahrung ausgehen und mit dieser die Natur-Gesetze erforschen ...

* Ketzer
Abwertender Ausdruck für jemanden, der von der offiziellen Kirchenmeinung abweicht.

❶ 🔲 Formuliere die Aufforderung des Agricola (Q1) mit eigenen Worten.

❷ 🔲 Ordne die Bilder 1–5 den folgenden Wissenschaftsgebieten zu: Physik, Kunst, Astronomie, Anatomie.

❸ 🔲 Erkläre anhand von Q1 und Q2, worin die Neuerungen im Denken der Wissenschaftler um 1500 bestanden.

❹ 🔲 Wir sagen noch heute: „Die Sonne geht auf." Ordne dieser Aussage eines der beiden Weltbilder (Schaubilder 1 und 2) zu. Begründe deine Entscheidung.

❺ 🔲 Gestaltet in Partnerarbeit zu folgender Situation ein Rollenspiel: Ein Mönch und ein Forscher diskutieren die Ansichten von Kopernikus und Galilei (Text).

▶ *Mönch: Lieber Freund, findest du nicht auch, dass Gott das Universum mit unserer Erde als Mittelpunkt wunderbar geschaffen hat?*
Forscher: Nun, dem kann ich leider nicht ganz zustimmen, denn ...

❻ 🔲 Prüfe, ob Agricola (Q1), Kopernikus, Galilei und da Vinci (Q2) vergleichbare Vorstellungen vom Vorgehen eines Wissenschaftlers hatten.

Wie veränderte sich das Bild vom Menschen?

1 – Darstellung im Tempel. Kölner Meister, um 1320.

2 – Bildnis der Elsbeth Tucher, Ehefrau eines Nürnberger Patriziers. Gemälde von Albrecht Dürer, 1499.

Neuzeit
Dies ist die Geschichtsepoche von 1500–1800.

Renaissance
(ital. rinascita = Wiedergeburt). „Renaissance" bezeichnet die Zeit am Ende des Mittelalters, in der in Wissenschaft und Kunst die Schriften sowie Kunstwerke der griechischen und römischen Antike „wiederentdeckt" wurden und großen Einfluss auf das Denken sowie Fühlen der Menschen hatten.

Albrecht Dürer (1471–1528), ein berühmter Maler der Renaissance aus Nürnberg. Selbstbildnis mit Pelzrock, 1500.

Die Wiedergeburt der Antike

Seit dem 14. Jahrhundert war in Italien das Interesse an den Römern und Griechen erwacht. Es wurde begonnen, den Menschen und die Erde genauer zu erforschen und zu ergründen, wie Naturereignisse zu erklären sind. Antworten auf diese Fragen suchte man nun in den in Vergessenheit geratenen alten Schriften römischer und griechischer Gelehrter, weil schon diese sich mit Phänomenen aus der Natur auseinandergesetzt hatten. Wissenschaftler versuchten, das sogenannte „verloren gegangene" Wissen wiederzuentdecken, sodass von einer Wiedergeburt der Antike gesprochen wurde. Es wurde üblich, dafür den französischen Ausdruck „Renaissance" zu verwenden.

Die gebildeten und reichen Menschen der Renaissance lösten sich aus der Bevormundung der Kirche. Sie fühlten sich als eigenständige Persönlichkeiten und gaben sich nicht mehr damit zufrieden, ein beschwerliches Leben zu führen und sich auf das Paradies im Jenseits vertrösten zu lassen. Bereits im Diesseits wollten sie sich am Schönen erfreuen und ihr Leben in vollen Zügen genießen. Der selbstbewusste und glückliche Bürger wurde zum Ideal der Renaissance.

Die neue Kunst

Auch in der Kunst änderte sich vieles. Die Künstler der Renaissance wollten die antike Kunst nicht einfach nachahmen, sondern sie nach ihren eigenen Vorstellungen und Ideen wieder zum Leben erwecken. Bei den Malern und Bildhauern trat die Verherrlichung Gottes in den Hintergrund. Wichtig wurde die genaue Darstellung des Menschen. Als Vorbild dienten antike Statuen aus Rom und Griechenland.

Der Humanismus

Die neue Art zu denken und die neuen Wissenschaften sollten helfen, die menschlichen Fähigkeiten optimal zu entfalten. Der allseits gebildete Mensch wurde zum Idealbild. Jene Menschen, die sich für eine umfassende Bildung einsetzten, wurden als Humanisten (= den Menschen betreffend) bezeichnet. Bedeutende Vertreter waren Erasmus von Rotterdam und Johannes Reuchlin.

Wer zur Schicht der Gebildeten gehören wollte, musste wie die Gelehrten Latein sprechen und schreiben. So war es Mode zu dieser Zeit, den Familiennamen in den lateinischen Ausdruck zu ändern: So wurde z. B. aus Bauer Agricola, aus Schuster Sutor und aus Müller Molitor.

3 – Die Schule von Athen. Gemälde von Raffael, 1510/11. Das Bild soll den Sieg der Wissenschaften im antiken Griechenland darstellen und zeigt viele antike Gelehrte. Im Mittelpunkt stehen die Philosophen Platon und Aristoteles, die von Männern umringt sind, die ihnen zuhören. Auf den Stufen vor ihnen sitzt Diogenes und links unten Pythagoras, der in ein Buch schreibt.

Ein neues Zeitalter

Mit dem neuen Denken war um 1500 eine neue Epoche angebrochen: die Neuzeit. Die vorigen Jahrhunderte, die zwischen der Antike und der eigenen Zeit lagen, bezeichnete man jetzt als mittleres Zeitalter.

Q1 Der Gelehrte Enea Silvio Piccolomini (1405–1464) schrieb um das Jahr 1450:

…Was ist der Mensch ohne Bildung, und mag er noch so reich und noch so mächtig sein! Welchen Unterschied gibt es zwischen einem bildungslosen Menschen und einem Standbild aus Stein? Kein Herzog, kein König, kein Kaiser hat ohne wissenschaftliche Bildung irgendwie Wert und Bedeutung. …

Q2 Über die Rolle des „neuen Menschen" schrieb der italienische Gelehrte Gianozzo Manetti (1396–1459):

… Die Welt ist wohl von Gott geschaffen, aber der Mensch hat sie verwandelt und verbessert. Denn alles, was uns umgibt, ist unser eigenes Werk, das Werk des Menschen, alle Wohnstätten, alle Schlösser, alle Gebäude aus der ganzen Welt … Von uns sind die Gemälde, die Skulpturen; von uns kommen der Handel, die Wissenschaften und philosophischen Systeme. Von uns kommen alle Erfindungen und alle Arten von Sprachen und Literaturen. …

M1 In dem Roman „Sofies Welt" (1991) von Jostein Gaarder sagt der Lehrer zu seiner Schülerin Sofie:

… Das Studium (der Antike) führte zur „klassischen Bildung", die den Menschen auf eine höhere Daseinsstufe heben sollte. „Pferde werden geboren", hieß es, „Menschen dagegen werden nicht geboren, sie werden gebildet."
„Wir müssen also zum Menschen erzogen werden?" „Ja, das dachten sie damals." …

❶ ▪ Nenne mithilfe des Textes und Q2 wichtige Stichwörter zum „neuen Denken" in der Renaissance.
▶ *Werk des Menschen, …*
❷ ▪ Lies den Text, Q1 und M1 und gib mit eigenen Worten das Ziel der Humanisten wieder.
❸ ▪ Vergleicht in Partnerarbeit Bild 1 mit den Bildern 2 und 3. Welche Veränderungen in der Kunst fallen euch auf?
▶ *Nehmt folgende Kriterien zu Hilfe: Themenwahl, Lichteinfall, Räumlichkeit, Darstellung der Menschen, Hintergrund.*
❹ ▪ Recherchiere im Internet über die bei Bild 3 genannten griechischen Gelehrten. Erstelle dann für jede Person einen Steckbrief.
▶ *Nimm die Methode „Eine Internetrecherche durchführen" von S. 106/107 zu Hilfe.*
▶ *Verwende für die Steckbriefe folgende Punkte: Name, Geburts- und Sterbedaten, Tätigkeiten und Berufe, Werke.*
❺ ▪ Nimm Stellung zu der These: Die Renaissance ist das Tor in die Moderne.

Wie konnten sich Ideen schnell verbreiten?

1 – Das Verfahren des Johannes Gutenberg im Schema: Ein Buch entsteht – vom Gießen der Lettern aus Blei bis zur Bindung des fertigen Buches. Schaubild.

Die Erfindung des Buchdrucks

Im Mittelalter hatten sich neue Ideen oder Erfindungen nur langsam herumgesprochen. Zeitungen gab es nicht und Bücher, aufgrund des kostenintensiven Herstellungsprozesses, ebenfalls wenige. Bücher wurden – meist in Klöstern (siehe S. 44/45) – mit der Hand geschrieben. Die Anfertigung eines einzigen Buches dauerte häufig viele Jahre. Eine Bibel etwa kostete 60 Gulden; für diese Summe konnte man auch ein kleines Bauerngut erwerben. Vor allem Klöster, Fürsten oder sehr reiche Bürger konnten sich überhaupt eigene Bücher leisten. Dies änderte sich beinahe schlagartig mit der Erfindung des Buchdrucks.

Der aus Mainz stammende Handwerker Johannes Gensfleisch, genannt Gutenberg, entwickelte ein Verfahren, in dem einzelne, in einer Blei-Zinn-Legierung gegossene Buchstaben zu jedem beliebigen Wort zusammengesetzt werden konnten. So entstand Zeile um Zeile eine Textseite in Spiegelschrift. Sie wurde nun geschwärzt und dann mittels einer ebenso von ihm erfundenen Druckerpresse auf Papier gedruckt. Nach dem Druck wurden die Seiten wieder auseinandergenommen und die Buchstaben konnten für eine neue Seite wieder gesetzt werden.

Der Buchdruck verändert die Welt

Im Jahr 1455 erschien das erste Buch, das nach dem neuen Verfahren hergestellt wurde – die Bibel. Von da an verbreitete sich die Druckkunst rasch über ganz Europa. Um 1500 gab es in Europa schon über 1100 Druckereien. Sie druckten mehr als 40 000 Werke mit einer Gesamtzahl von mehr als zehn Millionen Büchern. Neben Bibeln wurden viele religiöse Schriften gedruckt, aber auch wissenschaftliche Bücher und politische *Flugschriften.

Neue Ideen erreichten jetzt viel schneller die einfache Bevölkerung, die sich bald diese Bücher leisten konnte, da sie immer preiswerter wurden. In vielen Städten wurden Schulen gegründet, in denen man lesen und schreiben lernen konnte. Die ersten Zeitungen und Reiseberichte erschienen. Man bezeichnet heute die Erfindung des Buchdrucks als Medien-„*Revolution", weil sich durch ihn das Leben und Denken der Menschen in kurzer Zeit stark veränderte. Vergleichbar ist dies nur mit der Entwicklung des fast 500 Jahre später erfundenen Internets, welches zusammen mit Computern und der *Digitalisierung von Daten einen Umbruch zu Beginn des 21. Jahrhunderts bewirkte, der bis heute in alle unsere Lebensbereiche hineinreicht und als „Digitale Revolution" bezeichnet wird.

* **Flugschriften**
Diese Einblattdrucke wurden beim Kirchgang oder auf öffentlichen Plätzen von umherziehenden Händlern billig verkauft und informierten und unterhielten so eine breite Leserschaft.

* **Revolution**
So bezeichnet man einen grundlegenden Wandel, der in kurzer Zeit erfolgt und einen Bereich stark verändert.

* **Digitalisierung**
Unter Digitalisierung wird allgemein die Aufbereitung von Informationen zur Verarbeitung oder Speicherung in einem digitaltechnischen System wie z. B. einem Computer verstanden.

Johannes Gensfleisch, genannt Gutenberg (ca.1398–1468), Erfinder des Buchdrucks. Kupferstich 1584.

2 – Innenansicht einer Druckerei, Holzschnitt von Abraham van Weerdt, um 1650. Spätere Kolorierung.

Q1 Der islamische Gelehrte Mirza Muhammad (etwa 1499–1551) schrieb:
... Durch dich, o Gutenberg, Bürger von Mainz, blühen die Wissenschaften. Durch deine Erfindung entzündete sich das Wissen, breitete sich überall aus und durchdringt jetzt alles, von der niedrigsten Hütte bis zum Goldpalast. Auch Asien ... schreibt deinen Namen mit Goldbuchstaben. ...

M1 In der JIM-Studie 2016 wurde der Medienumgang der 12- bis 19-Jährigen in Deutschland untersucht:

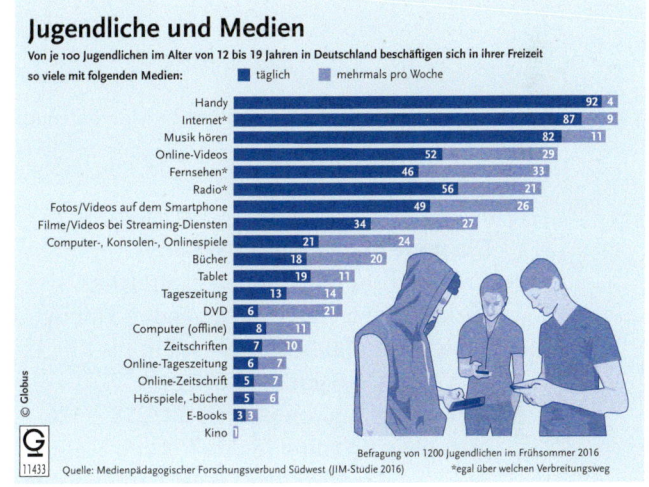

❶ 🔲 Zähle mithilfe des Textes und Q1 die Vorteile für die Gesellschaft auf, die der Buchdruck mit sich brachte.

❷ 🔲 Ein Mönch besucht um 1460 eine damals neue Druckerei wie in Bild 2. In einem Brief an sein Kloster berichtet er von der Arbeit dort (Schaubild 1). Was könnte er berichtet haben?
▶ *Ich betrat die Stube. Zuerst fiel mir auf, dass ...*

❸ 🔲 Erkläre die Behauptung: „Mehr als das Gold hat das Blei die Welt verändert. Und mehr als das Blei in der Flinte, das Blei im Setzkasten."
▶ *Überlege bei deiner Antwort, worauf du heute ohne die Erfindung des Buchdrucks verzichten müsstest.*

❹ 🔲 Vervollständige die Tabelle mit Vor- und Nachteilen der digitalen Medien sowie eigenen Beispielen.

Vorteil	Beispiel	Nachteil	Beispiel
Informationen sind schnell zugänglich	Internet	...	...
Mehr Waren sind schneller verfügbar	Onlineshop	...	...
Breitere Vernetzung und Austausch mit mehr Menschen	Soziale Netzwerke	Mobbing	...

❺ 🔲 Bewerte, inwiefern dein Alltag durch digitale Daten beeinflusst ist. Erstelle dazu zuerst eine Liste mit Tätigkeiten, Orten und Geräten.

❻ 🔲 Beurteile anhand von M1, welche Rolle digitale Medien im Alltagsleben von Jugendlichen in Deutschland spielen.

❼ 🔲 Vergleicht in Partnerarbeit mithilfe der Materialien dieser Doppelseite die Erfindung des Buchdrucks mit der digitalen Revolution heute.
▶ *Überlegt euch zuerst Vergleichskriterien.*

Wer war die neue Macht im Osten?

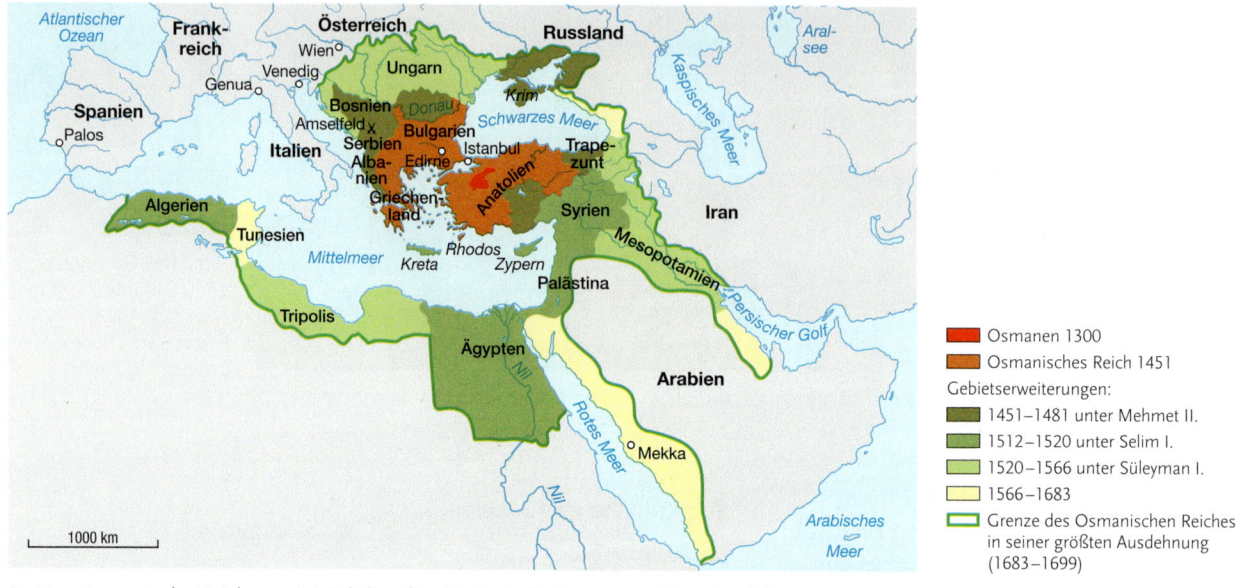

1 – Das Osmanische Reich vom 14. Jahrhundert bis in die Zeit seiner größten Ausdehnung 1683.

Legende:
- Osmanen 1300
- Osmanisches Reich 1451
- Gebietserweiterungen:
  - 1451–1481 unter Mehmet II.
  - 1512–1520 unter Selim I.
  - 1520–1566 unter Süleyman I.
  - 1566–1683
  - Grenze des Osmanischen Reiches in seiner größten Ausdehnung (1683–1699)

* **Mongolen**
Die Mongolen sind ein Steppen- und Nomadenvolk aus Innerasien, welches sein Herrschaftsgebiet von Sibirien bis zum schwarzen Meer ausdehnte.

Dschingis-Khan
Begründer des Mongolischen Reichs. Chinesischer Holzschnitt, 13. Jh.

Osman I.
Begründer des Osmanischen Reichs. Türkische Miniatur, 1584.

Die neue Macht – die Osmanen

Im 13. Jahrhundert flohen zahlreiche Turkvölker vor den vordringenden *Mongolen unter ihrem Anführer Dschingis Khan (1162–1227) Richtung Westen.

Unter Führung von Osman I. (1258–1326) gelangte ein Stamm in den Norden Kleinasiens und siedelte sich in der heutigen Türkei an. Er gründete in *Anatolien einen neuen Staat, der als Osmanisches Reich in die Geschichte einging.

Durch die arabischen Einflüsse bekannten sich die Osmanen zur Religion des Islam. Der Heilige Krieg gegen die Christen spielte für sie eine besondere Rolle, was zur Folge hatte, dass sie schnell weite Teile des Oströmischen Reichs eroberten.

Wahrnehmung der Osmanen

In West- und Mitteleuropa nahmen die Menschen den osmanischen Nachbarn als fremd und anders wahr. Es gab keine Könige, die wie im Heiligen Römischen Reich Deutscher Nation üblich, immer wieder in der Öffentlichkeit in Erscheinung traten, sondern einen Sultan, der nicht einmal für ausländische Gesandte zu sprechen war. Diese wurden am hohen Eingangstor des Palastes empfangen, das Innere blieb ihnen verwehrt.

Die Staatsgeschäfte des Osmanischen Reiches wurden von Beamten, Wesiren und einem Großwesir geführt.

Christen und Juden genossen besonderen Schutz und das Recht, ihre Angelegenheiten selbst zu verwalten, unterworfene christliche Dörfer mussten jedoch eine ungewöhnliche Abgabe leisten: Jedes fünfte Jahr wurde aus jeweils 40 Familien eines Dorfes ein Junge ausgewählt, der seinen Eltern weggenommen und in einer muslimischen Familie aufgezogen wurde. Je nach Begabung wurden diese Kinder auf eine Militär- oder Verwaltungslaufbahn vorbereitet. Rechtlich waren sie Sklaven, konnten aber zu den höchsten Ämtern im Staat aufsteigen und zu *Janitscharen ausgebildet werden.

Der Fernhandel mit Westeuropa, Indien und Ostasien brachte sehr viel Geld in die Staatskassen. Zum einen, weil sich die osmanischen Lieferanten nur mit Gold bezahlen ließen, welches stark an Wert zunahm, und zum anderen, weil enorme Zölle auf die Warenlieferungen erhoben wurden.

2 – Knabenlese (Devsirme): Zwangsrekrutierung von Knaben der unterworfenen christlichen Völker für die Ausbildung zu Janitscharen. Türkische Miniatur, 1558.

3 – Einige der teuersten Dinge der Welt waren Gewürze. Sie wurden in der damaligen Zeit mit Gold aufgewogen. Foto, 2016.

Q1 Der Florentiner Gelehrte Machiavelli verglich zu Beginn des 16. Jahrhunderts das Osmanische Reich mit Frankreich:

... Die ganze türkische Monarchie wird von einem Herrn regiert, die anderen sind nur seine Diener ... Er setzt sie ein und beruft sie ab, ganz nach seinem Belieben. Der König von Frankreich dagegen ist umgeben von einer Anzahl alteingesessener Herren ... Sie haben ihre Vorrechte, die ihnen kein König nehmen kann, ohne sich selber zu gefährden. ... Da diese [Beamten des Sultans] ja alle Sklaven und Kreaturen des Herrschers sind, ist es schwer, sie zu bestechen ... Wer also die Türkei angreift, muss darauf gefasst sein, auf ein geeintes und geschlossenes Reich zu stoßen. ...

Q2 Ein jüdischer Händler berichtete 1499 über den Gewürzhandel mit Indien:

... Von diesem Lande Calicut, das man Indien nennt, kommen die Gewürze her, die im Osten und Westen ... und in allen anderen Ländern der Welt verzehrt werden ...: viel Ingwer, Pfeffer und Zimt ... [In Calicut] nehmen die Schiffe aus Mekka die Gewürze an Bord und bringen sie bis zu einer Stadt, die in der Nähe von Mekka liegt und Djiddah heißt. [B]is dorthin brauchen sie fünfzig Tage ... .

Dort angekommen löschen sie die Ladung und zahlen dem großen Sultan ihren Zoll.

... Dort laden die Kaufleute die Gewürze auf Kamele um und bringen sie in zehn Tagen nach Kairo ... Auf diesem Weg nach Kairo werden sie oft von Räubern überfallen ... [In Kairo] laden sie die Gewürze von neuem in Schiffe um, die auf einem Fluss fahren, der Nil heißt ... Auf diesem Fluss fahren sie zwei Tage, bis sie [zu dem Ort] Rosette ... kommen, hier zahlen sie wieder Zoll. Nun [geht es] in einer Tagesreise in eine Stadt, die Alexandria heißt und eine Seestadt ist. Dorthin kommen die venezianischen und genuesischen Galeeren, um diese Gewürze zu kaufen. ...

✻ Anatolien
Das ist die griechische Bezeichnung für Kleinasien.

✻ Janitscharen
Sie waren die Elitetruppe der osmanischen Armee und stellten die Leibwache des Sultans. Sie konnten in hohe Staatsämter gelangen.

❶ ▣ Beschreibe mithilfe der Karte die Entwicklung des Osmanischen Reiches.

❷ ▣ Erläutere mithilfe des Textes die Herkunft der Osmanen und den Beginn des Osmanischen Reiches.

❸ ▣ Stelle die Herrschaft im Osmanischen Reich mithilfe des Textes und der Aussage Machiavellis (Q1) dar.

❹ ▣ Erstelle ein Pfeildiagramm, indem du mithilfe von Q2 und der hinteren Klappenkarte den Weg und die Transportmittel der Gewürzhändler darstellst.

▶ *Mekka* → *Schiff* → *Calicut*

❺ ▣ An jeder der erwähnten Zollstellen von Q2 musste die Hälfte des Warenwerts an Zoll bezahlt werden. Erkläre, was dies für eine Warenladung im Wert von umgerechnet 10 000 Euro, die in Calicut gekauft wurde, bedeutete. Nicht mit eingerechnet sind die reinen Transportkosten, die auch zu begleichen waren.

❻ ▣ Versetze dich in eine Mutter, deren Sohn für die Ausbildung zum Janitschar ausgewählt wurde (Bild 2). Verfasse einen Tagebucheintrag.

▶ *Gehe in deinen Ausführungen auch auf die Zukunftsaussichten für den Jungen ein.*

Welche Auswirkungen hatte die Eroberung Konstantinopels?

1 – Belagerung Konstantinopels durch die Türken unter Sultan Mohammad II. Fatin, April/Mai 1453. Übersetzung türkischer Schiffe über das Goldene Horn. Radierung, 17. Jh., spätere Kolorierung.

1453: Eroberung Konstantinopels

✳ Muskete
Eine Muskete ist ein Gewehr mit einem Luntenschloss, das seit dem 15. Jahrhundert eingesetzt wurde. Allerdings war die Reichweite der Bleikugeln mit 30 bis 50 Metern gering und genaues Zielen schwer.

✳ Byzantinisches Reich
So wird das Kaiserreich im östlichen Mittelmeerraum, verkürzt auch nur Byzanz – oder aufgrund der historischen Herkunft als Oströmisches Reich bzw. Ostrom bezeichnet.

✳ Bosporus
Das ist die Meerenge zwischen Europa und Asien.

Militärische Stärke der Osmanen

Die Voraussetzung für die auf Eroberungen ausgerichtete Politik der osmanischen Herrscher war ein gut bewaffnetes, diszipliniertes und motiviertes Heer. Es unterteilte sich in Reiterei, Fußsoldaten, Marine und die Elitetruppe der Janitscharen. Insgesamt stand dem Sultan ein stehendes Heer von etwa 300 000 Mann ständig kampfbereit zur Verfügung. Der Einsatz von Schusswaffen (Kanonen, ✳Musketen und Pistolen) brachte den Osmanen strategische Vorteile, da die Europäer zu dieser Zeit noch Armbrust und Schwert einsetzten.

Schwaches ✳Byzantinisches Reich

Seit den Kreuzzügen hatte das Byzantinische Reich ständig an Macht verloren. Die Einwohnerzahl des einst so mächtigen Konstantinopels, des letzten Restes des Byzantinischen Reiches, war von 250 000 auf ca. 40 000 geschwunden. Die geschwächte Stadt hielt zwar etlichen Belagerungen stand, dennoch kündigte sich ihr Ende sowie das des gesamten Reiches an. Zum einen unternahmen die westeuropäischen Fürsten nichts, um das Reich zu retten, und zum anderen war Konstantinopel den Osmanen tributpflichtig und von deren Getreidelieferungen abhängig geworden.

Eroberung Konstantinopels

1453 errichtete Sultan Mehmet II. (1451–1481) am ✳Bosporus eine Burg und ließ eine Kanone von gewaltiger Durchschlagskraft bauen. Da Konstantinopel vor einem Angriff von der Seeseite durch eiserne Sperrketten im Wasser geschützt war, ließ Mehmet die Schiffe auf dem Landweg in den Hafen von Konstantinopel schleppen. Anfang April begann die Belagerung. Eine Übermacht von 80 000 Osmanen kämpfte gegen 7000 Verteidiger. Nach sechs Wochen Belagerung gingen die Osmanen zum Sturmangriff über. Kaiser Konstantin XI. versuchte bis zum Schluss seine Hauptstadt zu verteidigen, wurde aber von einem Janitscharen getötet. Somit eroberte Mehmet II. 1453 Konstantinopel und gab es drei Tage zur Plünderung frei, wobei etliche Kulturgüter zerstört wurden. Anschließend wurde es zur Hauptstadt des Reiches und erhielt den Namen Istanbul, die „Stadt des Islam". Damit hatten die Osmanen Zugang zum Schwarzen Meer und kontrollierten den Handel auf dem Landweg nach Indien, was sie zu einer wirtschaftlichen Bedrohung für Europa machte. Der Verlust Konstantinopels wurde bereits damals von Gelehrten als Beginn einer neuen Epoche verstanden.

2 – Sultan Mehmet II. Fathi, „Der Eroberer". Das Taschentuch symbolisiert ein Herrschaftsattribut. Gemälde des osmanischen Malers Sinan Vey, 1475.

3 – Sultan Mehmet II. Fathi, „Der Eroberer". Gemälde eines venezianischen Künstlers, 16. Jahrhundert.

Q1 Die Eroberung Konstantinopels wurde von dem osmanischen Chronisten Aschikpaschazade in der zweiten Hälfte des 15. Jahrhunderts folgendermaßen geschildert:

… Man war seit langem schon dabei, die Rüstungen für die Eroberungen der Stadt [Konstantinopel] selbst zu treffen. Sowie alles bereit war, kam auch der Sommer und Sultan Mehmet sagte: „Heuer verbringe ich den Sommer zu Istanbul." Sie rückten hin und legten sich vor die Mauern von Istanbul. Vom Lande her und … vom Meere her schlossen sie es ringsum ein. … Fünfzig Tage lang wurde tags und nachts gekämpft, und am einundfünfzigsten Tag gab dann der Herrscher die Stadt zur Plünderung frei. Die Gazi [Glaubenskämpfer] stürmten und am Dienstag [den 29. Mai 1453] wurde die Festung genommen. Da gab es gute Beute. Gold und Silber und Juwelen und kostbare Stoffe wurden auf den Markt im Heerlager gebracht und in Haufen aufgestapelt; all dieses wurde nun feilgeboten. Die [Christen] von Istanbul wurden zu Sklaven gemacht, und die schönen Mädchen wurden von den [Soldaten] in die Arme genommen. …

Q2 Rede des kaiserlichen Kommissars Enea Silvio Piccolomini auf dem Frankfurter Reichstag 1454 über den Fall Konstantinopels:

… Die Niederlage von Konstantinopel, die den großen Sieg der Türken, den vollständigen Untergang der Griechen, die äußerste Schmach der Latiner mit sich brachte, bedrückt und peinigt … einen jeden von euch … Und wenn wir die Wahrheit eingestehen wollen, so hat in vielen Jahrhunderten die Christenheit keine größere Schmach erlitten als diese. Gewiss sind wir in zurückliegenden Zeiten in Asien und in Afrika, also in fremden Erdteilen, besiegt worden; jetzt aber ist es in Europa, das heißt … in unserem eigenen Haus, in unserer Heimat, wo man uns geschlagen und zu Boden geworfen hat. …

❶▶ Beschreibe mithilfe der Karte auf S. 86 die Lage von Konstantinopel (Istanbul).

❷▶ Nenne mithilfe des Textes Gründe, die aus osmanischer Sicht für einen Angriff auf Konstantinopel sprachen.

❸▶ Überlege, warum die europäischen Fürsten keine Hilfe leisteten.

❹▶ Gib mithilfe des Textes die wichtigsten Schritte der Eroberung Konstantinopels mit eigenen Worten wieder.

❺▶ Vergleiche das osmanische Porträt von Mehmet II. (Bild 2) mit der Darstellung auf dem europäischen Gemälde (Bild 3).

▶ *Wie wirken die beiden Bilder auf dich und wie unterscheiden sie sich in der Darstellung?*

❼▶ Vergleiche die osmanische (Q1) und die griechische (Q2) Sicht zum Fall Konstantinopels. Beziehe dabei die Rolle des jeweiligen Herrschers, die Darstellung der Eroberung sowie die der Plünderung mit ein.

Entdeckungen und Eroberungen

Wodurch wurden Entdeckungsfahrten ermöglicht?

1 – Globus des Martin Behaim von 1492. Behaim war Kaufmann in Nürnberg.

2 – Kompass, um 1550.

3 – Sanduhr von ca. 1517.

Gefährliche Schifffahrt

Im Fernhandel konnten die Kaufleute viel Geld verdienen, doch eine Seefahrt über das offene Meer galt als gefährlich. Die Furcht vor Ungeheuern war groß.

Da es kaum eine Möglichkeit gab, sich über die eigene Position sicher zu orientieren, fuhren die Schiffe immer dicht an den Küsten entlang.

Neue Möglichkeiten eröffneten sich für die Seefahrer mit ganz neuen Karten, die nach Norden ausgerichtet waren und genauere Angaben zu Küsten, Häfen und Entfernungen enthielten. Der Globus von Martin Behaim zeigte außerdem deutlich die Kugelgestalt der Erde und Möglichkeiten für eventuelle neue Seewege (Bild 1).

Neue Messgeräte und Schifftypen

Mithilfe des Kompasses (Bild 2), einer chinesischen Erfindung, konnte auch bei rauer See die Richtung bestimmt werden. Außerdem gab es jetzt Tabellen, die den täglichen Stand der Sterne angaben. War bekannt, wie hoch ein Stern zu einer bestimmten Zeit am Horizont stand (Bilder 4 und 5), konnte mithilfe dieser Tabellen die genaue Position (Breitengrad) bestimmt werden. Ein wichtiges Instrument für die Zeitmessung und Navigation bei der Seefahrt war auch die Sanduhr. Mit ihr wurde gemessen, wie viele Knoten auf der Leine sich in einer halben Minute abwickelten. Bis heute ist die Bezeichnung Schiffsknoten das Maß zur Feststellung der Geschwindigkeit eines Schiffes.

Darüber hinaus wurden neue seetüchtige Schiffe wurden gebaut, die Karavellen. Sie hatten einen Hauptmast mit einem großen Vierecksegel, das bei Rückenwind für eine hohe Geschwindigkeit sorgte (siehe S. 92, Bild 1). Am vorderen und hinteren Mast erlaubten die kleineren Dreiecksegel auch ein Segeln fast gegen den Wind. Mit all diesen Erfindungen war die Voraussetzung für weitere Seefahrten geschaffen.

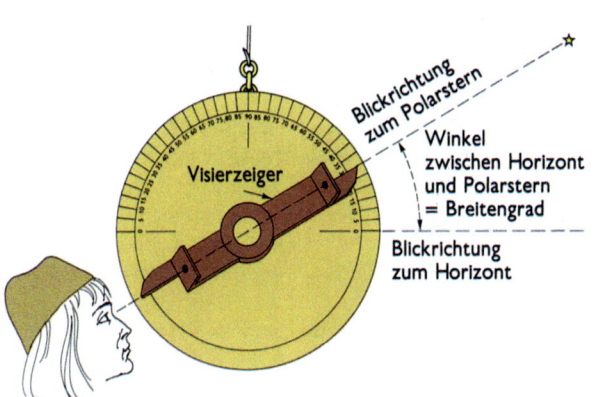

4 – Astrolabium, lateinisch für „Sternnehmer". Das Astrolabium misst die Höhe eines Sterns über dem Horizont. Zeichnung.

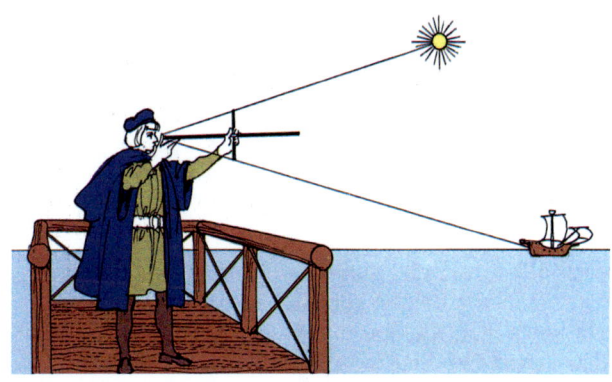

5 – Jakobsstab. Mit dem Jakobsstab misst man die Höhe des Sterns über dem Horizont (= Breitengrad). Zeichnung.

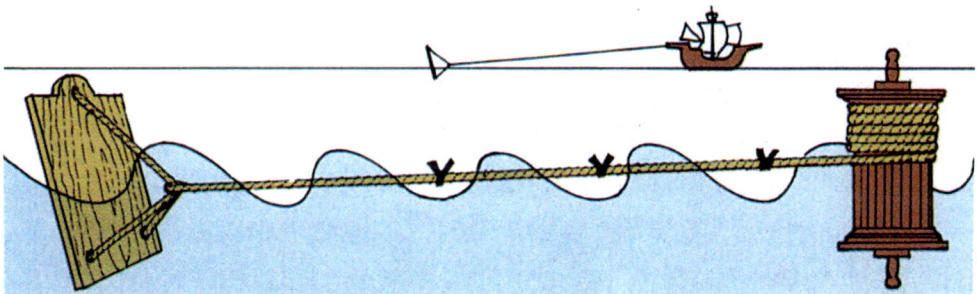

6 – Das Knoten-Log (engl. log = Holzscheit). Obere Abbildung: Die Geschwindigkeit eines Schiffes wurde gemessen, indem man ein Schwimmholz ins Wasser warf und die Zeit feststellte, die beim Passieren der Messstrecke verging. Untere Abbildung: Auch das Knoten-Log wurde ins Wasser geworfen. Dabei wurde die Zeit ermittelt, die beim Abwickeln des Seils verging, an dem festgelegte Strecken mit Knoten markiert waren. Zeichnung.

7 – Lot. Es diente zum Messen der Wassertiefe. So konnte man feststellen, ob eine Gefahr für das Schiff bestand. Zeichnung.

❶ ▶ Überprüfe mithilfe eines Globus folgende Behauptung: Wenn man von Europa immer nach Westen oder nach Osten fährt, kommt man schließlich wieder am Ausgangspunkt an.

❷ ▶ Sieh dir auf den Bildern 2 und 4–7 die Instrumente an und ordne sie den folgenden Funktionen zu:
– Positionsbestimmung,
– Geschwindigkeitsmessung,
– Tiefenmessung

❸ ▶ Beschreibe jetzt zusammenfassend, warum diese Funktionen für die Seefahrt auf dem offenen Meer wichtig waren.

▶ *Die Geräte zur Navigation ermöglichten es den Seefahrern, …*

❹ ▶ Erkläre, warum ein Kapitän die genaue Zeit wissen musste.

❺ ▶ Erläutere folgende Aussage: Die Entdeckungsfahrten wurden erst möglich durch die „Wissensexplosion" in der Frühen Neuzeit.

▶ *Erst als der Mensch einsah, dass nicht alles durch die Bibel erklärt werden kann, begann er …*

Wie entstanden die ersten Kolonialreiche?

1 – Computergenerierte 3D-Illustration einer portugiesischen Karavelle aus dem 15. Jahrhundert.

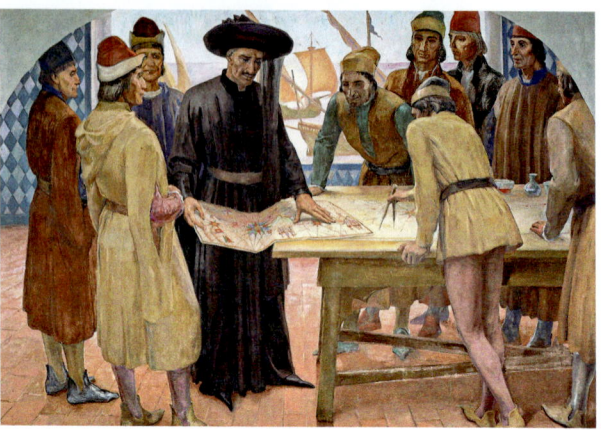

2 – Heinrich der Seefahrer plant mit seinen Gelehrten und Kartografen eine Entdeckungsreise entlang der afrikanischen Küste nach Süden. Gemälde von Adriano De Sousa Lopez, 1940.

※ **Skorbut**
Hierbei handelt es sich um eine Mangelkrankheit, die entsteht, wenn über die Nahrung kein Vitamin C aufgenommen wird. Sie äußert sich in Symptomen wie Hautblässe, Mattigkeit, punkt- und streifenförmigen Blutungen, Mundfäule und Zahnausfall.

Vasco da Gama (1460–1524). Als Vizekönig von Indien setzte da Gama laut zeitgenössischen Berichten mit grausamer Härte seine Befehle durch. Holzschnitt, 19. Jahrhundert.

Hunger nach Gold und Gewürzen

Im 15. und 16. Jahrhundert unternahmen die Portugiesen und die Spanier Unternehmungen, um die Welt zu entdecken. Es herrschte in vielen Ländern eine große Nachfrage nach Gold und Silber, da diese Edelmetalle für den Handel mit dem Orient und den Kauf von Waffen benötigt wurden. Der traditionelle Orienthandel war wegen politischer Unstimmigkeiten im östlichen Mittelmeerraum sehr eingeschränkt, was zur Folge hatte, dass die Preise für Gewürze ins Unermessliche stiegen. Dies gab den Anstoß, dass die Portugiesen beschlossen, die Goldländer Westafrikas und die Reichtümer Indiens selbst anzusteuern.

Heinrich der Seefahrer

Einer der bedeutendsten Förderer der Seefahrt war Prinz Heinrich, genannt „der Seefahrer". Er ließ von Portugal aus den Seeweg um Afrika herum planmäßig erforschen, indem er arabische und europäische Kartografen, Seeleute, Ingenieure und Astronomen um sich scharte, um deren Wissen an einem Ort zu sammeln und nutzbar zu machen. Von allen entdeckten Gebieten ließ er verlässliche Karten erstellen und einen neuen hochseetauglichen Schiffstyp entwerfen: die Karavelle.

Rund um Afrika

Die Seeleute wagten sich nach Erfolgen immer weiter vor und entdeckten und besiedelten die Insel Madeira (1419) und 1431 die Azoren. Prinz Heinrich ermutigte seine Kapitäne trotz der Vermutung, dass südlich der Kanaren die Welt ende, einfach weiter zu segeln und so gelang es ihnen, 1434 das Kap Bojador zu umsegeln. Bekannt wurde 1487 die Umschiffung der Südspitze Afrikas durch Bartolomeo Diaz. In Ostafrika angekommen, stellten die Portugiesen fest, dass Ostafrika und Indien seit Jahrhunderten regen Handel trieben, der Seeweg nach Indien war entdeckt.

Im Jahr 1497 segelte die Flotte des jungen portugiesischen Adligen Vasco da Gama auf der nun bekannten Route Richtung Indien. Nach der Umrundung des Kaps der Guten Hoffnung segelten sie gen Norden. Auf Höhe der Insel Madagaskar befanden sie sich bereits in der arabischen Handelsregion. Die Lehmhütten wichen Städten, Schiffe aus allen Teilen des Indischen Ozeans waren zu sehen. Als erster europäischer Kapitän erreichte Vasco da Gama 1498 den indischen Hafen Calicut, wo der Sultan von Malindi sie empfing und mit Proviant versorgte. Trotz einer dramatischen Rückreise über 16 000 km nach Lissabon, mit vielen an ※Skorbut verstorbenen Seeleuten, triumphierte da Gama – der Weg nach Indien war gefunden.

Q1 Der Astronom und Mathematiker Gomes Eanes de Zurara (1410–1471) schrieb zu Lebzeiten über den Entdeckerdrang von Prinz Heinrich:

… Ihr sollt stets bedenken, dass der Adel dieses Prinzen ihn aus einem natürlichen Zwang heraus immer dazu rief, große Taten zu beginnen und zu vollenden … weil er den Wunsch hatte, das Land, welches unterhalb der Kanarischen Inseln lag, und ein Kap, das Bojador genannt wurde, kennenzulernen …, da schickte er seine Schiffe … aus, um über all dies eindeutige Sicherheit zu erlangen …

Der zweite [Grund] war, dass er dachte, wenn sich in jenen Ländern irgendeine christliche Bevölkerung befände oder es irgendwelche Häfen gäbe, die man ohne Gefahr anlaufen könnte, dann ließen sich viele Waren, die einen guten Absatz finden würden, in das hiesige Reich holen … und man könnte auch die Waren, die es im eigenen Reich gab, dorthin liefern …

Beim vierten Grund handelt es sich darum, dass er [wissen wollte], ob sich in jenen Gebieten christliche Fürsten aufhielten, in denen die Nächstenliebe und die Verehrung Christi so stark wären, dass sie ihn gegen jene Feinde des Glaubens unterstützen würden. …

3 – Seekarte aus dem Jahr 1563, gezeichnet von dem portugiesischen Kartografen Lazaro Luis. Sie zeigt die Küstenlinien von Westeuropa und Westafrika, Akademie der Wissenschaften Lissabon.

Q2 Der portugiesische Mathematiker und Astronom Pedro Nuñez (1502–1578) schrieb 1537:

… Es steht fest, dass die Entdeckung von Küsten, Inseln und Kontinenten nicht zufällig erfolgt. Unsere Seefahrer genießen eine gründliche Ausbildung, bevor sie in See stechen. Sie kennen die Navigationsinstrumente, die Grundlagen der Sternenkunde und Geometrie, … führen Seekarten mit exakten Seekartenmarkierungen an Bord, die sich von denen früherer Seefahrer erheblich unterscheiden. Früher kannte man nur 12 Winde und segelte ohne Kompass. Vermutlich deshalb hielten sich die Schiffsführer damaliger Zeiten immer in Sichtweite der Küsten und segelten stets nur mit günstigem Rückenwind. …

❶ ▶ Nenne mithilfe des Autorentextes und Q1 die Gründe für die Entdeckungsreisen.

❷ ▶ Gib mithilfe des Textes und der Bildunterschrift zu Vasco da Gama (Randspalte) die wichtigsten Erfolge in eigenen Worten wieder, welche die Seefahrer erreichen konnten.

❸ ▶ Beschreibe anhand der Karte auf S. 78 die von Vasco da Gama genutzte Route nach Indien. Schlage weitere mögliche Routen vor, um nach Indien zu gelangen.

❹ ▶ Erkläre, inwiefern die in Q2 angesprochene Ausbildung der Seeleute Auswirkungen auf die Eroberung der Welt hatte.

❺ ▶ Betrachte die Karte und stelle Vermutungen an, warum das Innere Afrikas kaum erfasst ist.

❻ ▶ Stelle anhand der hinteren Umschlagkarte die Namen der Entdecker und ihre Routen zusammen.

▶ Lege eine Tabelle an:

Entdecker	Zielland	Jahr der Unternehmung	Auftraggeber
Drake	Weltumsegelung	1580	englische Königin

Entdeckte Kolumbus Indien?

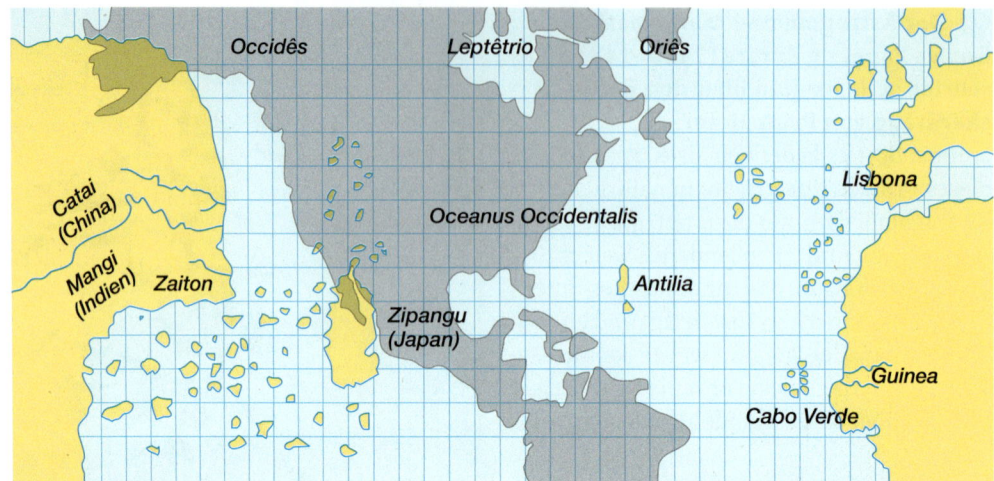

1 – Rekonstruktionszeichnung der Weltkarte des Paolo Toscanelli (1397–1482) um 1470. Die Umrisse Amerikas (grau) wurden nachträglich eingezeichnet.

Landflächen nach Paolo Toscanelli

nachträglich eingezeichnete Landflächen

1492: Entdeckung Amerikas durch Christoph Kolumbus

Christoph Kolumbus. Zeitgenössisches Porträt.

Auf dem Seeweg nach Indien?

Lange Zeit hatten europäische Kaufleute mit Indien und China regen Handel betrieben. Mit der Eroberung Konstantinopels kontrollierten jetzt die Osmanen den Zugang zum Schwarzen Meer und den Handel auf dem Landweg nach Indien. Damit waren sie zu einer wirtschaftlichen Bedrohung für Europa und besonders für die Handelsmächte Venedig und Genua geworden. Daher wurde überlegt, welche Möglichkeiten es gäbe, nach Indien zu gelangen. Der erfahrene Seemann Christoph Kolumbus hatte die Idee, dass Indien erreichbar wäre, wenn nicht in östlicher Richtung, sondern immer nach Westen gesegelt wird. Kolumbus kannte die Karten des Florentiners Paolo Toscanelli (Karte), der 1474 einen westlichen Seeweg nach Indien mit 4445 Kilometern berechnet hatte. Tatsächlich beträgt die Strecke allerdings 19 631 Kilometer.

Aufbruch in ferne Länder

Hartnäckig suchte Kolumbus nach Förderern für seine Unternehmung. Er bat 1485 das spanische Königspaar um eine kleine Flotte, doch der König zeigte keinerlei Interesse. Er war zu sehr mit dem Kampf gegen die muslimischen Araber in seinem Land beschäftigt. Erst als 1492 die letzten muslimischen Heere besiegt waren, erhielt Kolumbus die Zusage. Am 3. August 1492 verließ er mit den Schiffen „Santa Maria", „Pinta" und „Niñja" sowie 100 Mann Besatzung den spanischen Hafen Palos. Kolumbus rechnete mit drei Wochen, um nach Indien zu gelangen, doch daraus wurden zwei Monate. Die Vorräte wurden knapp und die Schiffsbesatzung versuchte mehrfach, ihren Kapitän zum Umdrehen zu bewegen, doch Kolumbus hielt an seinem Kurs fest. Nach vielen Schwierigkeiten kam am Morgen des 12. Oktober 1492 Land in Sicht. Kolumbus war sicher, eine Indien vorgelagerte Insel erreicht zu haben. Tatsächlich war er auf einer Insel der mittelamerikanischen Bahamas gelandet. Im Namen des spanischen Königs ergriff Kolumbus Besitz von der Insel Guanahani und nannte sie San Salvador (= Heiliger Erlöser). Die Inselbewohner nannte er Indianer, weil er glaubte, auf indischen Inseln gelandet zu sein.

2 – Kolumbus wird, als er zum ersten Mal in „Indien" ankommt, von den Einwohnern mit großen Geschenken verehret und begabet (begeistert) aufgenommen (Originalbildunterschrift). Kupferstich von Theodor de Bry, 1594. In vielen seiner Illustrationen stellte der Protestant die katholischen Kolonisten aus Spanien als brutal, menschenverachtend und grausam dar.

Q1 Kolumbus schrieb am 12. Oktober 1492 in sein Bordtagebuch:

... Um zwei Uhr morgens kam das Land in Sicht, von dem wir etwa acht Seemeilen entfernt waren ... Dann legten wir bei und warteten bis zum Anbruch des Tages, der ein Freitag war, an welchem wir zu einer Insel gelangten ... Dort erblickten wir alsogleich nackte Eingeborene. Ich begab mich ... an Bord eines mit Waffen versehenen Bootes an Land. Dort entfaltete ich die königliche Flagge ... Ich rief die beiden Kapitäne und auch all die anderen, die an Land gegangen waren, ... zu mir und sagte ihnen, durch ihre persönliche Gegenwart als Augenzeugen davon Kenntnis zu nehmen, dass ich im Namen des Königs und der Königin, meiner Herren, von der genannten Insel Besitz ergreife ... Sofort sammelten sich an jener Stelle zahlreiche Eingeborene der Insel an. In der Erkenntnis, dass es sich um Leute handle, die man weit besser durch Liebe als mit dem Schwert retten und zu unserem Heiligen Glauben bekehren könne, gedachte ich, sie mir zu Freunden zu machen, und schenkte also einigen unter ihnen rote Kappen und Halsketten aus Glas und noch anderen Kleinigkeiten von geringem Werte, worüber sie sich ungemein erfreut zeigten. Sie gehen nackend umher, so wie Gott sie erschaffen, Männer wie Frauen. Einige von ihnen bemalen sich mit grauer Farbe ... andere wiederum mit roter, weißer oder einer anderen Farbe ... einige bestreichen damit nur ihr Gesicht oder nur die Augengegend oder die Nase, noch andere bemalten ihren ganzen Körper. ...

1 ▪ Nenne mithilfe des Textes und Q1 Motive, die Christoph Kolumbus dazu bewegten, den Seeweg nach Indien zu suchen.

2 ▪ Beschreibe mithilfe des Textes die Reisebedingungen für die Mannschaften.

3 ▪ Gib die Einschätzung von Christoph Kolumbus über die Bevölkerung auf Guanahani (Q1) mit eigenen Worten wieder.

4 ▪ Lies die Bildunterschrift de Brys (Bild 2) und erläutere, was der Künstler dem Betrachter vermitteln wollte.

▶ *Gehe dabei auch auf die Entstehungszeit des Bildes ein.*

5 ▪ Vergleiche die erste Begegnung zwischen Europäern und Einheimischen, wie sie auf dem Bild dargestellt und in Q1 beschrieben wird.

6 ▪ Vergleicht in Partnerarbeit die rekonstruierte Karte mit der aktuellen Karte im hinteren Umschlag. Findet heraus, welche Entfernungen man damals unterschätzt hat und welche Länder noch nicht entdeckt waren.

7 ▪ Erarbeite ein Rollenspiel zur Ankunft des Kolumbus auf San Salvador, gehe dabei auf das erste Aufeinandertreffen mit der einheimischen Bevölkerung ein.

Aufbruch ins Unbekannte

1 – Aufbruch ins Unbekannte. Illustration, 2011.

Schauplatz   Geschichte

Am 3. August 1492 stach Kolumbus mit den Schiffen „Santa Maria" (im Bild), „Niña" und „Pinta" vom portugiesischen Hafen Palos in See. Wie die Reisevorbereitungen ausgesehen haben könnten, seht ihr auf diesem Bild.

Bildet Gruppen und bearbeitet eine der Aufgaben 1–3. Stellt eure Ergebnisse den anderen Gruppen anschließend vor.

❶ Stellt eine Ladeliste für die Reise zusammen. Berücksichtigt dabei alles, was die Mannschaft zum Überleben auf der Fahrt, zur Orientierung und bei der eventuellen Landung in einem fremden Land benötigt.

❷ Stellt die Erwartungen, Hoffnungen und Ängste folgender Besatzungsmitglieder dar, indem ihr euch passende Sprechblasentexte überlegt und sie aufschreibt.
 – Kapitän Christoph Kolumbus,
 – ein Mönch,
 – ein Matrose.

❸ Stellt Fragen an Kapitän Christoph Kolumbus (z. B. über Voraussetzungen und Gefahren der Reise, erhoffte Ergebnisse). Findet dazu passende Antworten.

▶ Frage: Kapitän, woher wisst Ihr, dass wir nach Indien kommen, wenn wir immer westwärts fahren? Noch niemand hat dies gewagt! Wir haben Angst, denn ...

▶ Antwort: Nun, vertraut mir, wir werden zweifelsfrei in Indien ankommen, denn ..."

Wie lebten die Azteken?

1 – Tenochtitlán, die Hauptstadt der Azteken, wurde um 1345 gegründet. Ausschnitt aus einer Rekonstruktion von Luis Covarrubias, 1963.

✳ **Hochkultur**
Dies ist ein Zusammenschluss von Menschen zu einem Gemeinwesen (Staat) unter der dauerhaften Herrschaft eines Oberhauptes/Königs. Gesellschaftsklassen, Verwaltung, Schrift, Kunst, Recht und Religion zeichnen eine Hochkultur aus.

Porträt von Hernando Cortéz, 16. Jahrhundert.

Alte Kulturen in der Neuen Welt
Die entdeckten Gebiete wurden auf den Karten des 16. Jahrhunderts als „Neue Welt" bezeichnet. Neu war der amerikanische Kontinent natürlich nicht, denn auf diesem Erdteil lebten schon lange zahlreiche Völker mit ✳Hochkulturen wie Maya, Inka und Azteken (siehe Umschlagkarte hinten).

Tenochtitlán: Hauptstadt der Azteken
Hernando Cortéz (1485–1547) eroberte 1519 im Auftrag des spanischen Königs das Reich der Azteken. Hauptstadt war Tenochtitlán, das heutige Mexiko-Stadt. Die Stadt lag auf einer Höhe von 2260 m in einem Salzsee. Durch Dämme war sie mit dem Festland verbunden. Einige Süßwasserleitungen versorgten die ungefähr 300 000 Einwohner mit frischem Wasser.

Der aztekische Staat
Ein mächtiger Herrscher stand an der Spitze des aztekischen Staates. Seit 1502 war dies König Moctezuma II. Er war zugleich Oberbefehlshaber der Armee und oberster Priester. Ihm standen die Adligen zur Seite. Sie waren als königliche Ratgeber, Richter, Offiziere und höhere Priester tätig. Das

Amt eines einfachen Priesters konnte jeder Junge übernehmen. Mädchen und Jungen besuchten nach Geschlechtern getrennte Schulen, über die Bildung der Mädchen ist aber nur wenig überliefert. Die Mehrheit der Bevölkerung bestand aus Handwerkern, Bauern, Fischern oder Sklaven. Sklaven waren Kriegsgefangene oder Azteken, die Verbrechen wie Diebstähle begangen hatten.

Die Religion
Der Glaube spielte im Leben der Azteken eine sehr große Rolle. Sie glaubten an viele Götter, von denen sie meinten, dass sie auf verschiedene Weise in das Leben der Menschen eingriffen. Besonders wichtig war der Kriegs- und Sonnengott Huitzilopochtli; denn die Sonne galt als Voraussetzung für alles Leben. Dieser Sonnengott verbrauchte in der Vorstellung der Azteken für seinen Tagesablauf seine ganze Energie. Deshalb benötigte er, um jeden Tag wieder neu aufzustehen, Nahrung in Form von Menschenblut und -herzen. Ohne ständige neue Menschenopfer käme die Sonne zum Stillstand und die Welt müsse sterben. Deshalb wurden jährlich vermutlich Tausende von Menschen geopfert.

2 – Menschenopfer. Illustration aus einer aztekischen Handschrift, Mitte 16. Jh.

3 – Belebtes Treiben auf einem Marktplatz in Tenochtitlán, im Hintergrund der große Tempel im Zentrum der Stadt, auf dem die Menschenopfer stattfanden. Rekonstruktionszeichnung von H. Tom Hall, 1987.

Q1 Über Tenochtitlán schrieb Cortéz 1520 an den spanischen König:

... Die Hauptstadt Tenochtitlán liegt in einem salzigen See. Sie hat vier Zugänge, alle über Steindämme führend, die von Menschenhand erbaut sind. Sie sind etwa zwei Lanzen breit ... An einem der Dämme laufen zwei Röhren aus Mörtelwerk entlang, jede etwa zwei Schritte breit und eine Mannslänge hoch. Durch eine Röhre kommt ein Strom süßen Wassers bis in die Mitte der Stadt. Alle Menschen nehmen davon und trinken es. Die andere Röhre wird benutzt, wenn die erste gereinigt wird ...
Die Stadt hat viele öffentliche Plätze, auf denen ständig Markt gehalten wird. Dann hat sie noch einen anderen Platz ..., wo sich täglich mehr als 60 000 Einwohner treffen: Käufer und Verkäufer von Lebensmitteln, ⁕Kleinodien aus Gold, Silber, Messing, Muscheln, Hummerschalen und Federn. Außerdem verkauft man Steine, Bauholz, Kalk und Ziegelsteine ...
Es gibt Apotheken ..., es gibt Häuser, wo man für Geld trinken und essen kann. Es gibt Leute zum Lasttragen ... Es gibt in dieser Stadt viele sehr gute und große Häuser, weil alle großen Herren des Landes ... ihre Häuser in der Stadt haben. Sie wohnen dort eine gewisse Zeit des Jahres. Aber auch sonst gibt es viele reiche Bürger. ...

Q2 Der spanische Mönch Bernardino de Sahagún (1499–1590) berichtete um 1550 über die Erziehungsziele bei den Azteken:

... In Frieden mögest du mit anderen Leuten leben. Sei nicht unüberlegt, handle nicht überstürzt. ... Habe Respekt und Ehrfurcht vor jedem anderen. Sei nicht anmaßend gegenüber anderen Menschen. Sei nicht unverschämt und verneige dich, wie du dich verneigen sollst. Sei nicht hochmütig. Widersprich den [erwachsenen] Leuten nicht. Sei geduldig und beherrscht, denn dich sieht unser Herr, denn er wird dir zürnen, er wird sich rächen [wenn du diese Gebote nicht befolgst] ...

⁕ Kleinodien
Es handelt sich um kostbare Gegenstände, häufig Schmuck.

❶ 🔲 Beschreibe Bild 1 mithilfe von Q1.

❷ 🔲 Cortéz schildert in Q1 eigentlich nichts Ungewöhnliches und dennoch scheint er sehr erstaunt gewesen zu sein. Erkläre anhand der Quelle, den Bildern 1–3 und dem Text auf S. 98, woran dies vermutlich gelegen hat.

❸ 🔲 Entwirf mithilfe des Textes auf S. 98 ein Schaubild, das die Rangordnung im Aztekenreich darstellt.

❹ 🔲 Erstellt in Partnerarbeit eine Liste mit heutigen Erziehungszielen, die euch bei der Kindererziehung wichtig erscheinen. Vergleicht sie mit den Hinweisen in Q2 und arbeitet Unterschiede und Gemeinsamkeiten heraus.

❺ 🔲 Überprüfe und belege anhand der Informationen auf dieser Doppelseite, dass es sich bei den Azteken um eine Hochkultur gehandelt hat.

▶ *Nutze auch die Worterklärung in der Randspalte.*

Wie eroberten die Spanier das Aztekenreich?

1 – Cortéz erhält bei seiner Ankunft Geschenke von aztekischen Boten. Gemäß einer mexikanischen Handschrift aus dem 16. Jh.

2 – Die Spanier nehmen Moctezuma II. gefangen und stellen ihn unter Bewachung. Abbildung aus einer Handschrift von Bernardino de Sahagún, um 1540.

Die Ankunft der „Götter"

Es gab bei den Azteken eine Sage über den Gott Quetzalcoatl. Dieser Gott lebte als König der Azteken, bis er vertrieben wurde. „Am Tage der Wiederkehr meiner Geburt werde ich wiederkommen", so hatte er damals gesagt. Das konnte nach dem Kalender der Azteken nur das Jahr 1363, 1467 oder 1519 sein. Dann würden weißhäutige Boten seine Ankunft melden. Nach einer Legende kam 1519 ein Bote zu Moctezuma, dem König der Azteken (1465–1520), und meldete: „Weiße Männer sind an der Küste gelandet." Moctezuma erschrak und dachte: „Waren das die Boten Gottes?" In Wirklichkeit war es der spanische Adlige Hernando Cortéz (1485–1547) mit 550 Soldaten. Er wollte die Goldschätze erbeuten, von denen er gehört hatte. Moctezuma schickte den Spaniern Gesandte, die sie durch Bitten und reiche Geschenke zur Umkehr drängen sollten. Doch Cortéz ließ sich nicht aufhalten. Mit seinen Männern erreichte er wenige Tage später Tenochtitlán. Moctezuma hatte von seinen zurückgekehrten Gesandten gehört, dass die Spanier sich ganz in Eisen kleideten und von Hirschen auf dem Rücken getragen würden (Pferde waren in Südamerika unbekannt).

Nur ihre Gesichter seien nicht bedeckt und die Haut weiß wie Kalk, weiß wie das Gesicht Quetzalcoatls. Der Herrscher der Azteken empfing und begrüßte die Fremden. Diese aber nahmen in den kommenden Tagen und Wochen Moctezuma gefangen, ließen sich die Schatzhäuser zeigen und begannen, alles Gold zu Barren einzuschmelzen.

Der Aufstand der Azteken

Die Spanier raubten nicht nur alles Gold, sie begannen auch, Tempel zu plündern und Götterstatuen zu zerstören. Für die Azteken gab es aber nichts Wichtigeres als ihre Religion. Als die Spanier die Heiligtümer der Azteken zerstörten und die Opferung an den Sonnengott untersagten, kam es noch im Jahr 1520 zum Aufstand und blutigen Kämpfen, bei denen Moctezuma starb. Cortéz musste mit seinen Soldaten fliehen, kam aber 1521 zurück und schloss Tenochtitlán mithilfe von anderen, inzwischen verbündeten mittelamerikanischen Völkern ein. Die Belagerung der Stadt dauerte über drei Monate, dann wurde Tenochtitlán erstürmt und vernichtet. Es wird geschätzt, dass im Kampf zwischen 100 000 und 240 000 Azteken starben.

3 – Die Spanier richten bei einer religiösen Feier ein Blutbad an, um aufkommende Aufstände bei den Azteken zu unterdrücken. Spanische Handschrift, um 1520.

4 – Ein spanischer Priester überwacht die Zerstörung einer aztekischen Götterstatue durch die Eroberer. Illustration von Felix O.C. Darley, 19. Jahrhundert.

Q1 Die Begrüßungsrede Moctezumas hat Bernal Diaz del Castillo, ein Begleiter von Cortéz, zwischen 1552–1575 aufgeschrieben:

... O, unser Herr, mit Mühsal hast du es erreicht, ... dass du in deiner Stadt angekommen bist, dass du auf deinem Stuhl Platz nehmen kannst. ...
Das haben uns die Häuptlinge überliefert, dass du kommen wirst, deine Stadt aufzusuchen ... Und jetzt ist es wahr geworden. Du bist zurückgekehrt. ... Sei nun wohl angekommen. ... Besuche deinen Palast ...

Q2 Nach den Aufzeichnungen von Bernardino de Sahagún um 1550 berichtete ein aztekischer Augenzeuge:

... Die Azteken schenkten den Göttern [den Spaniern] goldene Fahnen und goldene Halsketten. Als sie das Gold in ihren Händen hatten, brach Lachen aus den Gesichtern der Spanier hervor, ihre Augen funkelten vor Vergnügen. Wie Affen griffen sie nach dem Gold. ... Sie schwollen an vor Gier und Verlangen nach Gold.
... Als die Spanier sich im Palast eingerichtet hatten, fragten sie Moctezuma nach dem Staatsschatz aus. Als sie am Schatzhaus waren, zeigte man ihnen die Reichtümer. Vor Vergnügen fletschten die Spanier die Zähne wie die Tiere und beklopften einander vor Freude. Sie glaubten, in ihrem Paradies zu sein, durchsuchten alles, als ob es ihr Eigentum wäre und kein Raub. ...

Q3 In einem weiteren Bericht von Bernal Diaz del Castillo, der zwischen 1552 und 1575 entstand, heißt es:

... In den Häusern, im See und auf dem Land, in den Kanälen und auf den vielen Plätzen lagen überall Leichen und Totenköpfe, Cortéz selbst war übel geworden. ... Die Luft war so verpestet, dass die Azteken darum baten, den Abzug sämtlicher Einwohner zu gestatten. Drei Tage und drei Nächte waren die Ausfallstraßen und die Dämme mit langen Zügen von erbärmlichen Gestalten bedeckt. Männer, Frauen und Kinder schleppten ihre entkräfteten Körper aus der Stadt, ein jammervoller Leichenzug. ... Es hat wohl kaum ein Volk gegeben, das so viel Hunger, Durst und Kriegsnot ausstehen musste. ...

❶ 🟧 Nenne jeweils das Ziel von Cortéz und Moctezuma. Lies hierzu den Text auf S. 100 und betrachte die Bilder 1 und 2.

❷ 🟧 Beschreibe das Verhalten der Spanier aus der Sicht der Azteken und das Verhalten der Azteken aus der Sicht der Spanier. Nutze hierzu die Informationen aus dem Text sowie Bild 2 und Q1, Q2.

❸ 🟧 Erkläre die Aussage Moctezumas aus Q1: „Du bist in deiner Stadt angekommen."

❸ 🟧 Erläutere anhand des Textes, von Q2 und Bild 4, warum sich die Azteken gegen die Spanier erhoben.

❻ 🟧 Beurteile das weitere Verhalten der Spanier anhand des Textes, von Bild 3 und Q3. Stelle eine Vermutung an, warum sie so vorgingen.

▶ Nimm die Methode „Ein eigenes Urteil bilden" von S. 222 zu Hilfe.

Was bedeutet *Kolonialherrschaft?

1 – Die spanischen Kolonialherren misshandeln die unterworfenen Völker.
Kolorierter Kupferstich von Theodor de Bry, 1596.

* Kolonialherrschaft
Die Eroberung zumeist
überseeischer Gebiete
durch militärisch überlegene Staaten (vor allem Europas) seit dem Ende des
15. Jahrhunderts wird als
Kolonialismus bezeichnet.
Die Kolonialmächte errichteten in den unterworfenen
Ländern Handelsstütz-
punkte und Siedlungsko-
lonien. Sie verfolgten vor
allem wirtschaftliche und
militärische Ziele.

* indigene Bevölkerung
Hiermit ist die ursprüng-
liche Bevölkerung eines
Landes gemeint.

* Dreieckshandel
Dies bezeichnet den Han-
del zwischen Afrika, Amerika und Europa. Die Europäer kauften oder raubten
Sklaven in Afrika, die nach
Amerika transportiert wurden. Von dort brachte man
Gold, Silber, Zucker und
Baumwolle nach Europa.
Weil dieser Handel sich auf
der Karte ähnlich wie ein
Dreieck darstellt, wird er
auch „Dreieckshandel"
genannt.

Eroberer und Missionare

Mit den spanischen Eroberern kamen auch
Mönche. Sie wollten den christlichen Glauben unter der *indigenen Bevölkerung verbreiten. Vielfach geschah dies, indem diese
gewaltsam getauft wurde. So berichtete ein
Mönch im Jahre 1529, dass allein von ihm
und einem Mitbruder über 200 000 Menschen getauft worden seien. Die spanischen
Beamten förderten diese gewaltsame Missionierung. Durch den christlichen Glauben
– so hofften sie – würde die einheimische
Bevölkerung zu gehorsamen Untertanen
erzogen werden.

Herren und Sklaven

Nach der Eroberung begannen die Spanier
bald, das eroberte Land als ihre Kolonie ein-
zurichten und zu verwalten mit dem Ziel,
einen maximalen wirtschaftlichen Gewinn
zu erreichen. Für sie war es selbstverständlich, dass sie über die eroberten Gebiete verfügten, wie sie es wollten. Das ganze Land
der indigenen Bevölkerung wurde deshalb
an die Eroberer verteilt. So entstanden große landwirtschaftliche Güter. Auf ihnen
wurde vor allem angebaut, was in Europa
benötigt wurde, z. B. Tabak, Baumwolle
oder Mais.

Die indigene Bevölkerung musste auf
diesen Ländereien Sklavenarbeit leisten.
Die europäischen Eroberer erwirtschafteten
auch reichen Gewinn durch die Ausbeutung der Bodenschätze. Überall wurden
Bergwerke angelegt, um diese abzubauen.
So konnten z. B. große Mengen von Silber
nach Spanien geliefert werden. Die jähr-
lichen Silberlieferungen nach Spanien
stiegen von 17 500 kg im Jahr 1550 auf
270 000 kg im Jahr 1600. Möglich wurde
dies nur, weil die Arbeitskraft der indigenen
Bevölkerung rücksichtslos ausgebeutet
wurde.

Sklaven aus Afrika

Der Dominikanermönch und erste Bischof
von Chiapas im heutigen Mexiko, Bartolomé de Las Casas, stimmte einem Vorschlag
spanischer Siedler zu, afrikanische Sklaven
zu beschäftigen, um die Situation der indigenen Bevölkerung zu erleichtern. Sie waren angeblich kräftiger und daher für die
schweren Arbeiten auf den Landgütern und
in den Bergwerken besser geeignet. So begann in Afrika eine Jagd auf Sklaven. Zwischen 1550 und 1800 wurden mehr als zehn
Millionen Menschen aus Afrika als Sklaven
nach Amerika verschleppt.

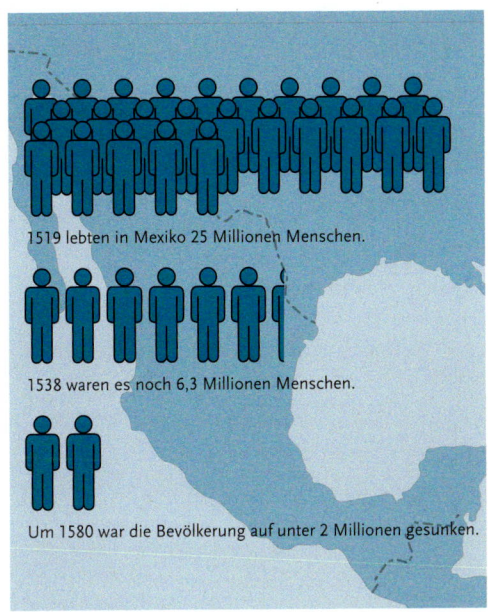

2 – Bevölkerungsentwicklung Mexikos 1519–1580. Schaubild.

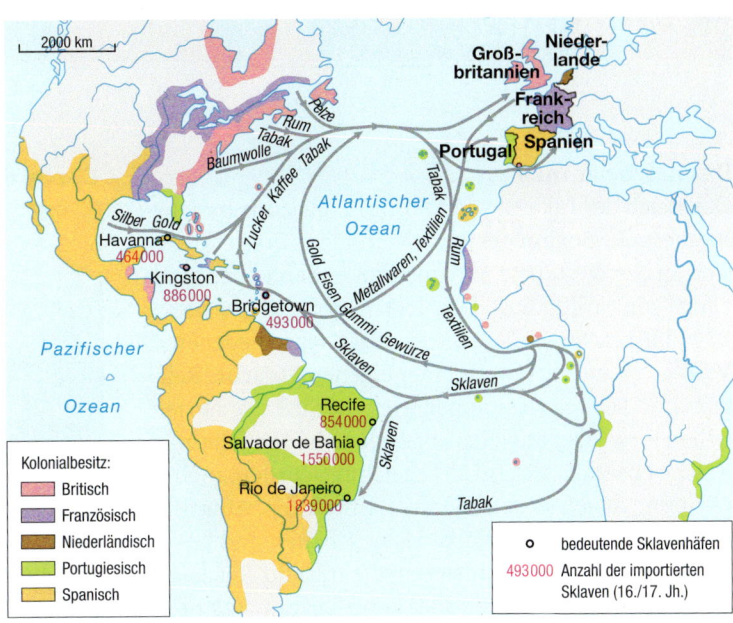

3 – Der *Dreieckshandel zwischen Europa, Afrika und Amerika im 17. Jahrhundert.

Q1 Theodor de Bry hielt seine Gedanken über die Motive der Spanier 1594 in einem Gedicht fest:

Der Spanier unverdrossen war
Ein weiten Weg zu ziehen dar
Dahin ihn großer Geitz bezwang
Zum Gold und Perlin hat groß verlang/
Welche das India so reich
In gantzer Welt dem ist nicht gleich/
Hat überflüssig dieses Gut
Dahin dem Spanier stundt seyn muth/
Lag ihm nicht an Religio
Sonder die reiche Regio.

Q2 Der Dominikanermönch Bartolomé de Las Casas (1484–1566) schrieb an den spanischen König:

… Ein königlicher Beamter erhielt 300 Indios als Arbeitskräfte zugeteilt. Nach drei Monaten hatte er durch die Arbeiten in den Gruben 270 davon zu Tode gebracht, sodass ihm nur der zehnte Teil blieb. Danach gab man ihm wiederum dieselbe Zahl und noch mehr, doch er brachte sie wieder um, und je mehr man ihm gab, desto mehr mordete er. …
In drei oder vier Monaten starben in meinem Beisein mehr als 7000 Kinder, weil ihre Väter und Mütter in die Gruben geschickt wurden. …

Als ziemlich sicheres Ergebnis kann man annehmen, dass in den genannten 40 Jahren durch die tyrannischen und teuflischen Taten der Christen mehr als 12 Millionen Männer, Frauen und Kinder getötet worden sind. …

❶ Stelle die Motive der Europäer heraus, Amerika zu kolonialisieren. Nutze hierfür Q1 und den Text.

❷ Betrachte den Kupferstich von Theodor de Bry und entnimm ihm Einzelheiten über die Behandlung von Sklaven.

❸ Las Casas (Q2) spricht davon, dass der königliche Beamte „mordet". Erkläre, was er damit zum Ausdruck bringen wollte.

❹ Erläutere das Schaubild mithilfe des Textes und Q2.

❺ Erkläre anhand der Karte, wie sich der Handel zwischen Europa, Afrika und Amerika gestaltete.

❻ Bewerte die Erkenntnisse, die du aus dem Schaubild 2 gewonnen hast.

▶ *Nimm die Methode „Ein persönliches Werturteil bilden" von S. 70/71 zu Hilfe.*

❼ Erarbeite mithilfe der S. 100–103 eine Antwort auf die Ausgangsfrage „Was bedeutet Kolonialherrschaft?"
a) für die Spanier und
b) für die indigene Bevölkerung.

▶ *Lege dazu eine Tabelle an, unter der Überschrift:*

Die zeitgenössischen Folgen der Kolonialherrschaft für die	
Spanier	indigene Bevölkerung

❽ Informiere dich über Bartolomè de las Casas und bereite ein Kurzreferat zu ihm vor.

Die Inka

Das Reich der Inka

Das Reich der Inka existierte vom 13. bis zum 16. Jahrhundert. Zu Beginn des 16. Jahrhunderts erstreckte es sich an der Westküste Südamerikas entlang über eine Länge von ca. 4000 km. Dort lebten schätzungsweise 14 Millionen Menschen, die circa 200 verschiedenen Volksgruppen mit jeweils einer eigenen Sprache, Religion und Lebensweise angehörten. Die Inka verehrten neben ihren als gottgleich angesehenen Herrschern, welche ebenfalls als „Inka" bezeichnet wurden, mehrere Götter, denen sie auch Opfer darbrachten. Aufgrund der unterschiedlichen Völker, Landschaften und Lebensbedingungen organisierten die Inka ihr Reich sehr straff. Nur so konnten sie alles kontrollieren, was in ihrem Herrschaftsbereich geschah. Dazu dienten unter anderem das bemerkenswert gut ausgebaute Straßennetz sowie die Knotenschrift Quipu zur Vereinfachung der Verwaltung.

Q1 El Inca Garcilaso de la Vega (1539–1616), ein peruanischer Schriftsteller und Chronist der Eroberung Perus durch die Spanier, schreibt über die letzten Worte von Inka Huayna Cápac, in denen dieser von einer Prophezeiung sprach:

… Schon seit langer Zeit wussten wir von unserem Vater, dem Sonnengott, dass nach der Regentschaft von zwölf Königen, seinen Söhnen, andere und uns fremde Menschen in diese Gegend kommen werden, die uns besiegen und unterwerfen würden … Sie werden mutig sein und über euch in allen Bereichen siegen. Wir wissen auch, dass ich der zwölfte Inka bin. … Sie werden uns besiegen und sich zu den neuen Herrschern dieser Gegend machen. Ich befehle euch, ihnen zu dienen und ihnen zu gehorchen, wie man Menschen dient, die in allem höher stehen als man selbst. Denn ihre Religion ist besser als die unsrige, und ihre Waffen sind mächtig und unbesiegbar. …

Cuzco, die Hauptstadt des Inkareiches

1 – Stadtansicht von Cuzco. Kolorierter Kupferstich von Georg Braun, 1594.

Q2 Der Augustinermönch Celso Garcia beschreibt Cuzco, die Hauptstadt des Inkareichs, im Jahre 1533 wie folgt:

„Es war eine Stadt, die jeden zur Bewunderung hinriss. Die Gebäude waren nahezu alle aus Stein, die Straßen regelmäßig angelegt. Wohin man blickte, zeigte sich Wohlstand, ja Luxus. Die Zahl der Bewohner betrug, 200 000, und in den Vorstädten wohnten ebenso viele Menschen. … Bewunderung verdienten auch die königlichen Paläste. Sie waren mit bunten Farben bemalt, wahre Künstler hatten die Tore mit Marmor verkleidet. Ich muss eingestehen, dass uns diese Eingeborenen bei der Bearbeitung von Steinen überlegen waren. … Auf der Plaza begannen vier Hauptstraßen, welche mit den bedeutendsten Landstraßen des Reiches verbunden waren. … Mitten durch die Stadt strömte ein Fluss, dessen Ufer mit Steinplatten eingefasst waren. Er wurde von nicht weniger als zwölf Brücken überspannt. Diese Brücken waren nicht aus geflochtenen Weiden, sondern aus Stein. Das prunkvollste Gebäude in Cuzco war der große, der Sonne geweihte Tempel.

enttdecken

Das Aufeinandertreffen von Spaniern und Inka

(a)

(b)

(c)

(d)

(e)

2 – Bilder aus der Chronik Guaman Poma de Ayalas Holzschnitte, um 1613.
a) Das erste Treffen von Pizarro (kniend) und Atahualpa.
b) Der Hunger nach Gold der spanischen Eroberer. Der Inka fragt: „Isst du dieses Gold?", der Spanier antwortet: „Dieses Gold essen wir."
c) Atahualpa wird gefangen genommen und bewacht.
d) Nach der Ermordung Atahualpas erobern die Spanier das Inkareich.
e) Die Spanier herrschen brutal im eroberten Inkareich: Ein Pater prügelt einen Inka zur Arbeit.

Nach der Eroberung des Aztekenreiches eroberten die Spanier 1532 auch das Reich der Inka.

Diese verfügten über eine schlagkräftige Armee, die den Spaniern (ca. 180 Soldaten und 30 Pferde) zahlenmäßig weit überlegen war. Aufgrund eines kurz vor der Ankunft der Spanier herrschenden Bürgerkrieges, Unklarheiten bei der Thronfolge in der herrschenden Inkadynastie sowie des Todes eines der beiden Thronerben war das Reich geschwächt und in sich zerstritten. Daher ließ Francisco Pizarro, der Anführer der spanischen Eroberer, den verbliebenen Thronerben und Inkakönig Atahualpa gefangen nehmen, forderte und bekam über 15 Tonnen Gold und Silber als Lösegeld und ließ den Herrscher dennoch töten. Das brach den Willen der Bevölkerung und die Spanier herrschten fortan über den Großteil des Inkareichs. Im Jahr 1542 gründeten die Spanier auf dem ehemaligen Territorium der Inkas das Vizekönigreich Peru. Der letzte Inkaherrscher Túpac Amaru wurde 1572 gefangen genommen und hingerichtet.

Bildet Gruppen und bearbeitet eine der Aufgaben 1–4. Stellt eure Ergebnisse anschließend den anderen Gruppen vor.

❶ Beschreibt anhand von Beispielen aus Q2 und Bild 1, wie die Stadt Cuzco auf die kleine Gruppe der spanischen Ankömmlinge gewirkt haben muss.

❷ Vergleicht die Beschreibung in Q2 und das Bild 1 mit der Beschreibung und Abbildung der aztekischen Stadt Tenochtitlán auf S. 98.
Gestaltet ein Gespräch zwischen einem Augenzeugen in Tenochtitlán und einem in Cuzco.

❸ Erstellt anhand von Q1 und des Textes auf dieser Seite eine Liste mit möglichen Gründen, warum die Spanier das Inkareich erobern konnten. Vergleicht diese mit denen, die zur Eroberung des Aztekenreiches geführt haben (siehe S. 100–103), und stellt Gemeinsamkeiten, aber auch Unterschiede heraus.

❹ Verfasst mithilfe der Bilder 2a–e und den Informationen aus dem Text dieser Seite eine Geschichte über die Eroberung des Inkareiches aus der Sicht eines Inka, der Augenzeuge der abgebildeten Ereignisse war.

▶ *Ich hatte die fremden weißen Männer nicht gesehen, als sie an der Küste ankamen. Ich war aber dabei, als ihr Anführer Francisco Pizarro unserem Inka Atahualpa zum ersten Mal begegnete ...*

Methode

Eine Internetrecherche durchführen

Im Internet nach Informationen suchen

Das Internet ermöglicht es, schnell an Informationen zu verschiedenen Themen zu gelangen. Diese können die Informationen aus dem Schulbuch, Büchern und anderen Medien ergänzen. Allerdings muss berücksichtigt werden, dass z. B. private Anbieter mit ihren Seiten oftmals Interessen verfolgen und daher nicht immer objektiv und seriös sind.

Die Schritte 1 bis 3 sollen dir helfen, dich über das jeweilige Thema im Internet zu informieren. Sie zeigen, wie du schnell an Informationen kommst und sie auswerten kannst.

Für Schülerinnen und Schüler gibt es spezielle Suchmaschinen und Online-Lexika, wie z. B. helles-koepfchen und blinde-kuh. Darüber hinaus können dir auch Wissensplattformen wie Planet Schule und Planet Wissen bei deiner Suche behilflich sein.

Die folgenden Arbeitsschritte sollen dir helfen, eine Internetrecherche durchzuführen und Informationen auszuwerten:

Schritt 1 **Geeignetes Suchwort finden**	■ Welches Suchwort hilft dir bei deinem Thema weiter? ■ Mit welchem Suchwort bekommst du nicht zu viele Suchergebnisse oder zu wenige Informationen?
Schritt 2 **Brauchbarkeit und Übersichtlichkeit prüfen**	■ Ist der aufgeführte Artikel überschaubar? ■ Hat die ausgewählte Seite ein Inhaltsverzeichnis, das dich sofort zu einer brauchbaren Stelle führt? ■ Ist die Website von einem glaubwürdigen Anbieter (private Seite, Website eines Unternehmens, einer Schule, eines Museums oder einer Universität)? Verfolgt dieser erkennbare Interessen? **Tipp:** Einen Hinweis hierauf kann der Blick in das Impressum einer Website geben.
Schritt 3 **Informationen auswerten**	■ Ist der gefundene Text für dich verständlich? ■ Kannst du das Gelesene mit eigenen Worten wiedergeben? ■ Musst du unbekannte Wörter klären? Wenn ja, welche? ■ Welche sind die „Schlüsselwörter", die dir beim Verstehen des Textes weiterhelfen? ■ Welche Bilder kannst du verwenden, um deine Informationen zu veranschaulichen? ■ Notiere von allen Textteilen und Bildern, die du verwendest, die vollständige Internetadresse und das Entnahmedatum (= Quellenangabe).

❶ ◧ Suche dir zu einem selbstgewählten Thema jeweils ein Beispiel für einen glaubwürdigen und unglaubwürdigen Anbieter. Stelle die Seiten vor und begründe deine Meinung.

❷ ◧ Suche mithilfe der Schritte 1 bis 2 Informationen über die Kolonialherrschaft der Europäer in Südamerika im Internet.

❸ ◧ Werte die Informationen nach Schritt 3 aus. Formuliere einen eigenen Text und suche Bilder heraus, die deine Ausführungen anschaulich machen.

❹ ◧ Trage deine Ergebnisse in der Klasse vor. Überlege, in welcher Form du Bilder oder andere Darstellungen dabei präsentieren möchtest.

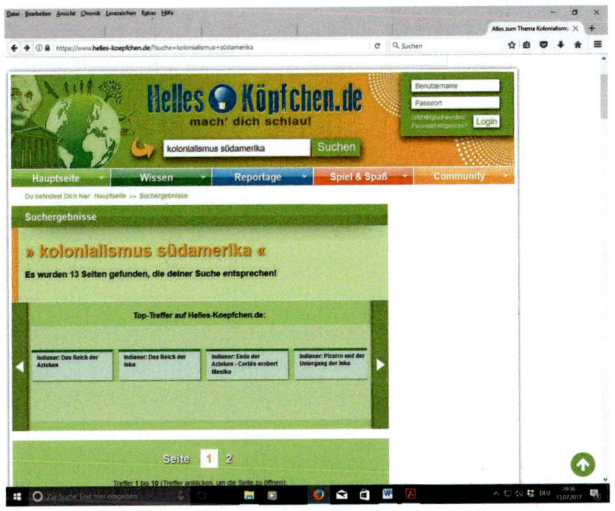

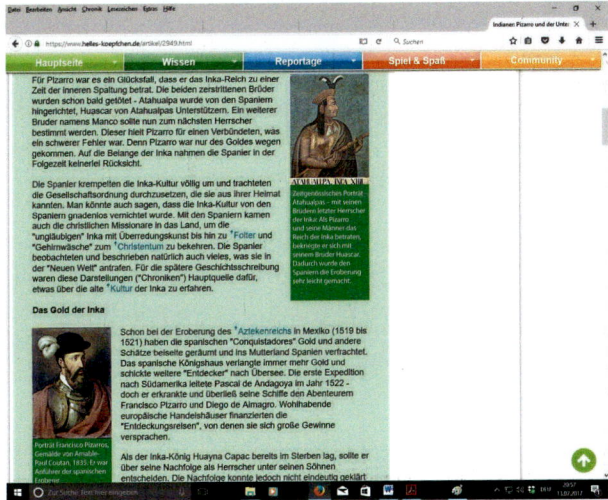

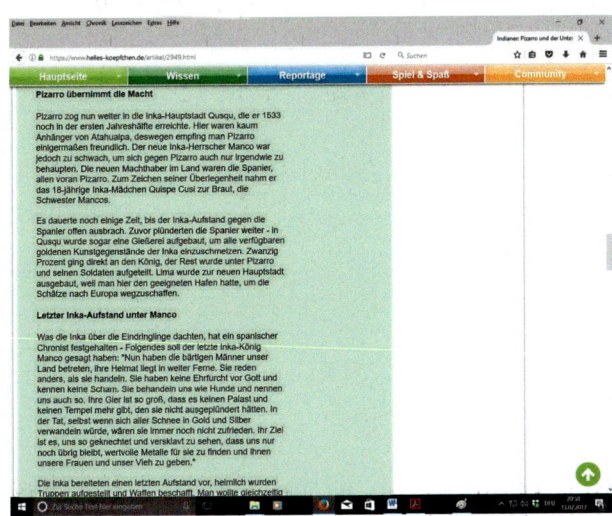

Lösungsbeispiel:

Aliyah und Julia wollen über die Kolonialherrschaft der Europäer in Südamerika ein Referat halten. Die beiden entscheiden sich für die Suchmaschine bei „helles-koepfchen", weil sie mit Suchmaschinen schon gearbeitet haben.

Zum Schritt 1:

Aliyah und Julia geben die Suchwörter „Kolonialismus" und „Südamerika" ein.

Zum Schritt 2:

Ganz oben auf der Seite finden die beiden eine Aufzählung der besten Beiträge zu diesem Thema. Sie entscheiden sich für den Artikel „Indianer: Pizarro und der Untergang der Inka".
Sie klicken diesen Artikel an und finden ihn verständlich.
Dort gibt es auch weitere Hinweise und Verknüpfungen zu dazugehörigen und erklärenden Artikeln wie z. B. zum Thema „Inka" oder „Folter".

Zum Schritt 3:

Der Text „Indianer: Pizarro und der Untergang der Inka" ist gut zu verstehen. Er enthält viele Informationen. Aliyah und Julia drucken den ersten Teil des Textes aus. Dann unterstreichen sie Unbekanntes und markieren Schlüsselwörter. Sie notieren die Webadresse und mithilfe des Impressums den Anbieter der Seite.

Was sind die Folgen der Kolonialherrschaft?

1 – Marsch der Mexikanischen Bewegung zu einer Statue von Christoph Kolumbus am 11. Oktober 2015 in Los Angeles. Foto.

Minenarbeiter schieben eine Lore mit Silbererz aus dem „reichen Berg", Potosi-Gebirge, Bolivien, Südamerika, 2012.

gefeiert. Die Spanier feiern die Entdeckung Amerikas jedes Jahr als „Tag der Zusammengehörigkeit aller spanisch sprechenden Völker". In Argentinien, Ecuador, Kolumbien und Mexiko begeht man den „Tag der Rassen". An diesem Tag wird daran erinnert, dass die Einwohner der amerikanischen Staaten aus verschiedenen Kulturen stammen. Das Gedenken an die Entdeckung Amerikas durch Christoph Kolumbus wird von den Nachfahren der Hochkulturen heftig kritisiert. Ihrer Meinung nach sollte man nicht von „Entdeckung", von „kultureller Begegnung" oder von dem „Austausch zwischen zwei Welten" sprechen, sondern von „Eroberung" und „Völkermord".

Folgen der Kolonialzeit

Die frühen Entdecker hatten nur die persönliche Bereicherung im Sinn. Für die Spanier war es selbstverständlich, dass sie über die eroberten Gebiete verfügten, wie sie wollten. Es entstanden große Güter, auf denen vor allem Tabak, Baumwolle und Mais angebaut wurden. Die einheimische Bevölkerung wurde ermordet oder starb durch die unmenschliche Zwangsarbeit auf den Feldern oder in Minen. Viele starben auch an europäischen Krankheiten wie Pocken, Windpocken, Grippe, Masern und Cholera, gegen die sie keine Abwehrkräfte besaßen. Die Bevölkerungszahl sank innerhalb weniger Jahrzehnte von 75 auf 10 Millionen

Entdeckung oder Eroberung?

In fast allen ehemaligen spanischen Kolonien Mittel- und Südamerikas lebt die einheimische Bevölkerung bis heute am Rand der Gesellschaft. Häufig sind sie Analphabeten und finden nur schlecht bezahlte Arbeit. Dabei sind sie die Nachfahren jener Völker, die einst eine Hochkultur geschaffen haben, deren Leistungen wir noch heute bewundern.

In vielen Ländern Nord- und Südamerikas wird der 12. Oktober als „Kolumbus-Tag"

Q1 **Die Historikerin Claudia Schnurrmann über den Kolonialismus (2009):** Der amerikanische Einfluss aus Europa erwies sich weniger spektakulär als die Aktionen, die Europäer in Amerika vollzogen hatten: Keine Indianer landeten in Sevilla oder London und suchten die Europäer zum Glauben an ihre Götter und Geister zu bekehren. Keine Indianer kamen … nach Europa, um dort das Land zu bebauen, Städte zu zerstören oder Pelzhandel zu betreiben.

❶▪ Erstelle mithilfe der Materialien dieser Seite eine Liste der langfristigen Folgen, die die Landung Kolumbus' für die einheimische Bevölkerung hatte.

❷▪ Nimm Stellung zur Frage, ob von einer europäischen Entdeckung der Welt oder von einer Invasion durch die Europäer gesprochen werden kann. Nutze die Materialien dieser Seite als Grundlage für deine Überlegungen.

❸▪ Erarbeitet zu zweit die Unterschiede zwischen den Begriffen „Entdeckung", „Eroberung", „Austausch zwischen zwei Welten" und „Völkermord".

❹▪ Bearbeite die Lernaufgabe auf S. 217 zum Thema Kolonialherrschaft der Europäer.

Zusammenfassung

Neue Horizonte – neue Welten

Die Wende zur Neuzeit

Das 15. Jahrhundert war eine Zeit, in der sich ein neues Denken durchsetzte. Bisher hatte man sich auch in naturwissenschaftlichen Fragen mit Antworten aus der Bibel zufriedengegeben. Doch jetzt wollte man alles selber nachprüfen. So wurde das Jahrhundert zu einer Zeit zahlreicher Erfindungen. Weil man sich dabei auch auf die Forscher der Antike bezog, nannten Historiker diese Zeit „Renaissance", „Wiedergeburt" der Antike. Zeitgleich änderte sich das Bild vom Menschen. Der selbstbewusste Bürger wollte bereits im Diesseits glücklich sein. Die Gelehrten strebten nach einer umfassenden Bildung. Im Mittelpunkt ihrer Studien stand der Mensch, man nannte sie daher Humanisten (lat. Humanus = menschlich).

Erfindungen und Entdeckungen

Durch Forschungen auf der Basis von Beobachtungen, Experimenten und Beweisen entstand ein neues Bild von der Erde. Kopernikus erkannte, dass nicht die Erde im Zentrum des Universums stand, sondern die Sonne. Durch die Erfindung der beweglichen Lettern im Buchdruck revolutionierte sich nun die Verbreitung von ebensolchen Ideen und Nachrichten. Aufgrund des Wegfalls des Landweges nach Asien und Indien durch die Eroberung Konstantinopels durch die Osmanen im Jahre 1453 mussten die Europäer nach Alternativen suchen. Nachdem auch die technischen Voraussetzungen durch den Bau der hochseetüchtigen Karavellen sowie die Erfindung von Kompass und Jakobsstab geschaffen worden waren, begannen die großen Entdeckungsreisen, um einen Seeweg nach Indien zu finden. Im Jahre 1492 erreichte Christoph Kolumbus Amerika. Bis zu seinem Lebensende war er allerdings der Ansicht, er sei auf den indischen Inseln gelandet.

Vernichtung von Hochkulturen

Die europäischen Entdecker und Eroberer wie z. B. Kolumbus oder Cortéz trafen in Mittel- und Südamerika unter anderem auf Hochkulturen: die der Azteken im heutigen Mexiko sowie die der Inkas im heutigen Peru und Chile. Die Spanier plünderten auf der Suche nach Reichtümern deren Schatzhäuser, schmolzen die goldenen Götterfiguren ein und suchten weiteren Gewinn, indem sie in Minen Edelmetalle abbauten.

Am Beispiel der Azteken lässt sich zeigen, dass Städte und Dörfer zerstört und auch ihre Kultur vernichtet wurde. Unter unmenschlichen Arbeitsbedingungen zwang man sie zur Arbeit in den Minen.

Bischof Bartolomé de Las Casas bemühte sich, die Ausbeutung der indigenen Bevölkerung zu beseitigen, aber er hatte nur geringen Erfolg. Um ihr Leben zu schonen, soll Las Casas vorgeschlagen haben, afrikanische Sklaven in die Kolonien zu holen. Zwischen 1550 und 1800 wurden Millionen Menschen aus Afrika versklavt.

Handel mit Gewinn für die Europäer

Billige Waren gelangten von Europa nach Afrika, von wo wiederum Sklaven nach Amerika verschifft wurden. Von dort gelangten Edelmetalle und Rohstoffe nach Europa. Dieser Dreieckshandel brachte den europäischen Staaten hohe Gewinne. Auch Handel und Wirtschaft in den Kolonien wurden ganz auf die Bedürfnisse der europäischen Länder abgestimmt.

seit 1450

In Europa beginnt eine neue Art des Denkens, aus der zahlreiche Erfindungen resultierten.

1492

Kolumbus sucht einen westlichen Seeweg nach Indien und entdeckt Amerika.

1521

Die Spanier erobern das Aztekenreich und errichten eine Kolonialherrschaft.

seit 1550

Dreieckshandel

Das kann ich …

Neue Horizonte – neue Welten

Ich kann wichtige Begriffe und Daten im Zusammenhang erklären (Sachkompetenz):

1453 Eroberung Konstantinopels
1492 Entdeckung Amerikas
Neuzeit
Renaissance

❶ 🔲 Beschreibe die Darstellung des Bildes.
❷ 🔲 Erläutere die Motive von Christoph Kolumbus für die Suche nach einem „Seeweg nach Indien".
❸ 🔲 Stelle einen Zusammenhang zwischen dem Begriff „Neuzeit" und dem Bild her.
▶ *Nimm deine Ergebnisse aus Aufgabe 1 zu Hilfe*

Ich kann folgende Aufgaben zum Thema lösen (Sachkompetenz):

❹ 🔲 Erkläre, warum Kolumbus die Einwohner von Guanahani „Indianer" nannte.
❺ 🔲 Nenne Folgen der Expansion des Osmanischen Reiches für Europa.
❻ 🔲 Beschreibe die Voraussetzungen und Schwierigkeiten bei der Entdeckung Amerikas.
❼ 🔲 Schreibe den Text M1 in dein Heft und fülle die Lücken mit den richtigen Daten und Wortgruppen.
▶ *Nimm die Informationen auf S. 92 und die Karte auf S. 78 zu Hilfe.*
❽ 🔲 Ordne die Aussagen (M2) in einer Tabelle nach Ursachen und Folgen der Entdeckungen. Schreibe die Tabelle in dein Heft.

Ich kann Geschichte verständlich darstellen (narrative Kompetenz):

❾ 🔲 Erläutere die Folgen der Eroberungen für die „neue Welt" in Form eines Berichts.
▶ *Verwende dazu die Begriffe Kolonialisierung, Aztekenreich, Missionierung, Sklaverei, Dreieckshandel und Kolonialherrschaft.*

Ich kann die Methode „Eine Internetrecherche durchführen" anwenden (Methodenkompetenz):

Führe eine Internetrecherche zum Thema „Die Eroberung Konstantinopels" durch.

❿ 🔲 Notiere dir geeignete Suchstichworte.
⓫ 🔲 Untersuche die aufgerufenen Seiten im Hinblick auf ihre Inhalte und ihre Glaubwürdigkeit bzw. Seriösität.

Ich kann mir ein Urteil bilden und es begründen (Urteilskompetenz):

⓬ 🔲 Nimm Stellung zu folgender Aussage: Mittel- und Südamerika wurden im 16. Jahrhundert zum Schauplatz eines Weltverbrechens, das von Europa ausging.

Ich verstehe, warum das Thema für uns heute noch wichtig ist (Orientierungskompetenz):

⓭ 🔲 Diskutiere, warum die Renaissance, die Eroberung Konstantinopels 1453 und die Entdeckung Amerikas 1492 als Epochengrenzen zwischen Mittelalter und Früher Neuzeit gesehen werden können.

Verstehen

1 – Weltbild. Kolorierter Kupferstich aus der Schrift „Harmonia Macrocosmica" von Andreas Cellarius, 1660.

M1 Lückentext

1487 – 1492 – 1498 – von 1520 bis 1522 – die Erde umrundet – Amerika erreicht – den Süden Afrikas erreicht – Indien auf dem Seeweg erreicht

Kolumbus ist der erste Europäer, der im Jahre

  .

Diaz ist der erste Europäer, der im Jahre

  .

Magellan ist der erste Mensch, der

  .

Vasco da Gama ist der erste Europäer, der im Jahre

M2 Ursachen und Folgen der Entdeckungen

1. Suche nach Gewürzen
2. Anwendung des Astrolabiums (eine komplexe drehbare Sternenkarte)
3. Einführung des Mais in Europa
4. Wunsch, das Christentum zu verbreiten
5. die Karavelle
6. Bildung von Kolonien in Amerika
7. Nachweis, dass die Erde eine Kugel ist
8. Durst nach neuen Erkenntnissen (= Wissensdurst)
9. Aufwärtsentwicklung (= Aufschwung) der Häfen am Atlantik
10. hohe Sterblichkeit der Indianer
11. Verlangen nach Gold
12. Suche nach einer Allianz gegen die Muslime

Gründe für die Entdeckungen	Folgen der Entdeckungen
…	…

3 Kirche in der Krise – Glaubensspaltung und Reformation

Wenn in der Schule Religion auf dem Stundenplan steht, trennen sich an vielen Schulen die Wege: Die einen gehen zum evangelischen Unterricht, die anderen zum katholischen. Ursprünglich gab es neben der orthodoxen Kirche in Osteuropa als zweite große christliche Konfession nur die römisch-katholische Kirche – bis diese 1517 durch Martin Luther massiv kritisiert wurde. Mit seinen Ansichten stellte er sich gegen Kaiser und Papst, die beiden mächtigsten Männer seiner Zeit. Dieses revolutionäre Verhalten führte nicht nur zur Veränderung der Kirchenwelt, sondern bewirkte enorme gesellschaftliche Umwälzungen. Doch was wollte Martin Luther seinen Anhängern eigentlich vermitteln? War es wirklich sein Ziel, eine Spaltung herbeizuführen?

Kirche in der Krise – Glaubensspaltung und Reformation

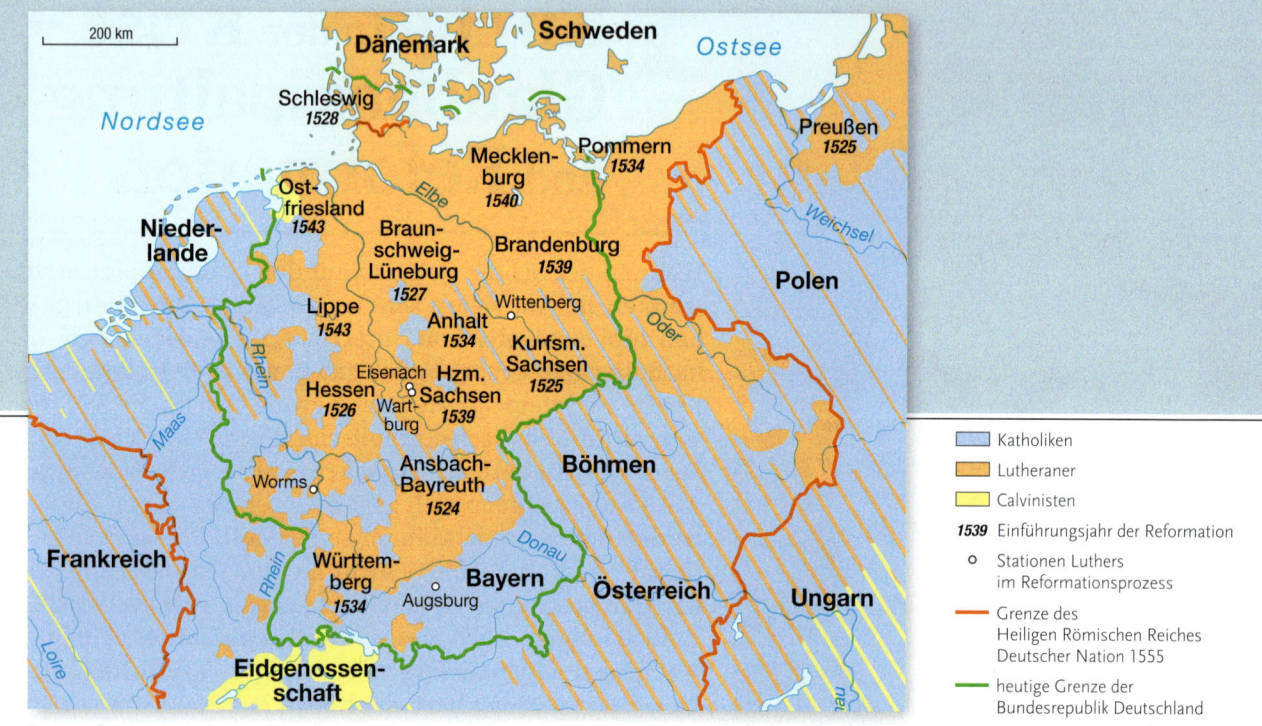

1 – Konfessionen in Deutschland, 1555

Das 16. Jahrhundert war geprägt von Krisen und Umbruchbewegungen – die Herrschenden kämpften in zahlreichen Kriegen um ihre Macht, die ländliche Bevölkerung litt unter Frondiensten und Abgaben. Aus dieser Notsituation heraus begannen viele ihre Situation zu hinterfragen. Auch die Glaubensgrundsätze und der Papst gerieten in die Kritik. Deutlich wurde dies vor allem durch die Veröffentlichungen des Mönchs Martin Luther. Sein Handeln führte zu einer Spaltung der Kirche und zur Bildung neuer Glaubensgemeinschaften (Konfessionen).

Am Ende des Kapitels kannst du folgende Fragen beantworten:

- Welche Sorgen und Ängste beschäftigten die Menschen um 1500?
- Wer war Martin Luther und welche Ziele verfolgte er?
- Was kritisierte Luther an der päpstlichen Kirche?

- Wie veränderte sich das Verhältnis zu Politik und Religion durch die Verbreitung der neuen Lehre?
- Was erhofften sich die Menschen von der Reformation?
- Welche Ereignisse führten zu den Bauernkriegen?
- Wie veränderte die Reformation die Kirche und das Leben?
- Wie können zeitgenössische Flugblätter gedeutet werden?

---

❶ ▪ Ordne die Bilder 2–4 den Ereignissen auf der Zeitleiste zu.
▶ *Beachte, dass eines der Bilder zu mehreren Daten passt.*
❷ ▪ Berichte, was du über die Ereignisse in der Zeitleiste bereits gehört hast (z. B. im Religionsunterricht).
❸ ▪ Stelle mithilfe der Karte fest, wie sich die Konfessionen in Deutschland 1555 verteilt haben.

1517

Beginn der
Reformation,
95 Thesen

1521

Reichstag
in Worms

1525

Bauernkrieg

1555

Augsburger
Religionsfriede

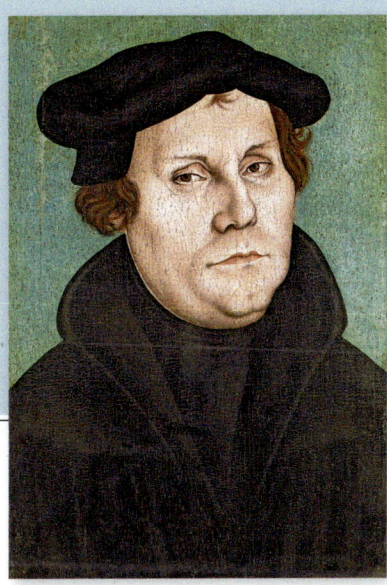

2 – Martin Luther (1483–1546), Gemälde von Lucas Cranach dem Älteren, 1532.

3 – Ein aufständischer Bauer. Kolorierter Holzschnitt eines unbekannten Künstlers, 1522.

4 – Augsburger Religionsfriede am 25. 9. 1555. Die protestantischen Fürsten überreichen König Ferdinand I. ihr Glaubensbekenntnis. Gemälde, 16. Jahrhundert.

5 – Schild am Ortseingang einer baden-württembergischen Gemeinde.

Am Vorabend der Reformation

1 – Fegefeuer. Das Altarbild aus dem Jahr 1480 zeigt von Teufeln gequälte Seelen sowie Engel, die versuchen, die Gepeinigten zu befreien und in den Himmel zu geleiten.

*Jüngstes Gericht
Das Jüngste Gericht ist ein Begriff aus der Bibel für das Weltgericht Gottes. Nach dem Tod werden die guten und bösen Taten der Menschen überprüft, um einen Platz im Himmelreich zu erhalten.

*Zölibat
Das Zölibat ist im Christentum die Verpflichtung zur Ehelosigkeit.

Tagesablauf und Kirche

Der Alltag der Menschen im Mittelalter wurde bestimmt von den Jahreszeiten und der Kirche. Während sich die bäuerlichen Arbeiten an einem jahreszeitlichen Kalender orientierten, strukturierte die Kirche den Alltag. Der Glauben und die Ausübung religiöser Rituale nahmen einen festen Platz im Alltagsleben der Menschen ein. Das Beten, wie etwa das Sprechen des Tischgebets, war fester Bestandteil des Tagesablaufs. Gebete für die Ernte und gute Geschäfte sowie für den Segen des Hauses gehörten ebenfalls dazu. Es herrschte der Glaube an Heilige und Schutzheilige. Der Kirchgang war selbstverständlich und an Sonn- und Feiertagen waren die meisten Arbeiten streng verboten, sodass diese Erholung vom sonst anstrengenden Alltag boten.

Höllenangst und Todesfurcht

Die Angst vor dem Tod gehörte schon immer zum Leben der Menschen. Im 15. Jahrhundert steigerte sich diese Furcht durch Kriege, Pest, Seuchen und Missernten noch. Die Geistlichen erklärten den Gläubigen, dass Gott ein sündiges Leben bestrafen würde. Altarbilder führten den Kirchenbesuchern eindrücklich vor Augen, was sie am Ende der Welt, dem „Tag des *Jüngsten Gerichts" erwartete. Viele bewegte die Frage, wie sie die Höllenqualen nach dem Tod aushalten sollten und ob es einen Ausweg aus dieser Situation gebe.

Aus Angst pilgerten die Menschen zu den christlichen Wallfahrtsorten oder sie schenkten der Kirche Geld. Im Gegenzug sollten Mönche, Nonnen oder Priester für ihr Seelenheil beten. Die Menschen glaubten, dass solche Spenden zur Vergebung ihrer Sündenstrafen beitragen würden und sie dadurch in den Himmel kommen könnten.

Obwohl die Gläubigen auf die Hilfe der Geistlichen hofften, mussten sie feststellen, dass diese ihre Aufgaben häufig vernachlässigten. Manche kümmerten sich nicht um die Seelsorge und hielten den *Zölibat nicht ein. Auch der Papst und die Bischöfe sorgten sich vor allem um weltliche Dinge – die Einnahmen sowie die prunkvolle Gestaltung ihrer Kirchen und Paläste. Die Menschen fragten sich, ob solche Priester überhaupt für ihr Seelenheil sorgen konnten. Aber auch Geistliche selbst übten Kritik am Zustand der Kirche, weil es immer schwieriger wurde, die zweifelnden Gläubigen zu überzeugen. Der Ruf nach einer Erneuerung (Reform) der Kirche wurde immer stärker.

2 – Nonnen und ein Abt überqueren auf dem Heimweg von einem Trinkgelage einen zugefrorenen See. Auf dem Spruchband rechts oben steht: „Geschwollen und voll". Die Personen im Vordergrund fordern noch mehr zu trinken. Holzschnitt, um 1450.

Q1 In einer Schrift der Herzöge von Bayern, Wilhelm IV. und Ludwig X., heißt es 1523:

... Vor allem die Bauern auf dem Lande drohen in aller Öffentlichkeit, sie wollten alle *Pfaffen totschlagen. Sie sagen, dass die Priester so unpriesterlich und unordentlich leben, dass es wider den christlichen Glauben wäre, sie länger zu ertragen. Die Priester – so heißt es – liegen Tag und Nacht in den öffentlichen Wirtshäusern, trinken ... und lassen sich volllaufen. ... Oftmals gehen sie nach solchem Trinken und Lärmen ... zum Altar, um die Messe zu lesen. ...

M1 Der Theologe Hans Kühner schrieb 1973 über Papst Leo X. (1513–1521):

... Leos Hofstaat bestand aus 683 Menschen, vom Erzbischof bis zum Elefantenwärter, vom Hoforchester bis zum Hofpoeten und zum Hofnarren, verschlang es Unsummen. Oft war Leo wochenlang auf Jagden, an de-nen bis zu 2000 Reiter teilnahmen, darunter Kardinäle, Spaßmacher und Hofschauspieler. ... Und im Karneval von 1521 wurden alle Regierungsgeschäfte überhaupt eingestellt, weil die Aufführung eines Balletts wichtiger war. ...

*Pfaffen
Das ist ein abwertender Ausdruck für Priester.

❶ ▶ Nenne anhand von Bild 1, welche Qualen die Menschen in der Hölle angeblich erwarteten.

❷ ▶ Stell dir vor, du wärst ein Kirchenbesucher um 1500 und blickst während der Messe lange auf das Altargemälde (Bild 1). Beschreibe die Ängste und Gedanken, die es bei dir erzeugt.

❸ ▶ Erstelle mithilfe von Q1 und Bild 2 eine Liste, welche Beschwerden gegen die Geistlichen vorgebracht werden.

❹ ▶ Erkläre, wie die Kirche mit den Ängsten der Gläubigen ein Geschäft machte.

❺ ▶ Schreibe aus der Sicht eines Bauern einen Beschwerdebrief an den Bischof, in dem du die Missstände in deiner Gemeinde benennst. Beende deinen Brief mit einer Forderung nach Veränderung.

Welche Missstände herrschten in der Kirche?

1 – Ein im Jahr 2016 erschienenes Comic stellt das Leben und Wirken Martin Luthers in Bildern dar. Bruder Martin (links) unterhält sich hier mit anderen Gelehrten. Auszug aus dem Comic „Martin Luther. Ein Mönch verändert die Welt", 2016.

1517 Beginn der Reformation

Martin Luther
Martin Luther war ein Mönch, der von 1483–1546 gelebt hatte. Er wollte die Kirche verändern, weil er durch sein Studium der Bibel vieles anders verstand, als es in den Regeln der katholischen Kirche vorgegeben war. Seine Forderungen brachte er 1517 an der Kirche in Wittenberg an. Daraus entwickelte sich eine Auseinandersetzung zunächst zwischen Luther und dem Papst, der sich auf beiden Seiten immer mehr Anhänger anschlossen und die letztlich zu einer Spaltung des Christentums zu einer evangelischen und katholischen Konfession führte.

* **Ablassbrief**
So wird ein Schriftstück genannt, das den Käufer von den Strafen für begangene Sünden befreite.

Geld befreit von allen Sünden
Es gab auch noch zahlreiche andere Ärgernisse für die Gläubigen. Christen, die in der Beichte Reue zeigten und Buße taten, konnten auf diesem Weg ursprünglich von ihren Sünden freigesprochen werden. Seit dem 11. Jahrhundert setzte sich der Brauch durch, stattdessen eine bestimmte Geldsumme an die Kirche zu leisten und dafür einen *Ablassbrief zu erhalten. Oft wurden auch Ablässe für Verstorbene verkauft, die gar nicht mehr bereuen konnten. Ablassprediger wie der Dominikanermönch Johannes Tetzel zogen durch das Land und riefen „arme Sünder" zur Zahlung auf. Aus Angst kauften die Gläubigen die kirchlich ausgestellten Ablassbriefe, um den Erlass ihrer Sünden zu erreichen. Die Ablassprediger verwendeten dabei regelmäßig den Ausspruch: „Wenn das Geld im Kasten klingt, die Seele aus dem *Fegefeuer springt."

Der Petersdom – die größte Kirche Europas
Ein großer Teil des eingenommenen Geldes floss nach Rom, wo die Päpste wie weltliche Herrscher ein luxuriöses Leben führten.

Durch den Bau des neuen riesigen Petersdoms sollte ihre Macht verdeutlicht werden. 1506 wurde mit den Bauarbeiten begonnen, aber es dauerte mehr als ein Jahrhundert bis zur Fertigstellung. Das Projekt, das durch den Ablasshandel finanziert wurde, verschlang Unsummen.

Ein Mönch namens Luther
Nicht alle Geistlichen waren mit den Reden Tetzels und dem Handeln der päpstlichen Kirche einverstanden. Auch der Mönch und Theologieprofessor Martin Luther (1483–1546) gehörte zu den Kritikern. Er war im Jahr 1505 in das Kloster der Augustinermönche in Erfurt eingetreten. Nur als Mönch, so glaubte er, könnte er ein Leben führen, das Gott gefiel. Immer wieder stellte er sich die Frage: Wird Gott mir Sünder gnädig sein?
Bruder Martin führte ein strenges Ordensleben und begann das Studium der Theologie. 1507 wurde er in Erfurt zum Priester geweiht und studierte anschließend Philosophie in Wittenberg. Seit 1512 war er auch Prediger an der Wittenberger Stiftskirche.

2 – Ablasshandel. Zum Bild gehört folgender Text: „Hier sitzt der Feind Christi (Papst links), der Ablässe verkauft. Er befiehlt, seiner Stimme mehr zu gehorchen als der Stimme Gottes." Holzstich von Lucas Cranach, 1521.

3 – Der Augustinermönch Martin Luther. Gemälde von Lucas Cranach dem Älteren, 1522/1524.

Luther verurteilt den Ablasshandel

Immer häufiger kamen Männer und Frauen mit dem Ablassbrief zu ihm in den Beichtstuhl und forderten ihre Lossprechung von den Sünden. Dafür hatte Luther aus seelsorgerischen und theologischen Gründen immer weniger Verständnis und erkannte, welchen negativen Einfluss Tetzels Predigten auf die Menschen hatten.

Als sie dabei aber sagten, dass sie weder von Ehebruch, Wucher noch unrechtem Gut und dergleichen Sünde und Bosheit ablassen wollten, da sprach sie Martin Luther nicht frei von ihren Sünden. ... Da beriefen sie sich auf die Ablassbriefe. Diese wollte Luther nicht anerkennen. Er berief sich auf die Aussagen der Bibel: Wenn ihr eure Sünden nicht bereut und Buße tut, werdet ihr alle umkommen. ...

✳ Fegefeuer

Dies bezeichnet den Ort zwischen Himmel und Hölle, an dem die Seelen der Verstorbenen auf den Himmel vorbereitet werden, indem sie ihre Sünden büßen.

Q1 Luther berichtete 1506 über sein Leben im Kloster:

... Jedes Mal beim Verlassen unserer Klosterkirche blickte ich auf ein Bild, das Gott als den Richter über die Menschen zeigte. Einmal dachte ich voll Schrecken daran, dass ich heimlich über Bruder Albertus gelacht hatte, der wieder während des Morgengebetes eingenickt war. In meiner Zelle kniete ich daraufhin nieder und bat Gott wegen dieser Sünde um Vergebung. Häufig geißelte ich mich, bis ich blutete, um Gott zu zeigen, wie ernst ich es meinte. ...

Q2 Der Mönch Myconius, der sich Luther anschloss, schrieb 1527:

... 1517 kamen etliche mit den gekauften Ablassbriefen zu Martin ... und beichteten.

❶ ▪ Nenne anhand von Bild 1, welche Fehler der Kirche vorgeworfen werden. Ergänze diese mit den Kritikpunkten, die im Text genannt werden.

❷ ▪ Erkläre anhand von Bild 2, wie Lucas Cranach über den Ablasshandel urteilte. Gehe dabei auf die Rolle des Papstes ein.

❸ ▪ Lucas Cranach hat Luther nach eigenen Wünschen auf dem Gemälde (Bild 3) festgehalten. Untersuche vor allem die abgebildeten Gegenstände sowie die Rolle Luthers. Stelle mithilfe von Q1 Vermutungen an, welches Bild Luther von sich selbst erzeugen wollte.

❹ ▪ Erkläre mithilfe von Q1, wie Luther versuchte, Gott gnädig zu stimmen. Warum flößt die Allmacht Gottes ihm Angst ein?

❺ ▪ Vor allem die bäuerliche Bevölkerung sah eine Erlösung von den Sünden im Ablasshandel. Verfasse mithilfe des Textes und Q2 den Brief eines Bauern, in dem er beschreibt, was er sich vom Kauf des Ablasses erhofft.

▶ *Über ein Jahr musste ich sparen, bis ich das Geld für den Ablassbrief besaß. Aber der Aufwand hat sich gelohnt, denn nun ...*

Reformation und Bauernkrieg

Wie konnten sich Ideen schnell verbreiten?

1 – Der Papst (links) fordert Luther (rechts) zum Widerruf auf. Auszug aus dem Comic „Martin Luther. Ein Mönch verändert die Welt", 2016.

31.10.1517:
Thesenanschlag
in Wittenberg

***** Autorität
Die Autorität des Papstes
bedeutet, dass der Papst in
Glaubensfragen das letzte
Wort hat.

***** Reichsacht
Die Reichsacht bedeutete,
dass der Verurteilte aus der
Gemeinschaft ausgestoßen
wurde. Jeder hatte nun das
Recht, den Geächteten zu
töten.

***** Häresie, Häretiker
Als Häretiker wurden im
Mittelalter diejenigen bezeichnet, die von der Glau-
bensmeinung der Kirche
abwichen und ihr eine
eigene Lehre entgegenstell-
ten. Die abweichende Mei-
nung nannte man auch
Häresie. Dieselbe Bedeu-
tung haben die Begriffe
„Ketzer" und „Ketzerei".

Luther und sein Glaube an Gott

Martin Luther hatte sich immer wieder gefragt, wie die Menschen leben sollten, um
nach ihrem Tod in Gottes Himmelreich zu
kommen. Dabei kam er zu der Auffassung,
dass nur Gott selbst darüber urteilen dürfe,
wer in das Himmelreich aufgenommen
werde – nicht der Papst.
Aus diesem Gedanken heraus erstellte er
einer Legende nach eine Liste mit 95 Argu-
menten gegen die Willkür der Kirche, die
er am *****31. Oktober 1517 an der Tür der
Schlosskirche in Wittenberg veröffentlichte
(Thesenanschlag). Luther wollte mit seinen
95 Thesen keine neue Glaubenslehre auf-
stellen, sondern Missstände in der Kirche
abstellen.
Erst in den folgenden Streitgesprächen mit
anderen Theologen zeigte sich, dass Luther
nicht nur den Ablasshandel verurteilte. Als
man ihn aufforderte, die *****Autorität des
Papstes in Glaubensfragen anzuerkennen,
lehnte er dies ab. Er sagte, dass Päpste sich
schon geirrt hätten. Deshalb sei für einen
Gläubigen nur verpflichtend, was Christus
in der Bibel gesagt habe. Folglich könne der
Papst keine endgültigen Entscheidungen in
Glaubensfragen treffen.

Der Papst verhängt den Kirchenbann

Dank des Buchdrucks war es möglich, dass
sich Luthers Aussagen innerhalb kürzester
Zeit weit verbreiteten. Papst Leo X. (1475–
1521) verurteilte die Lehre Luthers und forderte ihn auf, seine Kritik an der Kirche zu
widerrufen. Dieser weigerte sich aber. Deshalb schloss der Papst ihn 1521 aus der Kirche aus (= Kirchenbann).

Der Kaiser verhängt die *****Reichsacht

Auch Kaiser Karl V. (1520–1556) war ein
entschiedener Gegner Luthers und seiner
Lehre. Er sah die Einheit des Reiches bedroht, wenn es die Einheit im Glauben
nicht mehr geben würde. Deswegen lud er
Luther auf den Reichstag in Worms 1521
ein, um ihm die Chance zu geben, seine
Thesen zu widerrufen.
Jedoch nahm Luther auch vor den Mächtigen des Reiches kein Wort zurück, weil er
sich nur seinem Gewissen verpflichtet fühl-
te. Der Kaiser erklärte Luther daraufhin für
rechtlos, er verhängte die Reichsacht und
verbot seine Schriften. Mit dem Wormser
Edikt (1521) schwor der Kaiser, die Einheit
der Kirche zu erhalten und verbot die Lehre
Luthers als *****Häresie.

2 – Luther steht vor dem Reichstag in Worms. Auszug aus dem Comic „Martin Luther. Ein Mönch verändert die Welt", 2016.

3 – Luther wird in Worms auf dem Reichstag von Kaiser Karl V. verhört. Der Künstler fügte den Text ein:

① „Die Bücher sollen mit ihren Titeln genannt werden."

② „Hier stehe ich, ich kann nicht anders, Gott helfe mir. Amen." Holzschnitt, 1557.

Q1 Am 31. Oktober 1517 veröffentlichte Luther in Wittenberg eine Schrift über den Ablasshandel:

... 21. Es irren die Ablassprediger, die da sagen, dass durch des Papstes Ablässe der Mensch von aller Sündenstrafe losgesprochen und erlöst werde ...

27. Eine falsche Lehre predigt man, wenn man sagt: Sobald das Geld im Kasten klingt, die Seele aus dem Fegfeuer springt.

32. Wer glaubt, durch Ablassbriefe das ewige Heil erlangen zu können, wird auf ewig verdammt werden samt seinen Lehrmeistern ... .

36. Jeder Christ, der wahrhaft Reue empfindet, hat einen Anspruch auf vollkommenen Erlass der Schuld auch ohne Ablassbrief ...

43. Man soll die Christen lehren, dass, wer den Armen gibt und dem Bedürftigen leiht, besser tut, als wer Ablassbriefe kauft. ...

❶ ▪ Fasse anhand von Bild 1 die unterschiedlichen Sichtweisen Luthers und des Papstes in eigenen Worten zusammen.

❷ ▪ Lege eine Tabelle an und werte Luthers Aussagen in Q1 aus.

▶

Luther verurteilt	Luther fordert
Ablassprediger	...

❸ ▪ Erläutere mithilfe des Textes und Q1 die neue Glaubenslehre Martin Luthers.

❹ ▪ Betrachte Bild 3 und ordne folgende Personen und Personengruppen zu: Kaiser Karl V., Luther, geistliche Fürsten, weltliche Fürsten. Deute anhand der Darstellung ihre Einstellung zu Luther.

❺ ▪ Vergleiche die bildliche Darstellung der Szene „Luther vor dem Reichstag in Worms" in den Bildern 2 und 3.

▶ *Erkläre, wodurch das zeitgenössische Bild von der Rekonstruktion unterschieden werden kann.*

▶ *Vergleiche die Darstellung Luthers und sein Auftreten.*

▶ *Begründe, welche Szene dir glaubwürdiger erscheint.*

❻ ▪ Verfasse ein Streitgespräch zwischen zwei Personen, die Luthers Thesen in Wittenberg gelesen haben und darüber unterschiedlicher Meinung sind.

Wie verbreitete sich die neue Lehre?

1 – Kaiser Karl V. strebte eine weltumspannende Kaiserherrschaft an und ließ sich auf diesem Gemälde von Peter Paul Rubens als Weltenherrscher darstellen, um 1604.

Reformation

(lat.: reformatio = Erneuerung). Dies ist eine durch den Thesenanschlag an der Wittenberger Schlosskirche 1517 von Martin Luther ausgelöste Bewegung, die zur Gründung der evangelischen Kirche führte. Seit dieser Zeit ist das Christentum in mehrere Bekenntnisse gespalten

* **vogelfrei**
Dies ist ein Begriff der alten deutschen Rechtslehre. Wer für vogelfrei erklärt wurde, durfte von jedermann straflos getötet werden.

* **Junker**
Der Begriff meint im eigentlichen Sinne Jungherrn oder Rittergutsbesitzer und wurde für Luther nur als Tarnung verwendet.

* **evangelisch**
So wurden Luthers Anhänger genannt, da sie allein dem Wort Christi in der Heiligen Schrift, dem Evangelium, verpflichtet waren.

Luther auf der Wartburg

Auf dem Reichstag von Worms wurde Luther noch 21 Tage lang freies Geleit für seine Rückkehr zugesichert, danach galt er als *„vogelfrei". Auf seiner Rückreise nach Wittenberg wurde er auf Anweisung des sächsischen Kurfürsten Friedrich des Weisen zum Schein entführt und auf die einsam gelegene Wartburg bei Eisenach (Thüringen) in Sicherheit gebracht. Der Kurfürst wollte dadurch das Leben Luthers vor dem Papst und dem Kaiser schützen.

Luther lebte nun mehrere Monate unerkannt auf der Wartburg und wurde *Junker Jörg genannt. Seinen Aufenthalt auf der Wartburg nutzte er, um das Neue Testament aus dem Lateinischen in die deutsche Sprache zu übersetzen.

Eine einheitliche deutsche Sprache gab es zu dieser Zeit noch nicht, sondern nur verschiedene Mundarten. Luther gelang es, für seine Übersetzung eine Sprache zu finden, die alle verstanden, da er „dem Volk aufs

Maul schaute". Die Bibelübersetzung und die von Luther neu gedichteten deutschen Kirchenlieder sollten den *evangelischen Glauben allgemein verständlich machen. Mithilfe des Buchdrucks wurde die Luther-Bibel zum meistgelesenen Buch in Deutschland. Die Bibelübersetzung und Luthers Kirchenlieder trugen entscheidend zur Entwicklung einer einheitlichen, neuhochdeutschen Sprache bei.

Die Ausbreitung der Reformation

Luther fand immer mehr Rückhalt in der Bevölkerung und auch viele Fürsten wurden zu Befürwortern dieser neuen Lehre. Kaiser Karl V. hingegen wollte seine Macht sowie die Einheit der römischen Kirche mit dem Papst als Oberhaupt behalten. Da er sich aber wegen Kriegen gegen Frankreich und den Angriffen der Osmanen nur noch selten im Reich aufhielt, reagierte er erst spät auf die Ausbreitung der Reformation, d. h. die Erneuerung und Umgestaltung der Kirche.

Das Wormser Edikt (siehe S. 120) konnte die Reformation aber nicht aufhalten. Bücher und Flugblätter verbreiteten Luthers Lehre. Menschen, die von seinen Ansichten überzeugt waren und andere dafür begeistern wollten, zogen durchs Land und verkündeten das Wort Gottes in deutscher Sprache (Laienprediger). Oft kam es zu handgreiflichen Auseinandersetzungen, wenn ein Priester den Gottesdienst in lateinischer Sprache abhielt und die Anhänger Luthers dagegen laut deutsche Kirchenlieder sangen.

Entstehung von Landeskirchen

Diese Situation nutzten zahlreiche Fürsten aus, um ihre eigene Macht zu stärken. Als immer deutlicher wurde, dass es keine einheitliche Kirche mehr geben würde und auch der Kaiser der Entwicklung machtlos gegenüberstand, übernahmen sie mit Einwilligung Luthers in ihren Ländern auch die

2 – **Das untere Bild des Reformationsaltars in Wittenberg.** Luther zeigt seiner Gemeinde die Grundlagen des neuen evangelischen Glaubens. Gemälde, 1547.

Aufsicht über die Kirchen.
Als Landesherren waren sie somit zugleich auch *Landesbischöfe. Seit dieser Zeit gibt es die evangelische Landeskirche.
Die evangelischen Landesherren kümmerten sich um die Neugestaltung des Gottesdienstes, die Versorgung der Pfarreien mit gut ausgebildeten Pfarrern und um die Erneuerung des Schulwesens. Um ihre Reformen bezahlen zu können, beschlagnahmten sie alle Klöster mit ihrem Grundbesitz, die von Nonnen und Mönchen verlassen worden waren.

Q1 An seinen Landesherren, Kurfürst Friedrich den Weisen, schrieb Luther 1525:
… Die Pfarreien liegen überall elend; da gibt niemand, da bezahlt niemand. So achtet der gemeine Mann weder Predigt noch Pfarrer. Wenn hier nicht eine tapfere Ordnung und staatliche Erhaltung der Pfarrer und Predigtstühle vorgenommen wird, gibt es in kurzer Zeit weder Pfarrhöfe noch Schulen und das Wort Gottes wird zu Grunde gehen. …

* Landesbischöfe
Dies ist der Titel des kirchlichen Leiters in der evangelischen Landeskirche.

❶▪ Beschreibe, welche Machtsymbole (Insignien) Karl V. in Bild 1 bei sich trägt.

❷▪ Erkläre anhand von Bild 1 und dem Darstellungstext, welche Stellung Karl V. im Reich und der Kirche haben wollte.

❸▪ Erstelle aus der Sicht eines Laienpredigers eine Rede, die deine Zuhörer vom neuen Glauben überzeugen soll.

▶ *Möglicher Beginn: Bedenkt, was euch die christliche Kirche in den letzten Jahrhunderten gebracht hat. Luther hingegen setzt sich für … .*

❹▪ Verfasse mit den Informationen auf dieser und den vorangehenden Seiten einen Lexikonartikel, der den Begriff „Reformation" verständlich erklärt.

❺▪ Erläutere mithilfe des Darstellungstextes, wie es den evangelischen Landesherren während der Reformation gelang, ihre Machtstellung auszubauen.

❻▪ Begründe mithilfe von Q1, wie Luthers Brief zur Entstehung von Landeskirchen führen konnte.

❼▪ Beschreibe den Innenraum der Kirche in Bild 2. Nimm dazu die Methode „Bilder untersuchen" auf S. 221 zu Hilfe. Vergleiche deine Ergebnisse anschließend mit Bild 3 auf S. 137 und Bild 2 auf S. 170. Halte deine Ergebnisse in einer Tabelle fest.

▶ *Beachte folgende Aspekte: Wandgestaltung, Gemälde, Sitzmöglichkeiten, Altar, Kanzel, Kreuzdarstellung usw.*

Methode

Flugblätter entschlüsseln

Schulen, Restaurants und Unternehmen setzen Flyer ein, um für ihre Dienstleistungen oder Produkte zu werben. Die Idee ist einfach, aber nicht neu. Mit der Erfindung des Buchdrucks wurde es deutlich leichter, Informationen zu verbreiten. Das neue Medium hieß Flugblatt. Es bestand meist aus nur einer Seite, einem kurzen Text, einem großformatigen Bild oder beidem. Im Laufe der Reformation entstand eine wahre Flut von Flugblättern, mit denen für den eigenen Glauben geworben oder die gegnerische Seite verspottet wurde. Die Bilder waren für jeden verständlich und erforderten nicht unbedingt die Fähigkeit, lesen zu können.

Allerdings gibt es auch Symbole oder Darstellungsarten, die für uns heute schwer zu entschlüsseln sind. Gerade in der Reformationszeit waren Teufelsfiguren oder Ungeheuer sehr beliebt. Der Esel stand für Dummheit, das Schaf für Folgsamkeit, der Wolf für Gefräßigkeit und Gier, der Fuchs für Hinterlist und der Hahn hatte teuflische Eigenschaften. Der Papst wurde oft mit der Tiara – der dreifachen Bischofsmütze – dargestellt.

Entschlüsselte Flugblätter liefern viele Informationen über ihre Zeit, vorherrschende Konflikte, Ereignisse und handelnde Personen.

Folgende Hinweise helfen dir beim Entschlüsseln von Flugblättern:

Schritt 1 **Thema untersuchen**	■ Wann entstand das Flugblatt (Bildlegende beachten)? ■ Welche Personen, Gegenstände, Ereignisse oder Orte sind dargestellt? ■ Wie lässt sich das Flugblatt in die Geschichte einordnen?
Schritt 2 **Gestaltung analysieren**	■ Welches Format liegt vor? Hoch- oder Querformat? ■ Was steht im Vordergrund, was tritt in den Hintergrund? ■ Welche Symbole werden verwendet (Tiere mit menschlichen Eigenschaften, Stärken und Schwächen, Gegenstände, Farben)? ■ Welche Funktionen haben diese Symbole? ■ Wie geht der Verfasser des Flugblatts mit dem Thema um? (Sachgerecht, mit Spott und Hohn, stellt er jemanden oder Missstände bloß?) ■ Gibt es Texte auf dem Flugblatt?
Schritt 3 **Zusätzliche Informationen beschaffen**	■ Wer war der Auftraggeber des Flugblatts? ■ Wann und wo wurde das Flugblatt hergestellt? Lies hierzu die Legende. ■ Gibt es noch andere Bilder zu diesem Thema?
Schritt 4 **Intention erkennen**	■ Was ist die Botschaft oder Wirkung des Flugblatts? ■ An wen richtet sich das Flugblatt? ■ Wie wirkt das Flugblatt auf dich?

❶ Betrachte Bild 1. Was fällt dir auf?

❷ Überprüfe deinen ersten Eindruck mithilfe der Musterlösung und ergänze diese.

❸ Werte anhand der Methodenschritte Bild 2 aus.

1 – Flugblatt über Papst Alexander VI. (1492–1503). Anonymer Künstler, um 1500.

2 – Luther: des Teufels Dudelsack. Holzschnitt von Erhard Schoen, um 1530.

Lösungsbeispiel zum Bild 1:

Zum Schritt 1:

Es entstand um 1500. Eine Person ist erkennbar. Hierbei handelt es sich um ein Mischwesen aus Mensch und Tier. Der Körper ist insgesamt menschenähnlich, aber die Hände sind Krallen und der Kopf gleicht einem haarigen Ungeheuer. Auf dem Kopf trägt das Wesen eine dreifache Papstkrone, die man Tiara nennt. Auf der Brust ist das Gesicht eines Geiers zu sehen. Ein reich verzierter Mantel umhüllt es. In der rechten Hand befinden sich ein Seil mit Schlaufe für den Kopf und eine Art Zweizack mit Widerhaken. Das Flugblatt stammt aus der Frühen Neuzeit.

Zum Schritt 2:

Es handelt sich um eine Abbildung im Hochformat. Das Mischwesen steht im Vordergrund und füllt fast das ganze Blatt aus. Die Tiara steht für den Papst, Krallen und Haare und Hörner am Kopf stehen für den Teufel, der Strick steht für den Henker und der Zweizack ist ein Folterinstrument. Der Papst wird bloßgestellt und verspottet. Bestätigt wird diese Vermutung durch den Schriftzug: „Ego sum Papa." Das bedeutet: „Ich bin Papst."

Zum Schritt 3:

Ein Kritiker der Papstkirche und Anhänger der Lehre Luthers dürfte das Flugblatt in Auftrag gegeben haben. Der Künstler ist nicht bekannt. Es wurde um 1500 angefertigt.

Zum Schritt 4:

Der Papst ist ein Teufel und Folterknecht. Somit muss ihm nicht gehorcht werden. Das Flugblatt richtet sich an die Gläubigen und will sie aufklären über den Charakter des Papstes. Da es so boshaft ist, wirkt es schockierend und stellt die Autorität der Kirche und des Papstes infrage.

Warum erhebt sich der *gemeine Mann?

Kerngebiete der Bauernaufstände 1524
Ausweitung bis März 1525
von Aufständen erfasste Gebiete nach April 1525
● Aufstände in Städten
○ Städte ohne Aufstände
→ 1. Feldzug gegen die Bauern März/April 1525
→ 2. Feldzug gegen die Bauern Mai–Juli 1525
X Siege der Fürstenheere

1 – Kerngebiet und Ausbreitung der Bauernaufstände.

Arbeit, Abgaben und Aufstände

Zur Zeit der Reformation lebten etwa
16 Millionen Menschen im Deutschen
Reich, davon 12 Millionen auf dem Land.
Die Abgaben und Frondienste für weltliche
und geistliche Herren nahmen ständig zu.
Wer nicht gehorchte, wurde bestraft. Egal,
ob Krankheiten, Missernten, Unwetter oder
Kriege ihre Erträge reduzierten. Die Grundherren interessierten sich nur für eine Vergrößerung ihrer Einnahmen. So konnten
sie sich mehr Land und Herrschaftsrechte
kaufen. Besonders die Bauern, aber auch
Ritter, Handwerker und Bergarbeiter lehnten sich gegen diese Zustände auf. Die Ide-
en der Reformatoren weckten Hoffnungen
auf eine gerechtere Ordnung beim gemei-
nen Mann und verbreiteten sich schnell

über Flugblätter. Im Südwesten des Deutschen Reichs lebten besonders viele Bauern,
die nur wenig Land besaßen. Erst kam es zu
vereinzelten Aufständen, aber ab 1524 breiteten sie sich aus. Häufig führten wohlhabende Bauern, aber auch Ritter, ehemalige
Landsknechte oder Geistliche die *Haufen
an.

Aufstand oder Krieg?

Aus lokalen Aufständen wurden 1524/25
große Erhebungen der Bauern in verschiedenen Reichsteilen. Allerdings fehlte die
Absprache, eine gemeinsame Strategie der
einzelnen Haufen. Die Fürsten gewannen
durch Verhandlungen Zeit und formierten
ihre Gegenwehr. Die Bauern sollten ihre
Forderungen schriftlich einreichen. Es gab
etwa 300 Klageschriften. Aber schnell merk-
ten die Bauern, dass sie nur hingehalten
wurden. Sie griffen zu den Waffen wie
Schwertern, Mistgabeln, Morgenstern oder
Sicheln und es kam zu blutigen Kämpfen,
Plünderungen von Klöstern, Schlössern
und Kirchen. Luther, der anfänglich auf
Seiten der Bauern stand, war geschockt angesichts der Zerstörungen und stellte sich
auf die Seite der Fürsten. Er begründete seine Haltung mit der Bibel: Wer das Schwert
nimmt, soll durch das Schwert umkommen. Etwa 100 000 starben in den Kämpfen.
Anführer wurden hingerichtet. Für die an-
gerichteten Schäden mussten die Bauern
bezahlen. Nur wenige ihrer Forderungen
wurden erfüllt.

„Jeder Christ sei ein freier Mensch …

… und nur durch den Glauben an das Wort
Gottes gebunden." So steht es in Luthers
Schrift „Von der Freiheit eines Christenmenschen". Der Handwerksgeselle Sebasti-
an Lotzer aus Memmingen in Schwaben
veröffentlichte diesbezüglich im Februar
1525 zwölf Forderungen.

2 – Blutgericht zu Würzburg. Auf dem Fischmarkt wurden am 9. August 1525 dreizehn Bürger enthauptet. Holzschnitt, 1891.

Q1 Die „Zwölf Artikel" der Bauernschaft wurden 1525 per Flugblatt bekannt und zum Programm der Aufständischen:

1. Zum Ersten ist unser demütig Bitte und Begehr, dass in Zukunft jede Gemeinde ihren Pfarrer selbst wählen und auch wieder absetzen kann. ...

2. Den *Kornzehnten wollen wir gern geben ... Da man ihn Gott und den Seinen geben soll, gebührt er einem Pfarrer, so er das Wort Gottes klar verkündet. ... Den kleinen Zehnt (*Viehzehnt) wollen wir nicht geben, denn Gott der Herr hat das Vieh frei dem Menschen geschaffen.

3. Zum Dritten ist es bisher Brauch gewesen, uns als Leibeigene zu halten, was zum Erbarmen ist ... Es ergibt sich aus der Heiligen Schrift, dass wir frei sind, und wir wollen es sein. Nicht, dass wir völlig frei sein und keine Obrigkeit haben wollen; das lehrt uns Gott nicht. ...

6. Die Frondienste sollen verringert werden. ...

Q2 Luthers Reaktion auf die Bauern-aufstände 1525 lautete:

Erstens haben sie ihrer Obrigkeit Treue und Ergebenheit geschworen, untertänig und gehorsam zu sein, wie das Gott gebietet. Da sie aber diesen Gehorsam mutwillig brechen und sich dazu gegen ihre Herren stellen, haben sie dadurch Leib und Seele verwirkt. ... Zweitens machen sie Aufruhr, berauben und plündern unter Gewalttaten Klöster und Schlösser, womit sie schon allein als öffentliche Straßenräuber und Mörder wohl zweifachen Tod an Leib und Seele verdient haben. ... Drittens decken sie diese schreckliche, grauenhafte Sünde mit dem Evangelium, nennen sich christliche Brüder ..., wodurch sie die allergrößten Gotteslästerer ... werden. ...

*** Kornzehnt**
Dies war die Abgabe der Bauern von Getreide an den Grundherrn. In der Regel handelte es sich um den zehnten Teil der Ernte.

*** Viehzehnt**
Das bedeutete die Abgabe von Tierprodukten oder Tieren an den Grundherrn.

❶ ▪ Versetze dich in die Lage eines Bauern um 1500 und benenne seine Probleme.

❷ ▪ Erkläre mithilfe der Karte, wie die Aufstände sich ausbreiteten und in welchen heutigen Bundesländern es zu besonders heftigen Kämpfen kam.

❸ ▪ Untersuche die Forderungen der Bauern in Q1.
▶ *Nimm die Methode „Textquellen untersuchen" von S. 222 zu Hilfe.*

❹ ▪ Gestalte einen Gerichtsprozess über die Folgen der Aufstände. Die Bauern sind die Angeklagten, Luther und die Fürsten die Richter. Nutze hierfür Q2, Bild 2 und den Darstellungstext.
▶ *Gehe auf folgende Details ein: Was wollten die Bauern erreichen? Wie wollten sie es erreichen? Womit rechtfertigten sie ihr Vorgehen? Welche Strafen erhielten sie dafür und warum?*

Plünderung eines Klosters im Bauernkrieg

1 – Plünderung des Klosters Weißenau, Federzeichnung aus der Bauernkriegschronik des Abts Jakob Murer, 1525.

Schauplatz Geschichte

Der Bauernkrieg von 1524–1525 war eine mächtige Erhebung der Bauern gegen die herrschende Ungerechtigkeit. Gerade in Süddeutschland litten die Bauern besonders unter vielen Abgaben und Rechtlosigkeit. 1525 schlossen sich drei Bauernhaufen zusammen, um ihren Forderungen Nachdruck zu verleihen. Es kam zur Plünderung des Klosters Weißenau. Der Abt hielt die Ereignisse in einer Chronik fest. Das darin enthaltene Bild kann wie ein Comic gelesen werden und zeigt sehr genau, was sich zugetragen hat.

Bildet Gruppen und bearbeitet eine der Aufgaben 1–3. Präsentiert eure Ergebnisse der Klasse in einem Kurzvortrag, den ihr mit Unterstützung eines vergrößerten Teils des Bildausschnitts haltet.

▶ *Bezieht euer Wissen über den Bauernkrieg von S. 126/127 mit ein.*

❶ Beschreibt genau, was sich auf der linken Seite des Bildes abspielt.

▶ *Entwerft einige Gedankenblasen, die der Person mit den Fässern und den zwei Männern an den Fischteichen durch den Kopf gehen könnten.*

❷ Im Vordergrund des Bildes herrscht völliges Chaos. Analysiert, was die Bauern tun.

❸ Im Zentrum des Bildes seht ihr den Speisesaal, wo Mönche mit Bauernanführern sitzen und essen. Gestaltet ein Streitgespräch

❹ Für alle Gruppen: Diskutiert anhand des Bildes, weshalb die Bauern mit ihren Forderungen scheiterten.

Wie reagierte die Obrigkeit auf Luthers Handeln?

1 – Der Reichstag von Augsburg 1530. Dargestellt sind die Übergabe der Bekenntnisschriften an Kaiser Karl V. (links), in der Mitte eine Taufhandlung, rechts zeigt der Teufel eine Tafel mit den Namen von Ketzern. Im Hintergrund werden Andersgläubige aus der Kirche gejagt. Konfessionsgemälde von Bad Windsheim, 1601.

Philipp Melanchthon
(1497–1560),
deutscher Theologe
und Reformator

✣ **Konzil**
Der Begriff bezeichnet eine große Kirchenversammlung.

✣ **Gegenreformation**
Dies ist eine Bezeichnung für die Maßnahmen der katholischen Kirche, die zur Zurückdrängung der Reformation dienen sollten.

✣ **Jesuiten**
Als Jesuiten werden die Mitglieder der katholischen Ordensgemeinschaft „Gesellschaft Jesu" bezeichnet, die von Ignatius von Loyola 1534 gegründet wurde.

Der Augsburger Reichstag 1530

Kaiser Karl V. strebte eine Verständigung in Glaubensfragen an und lud alle protestantischen Fürsten 1530 nach Augsburg zum Reichstag ein. Dort forderte er von ihnen die Rückkehr zum katholischen Glauben. Philipp Melanchthon (Randspalte), ein enger Vertrauter Luthers, verfasste eine Bekenntnisschrift der Protestanten („Augsburger Konfession"), in der die Reformatoren zu beweisen versuchten, dass ihr Glaube und ihre Lehre im Einklang mit der biblischen Schrift und Tradition sei. Kaiser und Kirche lehnten diese Sichtweise aber ab und eine Einigung im Glaubensstreit rückte in weite Ferne.

Das ✣Konzil von Trient

Der Kaiser setzte nun alle Hoffnungen auf ein kirchliches Konzil. 1545 berief Papst Paul III. viele Theologen aus allen katholischen Ländern Europas nach Trient in Norditalien zu einer Versammlung ein. Aufgabe des Konzils sollte es sein, die kirchlichen Sitten zu verbessern und die weitere Ausbreitung der reformatorischen Lehren zu verhindern. Die Kirchenversammlung beschloss das Verbot des Ämterkaufs und des Ablasshandels mit Geld, um den Forderungen der Protestanten entgegenzukommen. An allen weiteren Glaubensgrund-

sätzen hielten sie aber fest, sodass wieder keine Einigung zustande kam.

Enttäuscht davon, dass sein Entgegenkommen nicht geschätzt wurde, beschloss der Papst nun, die Reformation rückgängig zu machen (✣Gegenreformation). Unterstützt wurde er dabei von dem ✣Jesuiten-Orden, die sich als „Soldaten Christi" verstanden. Sie gelobten dem Papst und der katholischen Kirche bedingungslosen Gehorsam und verfolgten das Ziel, jene Christen zurückzugewinnen, die vom katholischen Glauben abgefallen waren.

Der Augsburger Religionsfriede

All diese Maßnahmen führten zwar nicht zum Ende des evangelischen Glaubens, schwächten aber die protestantischen Fürsten. Diese Gelegenheit nutzte der Kaiser, um eine Religionsordnung zu erlassen, die die Protestanten wieder zurück in die katholische Kirche zwingen sollte. Zusätzlich verlangte er die Unterwerfung der Fürsten unter seine Herrschaft. Das aber lehnten alle Fürsten, auch die katholischen, ab. Es kam zu einem Aufstand und der Kaiser musste nachgeben.

Frieden geschlossen wurde erst 1555 auf dem Augsburger Reichstag. Hier wurde vereinbart, dass kein Fürst und keine Stadt um der Religion willen bedrängt, verklagt oder

2 – Ignatius von Loyola kniet vor Jesus, der mit der ausgestreckten Hand auf das zerstörte Rom zeigt. Gemälde von Pierre Subleyras, 17. Jahrhundert.

bekriegt werden dürfe. Wer ein Fürstentum regierte, entschied über die Religionsangehörigkeit seiner Untertanen. Von diesem Zeitpunkt an waren das katholische und das lutherische Glaubensbekenntnis gleichgestellt. Dieser „Augsburger Religionsfriede" war zwar ein erster Schritt zur Beendigung der religiösen Konflikte, aber Kaiser Karl V. hatte sein Ziel, die Einheit der Christenheit, nicht erreicht.

Q1 Ignatius von Loyola (1491–1556), Gründer des Jesuitenordens, gab Ratschläge zum Umgang mit Protestanten:

… Die Protestanten verstehen es, ihre falsche Lehre mundgerecht zu machen, indem sie ihre Lehren in den Schulen verkünden und kleine Heftchen unter das Volk bringen, die leicht zu verstehen sind. Somit wäre die Errichtung von Schulen … das beste Mittel, um der katholischen Kirche zu Hilfe zu kommen.
Wir müssen außerdem jegliche Habsucht unterlassen. Dann können wir den stärksten Angriffsgrund der Reformatoren entkräften, nämlich ihren Hinweis auf das unfromme Leben der Geistlichen. …

Q2 Auszüge aus dem Augsburger Religionsfrieden von 1555:
§ 15 Friedensformel
… Religionsstreitigkeiten sollen bei Androhung kaiserlicher Bestrafung nicht anders

als durch friedliche Mittel beigelegt werden.
…
§ 17 Ausschluss Andersgläubiger
… Alle anderen Glaubensgemeinschaften, die nicht den beiden Religionen angehören, sollen von diesem Frieden ausgeschlossen sein.
§ 24 Auswanderungsrecht
Wo aber unsere … Untertanen wegen ihrer Religion wegziehen und an anderen Orten sich niederlassen wollen, soll ihnen dies und auch der Verkauf ihres Hab und Gutes bewilligt werden. …

❶ ▪ Fasse zusammen, welche Hoffnungen Kaiser Karl V. in den Augsburger Reichstag setzte.

❷ ▪ Beschreibe die Handlungen auf Bild 1 und bringe die Szenen in einen sinnvollen Zusammenhang mit dem Verhalten der katholischen Kirche im Zeitalter der Reformation.

❸ ▪ Verfasse aus Sicht Kaiser Karls V. ein Bittschreiben, in dem er begründet, warum zum katholischen Glauben zurückgekehrt werden sollte.

▶ *Unser Glaube besitzt eine lange Tradition und hat uns schon in vielen Situationen geholfen …*

❹ ▪ Erkläre mithilfe von Q1, durch welche Maßnahmen die Jesuiten die Reformation zurückdrängen wollten.

❺ ▪ Beschreibe die Darstellung auf Bild 2 mithilfe der Methode „Bilder untersuchen" auf S. 221. Untersuche, welche Botschaft mit dem Bild vermittelt werden sollte und wer der Adressat gewesen sein könnte.

❻ ▪ Bewerte die Regelungen in Q2. Welche Einwände kannst du – aus damaliger und heutiger Sicht – gegen die Bestimmungen des Augsburger Religionsfriedens erheben?

Hexenwahn und Hexenverfolgung

Hexerei – ein Pakt mit dem Teufel

In der Frühen Neuzeit spielte der Glaube eine entscheidende Rolle im Alltag der Menschen. Dieser bezog sich aber nicht nur auf religiöse Inhalte, sondern schloss auch Hexerei und Zauberei ein. Zahlreiche Überlieferungen von Wetterzaubern, Liebestränken, Heil- und Schadenszaubern bestätigen dies. Mit der Ausbreitung des Christentums aber wurde dieser Volksglaube schnell als Aberglaube und Zauberei verdammt. Im Jahr 1484 ließ der Papst verkünden, dass ein Zweifel an den Lehren der Kirche Teufelswerk sei. Auch das sogenannte Hexenwesen, d. h. Zauberei und Bündnis eines Menschen mit dem Teufel, wurde als Gotteslästerung und Häresie (siehe S. 120) verurteilt. Die der Hexerei Beschuldigten wurden vor das sogenannte Inquisitionsgericht unter Vorsitz eines Priesters gestellt und zumeist zum Tode verurteilt.

Es gab aber auch Kritik an diesem radikalen Vorgehen der Kirche. Der Jesuit Friedrich von Spee (1591–1635) sprach sich öffentlich gegen das gewaltsame Vorgehen bei Hexenprozessen aus. Er hatte die damals kühne Vermutung, die verdächtigten Frauen seien unschuldig, obwohl sie unter Folter ihre Schuld gestanden hatten. Wegen dieses Einsatzes für die Hexen drohte Spee die Entlassung aus seinem Orden.

2 – Der Teufel entführt eine schreiende Frau, um mit ihr als Hexe einen Bund zu schließen. Holzschnitt, 1493.

Q1 Am 5. Dezember 1484 erlässt Papst Innozenz VIII. eine Verlautbarung zur Hexerei:

... Uns ist neuerdings zu unserem nicht geringen Leidwesen zu Ohren gekommen, dass ... eine große Anzahl von Personen beiderlei Geschlechts, des eigenen Heiles vergessend und vom katholischen Glauben abfallend, mit ... Teufeln Unzucht treiben und mit ihren Zaubersprüchen, Beschwörungen und Verschwörungen sowie anderen abscheulichen abergläubischen Handlungen, zauberischen Übertretungen, Verbrechen und Vergehen bewirken, dass sie Geburten der Frauen, die Jungen der Tiere, die Feldfrüchte, die Weintrauben und die Früchte der Bäume sowie auch Männer, Frauen, Zugtiere, Kleinvieh, Schafe und ... die Weinberge auch, die Obstgärten, Wiesen, Weiden und das Korn sowie andere Erzeugnisse des Bodens verderben, ersticken und umbringen. Und sie belegen die Männer, die Frauen und das Groß- und Kleinvieh und die Lebewesen mit grausamen inneren und äußeren Schmerzen und Qualen und peinigen sie; gleichzeitig verhindern sie, dass die Männer zeugen, die Frauen empfangen, Verheiratete sich die ehelichen Pflichten zu leisten vermögen. ...

1 – Hexen sorgen für einen Hagelschlag. Holzschnitt, 15. Jh.

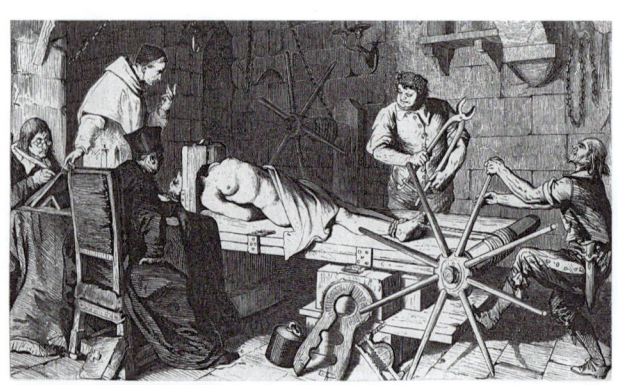

3 – „Hexenprobe" auf der Streckbank. Holzschnitt, 19. Jahrhundert.

ent tdecken

Q2 Die Reichsgerichtsordnung von Kaiser Karl V. aus dem Jahr 1532 gilt als erstes allgemeines Strafgesetzbuch und greift auch die Zauberei auf.

Artikel 44: „Wenn jemand anbietet, andere in der Zauberei zu unterweisen, oder wenn jemand andere mit Zauberei bedroht und dem Bedrohten dergleichen geschieht, wenn jemand Gemeinschaft mit Zauberern hat und mit diesen Dingen umgeht durch Gebärden, Worte und Handlungen und wenn einer im Gerücht steht, solches zu tun, dann ist das ein hinreichendes Indiz für Zauberei und Anlass zum Folterverhör."

Artikel 109: „Wer den Leuten durch Zauberei Schaden oder Nachteil zugefügt hat, den soll man strafen vom Leben zum Tod und man soll solche Strafe mit dem Feuer tun."

Q3 Friedrich von Spee veröffentlichte seine Kritik an den Hexenprozessen 1631, ohne seinen Namen zu nennen:

Häufig sind die Richter, denen die Hexenprozesse anvertraut werden, schamlose, niederträchtige Menschen; die Folter wird oft übermäßig und grausam angewandt; viele Indizien sind unzuverlässig und gefährlich … Man kann nicht alles Ärgernis aus der Welt schaffen, man muss vieles geschehen lassen, was sich nicht gut ändern lässt. Es ist besser, dreißig und noch mehr Schuldige laufen zu lassen, als auch nur einen Unschuldigen zu bestrafen … Die Gefolterten sagen zu allem ja, und weil sie dann nicht zu widerrufen wagen, müssen sie alles mit dem Tod besiegeln.

Q4 Aus der Schrift „Der Hexenhammer" von den Mönchen Heinrich Kramer und Jakob Sprenger, 1486:

Deshalb wollen wir zur zweiten Hauptfrage schreiten, und zwar zuerst, warum bei dem so gebrechlichen Geschlechte diese Art der Verruchtheit mehr sich findet als bei den Männern. … Das Wort femina (weiblich) nämlich kommt von fe und minus (fe = fedes, der Glaube; minus = weniger; also Femina = die weniger Glaube hat), weil sie immer geringeren Glauben hat und bewahrt, und zwar aus ihrer natürliche Anlage zur Leichtgläubigkeit. … Also schlecht ist das Weib von Natur, da es schneller am Glauben zweifelt, auch schneller den Glauben ableugnet, was die Grundlage für Hexerei ist.

Bildet Gruppen und bearbeitet die Aufgaben für die Gruppe A, B oder C. Stellt anschließend eure Ergebnisse den anderen Gruppen vor.

Gruppe A:

❶▪ Erstellt eine Liste, welche Vorwürfe gegenüber Hexen in den Bildern 1 und 2 zum Ausdruck kommen. Ergänzt diese durch die im Erlass des Papstes (Q1) und dem „Hexenhammer" (Q4) genannten Verbrechen.

❷▪ Erarbeitet mithilfe der Liste aus Aufgabe 1 ein Plakat, vor welchen Handlungen man sich in Acht nehmen sollte, um nicht als Hexe angeklagt zu werden.

❸▪ Erklärt mithilfe des Plakates und des Autorentextes auf S. 132 die zugrunde liegenden Begriffe „Inquisition" und „Häresie".

Gruppe B:

❹▪ Wählt eines der in der „Hexenbulle" Q1 erwähnten Verbrechen aus und erstellt mithilfe von Q2 eine Anklageschrift vor dem Inquisitionsgericht.

❺▪ Bereitet ein kurzes Rollenspiel vor, in dem ihr als Richter und Angeklagte das entsprechende Urteil sprecht. Bezieht in die Urteilsverkündung auch die zu erwartenden Folgen anhand von Bild 3 mit ein.

Gruppe C:

❻▪ Beurteilt die Haltung Friedrich von Spees in Q3. Für welchen Rechtsgrundsatz spricht er sich aus? Stellt Vermutungen an, warum er anonym bleiben wollte.

❼▪ „Folgen wir der Vernunft, so haben wir keine Hexen mehr zum Verbrennen." Bereitet auf Grundlage dieses Ausspruches von Friedrich von Spee eine Diskussion vor, in der ihr die beiden gegensätzlichen Einstellungen zu Hexenprozessen verdeutlicht.

Ergänzende Aufgabe für alle Gruppen:

❽▪ Folter und Todesstrafe werden noch heute praktiziert. Informiert euch hierzu und über die Tätigkeit von Amnesty International. Ihr könnt in Sachbüchern ermitteln, im Internet recherchieren oder jemanden befragen. Präsentiert eure Ergebnisse in der Klasse.

▶ *Nehmt die Methode „Eine Internetrecherche durchführen" von S. 106/107 zu Hilfe.*

Auswirkungen der Reformation

Veränderte die Reformation das tägliche Leben?

1 – Unterricht in einer Schule im 16. Jahrhundert. Holzschnitt, 1592.

Titelblatt der ersten Übersetzung der Lutherbibel, 1534.

Veränderungen in der Gesellschaft

Die Reformation veränderte nicht nur die Kirche, sondern bewirkte auch Veränderungen in der Gesellschaft. Die Menschen wurden durch Luthers Vorbild, sich auf das eigene Gewissen zu verlassen, selbstbewusster gegenüber der Kirche und dem Staat. Dadurch verloren aber kirchliche und staatliche Autoritäten an Macht, da sie auf die Menschen nicht mehr so stark Einfluss nehmen konnten.

Mithilfe des bereits im 15. Jahrhundert von Gutenberg erfundenen Buchdrucks verbreiteten sich Luthers Schriften ungewohnt schnell im ganzen Land und damit auch die von ihm verwendete Sprache. Luthers Übersetzung der Bibel ins Deutsche war der Grundstein für die Entstehung einer einheitlichen deutschen Schriftsprache. Sie eröffnete erstmals auch den Menschen aus niederen Bildungsschichten einen Zugang zu Sprache, Kommunikation und Medien. Der Buchdruck ersetzte den geistlichen Stand, der bis dahin als alleinige heilsvermittelnde Institution auftrat. Gottes Wort stand jetzt all jenen offen, die in der Lage waren, zu lesen.

Neuorganisation des Unterrichtswesens

In seinen Schriften betonte Luther, wie wichtig die „gelehrte Bildung aller Kinder" sei, einschließlich Mädchen und Frauen. Die Bildung sollte nicht mehr an Kirchenzwecke gebunden sein und vor allem Priesternachwuchs ausbilden, sondern der Bürgergemeinschaft und der Gestaltung des eigenen Lebens dienen. Dies lag nun in der Verantwortung der kirchlichen und weltlichen Obrigkeit. In den evangelischen Gebieten mussten die neuen Landeskirchen viele Bereiche des Alltags neu regeln, so auch das Schulwesen. 1526 wurde auf einer Kirchenversammlung beschlossen, dass in allen Städten und Dörfern Schulen eingerichtet werden sollten, in denen Knaben und Mädchen getrennt voneinander Unterricht erhielten.

Neuorganisation des Sozialwesens

Durch die Reformation wurden die Menschen darüber aufgeklärt, dass Geldzahlungen an Kirche und Klöster nicht notwendig sind, um sich den Weg in den Himmel zu ermöglichen.

Mit dem Ende des Ablasshandels verlor die Kirche eine zentrale Einnahmequelle. Rei-

2 – Gemeiner Kasten der Stadt Wittenberg. Eisentruhe mit drei voneinander unabhängigen Schlössern. Foto, 5. 7. 2012.

3 – Krankenpflege. Holzschnitt aus dem Buch von J. Dryander, 1542.

che Bürger stifteten ihr Geld nicht mehr für Seelenmessen und Altäre, sondern wollten nun den Bedürftigen helfen.

So konnte ein neues System der Sozialfürsorge eingerichtet werden, der Gotteskasten („gemeiner Kasten").

Q1 Auf der Synode (Kirchenversammlung) in Homberg wurde 1526 die Organisation der Knabenschulen beschlossen:
... In Städten und Dörfern sollen Schulen sein, in welchen die Knaben in den Elementarlehren (Rechnen, Lesen) und im Schreiben so lange unterrichtet werden, bis die, welche es wollen, zum Studium in Marburg befähigt, dorthin zur höheren Ausbildung sich begeben. Und wenn hier und da in den Landschulen ein vollständiger Elementarunterricht unmöglich ist, so sollen wenigstens die Pfarrer oder ihre Gehilfen den Unterricht im Lesen und Schreiben erteilen ...

Q2 Auf der gleichen Synode wurde zu den Mädchenschulen beschlossen:
... Außerdem sollen ... Mädchenschulen eingerichtet werden, unter der Leitung gebildeter und in den Jahren vorgerückter und frommer Frauen, die außer in ... der Religionslehre die Mädchen auch im Lesen, Nähen, Sticken hinlänglich unterrichten und zur Pünktlichkeit und Geschäftigkeit anhalten sollen ...

Q3 Der hessische Chronist Wigand Lauze schrieb 1565:
Der Gotteskasten
Es ist auch 1527 in Ordnung mit dem Kasten vorgenommen worden, darin aller Handwerker Einkünfte gelegt werden, von welchen man den Armen, kranken und Waisen Kindern, nach eines jeden Bedürfnis alle Wochen zweimal Brot, Geld ... gibt, sodass auch eine jede Stadt ihre Armen selbst ernähren und erhalten muss und (es) fremden Bettlern nicht gestattet wird, vor den Kirchen zu sitzen oder öffentlich betteln zu gehen. ...

❶ Beschreibe anhand von Bild 1 die Zustände, die in den Schulen des 16. Jahrhunderts herrschten.

❷ Nenne mithilfe von Q1 und Q2, was Mädchen und Jungen in der Schule lernen sollen und erkläre, welche Zielsetzung mit dieser unterschiedlichen Ausbildung verfolgt wird.

❸ Vergleiche die Schulbildung zur Zeit der Reformation mit unserem heutigen Schulsystem und erstelle eine Tabelle.

▶ *Folgende Aspekte solltest du aufnehmen: Unterrichtsinhalte, Unterrichtsform, Ziel des Unterrichts, Schwierigkeiten der Schülerinnen und Schüler, Probleme der Lehrer usw.*

❹ Überlege, warum der „Gemeine Kasten" in Bild 2 mit drei voneinander unabhängigen Schlössern geschützt wurde.

❺ Erkläre anhand von Bild 3 die Maßnahmen, die getroffen wurden, um Armen und Kranken zu helfen.

❻ Informiere dich über Organisationen, die sich heutzutage um Arme und Kranke kümmern. Wähle eine Organisation aus und bereite darüber einen Kurzvortrag vor.

▶ *Gliederung: Organisation, Zielsetzung, Zielgruppe, Träger*

Lehrten auch andere nach Luthers Vorbild?

1 – Erleuchteter Berliner Dom beim „Festival of Lights" mit einem Motiv zum Jubiläum „Luther 2017 – 500 Jahre Reformation". Zu sehen sind von links Porträts der Reformatoren Ulrich Zwingli, Luthers Ehefrau Katharina von Bora, Martin Luther, Philipp Melanchthon und Johannes Calvin. Foto, 2017.

---

* Abendmahl
Der Begriff beschreibt einen Teil des Gottesdienstes, bei dem die Gläubigen sich an das Sterben Jesu erinnern und sich dieses vergegenwärtigen sollen.

In Potsdam und in Berlin erhielten die Hugenotten eigene Kirchen. Hier der Französische Dom in Berlin, erbaut 1701–1705.

Die Reformation in der Schweiz

Wichtig für die Ausbreitung der evangelischen Lehre war auch das Auftreten weiterer Reformatoren. Luthers Schriften wurden in zahlreiche Sprachen übersetzt und seine Ideen fanden viele Anhänger – so auch in der Schweiz.

Ulrich Zwingli (1484–1531) war ein katholischer Priester in Zürich, der die Gedanken Luthers teilte. Er war ebenfalls ein Kritiker der katholischen Kirche und ließ nur die Heilige Schrift gelten, er lehnte die Berufung auf den Papst oder kirchliche Überlieferungen ab. Ähnlich wie für Luther nahm für Zwingli die Bibel eine zentrale Stellung als Vermittlerin zwischen Gott und den Menschen ein. Er lehnte Regeln ab, die dem Wortlaut der Bibel widersprachen. Dazu gehörten beispielsweise das Fasten und die Ehelosigkeit der Priester. Auch war er gegen die Verehrung von Heiligen und die damit verbundene Anbetung von Bildern. Die volle Konzentration der Gemeindemitglieder sollte der Predigt und dem Gebet gelten. Daraus folgte, dass im Zuge der Reformation alle Bilder aus den Kirchen entfernt und der Gemeindegesang abgeschafft wurde. Ein Unterschied zwischen der Lehre Luthers und der Zwinglis bestand in der Auffassung des *Abendmahls. Während nach der Auffassung Luthers Jesus Christus in Brot und Wein leiblich anwesend wäre, war das Abendmahl für Zwingli nur eine symbolische Handlung.

In diesem Streit konnte keine Einigung erzielt werden und es kam zur Trennung der Reformationsbewegung. Luthers Anhänger wurden in der Folge „Lutheraner" und die Anhänger Zwinglis „Reformierte" genannt.

Frankreich verfolgt die Protestanten

Auch in anderen Teilen Europas zeigte die Reformation Auswirkungen. 1533 musste Johannes Calvin (1509–1564) aus Paris fliehen, weil er die lutherische Lehre anpries und verlangte, dass reformierte Gläubige in Frankreich akzeptiert werden sollten. Das französische Parlament ließ jedoch Protestanten verfolgen und hinrichten. Deshalb ging Calvin nach Genf (Schweiz) und baute dort mit seinen Anhängern ein Kirchenwesen nach seinen Vorstellungen auf. In

2 – Szene aus einem calvinistischen Gottesdienst in Lyon. Gemälde eines unbekannten Künstlers, 16. Jh.

3 – Szene aus einer katholischen Messe. Gemälde, 17. Jh.

grundsätzlichen Glaubensfragen stimmte er mit Luther überein, war jedoch davon überzeugt, dass Gott jeden Menschen von Geburt an auserwählt oder verdammt habe. Getreu dieser Überzeugung gestaltete er das öffentliche und private Leben nach seiner Lehre um. Er entwarf eine strenge Kirchenordnung, die eine Überwachung der einzelnen Gemeindemitglieder durch ein Sittengericht und harte Strafen vorsah, wenn ihr Verhalten von den Regeln abwich. Verboten waren z. B. Wirtshausbesuche und Tanzveranstaltungen, Würfel- und Kartenspiele, das Kräuseln der Frisur bei den Frauen, lang gescheiteltes Haar bei Männern oder das Tragen von Schmuck. Sogar die Kleidung der Frauen war vorgeschrieben.

Die Ausbreitung des Calvinismus

Auch Calvin fand in Westeuropa zahlreiche Anhänger. In Schottland und England nannten sie sich Puritaner, in Frankreich wurden sie Hugenotten (= Eidgenossen) genannt. Die Hugenotten wurden aus Angst vor einer Gefährdung der Einheit Frankreichs blutig verfolgt. Erst das von König Heinrich IV. 1598 erlassene Edikt von Nantes gewährte ihnen Schutz vor Verfolgung. 1685 wurde es von König Ludwig XIV. widerrufen. Daraufhin bot der reformierte Kurfürst Friedrich Wilhelm von Brandenburg seinen Glaubensgenossen Zuflucht in seinem Land an. Rund 20 000 Hugenotten folgten diesem Aufruf und verhalfen

Brandenburg zu einem großem wirtschaftlichem Aufschwung. Noch heute zeugen Kirchen (Randspalte links), die Namen ihrer Nachfahren und viele *französische Wörter, die Eingang in die deutsche Sprache gefunden haben, vom Einfluss der Hugenotten.

Q1 Zwingli schrieb 1530 seine Reformgedanken nieder:

... Wir gebieten, dass jedermann ohne Ausnahme, der sich nicht durch Krankheit oder andere redliche Gründe bei der Gemeinde oder beim Pfarrer entschuldigen kann, alle Sonntage bei guter Zeit zur Kirche gehe und bis zu Ende verbleibe.
Kein Wirt darf Einheimischen an Sonn- und Feiertagen vor der Kirche Speise und Trank geben. Kein Einheimischer soll sich nachts nach 9 Uhr mehr im Wirtshaus finden lassen. ...

* Französische Wörter
Diese sind zum Teil heute nicht mehr gebräuchlich oder werden anders geschrieben:
trottoir = Bürgersteig
boulette = Bullette, Frikadelle
amusement = Unterhaltung
Cousin = Vetter

❶ Erstelle anhand von Bild 1 eine Liste mit den Namen berühmter Reformatoren.

❷ Arbeite mithilfe des Textes und Q1 die wichtigsten Punkte der Kirchenreform Zwinglis heraus.

❸ Nenne anhand des Textes wesentliche Merkmale der Lehre Calvins.

❹ Beschreibe mithilfe der Bilder 2 und 3 die wichtigsten Unterschiede zwischen dem calvinistischen Gottesdienst und der katholischen Messe.

▶ *Achte auf Bauweise, Baumaterial, Ausstattung des Raumes, Kleidung der Menschen.*

❺ Beurteile kritisch, ob Zwingli und Calvin ohne Luthers Vorstoß eine Veränderung (Reformation) hätten bewirken können.

Kirche in der Krise

Welche Folgen hatte die Reformation für die Gegenwart?

1 – In Vorbereitung auf das Luther-Jubiläum installierte der Künstler Ottmar Hörl 2010 achthundert etwa einen Meter hohe Luther-Skulpturen auf dem Marktplatz von Wittenberg. Der Titel des Kunstwerks lautet: „Martin Luther: Hier stehe ich." Foto, 11.8.2010.

2 – Der Spielzeug-Luther als Werbebote für das Reformationsjubiläum 2017 wurde bisher knapp 1,1 Millionen Mal verkauft.

Nachwirkungen bis in die Gegenwart

Vor 500 Jahren gingen vom deutschsprachigen Raum wesentliche Veränderungen aus, die tiefe Spuren in der Weltgeschichte hinterließen. Seitdem gibt es im Christentum die Trennung zwischen protestantischen Konfessionen und katholischer Kirche. Aber Luthers 95 Thesen haben auch in vielen anderen Bereichen zu Veränderungen und einem Umdenken geführt. So entwickelte sich durch das neue, unabhängige Denken der Menschen die Gewissensfreiheit des Einzelnen. Luthers Übersetzung der Bibel führte zur Entwicklung einer einheitlichen deutschen Sprache, wie wir sie heute kennen. Auch die Einstellung der Menschen zu ihrem Beruf veränderte sich; Arbeit sollte erfüllend sein und Spaß machen, nicht nur bloße Pflichterfüllung. Von nun an wurde sich auch dafür eingesetzt, dass alle, egal welcher Herkunft, die gleiche Chance auf Bildung haben sollten. Bis zur Einführung einer einheitlichen Schulpflicht dauerte es aber noch lange.

Sogar der Weg zur Demokratie wurde von Luther geebnet. Durch seine radikalen Ideen wird der Mensch als vernunftbegabtes Wesen zum Mittelpunkt des Handelns. In der Politik musste umgedacht werden und politische Ordnungen wurden nicht mehr religiös begründet, sondern an logischem Denken und den Bedürfnissen der Bürgerinnen und Bürger ausgerichtet. Dieser Anstoß ermöglichte nach einem längeren Entwicklungsprozess die Einführung der Demokratie in Deutschland.

Was damals geschah, heißt heute Reformation. Es gibt heute kaum einen Lebensbereich, der nicht protestantisch (mit-)geprägt ist. Deshalb wurde 2017 das Reformationsjubiläum gefeiert, das besonders in Deutschland viel Aufmerksamkeit erhielt. Nicht nur die Kirche, sondern auch der Staat organisierte Großveranstaltungen, Gedenkfeiern, Ausstellungen und Konferenzen; der 31. Oktober 2017 wurde bundesweit einmalig zum Feiertag erklärt.

---

❶ ▶️ Überlege, warum das Kunstprojekt in Bild 1 so große Aufmerksamkeit erhielt.

❷ 🔲 Fasse alle Auswirkungen der Reformation in einer Liste zusammen. Überlege dann, wie diese dein Leben beeinflussen.

❸ 🔲 Bearbeite die Lernaufgabe zum Reformationsjubiläum auf S. 218.

Glaubensspaltung und Reformation

Die Reformation

In den Jahrzehnten vor der Reformation war das Lebensgefühl der Menschen von Angst geprägt. In ihrer Not erwarteten sie Trost und Hilfe von der Kirche. Doch viele Priester kümmerten sich nicht um die Sorgen der Menschen. Ihr zügelloses Leben und der Handel mit Ablassbriefen empörte viele Gläubige. Die Kritik Martin Luthers richtete sich zunächst gegen den Ablasshandel. Dadurch wurde die Reformation eingeleitet.

In 95 Thesen machte Luther 1517 auf diesen und weitere Missstände in der Kirche aufmerksam. Im Jahr 1521 belegte ihn der Papst mit dem Kirchenbann, ein halbes Jahr später verhängte Kaiser Karl V. die Reichsacht über ihn. Der Kaiser sah die Einheit des Reiches durch die Reformation gefährdet. Seine Maßnahmen konnten aber nicht verhindern, dass sich die neue Lehre ausbreitete: Der Gebrauch der deutschen Sprache im Gottesdienst und Luthers Übersetzung der Bibel ins Deutsche bewirkten, dass sich viele Menschen der Lehre Luthers anschlossen. Zahlreiche Landesfürsten unterstützten Luther, um ihre eigene Unabhängigkeit vom Kaiser zu vergrößern.

Der Bauernkrieg

Luthers Schrift „Von der Freiheit eines Christenmenschen" weckte bei den Bauern, die unter der Leibeigenschaft und hohen Abgaben an die Grundherren litten, die Hoffnung auf bessere Lebensbedingungen. Ihre Klagen und Forderungen fassten sie in zwölf Artikeln zusammen. Sie beriefen sich dabei auf die Bibel. In Süddeutschland wie auch in anderen Gebieten des Reiches kam es zu blutigen Kämpfen zwischen bewaffneten Bauernhaufen und Söldnerheeren der Fürsten. Auch Luther, der zunächst Verständnis für die Forderungen der Bauern gezeigt hatte, verurteilte die Gewaltanwendung der Bauern. 1525 wurden die Bauern in wenigen Wochen vernichtend geschlagen.

Der Augsburger Religionsfriede und die Folgen der Reformation

Alle Anstrengungen Kaiser Karls V., die Einheit der Christen zu bewahren, scheiterten am Widerstand der Landesfürsten. Auf dem Reichstag zu Augsburg im Jahr 1555 wurde schließlich die Gleichberechtigung der katholischen und der lutherischen Konfession beschlossen. Außerdem legte man fest, dass die Untertanen entweder den Glauben des jeweiligen Landesherrn annehmen oder das Land verlassen müssten.

Die Reformation veränderte nicht nur die Kirche, sondern führte auch zu weitreichenden Veränderungen in Staat und Gesellschaft. Die kirchlichen und staatlichen Autoritäten verloren an Macht. Dies betraf auch den Bereich der Bildung. Während bislang die Bildungshoheit bei den Klöstern lag, wurden nun in den evangelischen Gebieten Schulen eingerichtet, die Mädchen und Jungen getrennt voneinander unterrichteten.

1517

Luthers Thesenanschlag an der Schlosskirche zu Wittenberg.

1524–1525

Aufrührerische Bauern umringen einen Ritter.

1555

Unterricht in einer Schule im 16. Jahrhundert.

Das kann ich …

Kirche in der Krise – Glaubensspaltung und Reformation

Ich kann wichtige Begriffe und Daten im Zusammenhang erklären (Sachkompetenz):

Reformation

Martin Luther

❶ Erkläre mithilfe der Begriffe, für welches Handeln Luther bis in die heutige Zeit berühmt geworden ist.

❷ In der Karte auf S. 114 sind die wichtigsten Stationen der Reformation eingetragen. Erläutere, welches Ereignis im jeweiligen Ort stattgefunden hat.

❸ Erstelle mithilfe der Informationen auf S. 118–123 einen Lebenslauf Luthers.

Ich kann folgende Aufgaben zum Thema lösen (Sachkompetenz):

❹ Nenne Forderungen, die Bauern im 16. Jahrhundert stellten.

❺ Vervollständige das Schaubild 1, indem du folgende Begriffe richtig einsetzt: Kritik, Heilige Schrift, Zustand, katholisch, ausgebildet, Aufgaben, 95 Thesen, unchristlich, Ablassbriefe, verschwenderisch.

❻ Erkläre, warum die Menschen um 1500 so große Angst vor dem Tod hatten.

❼ Erkläre die Regelungen des „Augsburger Religionsfriedens".

Ich kann Geschichte verständlich darstellen (narrative Kompetenz):

❽ Bild 2 stellt Luther 1521 vor dem Reichstag in Worms dar, wie er mit den Worten „Hier stehe ich, ich kann nicht anders, Gott helfe mir. Amen" seine Lehre verteidigt.

Versetze dich in eine der gezeichneten Figuren, du darfst dabei Befürworter oder Gegner Luthers sein. Verfasse einen Tagebucheintrag über deine Erlebnisse an diesem Tag und gehe dabei besonders auf deine Gedanken ein.

▶ *Die Teilnahme am Reichstag war heute wirklich denkwürdig. Dieser Luther ist eine eindrucksvolle Persönlichkeit, weil er ….*

Ich kann die Methode „Flugblätter entschlüsseln" anwenden (Methodenkompetenz):

❾ Sieh dir Bild 3 genau an und berichte, welche Besonderheiten dir darauf auffallen.

❿ Ordne den Buchstaben auf dem Flugblatt (A–F) die entsprechenden Bedeutungen (1–6) zu. Schreibe die Zuordnungen in dein Heft.

▶ *1. Geistliche der katholischen Kirche (Kardinal, Bischof, Mönch)*

2. Papstwappen bestehend aus Petrusschlüssel und Tiara

3. Ablassbrief mit Siegel

4. Kreuz mit Leidenswerkzeugen der Kreuzigung Jesu

5. Ablasstruhe mit Teufel

6. Papst mit Krone (Tiara)

⓫ Beurteile, welche Botschaft mit dem Flugblatt übermittelt werden sollte und wie es auf die Menschen wirkte.

Ich verstehe, warum das Thema für uns heute noch wichtig ist (Orientierungskompetenz):

⓬ Informiere dich bei Klassenkameraden, die eine andere Konfession haben als du selbst, wie sie ihren Glauben leben. Vergleiche die Informationen mit deiner eigenen Glaubensvorstellung.

▶ *Stelle Fragen zu den Bereichen Gottesdienst, geistliche Vertreter, Sakramente, Heiligenverehrung, Traditionen und Vorschriften.*

Ich kann mir ein Urteil bilden und es begründen (Urteilskompetenz):

⓭ Beurteile die Spaltung innerhalb der christlichen Kirche in katholisch und evangelisch. Betrachte hierfür die Auswirkungen auf Geistlichkeit, Volk und Kirche.

Verstehen

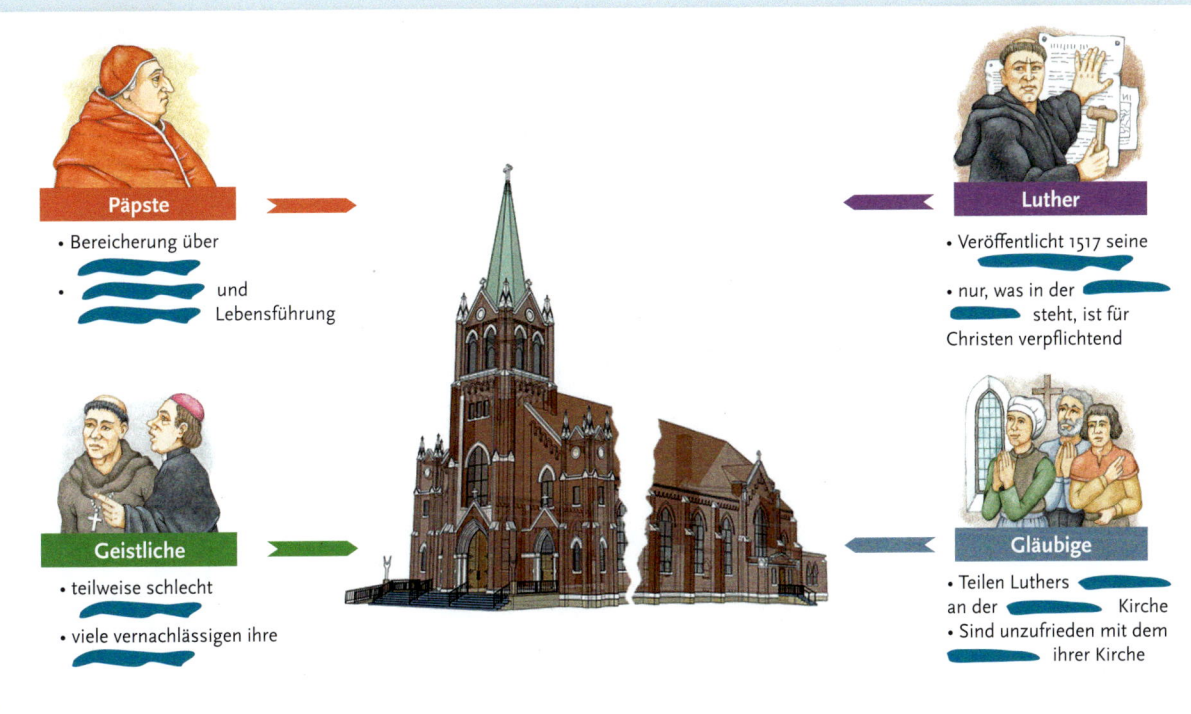

1 – Kirche in der Krise. Schaubild.

Päpste
- Bereicherung über
- _____ und Lebensführung

Geistliche
- teilweise schlecht
- viele vernachlässigen ihre

Luther
- Veröffentlicht 1517 seine
- nur, was in der _____ steht, ist für Christen verpflichtend

Gläubige
- Teilen Luthers _____ an der _____ Kirche
- Sind unzufrieden mit dem _____ ihrer Kirche

2 – Martin Luther auf dem Reichstag in Worms 1521 vor Kaiser Karl IV. und den Kurfürsten. Wandgemälde von Hermann Wislicenus 1879/97.

3 – Das siebenköpfige Papsttier". Flugblatt eines unbekannten Künstlers von 1530, koloriert im 16. Jahrhundert. „Regnum diaboli" heißt übersetzt „Das Reich des Teufels".

4 Vom **Glaubenskrieg** zum **Gottesgnadentum** – **Europa** im 17. **Jahrhundert**

In glänzender Rüstung, auf einem galoppierenden Pferd, gekrönt von der Göttin Victoria – so präsentiert sich der mächtige französische König Ludwig XIV. dem Betrachter. Es gibt nur wenige Zeiträume in der Geschichte, die die Menschen bis heute eng mit dem Namen eines einzigen Herrschers verbinden. Eine solche Epoche ist der Absolutismus in der zweiten Hälfte des 17. Jahrhunderts, der maßgeblich von Ludwig XIV. geprägt wurde. Für die Fürsten und Könige der meisten europäischen Staaten war der Monarch bereits zu Lebzeiten ein großes Vorbild. Bevor es jedoch zu dieser Entwicklung kam, waren viele europäische Herrscher an den zahllosen Schlachten eines großen europäischen Krieges beteiligt: des Dreißigjährigen Krieges (1618–1648).

Aber wie konnte es überhaupt zu einem derart langen Krieg kommen und warum war Ludwig XIV., dessen Spuren heute noch sichtbar sind, ein so großes Vorbild in der damaligen Zeit?

Vom **Glaubenskrieg** zum **Gottesgnadentum** – **Europa** im **17. Jahrhundert**

ca. 1575–1770

Epoche des Barock

1 – Politische Karte Europas um 1648.

Nach dem Augsburger Religionsfrieden 1555 entstanden zwei große christliche Lager: die Katholiken und die Protestanten. Im Laufe der Jahre spitzten sich die Konflikte zwischen diesen beiden Religionsgemeinschaften immer mehr zu und endeten schließlich im Dreißigjährigen Krieg. Aus einem zunächst regionalen Konflikt wurde ein europäischer Krieg. Mit dieser Auseinandersetzung zersplitterte nicht nur das Heilige Römische Reich Deutscher Nation, sondern entstand auch ein neues europäisches Staatensystem. Der Krieg endete schließlich mit dem Westfälischen Frieden 1648. In der zweiten Hälfte des 17. Jahrhunderts veränderte dann die absolute Herrschaft des französischen Königs Ludwig XIV. Staaten und Gesellschaften in Europa. Ludwig wurde zum Vorbild für viele europäische Fürsten und prägte maßgeblich die Epoche des Barock.

Am Ende des Kapitels kannst du folgende Fragen beantworten:

■ Wie konnte aus einem regionalen Glaubenskonflikt ein europäischer Krieg werden?
■ Wie verlief der Dreißigjährige Krieg und welche Auswirkungen hatte er auf die Bevölkerung und die politische Ordnung Europas?

■ Was kennzeichnete die absolutistische Herrschaft Ludwigs XIV.?
■ Inwiefern wurde das Prinzip der „balance of power" in der Außenpolitik ein wichtiges Thema?
■ Inwieweit beeinflusste Ludwig XIV. mit seiner absoluten Herrschaft Frankreich und Europa?
■ Welche Rolle spielte Ludwig XIV. für die Epoche des Barock?
■ Was zeigt uns ein Herrscherbild und wie wird es ausgewertet?

❶ Ordne die Bilder 2–5 sowie das Bild auf S. 142/143 den Daten in der Zeitleiste zu.
❷ Überlege, was die Bilder 2–5 zum Dreißigjährigen Krieg bzw. zu Ludwig XIV. deiner Meinung nach aussagen. Am Ende des Kapitels kannst du deine Ideen überprüfen und ggf. ergänzen.
❸ Die Karte zeigt Europa am Ende des Dreißigjährigen Krieges. Vergleiche das Heilige Römische Reich Deutscher Nation mit Frankreich. Gehe dazu auf Unterschiede, Folgen und mögliche Gefahren ein, die sich daraus für das Reich ergeben könnten.

1598	1618–1648	1648	1661–1715	1789
Beginn des höfischen Absolutismus in Frankreich	Dreißigjähriger Krieg	Westfälischer Friede	Regierungszeit Ludwigs XIV.	Ende des Absolutismus

2 – Schloss Nymphenburg, München, entstand 1662 zur Geburt des Thronerben Max Emanuel. Foto, 2010.

3 – Westfälischer Friedensbote 1648. Zeitgenössischer kolorierter Holzstich.

4 – Schlacht am Weißen Berg bei Prag 1620. Gemälde von Pieter Snayers, 17. Jahrhundert.

5 – Spiegelsaal im Schloss Versailles, erbaut von 1661–1689. Foto, 2007.

Der Dreißigjährige Krieg

Warum kam es zum Dreißigjährigen Krieg?

1 – Der Prager Fenstersturz am 23. Mai 1618. Kupferstich von Matthäus Merian aus dem „Theatrum Europaeum", 1637

**1618–1648:
Dreißigjähriger Krieg**

✳ Söldner
Hierbei handelt es sich um gegen Bezahlung angeworbene Soldaten, die lediglich zeitlich begrenzt für eine Person kämpfen.

Kriegsausbruch

Lutheraner und Katholiken wurden im Frieden von Augsburg 1555 (siehe S. 130/131) als gleichberechtigt anerkannt. Doch das Misstrauen blieb auf beiden Seiten bestehen. Deshalb schlossen sich die evangelischen Fürsten 1608 zur Verteidigung ihrer Interessen in einem Bündnis, der Union, zusammen. Nur ein Jahr später bildeten die katholischen Fürsten ein Gegenbündnis: die Liga. Katholische und evangelische Fürsten standen sich nun tief verfeindet gegenüber. Sie stellten Heere auf und suchten nach Verbündeten: Das katholische Frankreich unterstützte die Union, weil es die Macht des Kaisers fürchtete. Spanien war mit Frankreich verfeindet und unterstützte die Liga.

Im Jahr 1617 ereignete sich in Prag ein folgenschwerer Zwischenfall: Protestanten errichteten eine Kirche auf einem Grundstück, das Katholiken gehörte. Es kam zu einem Prozess, den die Protestanten verloren. Die Kirche wurde abgerissen. Daraufhin drangen protestantische Adlige voller Empörung in die königliche Burg ein und warfen vor Zorn zwei hohe Beamte und ihren Sekretär aus dem Fenster auf einen Misthaufen („Prager Fenstersturz"). Dieser Vorfall heizte die äußerst gespannte Stimmung zwischen Protestanten und Katholiken im Reich weiter an. Ein Jahr später kam es zum offenen Konflikt. Kaiser Ferdinand II. (1619–1637), der zugleich auch König von Böhmen war, schränkte die Glaubensfreiheit der protestantischen Adligen in Böhmen erheblich ein. Daraufhin setzten die böhmischen Adligen Ferdinand als König ab. An seiner Stelle wählten sie Kurfürst Friedrich von der Pfalz, den Führer des evangelischen Bündnisses, zu ihrem König. Kaiser Ferdinand wollte aber auf die Herrschaft in Böhmen nicht verzichten. Mit diesem Machtkampf begann ein Krieg, der dreißig Jahre dauern sollte.

Folgendes könnten die Menschen über den Krieg gedacht haben. Die Aussagen sind nicht originalgetreu, sondern geben die Ergebnisse von Historikern wieder.

Ich kann nicht zulassen, dass die Fürsten immer mächtiger werden. Zuerst wollen sie über die Religion alleine bestimmen und demnächst wollen sie selbstständig sein. Da wird mein großes Reich, das ich von meinen Vätern geerbt habe, schnell auseinanderfallen. Denen muss ich ein für alle Mal zeigen, dass der Kaiser das Sagen hat. Ein Kaiser – eine Religion!

2 – Kaiser Ferdinand II.

Bisher war Ferdinand König von Böhmen. Aber der kümmerte sich nicht darum, dass die Adligen in Böhmen das Recht hatten, bei der Regierung kräftig mitzubestimmen.
Er hat sogar die Bauern auf seinen Gütern gezwungen, den katholischen Glauben anzunehmen. Da haben die böhmischen Adligen mich zu ihrem König erwählt. Diese Chance lasse ich mir nicht entgehen.

3 – Friedrich von der Pfalz.

Wir Schweden werden in den deutschen Krieg eingreifen. Schließlich müssen wir unsere Glaubensbrüder, die Protestanten, unterstützen. Und außerdem ist das eine gute Gelegenheit, ein Stück Land dazu zu bekommen. Wir sind an Norddeutschland interessiert.

4 – König Gustav Adolf von Schweden.

Dieser Krieg ist für Frankreich eine gute Gelegenheit, dafür zu sorgen, dass die Familie Ferdinands, die Habsburger, ihre Macht in Europa nicht noch weiter ausbauen. Für uns ist es günstig, wenn wir uns mit Schweden zusammentun. Der Gustav Adolf ist zwar Protestant, aber was soll's. Vielleicht können wir ja das Gebiet am Rhein erobern.

5 – Kardinal Richelieu (Frankreich).

Mein Mann war Händler. Er ist auf dem Weg nach Koblenz von Soldaten totgeschlagen worden. Die Waren und seinen Geldbeutel haben sie mitgenommen. Ich stehe jetzt mit meinen sieben Kindern ganz alleine da und weiß nicht, wie es weitergehen soll.

6 – Eine Bürgerin.

Ich will keinen Krieg! Wir Bauern wollen nur in Ruhe unsere Felder bestellen. Die Soldaten nehmen uns alles, die Vorräte und das Vieh. Viele von uns verhungern. Der Krieg wird auf unseren Rücken ausgetragen. Wir sind es doch, die die Zeche der hohen Herren bezahlen müssen.

7 – Ein Bauer.

Für mich ist es gut, wenn es Krieg gibt. Viele Eroberungen bedeuten viel Beute und deshalb gutes Einkommen. Schließlich muss der Krieg den Krieg ernähren. Ich bete nur immer, dass ich nicht verletzt werde, denn dann sorgt keiner für mich.

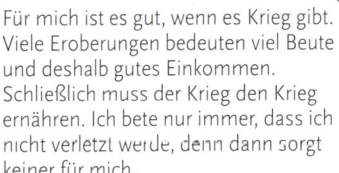

8 – Ein *Söldner.

---

❶ ◼ Nenne die deiner Meinung nach drei wichtigsten Ereignisse, die den Ausbruch des Dreißigjährigen Krieges kennzeichnen.

❷ ◼ Erläutere mithilfe des Textes folgende Schlüsseldaten, Schlüsselbegriffe und Namen, die eine Rolle für den Kriegsausbruch spielten: 1555, 1617, Union, Liga, Prag, Ferdinand II., Kurfürst Friedrich. Lege dazu eine Tabelle an.

1555	*Augsburger Religionsfrieden* ▶ *Lutheraner und Katholiken werden als gleichberechtigt anerkannt*
Union	*Bündnis der evangelischen Fürsten …*

❸ ◼ Beschreibe die Ereignisse in Bild 1. Nenne die dargestellten Personen und überlege, was diese wohl denken oder sagen könnten. Erstelle dazu auf einem Blatt Gedanken/Sprechblasen.

❹ ◼ Erkläre, wie es zum Kriegsausbruch kam. Erstelle dazu ein Lernplakat, das die Entwicklung deutlich macht.
▶ *Nimm die Methode „Lernplakat" von S. 223 zu Hilfe.*

❺ ◼ Untersuche die Texte 2 bis 8 und stelle fest, welche Bedeutung der Krieg für die jeweiligen Menschen hatte. Gehe dabei auf Kriegsziele und Einstellungen zum Krieg ein.

❻ ◼ Im Jahr 1618 entwickelte sich aus einem regionalen Konflikt ein europäischer Krieg. Begründe diese Aussage.

Wie verlief der Dreißigjährige Krieg?

1 – Gustav II. Adolf von Schweden nimmt am 24. April 1632 Augsburg ein. Dieses Ereignis wird als Sieg über das Untier der katholischen Liga dargestellt. Kupferstich, um 1632.

✳ Johann von Tilly (1559 BIS 1632)
Er war ein Feldherr der Liga und ab 1630 der kaiserlichen Truppen. Tilly starb 1632 nach der Schlacht bei Rain am Lech in Ingolstadt.

✳ Albrecht von Wallenstein
Er stammte aus einer protestantischen Adelsfamilie in Böhmen, trat aber 1606 zum katholischen Glauben über. Als kaiserlicher General im Dreißigjährigen Krieg war er sehr erfolgreich und stellte dem Kaiser sowohl Söldnerheere als auch Geld zur Verfügung. Bald hatte er das kaiserliche Heer unter seiner alleinigen Kontrolle. Die militärische Macht nutzte er schließlich auch zu politischen Zwecken. Aus diesem Grund setzte ihn der Kaiser ab und brachte ihn vor Gericht. 1634 wurde er ermordet. Heute erinnern noch viele Straßen, Plätze und Denkmäler an Wallenstein.

Böhmisch-pfälzischer Krieg (1618 bis 1623)

Unter der Führung des bayerischen Feldherrn ✳Tilly besiegten die Truppen der Liga und des Kaisers Ferdinand II. 1620 das böhmische Heer in der Schlacht am Weißen Berg bei Prag. Die Sieger verfolgten Friedrich von der Pfalz, der nur einen Winter lang regierte („Winterkönig"), bis in die Pfalz und verwüsteten das Gebiet in den Jahren 1621 bis 1623. Danach setzten die katholisch-kaiserlichen Truppen ihren Siegeszug bis weit in den Norden des Reiches fort.

Dänisch-Niedersächsischer Krieg (1625 bis 1629)

Um die Macht des Kaisers einzudämmen, stellte sich nun der dänische König Christian IV. an die Spitze des protestantischen Heeres. Er marschierte 1625 mit seinen Soldaten nach Norddeutschland, wurde aber nahe Goslar (Harz) von den Truppen der Feldherren Tilly und ✳Wallenstein besiegt. Die Armeen der Liga und des Kaisers eroberten bis 1630 ganz Norddeutschland. Aufgrund dieses militärischen Erfolges forderte Kaiser Ferdinand II. 1629 die Rückgabe aller Kirchengüter, die seit 1552 von den Protestanten eingezogen worden waren.

Schwedischer Krieg (1630 bis 1635)

Um die Protestanten zu unterstützen und seine Macht im Ostseeraum zu verteidigen, griff nun der schwedische König Gustav Adolf 1630 in die Kämpfe ein. Er drang mit seinen Soldaten bis nach Bayern vor und marschierte in München ein. 1632 fiel Gustav Adolf, der seine Truppen selbst anführte, in der Schlacht bei Lützen. 1635 kam es im Prager Friedensschluss zu einem Ausgleich zwischen katholischer Liga und Kaiser Ferdinand II. mit der Union. Das ✳Restitutionsedikt wurde für 40 Jahre aufgehoben. Die ausländischen Königreiche Schweden und Frankreich, die ebenfalls in den Krieg verwickelt waren, erhielten jedoch keine Gebietsgewinne.

Schwedisch-Französischer Krieg (1636 bis 1648)

Das katholische Frankreich, das zuvor schon die Protestanten finanziell unterstützt hatte, kämpfte von 1636 bis 1648 auf der Seite Schwedens gegen den ebenfalls katholischen Kaiser. Frankreichs Ziel war es, Ferdinand II. so zu schwächen, dass der französische König zum mächtigsten Herrscher Europas werden konnte. Deutschland wurde verwüstet, einen eindeutigen Sieger gab es am Ende nicht – dafür wurde aber der Wunsch nach Frieden immer größer.

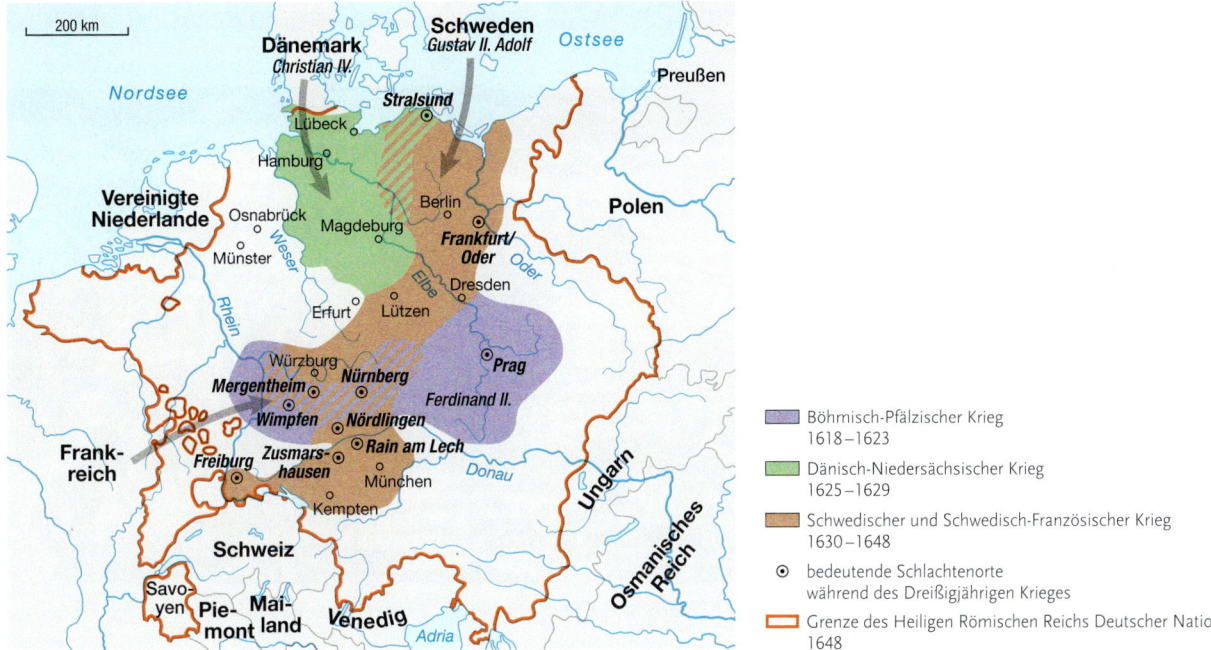

2 – In den vier Abschnitten des Krieges zwischen 1618 und 1648 gab es bis zu 80 große Schlachten. Die Karte zeigt eine Auswahl der Kämpfe.

Q1 König Gustav II. Adolf begründete das Eingreifen der Schweden in den Dreißigjährigen Krieg in seiner Abschiedsrede 1630 folgendermaßen:

... So wisset denn, ... dass ich nicht aus eigenem Antriebe oder aus Lust zum Kriege diesen Feldzug unternehme, sondern dass ich vielmehr schon durch einige Jahre hindurch seitens der Kaiserlichen dazu gereizt und bewogen worden bin ... Hinzu kommt, dass unsere hochbedrängten Verwandten und Schwäger uns dazu geraten haben, diesen Krieg zu unternehmen, dessen größtes Ziel ja ist, unsere unterdrückten Religionsverwandten aus den Klauen des Papstes zu befreien, was uns hoffentlich mit Gottes Gnade gelingen wird. ...

Q2 Nach der Niederlage des schwedischen Heeres 1632 schrieb der französische Minister Richelieu:

... Entweder muss man sich mit dem Könige von Schweden verbinden, um offen Krieg mit dem Hause Habsburg zu führen ...
Die Vorteile [dieser Möglichkeit bestehen] darin, dass man das ganze Haus Habsburg

absolut ruinieren und damit auf immer von der Furcht, der Eifersucht und den Ausgaben frei sein könnte, zu denen seine Größe seit langer Zeit Frankreich nötigte, das man aus seinen Trümmern Nutzen ziehen und der König [von Frankreich] sich zum Chef aller katholischen Fürsten der Christenheit und infolgedessen zum mächtigsten Herrscher Europas machen könnte. ...

✳ **Restitutionsedikt**
Dieser kaiserliche Erlass von 1629 verfügte die Rückgabe der geistlichen Güter an die Katholiken, die durch den Augsburger Religionsfrieden 1555 in protestantischen Besitz gekommen waren. Im Restitutionsedikt wurde außerdem der Calvinismus im Reich verboten.

❶ ▶ Nenne bedeutende Personen des Dreißigjährigen Krieges.
❷ ▶ Erstelle eine Zeitleiste, die den Verlauf des Dreißigjährigen Krieges verdeutlicht. Beschreibe dabei auch, wer mit welchem Heer gegen wen gekämpft hat.
▶ *Nimm die Methode „Eine Zeitleiste erstellen" von S. 221 zu Hilfe.*
❸ ▶ Vergleiche die in Q1 und Q2 angeführten Gründe bzw. Ziele der Schweden und Franzosen, sich am Krieg zu beteiligen.
❹ ▶ Informiere dich anhand der Karte, ob auch in deiner Nähe ein Kriegsschauplatz war. Informiere dich über die Ereignisse, indem du im Internet oder in deinem Ort recherchierst.
❺ ▶ Beschreibe das Bild und entscheide, ob es von einem Protestanten oder Katholiken erstellt wurde. Begründe deine Meinung.
❻ ▶ Bewerte, für wen bzw. welche Länder der Dreißigjährige Krieg aus heutiger Sicht als erfolgreich gelten könnte.

Welche Folgen hatte der Krieg für die Bevölkerung?

1 – Die Rache der Bauern. Die Landbevölkerung überfällt *Söldner aus einem Hinterhalt. Zeitgenössische Zeichnung von Jacques Callot (französischer Zeichner, 1592–1635).

Die Leiden der Bevölkerung

Fast 30 Jahre lang zogen deutsche, dänische, schwedische und französische Truppen durch deutsches Gebiet. Sie folterten, vergewaltigten und mordeten, steckten Dörfer und Städte in Brand und plünderten nach dem Motto: „Nehmen wir's nicht, nimmt es der Feind." Der tägliche Kampf ums Überleben führte zu einer völligen Hemmungslosigkeit der Soldaten gegenüber der Bevölkerung.

Krankheiten und Seuchen breiteten sich aus und kosteten mehr Menschen das Leben als die Kriegshandlungen selbst. Besonders die Region des heutigen bayerischen Schwaben hatte unter dem Krieg zu leiden. Die Einwohnerzahl von Augsburg sank von 45 000 im Jahr 1618 auf 16 432 im Jahr 1635. Die Stadt verlor endgültig ihre europaweite Bedeutung. Aber auch Reichsstädte wie Nördlingen, Memmingen oder Donauwörth wurden erobert, verwüstet und geplündert. In den umliegenden Dörfern, wo die Bevölkerung den Soldaten schutzlos ausgeliefert war, gab es stellenweise Verluste von bis zu 90 Prozent.

Q1 Jakob Christoffel von Grimmelshausen, der selbst Soldat gewesen war, beschrieb 1668 in seinem Buch „Simplicissimus", den Überfall auf ein Dorf:

… Das Erste, was die Reiter in dem … Zimmer meines Vaters anfingen, war, dass sie ihre Pferde einstellten; … Einige machten von Tuch, Kleidung und Hausrat große Päck zusammen, etliche schütteten Federn aus den Betten und füllten Speck, Dörrfleisch und anderes Gerät hinein, wieder andere schlugen Ofen und Fenster ein; Bettladen, Tisch, Stühl und Bänke verbrannten sie. Den Knecht legten sie gebunden auf die Erd, steckten ihm Sperrholz ins Maul und schütteten ihm einen Melkkübel voll garstig Mistlachenwasser in den Leib, das nannten sie Schwedischen Trunk. Dann fing man an, die Steine von den Pistolen und stattdessen die Daumen der Bauern draufzuschrauben und die armen Schelme so zu foltern. Einem machten sie ein Seil um den Kopf und drehten es mit einem Stock so zusammen, dass ihm das Blut zu Mund, Nas und Ohren heraussprang …

Q2 Ein Abt im Kloster Andechs berichtete 1633/34 über die Leiden im Dreißigjährigen Krieg:

… Himmel! Man sah … Bauern und Soldaten, nur halb gekleidet, von Elend abgebleicht, von Hunger ausgemergelt, mit bloßen Füßen bei der großen Kälte herumgehen …Viele suchten in unserem Garten die Kraut- und überwinterten Salatstengel, Wurzen und Kräuter zusammen, die sie roh … aßen. …

Zudem ist alles, was außer dem Kloster, und zum Teil auch in demselben, und in den Stallungen von Holz war, in Feuer aufgegangen… Das Dorf stand ganz in Unflat und Wüste, alles zum Grausen und für Menschen unbegreiflich. In den Häusern wie auf den Gassen lagen nichts als abscheuliche Lumpen, zerschlagener Hausrat, Köpfe, Füße und Gedärme von verzehrten Pferden, Menschen-Unrat und … Toten-Körper …

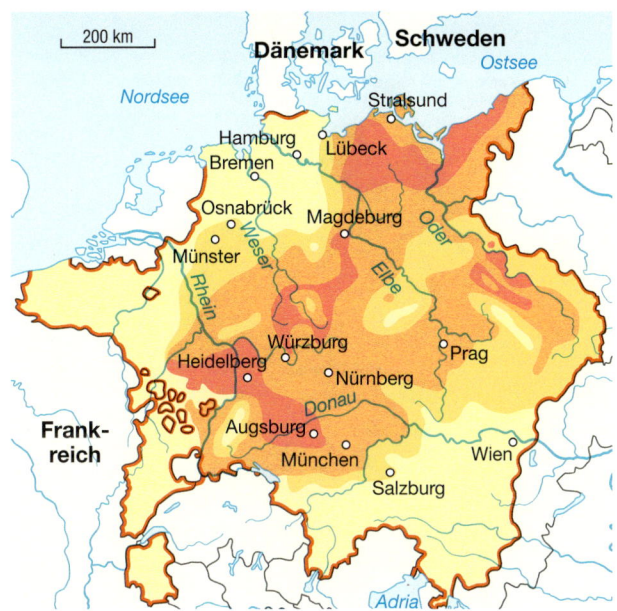

2 – Bevölkerungsverluste im Dreißigjährigen Krieg.

Bevölkerungsverluste:
- 0–15 %
- 15–33 %
- 33–66 %
- über 66 %

Grenze des Heiligen Römischen Reichs 1648

3 – Soldaten in einem eroberten Dorf. Eine Frau wird überfallen. Kolorierter Holzstich nach einer Radierung von Hans Ulrich Franck, 1643.

„Der Krieg ernährt den Krieg"

Einer der Hauptgründe für dieses Leid war die neue Art der Kriegsführung. Die meisten Herrscher verfügten nicht über genügend finanzielle Mittel, um Armeen aufzustellen. Diese Aufgabe übernahmen stattdessen Heerführer wie Albrecht von Wallenstein, die Söldner anwarben und deren Ausrüstung zum Teil aus der eigenen Tasche finanzierten. Für den Sold, die Verpflegung und das Quartier der Truppen musste dann das Land aufkommen, in dem das Heer lagerte („Der Krieg ernährt den Krieg"). Während der Feldzüge durften die Söldner zur eigenen Versorgung plündern, wobei sie keinen Unterschied zwischen Freund und Feind machten.

Bildet Gruppen und bearbeitet eine der folgenden Gruppenaufgaben. Stellt anschließend eure Ergebnisse den anderen Gruppen vor und erstellt ein gemeinsames Poster, auf dem ihr in Form von Sprech-, Gedankenblasen oder Klebezettel-Nachrichten die Folgen der Kriegsführung bewertet.

Gruppe A:

❶ Beschreibt Bild 1. Welche Taten werden hier dargestellt?

❷ Erklärt und begründet, warum das Bild den Titel „Die Rache der Bauern" tragen könnte.

Gruppe B:

❸ Nennt die in Q1 und Q2 aufgeführten negativen Auswirkungen auf die Bevölkerung.

❹ Überlegt, wie die Bevölkerung der damaligen Zeit über den Krieg gedacht haben könnte. Begründet eure Meinung.

▶ *Vervollständigt dazu folgende Satzanfänge:
Für die Menschen war der Krieg ..., weil ...*

Gruppe C:

❺ Nennt mithilfe des Textes auf S. 150 und der Karte Gebiete in Deutschland, die hohe Bevölkerungsverluste erlitten.

❻ Schreibt einen Brief aus der Sicht eines bayerischen Dorf- oder Stadtbewohners und geht darauf ein, warum großes Leid herrscht.

▶ *Der Text auf dieser Doppelseite hilft euch dabei.*

Gruppe D:

❼ Beschreibt Bild 3.

❽ Überlegt, welche Gedanken und Gefühle die Opfer und Soldaten begleiten könnten.

Welches Ergebnis hatte der Krieg?

1 – Das Heilige Römische Reich Deutscher Nation nach dem Westfälischen Frieden 1648.

Legende zur Karte:

— Grenze des Heiligen Römischen Reiches Deutscher Nation 1648

- Österreich
- Spanien
- Bayern
- Kurpfalz
- Brandenburg
- Kursachsen
- geistliche Gebiete
- sonstige Gebiete im Heiligen Römischen Reich

Gebietsverluste:
- an Schweden
- an Frankreich

Westfälischer Friede
Von 1645 bis 1648 berieten Abgeordnete der am Dreißigjährigen Krieg beteiligten Staaten in den westfälischen Städten Münster und Osnabrück, um einen Friedensschluss in diesem Krieg zu erwirken. Dieser wurde 1648 im sogenannten Westfälischen Frieden festgehalten.

* **Territorialstaaten**
Dies ist die Bezeichnung für ein festumrissenes Gebiet (lat. Territorium), über das ein Landesherr die Herrschaft ausübt.

Der Westfälische Friede

Keine der beteiligten Parteien konnte den Krieg auf den Schlachtfeldern für sich entscheiden. Erst ab Juni 1645 kam es zu Friedensverhandlungen in den vom Krieg verschonten westfälischen Städten Münster und Osnabrück. Dies war der erste internationale Kongress in der Geschichte. Es dauerte weitere drei Jahre, bis am 25. Oktober 1648 der Westfälische Friedensvertrag unterzeichnet wurde. Dieser hatte für das Heilige Römische Reich Deutscher Nation tief greifende Folgen.

Religiöse Bestimmungen
– Der Augsburger Religionsfriede (1555) wird erweitert: Katholiken, Lutheraner und Calvinisten sind gleichberechtigt.
– Der Landesherr bestimmt in seinem Land nicht mehr über die Religionszugehörigkeit der Untertanen.
– Die Protestanten dürfen im Reichstag getrennt von den Katholiken eigene Beratungen durchführen.

Politische Bestimmungen
– Die Fürsten werden politisch völlig selbstständig, die Rechte des Kaisers dagegen stark eingeschränkt.
– Das Heilige Römische Reich Deutscher Nation zerfällt in 300 lose miteinander verbundene Einzelstaaten, sogenannte *Territorialstaaten. Dabei erhält Bayern die Oberpfalz.
– Schweden und Frankreich erhalten ehemalige Reichsgebiete.

Kriege aus religiösen Gründen?

Der Dreißigjährige Krieg begann als Glaubenskrieg zwischen Katholiken und Protestanten. An seinem Ende ging es den beteiligten Mächten jedoch vor allem um die Erweiterung ihrer Macht und ihres Einflusses. Bis heute tragen Menschen wirtschaftliche, politische oder soziale Konflikte im Namen ihres jeweiligen Glaubens aus:
– In Nordirland haben die gewaltsamen Auseinandersetzungen zwischen Katholiken und Protestanten ihren Ursprung im 17. Jahrhundert. Damals erhielten

2 – Der „Freud- und Postreiter" von Münster. Links und rechts von ihm Fama (= Verkörperung der Botschaft) und Merkur (Götterbote). Kolorierter Holzschnitt, 1648.

protestantische Siedler aus England und Schottland fruchtbares Land der katholischen Iren.
– Im Irak kämpfen zwei muslimische Glaubensgemeinschaften – Schiiten und Sunniten – um Macht und Einfluss im Staat. Die Muslime spalteten sich jedoch bereits im 7. Jh. im Streit um die Frage, wer nach Mohammed die religiöse Führung haben sollte.

Q1 In den Bestimmungen des Westfälischen Friedens hieß es 1648:

... Art. VIII: Rechte der Reichsstände: ... § 2 Ohne Widerspruch sollen sie [= die Fürsten] das Stimmrecht in allen Beratungen über Reichsgeschäfte haben, vornehmlich, wenn Gesetze zu erlassen, Krieg zu beschließen, Steuern auszuschreiben ... sind. Vor allem aber soll das Recht, unter sich und mit dem Ausland Bündnisse ... abzuschließen, den einzelnen Ständen freistehen, jedoch unter der Bedingung, dass dergleichen Bündnisse nicht gegen Kaiser und Reich ... gerichtet seien. ...

❶ ▣ Erkläre, warum bei dem Vertragswerk von 1648 vom „Westfälischen Frieden" gesprochen wird.

❷ ▣ Wähle jeweils eine religiöse und eine politische Bestimmung des „Westfälischen Friedens" aus, die deiner Meinung nach große Auswirkungen hatte, und begründe deine Meinung.

❸ ▣ Erläutere anhand von Q1, welche Bedeutung Art. VIII für die Reichsstände hatte.

❹ ▣ Untersuche das Bild.
▶ *Nimm die Methode „Bilder untersuchen" auf S. 221 zu Hilfe.*

❺ ▣ Recherchiere, ob der Westfälische Friede für den Kaiser und die Bevölkerung die gleiche Bedeutung hatte wie für die deutschen Fürsten. Begründe deine Entscheidung.

❻ ▣ Beschreibe mithilfe der Karte, inwiefern sich das Heilige Römische Reich Deutscher Nation nach dem Dreißigjährigen Krieg verändert hat, und überlege, welche Probleme sich daraus ergeben könnten.
▶ *Stelle dir vor, du müsstest das Heilige Römische Reich regieren.*

❼ ▣ Partnerarbeit: Wählt einen der im Autorentext genannten heute noch bestehenden Konflikte und informiert euch dazu im Internet. Folgende Leitfragen helfen euch dabei:
– Warum kam es zu den Konflikten? (Ursprung/Gründe)
– Warum gibt es heute noch Auseinandersetzungen? (Vergleich der Gründe damals-heute)
– Wie sehen die Auseinandersetzungen/Konflikte heute aus? (ggf. Bilder)
Diskutiert, hinterfragt und beurteilt anschließend in der Klasse.

Ludwig XIV. – ein absoluter Herrscher

Was verstand Ludwig XIV. unter absoluter Herrschaft?

1 – Ludwig XIV. (1638–1715) und die königliche Familie. Der französische König ließ sich und seine Familie in den Gestalten antiker Götter malen. Gemälde von Jean Nocret, 1670.

17./18. Jahrhundert: Absolutismus

Absolutismus ist die Bezeichnung für die Epoche im 17. und 18. Jahrhundert, in der Ludwig XIV. und seine Regierungsform in Europa als Vorbild galten. Der Monarch besaß die uneingeschränkte Herrschaftsgewalt. Er regierte nach den von ihm erlassenen Gesetzen und forderte von allen Untertanen unbedingten Gehorsam.

✳ Gottesgnadentum

Dies ist eine Herrschaftsvorstellung, die sich daraus ableitet, die Herrschaft direkt von Gott empfangen zu haben und nur diesem gegenüber zur Rechenschaft verpflichtet zu sein.

Sonnensymbol am sogenannten Königsgitter von Schloss Versailles. Foto, 2009.

Ludwig XIV. als Alleinherrscher

Dreißig Jahre lang hatte im Deutschen Reich der Krieg getobt. Mit dem Westfälischen Frieden 1648 wurde es in über 300 Fürstentümer aufgeteilt. Die Macht der einzelnen Fürsten war gestärkt, der Kaiser und damit das Reich jedoch geschwächt. Im Gegensatz dazu konnten zur gleichen Zeit die Könige von Frankreich ihre Macht gegenüber dem Adel immer weiter ausbauen. 1661 übernahm Ludwig XIV. in Frankreich die Regierung. Er erklärte seinen Ministern, dass ab sofort nichts mehr ohne seinen Willen geschehen dürfe. Er allein werde in Zukunft die Befehle erteilen. Es sei Sache der Minister und Beamten, diese Befehle auszuführen. Damit beanspruchte der König die absolute Macht im Staat, ohne selbst an die Gesetze gebunden zu sein. Grundlage dieser Herrschaftsform des Absolutismus war die Ansicht, dass der König von Gott seine Macht direkt erhalten hatte und sich nur vor Gott verantworten müsse. (=✳Gottesgnadentum)

Ludwig XIV.: „Der Staat – das bin ich!"

Diese angebliche Aussage des Königs entsprach seiner Vorstellung von einer absoluten Herrschaft. Ausdruck fand diese Auffassung in dem von ihm ausgewählten Symbol der Sonne (Randspalte). So wie die Sonne der Mittelpunkt des Universums ist, so ist auch der französische König Mittelpunkt des Staates. Diesen sieht er als seinen Besitz an, über den er als absoluter Herrscher uneingeschränkt verfügen kann.

Q1 Ludwig XIV. schrieb 1668 in Aufzeichnungen für seinen Sohn, den Thronfolger:

… Man wählte daher als Figur die Sonne, die … durch ihre Einzigartigkeit, durch den Glanz, der sie umgibt, … durch das Gute, das sie allerorten bewirkt, indem sie unaufhörlich … Leben, Freude und Tätigkeit weckt, … sicher das lebendigste und schönste Sinnbild eines großen Herrschers darstellt. …

2 – Ludwig XIV. übt in Gegenwart der Staatsräte und vortragenden Räte selbst das Amt des Siegelbewahrers und Kanzlers von Frankreich aus. Gemälde von Jérôme da Cunha, 1672.

Q2 Im Jahre 1671 schrieb Ludwig XIV. über sich selbst:

… Ich entschloss mich, keinen „Ersten Minister" mehr in meinen Dienst zu nehmen. Denn nichts ist unwürdiger, als wenn man auf der einen Seite alle Funktionen, auf der anderen Seite nur den leeren Titel eines Königs bemerkt.

Ich wollte die oberste Heeresleitung ganz allein in meiner Hand zusammenfassen. … Ich bin über alles unterrichtet, höre auch meine geringsten Untertanen an, weiß jederzeit über Stärke und Ausbildungszustand meiner Truppen und über den Zustand meiner Festungen Bescheid. Ich gebe unverzüglich meine Befehle zu ihrer Versorgung, verhandle mit fremden Gesandten, empfange und lese die Nachrichten und entwerfe teilweise die Antworten, während ich für die übrigen meinen Sekretären das Wesentliche angebe.

Ich regle Einnahmen und Ausgaben des Staates und lasse mir von denen, die ich mit wichtigen Ämtern betraue, persönlich Rechenschaft geben. …

Q3 Bischof Jacques Bossuet (1627 bis 1704), Hofprediger und Erzieher des Thronfolgers, schrieb für diesen 1682:

… Die Fürsten handeln als Gottes Diener und *Statthalter auf Erden. Durch sie übt er [Gott] seine Herrschaft aus. … Deshalb ist … der königliche Thron nicht der Thron eines Menschen, sondern Gottes selber. … Aus alledem ergibt sich, dass die Person des Königs geheiligt ist; … Der König muss über seine Befehle niemandem Rechenschaft geben. …

* Statthalter
Ein Statthalter verwaltet stellvertretend für eine vorgesetzte Person (Kaiser, König) einen Bezirk.

❶ ▣ Beschreibe Bild 1 und gehe dabei vor allem darauf ein, wie Ludwig XIV. dargestellt ist.

❷ ▣ Sammle Adjektive und Nomen, die du mit dem Symbol der Sonne verbindest.

❸ ▣ Erläutere, wie Ludwig XIV. in Bild 1 auf dich wirkt, und stelle Vermutungen an, wie sein Verhältnis zu den Untertanen gewesen sein könnte.

▶ *Nimm dazu die Methode „Bilder untersuchen" auf S. 221 zu Hilfe.*

❹ ▣ Erläutere anhand von Q1, welche Eigenschaften Ludwig XIV. der Sonne zuweist, und stelle Vermutungen an, warum er wohl dieses Symbol gewählt hat.

❺ ▣ Erkläre mithilfe von Q2 und Bild 2, welche Aufgaben ein absoluter Herrscher nach Meinung von Ludwig XIV. haben sollte.

❻ ▣ Arbeite mithilfe von Q3 heraus, welchen Stellenwert ein absoluter Herrscher nach Meinung von Bischof Bossuet einnimmt. Beziehe auch Bild 1 ein.

❼ ▣ Erkläre den Satz „Der Staat – das bin ich!" und beurteile, ob dieser Satz für die Regierungsweise von Ludwig XIV. zutrifft.

Methode

Ein Herrscherbild untersuchen

Zu allen Zeiten haben Herrscher von sich Bilder anfertigen lassen. Mit diesen Herrscherbildern sollten die Künstler im Auftrag des jeweiligen Kaisers, Königs oder Fürsten den Untertanen und der Nachwelt ein bestimmtes Bild des Machthabers vermitteln. Daher sind Abbildungen dieser Art für uns wichtige historische Quellen, die sorgsam untersucht werden müssen. Sie geben Auskunft über das Selbstbild der Herrscher und über ihre Vorstellungen vom Regieren.

Diese drei Schritte helfen dir, ein Herrscherbild zu untersuchen:

Schritt 1 **Das Bild beschreiben**	■ Welchen spontanen Eindruck ruft das Bild bei dir hervor? ■ Wer ist dargestellt (siehe Bildlegende)? ■ Welche Bildelemente bestimmen das Bild? ■ Wie ist das Bild aufgebaut (Mittelpunkt, Hintergrund, Farbgebung)? ■ Welche Körperhaltung nimmt der Herrscher ein?
Schritt 2 **Einzelheiten und Symbole (Zeichen) des Bildes entschlüsseln**	■ Welche Herrschaftszeichen sind auf dem Bild zu finden? ■ Was bedeuten diese Herrschaftszeichen (Symbole)? ■ Welche Bedeutung hat der Hintergrund des Bildes?
Schritt 3 **Die Aussage des Bildes erschließen**	■ Welchen Eindruck will der Maler oder sein Auftraggeber mit der Darstellung beim Betrachter wecken? ■ Welche Herrscherrolle wird deutlich? ■ Was sagt uns das Bild über die damalige Zeit und das Selbstbild des dargestellten Herrschers?

❶ Untersuche das Bild mithilfe der drei Schritte. Vergleiche deine Lösung mit der Musterlösung. In welchen Punkten bist du anderer Meinung?

❷ Bearbeite das Bild von Kurfürst Maximilian II. Emanuel von Bayern auf S. 168 mithilfe der Methodenschritte. Vergleiche das Gemälde mit dem auf dieser Doppelseite. Finde Gemeinsamkeiten und Unterschiede.

1 – Ludwig XIV., Gemälde von Hyacinthe Rigaud, 1701. Es ist 2,8 m hoch und 1,9 m breit.

① Blauer Farbgrund des Mantels mit den Bourbonen-Lilien des Herrscher-geschlechts: Verweis auf den Himmel, Gottesgnadentum

② Weiße Farbe des Hermelins der Mantel-Innenseite: absolute Reinheit

③ Schwert Karls des Großen mit Edelsteinen und Krone auf dem Kissen: Zeichen des französischen Königtums

④ Ordenskette vom Heiligen Geist (= bedeutendster Ritterorden Frankreichs; der König war oberster Ritter)

⑤ Zepter der Gerechtigkeit auf dem Pult: höchste richterliche Gewalt

⑥ Kriegszepter: militärische Macht Ludwigs XIV.

⑦ Weibliche Gestalt mit Schwert und Waage auf der Marmorsäule im Hintergrund

⑧ Schuhe mit rotem Absatz (durfte nur der König tragen)

⑨ erhöhter Standort

Lösungsbeispiel zum Bild:

Zum Schritt 1:
Dargestellt ist Ludwig XIV.; er steht im Mittelpunkt des Bildes. Weiß, Gold und Blau bestimmen die Farbgebung. Der König steht in aufrechter Pose und schaut den Betrachter direkt an. Der erste Eindruck: Es handelt sich um einen mächtigen und selbstbewussten Mann.

Zum Schritt 2:
Herrschaftszeichen: zwei Zepter, Krone, Königsmantel, Orden, Schuhe mit rotem Absatz (durfte nur der König tragen), Schwert mit Edelsteinen. Die Marmorsäule im Hintergrund zeigt eine weibliche Gestalt mit Schwert und Waage als Symbol für die Gerechtigkeit.

Zum Schritt 3:
Die prachtvolle Darstellung Ludwigs XIV. mit den zahlreichen Herrschaftszeichen zeigt ihn als einen unantastbaren Herrscher, der seine Machtfülle als von Gott gegeben betrachtet (verdeutlicht durch die Bourbonen-Lilien des Herrschergeschlechts auf dem blauen Mantel). Er allein füllt das Bild.
Die damaligen Betrachter sollten voller Respekt dieses Herrscherbild betrachten. Fur uns wird das Selbstbild eines absoluten Herrschers der damaligen Zeit deutlich, der gleichzeitig jedoch den Blickkontakt zum Betrachter aufnimmt.

Wie lebte man im Schloss Versailles?

1 – Schloss Versailles, Blick aus dem königlichen Schlafzimmer. Gemälde von Jean-Baptiste Martin, 1688.

Schloss und Hofstaat

Versailles liegt ungefähr 15 km von Paris entfernt und war ursprünglich eine sumpfige Einöde. Ludwig XIV. ließ dort das Jagdschlösschen seines Vaters zur glanzvollen ✳Residenz ausbauen. Von 1661 bis 1689 bauten bis zu 36 000 Arbeiter und Handwerker an der Schlossanlage, die alles bisher Gekannte übertraf: Die Gartenfront des Schlosses besaß eine Länge von 580 m und hatte 375 Fenster. Es gab mehr als 2000 Räume, dazu riesige Säle.

Diese gewaltige Schlossanlage war mehr als nur eine prächtige königliche Residenz, sie war der Mittelpunkt des Staates. Hier liefen alle Fäden der Macht in der Hand des Königs zusammen, hier mussten alle erscheinen, die am Glanz und an der Herrschaft des Königs teilhaben wollten: der ✳Hofadel, die Offiziere, die Staatsbeamten und die ausländischen Gesandten. Zum ✳Hofstaat gehörte aber nicht nur der Adel. Mehrere tausend Diener, 338 Köche, 125 Sänger, 80 Pagen, 74 Geistliche, 48 Ärzte und viele andere Berufe – zusammen rund

20 000 Menschen – standen dem König zu Diensten. Die Hofhaltung war aufwändig und alles drehte sich um den König. Tanz, Theater, Opern, Jagdgesellschaften, prunkvolle Feste mit Feuerwerken und Gondelfahrten im Park gehörten zum Leben an Ludwigs Hofe.

Q1 Prinzessin Liselotte von der Pfalz (1652–1722), die mit einem Bruder des Königs verheiratet war, schrieb 1672:

… Es herrscht hier in Versailles eine Pracht, die du dir nicht ausdenken kannst. An Marmor und Gold wurde nicht gespart. Edelsteine, Spiegel, Edelhölzer, Teppiche, wohin du nur schaust. Köstliche Gemälde und Statuen an den Wänden.

Und erst die Springbrunnen, Wasserkünste und Pavillons in dem riesigen Park. Denke dir nur, alle Alleen, Wege und Wasserläufe sind auf das Schlafzimmer des Königs, das im Zentrum des Schlosses liegt, ausgerichtet. …

2 – Jagdszene vor Schloss Versailles. Gemälde von Etienne Allégrain, um 1686/96.

Wer darf dem König beim Anziehen helfen?

Fast jede Handlung des Herrschers war geregelt und wurde feierlich ausgestaltet. Dieser Kult um den König diente allein dazu, allen Untertanen – also insbesondere den Adligen am Hof – stets seine absolute Macht zu zeigen.

Dem König beim morgendlichen Aufstehen zusehen zu dürfen, galt als eine besondere Ehre.

Q2 Der Herzog von Saint-Simon (1675–1755), der seit 1691 in Versailles lebte, berichtete in seinen Erinnerungen, die er zwischen 1740 und 1745 verfasste:

... Morgens weckt den König der erste Kammerdiener. Dann treten der Reihe nach fünf verschiedene Gruppen von Menschen in das Schlafzimmer.

Zuerst kommt die „vertrauliche Gruppe": Das sind seine Kinder, der erste Arzt und der erste Chirurg.

Es folgt die „große Gruppe": Zu ihr gehören der Meister der Garderobe, Friseure, Schneider, verschiedene Diener und die Kammerdamen der Königin. Man gießt dem König aus einer vergoldeten Schale *Franzbranntwein über die Hände. Dann bekreuzigt sich der König und betet. Anschließend erhebt er sich aus dem Bett und zieht die Pantoffeln an. Der *Großkämmerer reicht ihm den Schlafrock.

In diesem Augenblick wird die dritte Gruppe hereingelassen: verschiedene Diener, weitere Ärzte und Chirurgen und die königlichen Nachttopfträger. Der Kammer-Edelmann nennt dem König die Namen der vor der Tür wartenden Edelleute.

Diese treten als vierte Gruppe ein: Es sind dies die Mantel- und *Büchsenträger, *Kaplan und Hofprediger, Hauptmann und Major der Leibgarde, der Oberjägermeister, ... Gesandte und Minister.

Der König wäscht sich jetzt die Hände und zieht sich aus. Zwei Pagen ziehen ihm die Pantoffeln aus. Das Hemd wird beim rechten Ärmel vom Großmeister der Garderobe, beim linken Ärmel vom ersten Diener der Garderobe entfernt. Ein anderer Diener trägt ein frisches Hemd herbei.

In diesem ... Augenblick wird die fünfte Gruppe hereingelassen, die einen großen Teil der übrigen Hofgesellschaft umfasst. Diener bringen dem König jetzt die Kleider. Schließlich überreicht ihm der Garderobenmeister Hut, Stock und Handschuhe. ...

* **Großkämmerer**
Er war verantwortlich für die königlichen Gemächer.

* **Büchse**
Dies ist ein anderer Begriff für Gewehr.

* **Kaplan**
Ein Kaplan ist ein Katholischer Geistlicher, der einem Pfarrer unterstellt ist.

---

❶ ▪ Stell dir vor, du blickst aus dem Schlafzimmer von Ludwig XIV. (Bild 1). Beschreibe, was du siehst und erkläre, wo im Schloss sich dieses Zimmer befinden müsste (Stockwerk, Nebengebäude, Zentrum usw.).
▶ *Nimm als Hilfe das Bild auf S. 160/161 hinzu.*

❷ ▪ Erstelle mithilfe von Q2 eine Liste mit Personen, die am Ankleiden des Königs beteiligt waren.

❸ ▪ Stelle Vermutungen an, wie die Gesellschaft am Hofe (Adlige und Bedienstete) über die Lebensweise im Schloss Versailles gedacht haben könnte. Gestalte zu den jeweiligen Personengruppen Gedankenblasen und fülle diese mit Aussagen.

❹ ▪ Nenne Aktivitäten, die zum Leben am Schloss Versailles gehörten und erkläre, was dies über das Leben, aber auch die Größe der Anlage aussagt. Schaue dir dazu auch Bild 2 an.

❺ ▪ Erkläre mithilfe von Bild 1 und Q1, mit welchen Mitteln Ludwig XIV. seine absolute Macht zeigen wollte.

❻ ▪ Spielt die in Q2 beschriebene Szene nach. Bewertet anschließend den Ablauf des Ankleidens.

Die Schlossanlage von Versailles

1 – Gesamtansicht der Schlossanlage von Versailles. Gemälde von Pierre Patel, 1668.

Schauplatz tZ   Geschichte

Der Gartenbaumeister Ludwigs XIV., André le Nôtre (1613–1700), schrieb über die Anlage in Versailles:

… Ein König von Frankreich muss in diesen Lustbarkeiten etwas anderes sehen als nur ein schieres Schauspiel. Das Volk mag das Schauspiel, mit dem man ja eigentlich immer Vergnügen bereiten will. Dadurch beherrschen wir seinen Geist und seine Herzen manchmal besser als mittels Belohnungen oder Wohltaten …

Bildet Gruppen und bearbeitet eine der Aufgaben 1–3. Bezieht dabei auch euer Wissen von S. 154–159 mit ein. Präsentiert anschließend eure Ergebnisse den anderen Gruppen.

❶ Beschreibt das Bild und plant anschließend eine Führung durch die Schlossanlage für eine Reisegruppe.

❷ Stellt euch vor, ihr seid einer der Gäste, die ins Schloss Versailles eintreten. Schreibt einen Brief nach Hause, in dem ihr eure Eindrücke von der Schlossanlage und dem Leben am Hofe beschreibt.

❸ Versetzt euch in einen bayerischen Herrscher zur Zeit des Absolutismus, der sich ein Schloss nach dem Vorbild Versailles bauen lassen möchte. Verfasst einen Auftrag für einen Baumeister.

Aufgabe für alle:

❹ Stellt Vermutungen an, warum Ludwigs Herrschaftsweise und seine Schlossanlage zu Vorbildern für andere europäische Monarchien wurden.

Wie festigte Ludwig XIV. seine Macht?

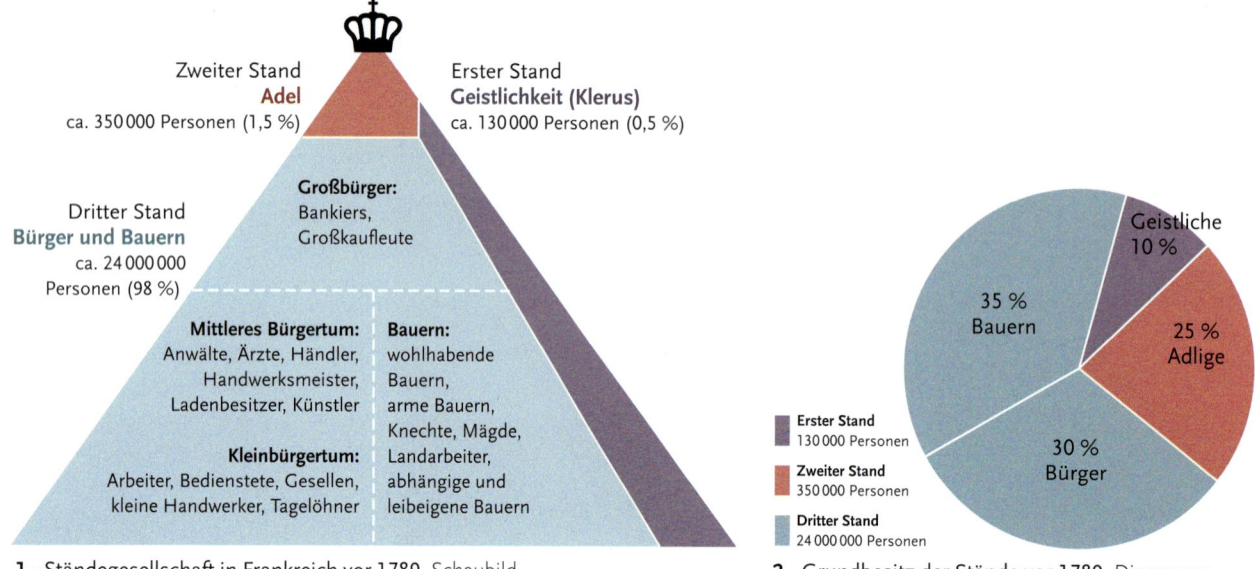

Zweiter Stand
Adel
ca. 350 000 Personen (1,5 %)

Erster Stand
Geistlichkeit (Klerus)
ca. 130 000 Personen (0,5 %)

Großbürger:
Bankiers,
Großkaufleute

Dritter Stand
Bürger und Bauern
ca. 24 000 000
Personen (98 %)

Mittleres Bürgertum:
Anwälte, Ärzte, Händler,
Handwerksmeister,
Ladenbesitzer, Künstler

Bauern:
wohlhabende
Bauern,
arme Bauern,
Knechte, Mägde,
Landarbeiter,
abhängige und
leibeigene Bauern

Kleinbürgertum:
Arbeiter, Bedienstete, Gesellen,
kleine Handwerker, Tagelöhner

1 – Ständegesellschaft in Frankreich vor 1789. Schaubild.

Geistliche 10 %

25 % Adlige

35 % Bauern

30 % Bürger

Erster Stand
130 000 Personen

Zweiter Stand
350 000 Personen

Dritter Stand
24 000 000 Personen

2 – Grundbesitz der Stände vor 1789. Diagramm.

Die Ständegesellschaft

Die französische Gesellschaft untergliederte sich vom 15. bis zum 18. Jahrhundert in mehrere Stände: Klerus, Adel und Dritter Stand, zu dem die Bürger, aber auch Bauern und Tagelöhner gehörten. Geistlichkeit (Klerus) und Adel bildeten die führenden Schichten. Sie genossen alle Vorrechte: Sie mussten kaum Steuern zahlen (zusammen ca. 2 %) und wurden bei der Vergabe hoher Ämter bevorzugt. Die Bauern mussten ihnen Abgaben zahlen und trugen gemeinsam mit den Bürgern die Last der Steuern (ca. 98 %).

Die Macht der königlichen Beamten

Um seinen Willen im ganzen Land durchzusetzen, verpflichtete der König in allen Provinzen Beamte, die er bezahlte. Die Verwaltung des Staates lag bei diesen Beamten, die aus dem wohlhabenden Bürgertum kamen. Sie bauten eine Zentralregierung auf, die in fast alle Bereiche des öffentlichen Lebens eingriff. Sie überwachten die Steuereinziehung, die Gerichte, die Polizei, das Militär und die Kirchen. Sie sammelten überall Informationen. Wer den König kritisierte, wurde schwer bestraft.

Eine Staatsreligion

Der Anspruch des Staates, alle Bereiche des Lebens zu regeln, machte auch vor dem Glauben des Einzelnen nicht halt. Zur Zeit Ludwigs XIV. war jeder zehnte Franzose ein Hugenotte, also ein Protestant. Die Hugenotten durften seit 1598 ihre Religion frei ausüben. Aber Ludwig XIV. verbot 1685 diesen Glauben.

Viele Hugenotten traten aus Angst zum katholischen Glauben über oder flohen ins Ausland. Königliche Beamte übernahmen jetzt die Aufsicht über die katholische Kirche. Die katholischen Geistlichen mussten in den Gottesdiensten die Anordnungen des Königs verkünden.

Die Bischöfe ernannte Ludwig XIV. selbst. Die katholische Kirche wurde somit zur Staatskirche.

Das stehende Heer

Frühere Kriege hatten gezeigt, dass Söldnerheere unzuverlässig waren. Daher schuf Ludwig XIV. ein „stehendes" Heer: Die Soldaten wurden für mindestens drei Jahre gegen einen festen Sold angeworben und waren ständig einsatzbereit.

Seit 1688 musste jede kleine Gemeinde einen Soldaten stellen. Wenn sich kein Freiwilliger fand, wurde ein Soldat ausgelost. So wurde Frankreich schon bald zur stärksten Militärmacht Europas. Dieses Heer war die wichtigste Basis für die Herrschaft des Königs.

Wer soll das bezahlen?

Der Unterhalt für das stehende Heer und die Besoldung der Beamten kosteten viel Geld. Hinzu kamen die riesigen Summen für die Hofhaltung und den Unterhalt des Schlosses in Versailles. Das Ziel des Königs war es daher, die Staatseinnahmen weiter zu erhöhen. Also wurden Bauern und Bürger mit noch höheren Steuern belastet.

Q1 **Der Herzog von Saint-Simon äußerte sich in seinen zwischen 1740 und 1745 verfassten Erinnerungen:**

... Um ihm [dem König] zu gefallen, stürzte man sich in Riesenausgaben für festliche Gelage, Gewänder, Pferde, Karossen und verausgabte sich bei der Errichtung von Bauwerken und beim Spiel. ... Was der König damit in Wirklichkeit erstrebte und auch erreichte, war, die Geldmittel der Adligen zu erschöpfen. Indem er den Luxus zur Ehrenpflicht und teils zur Notwendigkeit machte, wollte er allmählich jedermann in vollkommene Abhängigkeit von seinen *Gunstbezeugungen und Zuwendungen bringen. ...

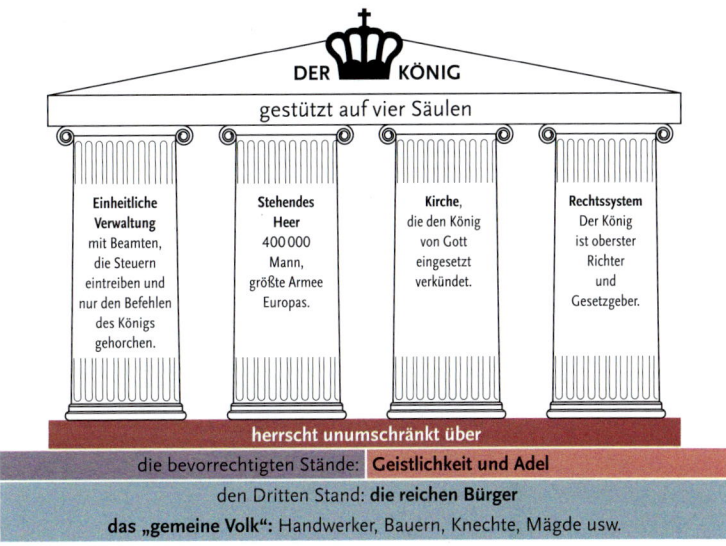

3 – Säulen der absolutistischen Herrschaft. Schaubild.

M1 **Ein Filmhinweis zu einer Dokumentation über den Absolutismus beschrieb 2012 die Herrschaftsweise Ludwigs XIV. folgendermaßen:**

... Ein König, ein Gesetz, ein Glaube: Unter dieser Devise steigt Frankreich im 17. Jahrhundert zur Vormacht auf. Als Sonnenkönig herrscht Ludwig XIV. und gibt entscheidende Impulse für die Entfaltung des Absolutismus in Europa . ...

* Gunstbezeugungen
Mit einer Gunstbezeugung zeigt man jemandem, dass man ihn schätzt.

---

❶ Zeichne ein Säulendiagramm, das zeigt, wie die Steuerbelastung auf die Stände aufgeteilt ist. Nutze Prozentangaben zur Erstellung und verwende die Farben aus Schaubild 1.
▶ *Fasse den 1. und 2. Stand in einer Säule zusammen.*

❷ Beurteile anhand deines Säulendiagramms (Aufg. 2), Schaubild 1 und Diagramm 2 die Lage des 3. Standes.

❸ Erkläre, warum die Beamten und das stehende Heer zu den Säulen des Absolutismus gezählt werden können.

❹ Erkläre die Aussage „Ein König, ein Gesetz, ein Glaube".
▶ *Der Text und M1 helfen dir dabei.*

❺ Laut dem Herzog von Saint-Simon verfolgte Ludwig XIV. ein Ziel (Q1). Nenne das Ziel und bewerte, ob er damit und mit seiner Regierungsweise (Schaubild 3) erfolgreich sein kann.

Wurde Frankreich zur Führungsmacht in Europa?

1 – Die Kriege Ludwigs XIV.

2 – Porträt von Philipp von Anjou, dargestellt als siegreicher Feldherr. Gemälde, 18. Jahrhundert.

Hegemonie
Dies bedeutet „Vormachtstellung". Im 18. Jahrhundert strebten die europäischen Staaten danach, dass möglichst keiner von ihnen eine hegemoniale Stellung erlangte und ein Gleichgewicht der Kräfte herrschte.

Kriege gegen europäische Nachbarn

Während seiner Regierungszeit führte Ludwig XIV. 29 Kriege. Zwischen 1667 und 1697 kämpfte er gegen seine unmittelbaren Nachbarn. Dabei versuchte er, die Grenze seines Königreichs in Richtung des Rheins auszudehnen. Als Kriegsgrund dienten ihm stets angebliche Erbansprüche. Wurde Frankreich zunächst zur stärksten Macht des Kontinents, brachten die Feldzüge in insgesamt 30 Jahren jedoch nur wenig Erfolg. Dies lag auch an den Bündnissen anderer europäischer Mächte, die die französischen Truppen auf dem Schlachtfeld immer wieder zum Rückzug zwangen.

Der Spanische Erbfolgekrieg (1701 bis 1713/14)

Als im November 1700 der spanische Habsburger Herrscher Karl II. kinderlos starb, erhob Ludwig XIV. Erbansprüche auf den spanischen Thron. Durch die Vereinigung der französischen mit der spanischen Krone hätte Frankreich endgültig eine Vormachtstellung in Europa innegehabt (Hegemonie). Erneut bildete sich ein antifranzösisches Bündnis unter der Führung Englands, das das „Gleichgewicht der

Macht" („balance of power") in Europa erhalten wollte. Es kam zum Spanischen Erbfolgekrieg. An dessen Ende erhielt zwar Philipp von Anjou, ein Enkel Ludwigs, die spanische Königswürde, eine Vereinigung Spaniens mit Frankreich wurde aber ausgeschlossen. Damit blieb Frankreich eine europäische Großmacht neben – England, Preußen, Österreich und Russland – und das Gleichgewicht der Mächte erhalten.

Krieg in Übersee

Ludwigs Anspruch, Frankreich zur Weltmacht auszubauen, führte auch in Nordamerika zu Kriegen. Dort hatten die Franzosen bereits 1608 die Kolonie Quebec im heutigen Kanada gegründet und von einem „Neu-Frankreich" geträumt. Um die Engländer daran zu hindern, die französischen Siedler am St.-Lorenz-Strom zu überfallen, besetzte Frankreich um 1682 den Lauf des Mississippi. Die neu erschlossenen Gebiete wurden zu Ehren Ludwigs „Louisiana" genannt. Im Mississippi-Becken und vor allem in der kanadischen Provinz Quebec hat sich die französische Kultur bis heute erhalten.

3 – Französische Kolonien in Nord-Amerika um 1729.

Viele Kriege – hohe Kosten

Das Streben, Frankreich zur führenden europäischen Nation zu machen, überforderte jedoch die französische Staatskasse. Bei Ludwigs Tod betrugen Frankreichs Schulden geschätzte drei Milliarden Livres (ca. 30 Milliarden Euro).

Q1 Erzbischof Fénelon (1651–1715) schrieb 1693 in einem anonymen Brief an König Ludwig XIV.

… Sie waren 20 Jahre hindurch der Antreiber zu blutigen Kriegen, zu denen Ruhmsucht oder Rachsucht der einzige Anlass war … Alle durch Krieg erlangten Gebietserweiterungen sind zu Unrecht erfolgt. Immer wollten Sie den Frieden diktieren, Bedingungen stellen, statt maßvoll zu verhandeln. Deshalb war der Friede nie von Dauer … Selbst im Frieden haben Sie Krieg geführt und gewaltige Eroberungen gemacht … Ein solches Verhalten hat ganz Europa gegen Sie aufgebracht …

Q2 Nach einer 44-jährigen Regierung gab Ludwig XIV. 1715 dem fünf Jahre alten Thronfolger, seinem Urenkel, einen Rat:

… Bald wirst du König eines großen Reichs sein. Trachte danach, Frieden mit deinen Nachbarn zu halten. Ich habe den Krieg zu sehr geliebt. Folge mir hierin nicht oder darin, mehr auszugeben als vorhanden ist. Erleichtere die Bürde deines Volkes – bald – und tue, was ich selbst unglücklicherweise nicht getan habe …

---

❶ ▪ Nenne Staaten, gegen die Ludwig XIV. Krieg führte.
▶ *Der Text und die Karte 1 helfen dir dabei.*

❷ ▪ Suche die im Abschnitt „Krieg in Übersee" genannten Orte auf der Karte 3.

❸ ▪ Beschreibe das Verhältnis zwischen England und Frankreich.

❹ ▪ Untersuche Bild 2.
▶ *Nimm die Methode „Ein Herrscherbild untersuchen" von S. 156/157 zu Hilfe.*

❺ ▪ Erläutere anhand von Q1 und Q2 die Vorwürfe Fénelons und bewerte aus der Sicht Ludwigs XIV. am Ende seiner Regierungszeit, ob die Vorwürfe berechtigt sind.

❻ ▪ Bewerte mithilfe des Textes und Karte 1, wie erfolgreich Ludwig XIV. Krieg führte.
▶ *Verwende dazu folgende Begriffe: Hegemonie – „balance of power" – Spanischer Erbfolgekrieg – Nordamerika*

❼ ▪ „Ludwig XIV. stellte eine ständige Gefahr für den Frieden in Europa dar". Nimm begründend Stellung zu dieser Aussage.

Woher nahm Ludwig XIV. das Geld für die Ausgaben?

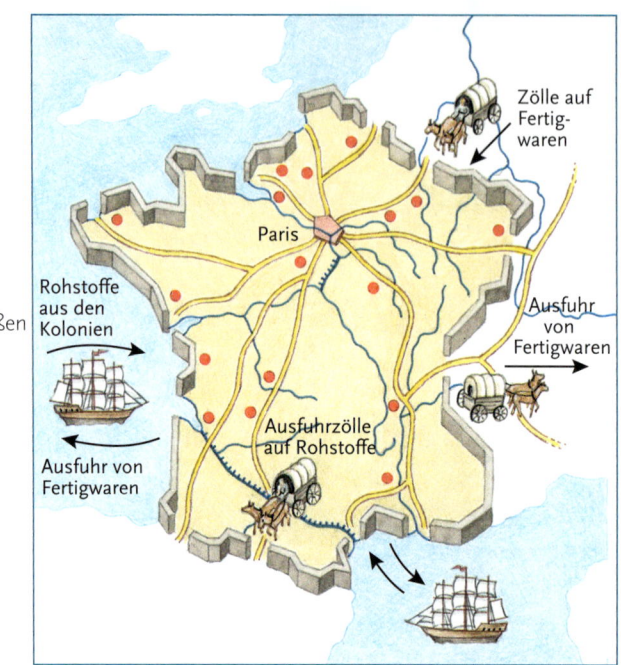

wichtige Handelsstraßen

Kanäle

Manufaktur-zentren

Zollgrenzen

1 – Die Wirtschaftsform des Merkantilismus. Schaubild.

2 – Jean-Baptiste Colbert (1619–1683), Finanzminister Ludwigs XIV. und Begründer des Merkantilismus.

---

*Merkantilismus
Als Merkantilismus wird die staatlich gelenkte Wirtschaftsform des Absolutismus bezeichnet, bei der dem viel exportiert und wenig importiert wird.

*Manufaktur
So nennt man einen Betrieb, in dem Waren von Handwerkern per Hand und nicht maschinell hergestellt werden.

Ludwig XIV. und seine Ausgaben

Mit dem Regierungsantritt Ludwigs XIV. stieg die Verschuldung des Staates zusehends. Der König war jedoch nicht bereit zu sparen. Jean-Baptiste Colbert, der Finanzminister Ludwigs, entwickelte daher ein neues Wirtschaftssystem, den *Merkantilismus. Mit der gezielten Förderung von Handel und Gewerbe wollte er die Wirtschaft ankurbeln, um damit eine neue Einnahmequelle für den Staat zu erschließen.

Colbert und die neue Wirtschaftspolitik

Um möglichst viel Gewinn zu erzielen, sollte Frankreich nach Colberts Vorstellung billige Rohstoffe einführen. Die daraus hergestellten Fertigwaren konnten dann wieder zurück ins Ausland verkauft werden. Um den Handel innerhalb Frankreichs zu erleichtern, wurden Maße, Gewichte und das Münzwesen vereinheitlicht und die Zölle abgeschafft. Der Ausbau von Straßen, Brücken und Kanälen wurde ebenfalls vorangetrieben.

Die Gründung von *Manufakturen

Um die eigenen Fertigwaren möglichst günstig anbieten zu können, mussten sie billig hergestellt werden. Deshalb förderte Colbert die Gründung von Manufakturen, in denen viele Menschen arbeiteten. Die Herstellung eines Produkts wurde dabei in Einzelschritte zerlegt und jeder Arbeiter machte nur einen Handgriff. In diesen Großbetrieben konnten dadurch mehr Waren hergestellt werden als in den alten Handwerksbetrieben. Da zudem die Löhne für die oft ungelernten Arbeiter sehr gering waren, erhöhten sich die Gewinne der Unternehmer. Es gab sowohl Manufakturen für Luxuswaren (z. B. Porzellan, Wandteppiche, Uhren) als auch für Massenerzeugnisse (z. B. Waffen, Werkzeuge). In den Manufakturen standen noch keine Maschinen, die Arbeit wurde mit der Hand erledigt; dennoch können sie als Vorläufer der heutigen Fabriken bezeichnet werden.
Colbert hatte mit seiner Wirtschaftspolitik Erfolg. Die Einnahmen des Staates verdoppelten sich mithilfe des Merkantilismus in kurzer Zeit.

3 – Spielkartenfabrikation in Paris an der Place Dauphine. Gemälde, um 1680.

M1 Die Finanzlage des Königreichs Frankreich:

Der französische Staatshaushalt 1678
Einnahmen: 99,5 Mio. Livres
Ausgaben: 98,0 Mio. Livres für das Heer
                     29,0 Mio. Livres für den Hof
                       2,5 Mio. Livres für Sonstiges

Jahr	Einnahmen	Ausgaben	Defizit
1670	70 483 834	77 307 798	6 823 964
1690	106 642 985	149 319 381	42 676 396
1710	36 432 745	225 847 281	189 414 536

4 – Colbert präsentiert Ludwig dem XIV. sein Projekt zum „*Canal du Midi". Radierung, 1788.

＊ Canal du Midi
Es handelt sich um eine künstliche angelegte Wasserstraße, die zusammen mit dem Fluss Garonne eine Verbindung vom Mittelmeer bis zum Atlantik schuf. Der Kanal wurde 1681 fertiggestellt.

Q1 1676 äußerte sich Minister Colbert folgendermaßen zum Merkantilismus:
Ich glaube, man wird ohne Weiteres in dem Grundsatz einig sein, dass es einzig und allein der Reichtum an Geld ist, der die Unterschiede an Größe und Macht zwischen den Staaten begründet. Was dies betrifft, so ist es sicher, dass jährlich aus dem Königreich einheimische Erzeugnisse (Wein, Branntwein, Weinessig, Eisen, Obst, Papier, Leinwand, Eisenwaren, Seide, Kurzwaren) für den Verbrauch im Ausland im Wert von 12 bis 18 Millionen Livres hinausgehen. ... Je mehr wir die Handelsgewinne, die die Holländer den Untertanen des Königs abnehmen, und den Konsum der von ihnen eingeführten Waren verringern können, desto mehr ... vermehren wir die Macht, Größe und Wohlhabenheit des Staates. ...

❶ Erkläre, warum es nötig war, in Frankreich ein neues Wirtschaftssystem einzuführen.
▶ *Q1 hilft dir dabei.*

❷ Erstellt in Partnerarbeit ein Lernplakat, das zeigt, wie der Merkantilismus laut Colbert funktionierte. Präsentiert die Ergebnisse vor der Klasse.
▶ *Schaubild 1 und der Text helfen euch dabei.*

❸ Belege anhand des Bildes 3, dass es sich bei der Fabrikation von Spielkarten um eine Manufaktur handelt.

❹ Stelle mithilfe von Q1 Vermutungen an, wie andere Länder auf Frankreichs Wirtschaftspolitik reagiert haben könnten.

❺ Bewerte, ob die Gründung von Manufakturen als moderne Entwicklung der damaligen Zeit bezeichnet werden kann. Begründe deine Meinung.

❻ Erkläre, warum Colbert den „Canal du Midi" (Bild 4) bauen möchte. Überlege und begründe, ob du ihn unterstützen würdest.

Barock – Kunst im Dienst der Macht

Warum wurden deutsche Schlösser im Stile Versailles gebaut?

1 – Schlossanlage Nymphenburg bei München heute. Foto, 2017.

2 – Kurfürst Maximilian II. Emanuel von Bayern, Gemälde von Andreas Møller, 1724.

* **Barock**
So heißt die Kunst- und Architekturepoche zwischen ca. 1600 und 1720. Wegen des Dreißigjährigen Krieges fasste der Barock in Deutschland im Vergleich zu anderen europäischen Ländern erst später Fuß.

Ludwig und Versailles als Vorbild

Was Ludwig XIV. in Frankreich tat, was er trug, wie er regierte und vor allem, wie er wohnte, war für viele europäische Herrscher ein Vorbild. Auch im zersplitterten Heiligen Römischen Reich Deutscher Nation versuchten die Landesfürsten einen Hauch der französischen Prachtentfaltung an ihre Höfe zu bringen. Selbst wenn ihr Fürstentum oft nur klein war, ahmten sie den französischen Lebensstil nach und verschuldeten sich dabei enorm – zu Lasten ihrer Untertanen.

Weltliche und geistliche Machthaber wollten sich gegenseitig mit dem Bau prächtiger Paläste, Jagdschlösser, Theater und Parks überbieten. Der Zweck dieser Bauten lag darin, die herausragende Stellung, den Machtanspruch und Reichtum der Herrscher zur Schau zu stellen – so wie es auch Ludwig mit Schloss Versailles tat. Neben der aufwändigen Innenausstattung (z. B. riesige Säle, große Treppenhäuser, Gold, gedrehte Säulen) waren vor allem die reich verzierten Fassaden und die strenge Betonung der Symmetrie typisch für die Gebäude. All diese Merkmale kennzeichnen die Kunst- und Architektur-Epoche des *Barock. Typische Beispiele sind die Schlossanlagen in Nymphenburg und Schleißheim bei München oder auch das Schloss Schönbrunn in Wien.

Der „französische Garten"

Der barocke Garten gehörte unmittelbar zum Schloss. Grundelement seiner Gestaltung war wie beim Schloss die Mittelachse. Sie wurde durch eine Allee oder einen Kanal gebildet. Auf den Kanälen konnten Boote fahren, als Schmuck dienten Skulpturen, Rasenflächen und Blumenbeete entlang der Achse. Diese Beete wiesen geometrische Formen auf und ihre Bepflanzungen folgten je nach Jahreszeit einem genau festgelegten Muster. Wasserbecken und Fontänen waren weitere Gestaltungselemente. Sie wurden durch ein System von Kanälen, Windmühlen, Pumpen und Türmen mit Wasser versorgt. Terrassen und Treppen brachten zusätzliche Abwechslung in eine barocke Parkanlage. Als Orte zum Zurückziehen wurden sogenannte Lustwälder und Irrgärten (Labyrinthe) angelegt.

3 – Schloss Nymphenburg. Gemälde von Bernardo Bellotto, 1761.

M1 Ausgaben des bayerischen Kurfürsten Maximilian II. Emanuel

Posten	Gulden
Besoldung des Münchener Hofstaates im Jahr 1705 (ca. 1028 Personen)	32160
Kosten für zwei Opernauffuhrungen im Oktober 1722	200000
Geschenk an die Gräfin Arno (1701)	10000
Beim Glücksspiel in Venedig an einem Abend verloren	100000
Ausgaben für die Hochzeit des Sohnes (= Steueraufkommen Bayerns in einem halben Jahr)	4 Mio.

Q1 Über das Leben am Hof des bayerischen Kurfürsten wird im späten 17. Jh. Folgendes berichtet:

... Der Hof in Nymphenburg nahm die Mahlzeiten fast täglich an einem anderen Ort ein, bald in dem Saal der Perspektiven, bald im Antikensaal, bald in einem der ... Gärten. Überall war der Tisch großartig bestellt. Gewöhnlich speiste man auf Goldemaille, manchmal auch auf purem Golde und immer so üppig, so prächtig, mit solch auserlesenem Geschmack ... Die schönsten Früchte Italiens, Pfirsiche, Muskatellertrauben waren schon Mitte Juli in größter Auswahl auf der kurfürstlichen Tafel vorhanden ...

❶ ▸ Nenne mithilfe des Autorentextes verschiedene Bereiche, in denen Ludwig XIV. im Barock für viele Herrscher ein Vorbild war.

❷ ▸ Betrachte Bild 3. Nenne typische Merkmale des Barock, die dir auffallen. Gehe dabei vor allem auf die Gartengestaltung ein.

❸ ▸ Finde heraus, welche typischen Merkmale des Barock bis heute in Bild 1 zu entdecken sind, und vergleiche sie mit den Ergebnissen aus Aufgabe 2. Besprich die Ergebnisse mit einer Partnerin oder einem Partner.

❹ ▸ Beschreibe, wie die Anlage von heute und damals im Vergleich auf dich wirkt.

❺ ▸ Beurteile, ob Ludwig XIV. für Kurfürst Max Emanuel mit seiner Lebensweise als Vorbild gelten kann. Betrachte hierzu M1 und Q1.

❻ ▸ Bearbeite die Lernaufgabe auf S. 219 zum Einfluss Ludwigs XIV. in späterer Zeit.

Warum wurden so prächtige Kirchen gebaut?

1 – Kirche des Benediktinerklosters in Ottobeuren im Allgäu (Außenansicht). Foto, 2010.

2 – Kirche des Benediktinerklosters in Ottobeuren im Allgäu (Innenansicht). Foto, 2011.

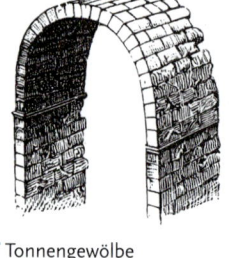

✱ Tonnengewölbe
Im Unterschied zu einer flachen Raumdecke sind die Decken in Kirchen gewölbt. Ein Tonnengewölbe ist eine einfach gewölbte Decke, die allerdings im Barock reich verziert wurde.

Warum ein neuer Baustil?

Das 17. Jahrhundert brachte den Menschen viele Kriege und Seuchen. Besonders der Dreißigjährige Krieg und die immer wiederkehrenden Pestwellen machten den Menschen klar, wie schnell und ohne Rücksicht auf die soziale Stellung das Leben enden konnte. Der Glaube an Gott und an die Vertreter der Kirche, die das Wort Gottes verbreiteten, war in den Zeiten großer Not wie ein Rettungsanker für viele Menschen. Seit der Ausbreitung der Lehre Luthers aber verlor die römisch-katholische Kirche an Einfluss. Mithilfe neuer, prunkvoller und mächtiger Kirchenbauten versuchte sie ihre Macht und die Herrlichkeit des Glaubens darzustellen.

Von Rom nach Deutschland

Die ersten Kirchen im neuen Barockstil wurden in Rom gebaut. So erhielt der Petersdom 1612 nach über 100-jähriger Bauzeit seine bis heute typische symmetrische Ostfassade (Randspalte). Neben Kirchen wurden zahlreiche Paläste, Brunnen und Plätze in Rom im Auftrag des Papstes gestaltet.

Im Laufe des 18. Jahrhunderts wurden auch in Deutschland immer mehr Klosteranlagen

Der Petersdom in Rom.

und Wallfahrtskirchen im barocken Stil errichtet. Zu erkennen sind sie an ihren zahlreichen Verzierungen und an der Verwendung von ✱Tonnengewölben (Randspalte) und Türmen (oft Doppeltürmen) mit kunstvollen Turmhauben. Die vielen Kuppeln wurden im Innenraum mit Himmelszenen ausgestaltet. Die Künstler erweckten so beim Betrachter den Eindruck, dass das Bild nach oben hin unendlich sei. Zahlreiche Fenster und Marmorplatten auf dem Boden brachten viel Licht in die Kirchen und verstärkten so die Wirkung der Gemälde.

❶ ▣ Erkläre, warum die Kirche so prächtige Gotteshäuser bauen ließ.

❷ ▣ Betrachte die Bilder 1 und 2. Erkläre, warum es sich hier um ein Bauwerk aus der Zeit des Barock handelt. Erstelle dazu eine Tabelle, in die du typische Merkmale des barocken Baustils einträgst.

Innenansicht	Außenansicht
Aufwändige Deckengemälde	...

❸ ▣ Informiere dich über barocke Bauwerke in Rom (z. B. Petersdom) und stelle deine Ergebnisse in der Klasse vor. Nenne dabei typische Merkmale.

Zusammenfassung

Vom Glaubenskrieg zum Gottesgnadentum

Der Dreißigjährige Krieg

Nach dem Augsburger Religionsfrieden 1555 herrschten Misstrauen und Feindschaft zwischen katholischen und evangelischen Fürsten im Heiligen Römischen Reich Deutscher Nation. Beide Seiten schlossen sich daher zu Militärbündnissen zusammen: der evangelischen „Union" und der katholischen „Liga". Am Streit um den Bau einer protestantischen Kirche in Prag entzündete sich schließlich der Dreißigjährige Krieg, dessen Verlauf immer stärker auch von ausländischen Fürsten und ihren Machtinteressen geprägt war. In diesem Krieg wurden weite Teile des deutschen Gebietes verwüstet, in manchen Gegenden starben bis zu 80 Prozent der Bevölkerung. Im Westfälischen Frieden von 1648 wurde schließlich die Zersplitterung des Reichs festgeschrieben. Außerdem durfte ab diesem Zeitpunkt jeder Gläubige selbst entscheiden, welcher Konfession er angehören wollte.

1618–1648

Der Dreißigjährige Krieg wütet in ganz Europa und bringt viel Leid.

Alle Macht dem König

Der König von Frankreich, Ludwig XIV., übernahm im Alter von gerade einmal 18 Jahren die Herrschaft in Frankreich. Von Anfang an beanspruchte er die absolute Macht, Entscheidungen für jeden Lebensbereich aller Untertanen im Staat zu treffen. Ohne seinen Willen sollte nichts mehr geschehen, nur er allein konnte Befehle erteilen. Die Aufgabe aller anderen sollte es ausschließlich sein, diesen zu gehorchen. Er selbst war dabei nicht an seine Gesetze gebunden, da er die Macht direkt von Gott erhalten hatte (= Gottesgnadentum). Seine Herrschaft stützte Ludwig XIV. auf die ihm treu ergebenen Beamten, die Staatskirche und das stehende Heer. Der König hatte in allen Provinzen von ihm besoldete Beamte eingesetzt. So war er nicht auf die Zustimmung des Adels angewiesen. Außerdem brachte er die katholische Kirche in Frankreich, deren Bischöfe er selbst ernannte, unter seine Kontrolle. In den Gottesdiensten mussten die Anordnungen und Gesetze Ludwigs XIV. verlesen werden. Das stehende Heer sicherte die Herrschaft des Königs, denn es war im Kriegsfall sofort einsatzbereit. Diese Form des Regierens nahmen sich weltliche und geistliche Fürsten in ganz Europa zum Vorbild: Das Zeitalter des Absolutismus hatte begonnen, Frankreich wurde zur führenden Macht (= Hegemonialmacht) auf dem Kontinent.

1643–1715

Ludwig XIV. regiert in Frankreich und wird zum Vorbild Europas.

Barocke Schlösser und Kirchen

Das äußere Zeichen der Machtfülle und herausragenden Stellung Ludwigs XIV. war das Schloss Versailles. Es wies schon durch seine Anlage auf den König als den Mittelpunkt in ganz Frankreich hin. Entsprechend dem französischen Vorbild entstanden nun in ganz Europa prächtige Schlösser mit riesigen Gartenanlagen sowie reich geschmückte Kirchen im Baustil des Barock: Die Symmetrie der Gebäude wurde betont, es dominierten prunkvoll verzierte Fassaden und Innenräume. Damit wollten die weltlichen und geistlichen Herrscher – wie Ludwig XIV. – ihren Machtanspruch unterstreichen.

1575–1770

In der Epoche des Barock werden zahlreiche prunkvolle Schlösser, Kirchen und Gartenanlagen gebaut.

Das kann ich …

Vom Glaubenskrieg zum Gottesgnadentum – Europa im 17. Jahrhundert

Ich kann wichtige Begriffe und Daten im Zusammenhang erklären (Sachkompetenz):
1618–1648 Dreißigjähriger Krieg
17./18. Jahrhundert: Absolutismus in Europa
Westfälischer Friede
Hegemonie

❶ Erkläre den Begriff „Hegemonie".
❷ Erläutere, in welchem Zusammenhang der Westfälische Frieden mit dem Dreißigjährigen Krieg steht.
❸ Stelle Begriffe zusammen, die im Zusammenhang mit dem Zeitalter des Absolutismus stehen, und entwirf eine Mindmap.

Ich kann folgende Aufgaben zum Thema lösen (Sachkompetenz):

❹ Skizziere den Verlauf des Dreißigjährigen Krieges mithilfe folgender Begriffe:
Prager Fenstersturz – Glaubenskrieg – Machtkonflikt – Westfälischer Friede
❺ Nenne die Säulen der absolutistischen Herrschaft Ludwigs XIV. und erstelle ein eigenes Schema, das zeigt, wie der Sonnenkönig seine Macht sicherte. Erkläre dein Ergebnis anschließend deiner Partnerin oder deinem Partner.
❻ Erläutere, inwiefern sich die Begriffe „Streben nach Hegemonie" und „balance of power" unterscheiden. Gehe dabei auf das Staatensystem im 17./18. Jahrhundert ein.
❼ Erkläre, warum die Epoche des Barock und das Zeitalter des Absolutismus nahezu gleichzeitig verlaufen. Typische Merkmale des barocken Baustils helfen dir dabei.

Ich kann Geschichte verständlich darstellen (narrative Kompetenz):

❽ Entwickelt in Partnerarbeit ein Interview mit Ludwig XIV.
Überlegt gemeinsam, zu welchen Themen ihr den Sonnenkönig befragen wollt, formuliert konkrete Fragen und mögliche Antworten. Präsentiert euer Interview vor der Klasse.
▶ *Überlegt euch auch eine Einleitung und einen Schluss.*

Ich kann die Methode „Ein Herrscherbild untersuchen" anwenden (Methodenkompetenz):

❾ Untersuche Bild 1. Gehe dabei so vor, wie du es bei der Methode „Ein Herrscherbild untersuchen" S. 156/157 gelernt hast.
❿ Vergleiche Bild 1 und Bild 2. Erkläre, was die jeweiligen Bilder über Ludwig XIV. aussagen, und finde eine Überschrift für die beiden Bilder.

Ich kann mir ein Urteil bilden und es begründen (Urteilskompetenz):

⓫ Beurteile aus deiner Sicht die Macht eines absoluten Herrschers. Begründe deine Meinung.

Ich verstehe, warum das Thema für uns heute noch wichtig ist (Orientierungskompetenz):

⓬ Erläutere, warum es zum Dreißigjährigen Krieg kam und welche Lösungen schließlich gefunden wurden. Vergleiche anhand eines selbstgewählten Beispiels, warum es heute zu Konflikten und Kriegen kommen kann und welche Möglichkeiten gesucht werden, Konflikte zu lösen. Tragt die Ergebnisse in der Klasse zusammen und vergleicht.

Verstehen

1 – Ludwig XIV. Der König trägt eine Ritterrüstung und einen Feldherrenstab. Im Hintergrund sieht man die belagerte Stadt Namur (heutiges Belgien). Die Siegesgöttin Victoria bekränzt Ludwig XIV. Gemälde von Pierre Mignard, 17. Jahrhundert.

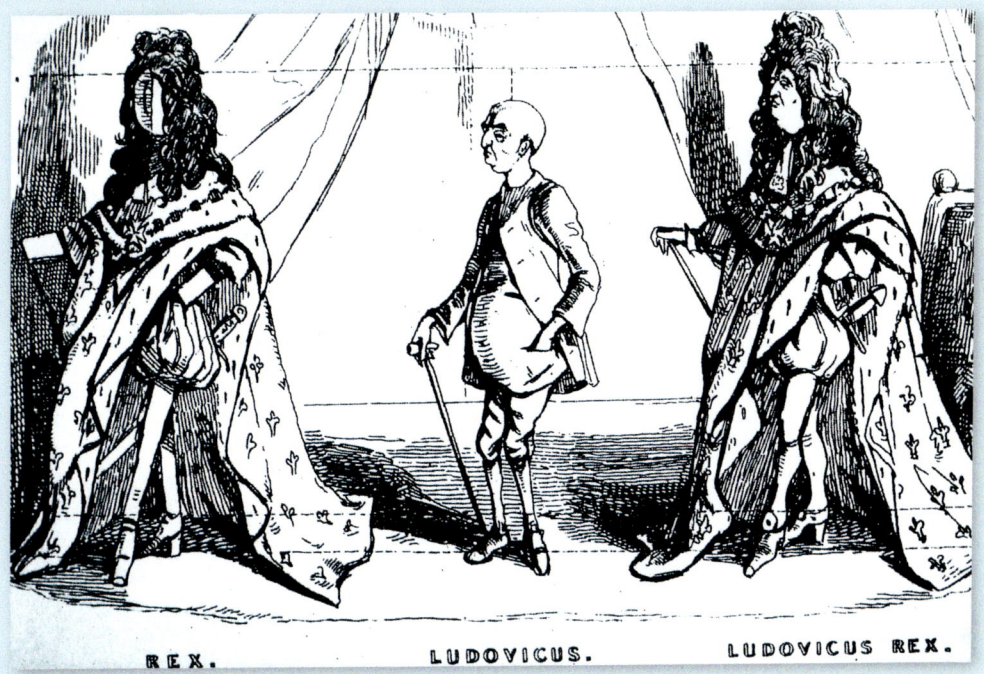

2 – König – Ludwig – König Ludwig, Karikatur von William Makepeace Thackeray, The Paris Sketchbook, 1840.

Längsschnitt

5 Bauwerke als Symbole der Stärke und des Glaubens

Das „Weiße Haus" in Washington: Säulen und Giebeldach wie bei einem antiken griechischen Tempel, symmetrischer Aufbau und nicht zuletzt eine weiße Fassade – bereits auf den ersten Blick ein sehr beeindruckendes Gebäude. Das gesamte Bauwerk soll den Betrachtern weltweit klar machen: „Hier arbeitet der mächtigste Mann der Welt".

Das „Weiße Haus" ist also mehr als nur ein schönes Gebäude. Es symbolisiert gleichzeitig Macht und Stärke seines „Bewohners". Die Geschichte kennt eine Vielzahl solcher Bauwerke, auf die das ebenfalls zutrifft. Einige Beispiele werden in diesem Kapitel vorgestellt. Wie sahen diese Gebäude aus, welche Bedeutung hatten diese und wer waren ihre Auftraggeber?

Längsschnitt
Bauwerke als Symbole
der Stärke und des Glaubens

450 v. Chr.

Bau des Poseidon-tempel in Poseidonia (Süditalien)

1 – Der Aachener Dom heute. Foto, 2010.

Der Dom zu Aachen: Das beeindruckende Gotteshaus ist heute Bischofssitz (= Kathedrale) des Bistums Aachen. Das Kernstück, die Pfalzkapelle, wurde zwischen 795 und 803 n. Chr. unter Karl dem Großen erbaut und stellte ein sichtbares Zeichen des Kaisertums dar, das ihm der Papst im Jahre 800 übertrug. Die Funktion des Doms hat sich somit im Laufe seiner über 1200-jährigen Geschichte verändert: vom Kaiserdom und späteren Krönungsort der römisch-deutschen Könige in der Vergangenheit zum geistlichen Zentrum des Bistums Aachen in der Gegenwart.

Ein solcher Wandel der Bedeutung lässt sich an den zahlreichen Erweiterungen des Aachener Doms auch sichtbar nachvollziehen. Historische Gebäude wie Tempel, Kirchen oder Schlösser geben nämlich immer auch Auskunft über die Absichten ihrer jeweiligen Bauherren. Diese bedienen sich unterschiedlicher architektonischer Stilmittel, die für jedes Bauwerk und seine jeweilige Bauphase charakteristisch sind.

Am Ende des Kapitels kannst du folgende Fragen beantworten:

- Welche architektonischen Gemeinsamkeiten und Unterschiede weisen Bauwerke aus verschiedenen Epochen und Regionen auf?
- Welches Herrschaftsverständnis bzw. welche gesellschaftliche Ordnung wird in den untersuchten Baudenkmälern deutlich?
- Welche Botschaften wollten die jeweiligen Bauherren mit ihren Gebäude in verschiedenen Epochen dem Besucher übermitteln?
- Welche Eindrücke werden heute beim Besucher historischer Gebäude geweckt?
- Welche Funktion hatten historische Bauwerke ursprünglich?
- Inwieweit hat sich die ursprüngliche Funktion eines Bauwerkes bis heute verändert?
- Welche Aufgaben und welchen Sinn hat der Denkmalschutz?

537 n. Chr.	ca. 803	1488	1744	1894
Einweihung der Kirche Hagia Sophia in Konstantinopel	Fertigstellung der Aachener Pfalzkapelle	Fertigstellung der Münchner Frauenkirche	Fertigstellung der Würzburger Residenz	Fertigstellung des Berliner Reichstags

2 – Der Poseidontempel in Poseidonia (Süditalien). Foto, 2012.

4 – Die Münchner Frauenkirche. Foto, 2017.

3 – Die Würzburger Residenz. Foto, 2015.

5 – Der Berliner Reichstag, Foto, um 1930.

❶ ▶ Ordne die Bauwerke auf den Bildern 1 bis 5 mithilfe der Zeitleiste den Epochen Antike, Mittelalter und Neuzeit zu.

❷ ▶ Betrachte die Bauwerke (Bilder 1 bis 5) und beschreibe mithilfe von Adjektiven, wie sie auf dich wirken. Vergleiche deine Ergebnisse mit einer Partnerin oder einem Partner.

❸ ▶ Überlege, welche Funktion und Bedeutung die Bauwerke in den Bildern 2 bis 4 damals wohl hatten und ob sich diese bis heute verändert haben könnten.

Bauwerke aus der Antike

Warum stehen griechische Tempel in Italien?

1 – Der Poseidontempel im italienischen Paestum heute. Es handelt sich eigentlich um den Heratempel. Der Tempel ist 24,3 × 60 m groß und wurde um 450 v. Chr. erbaut.

2 – Rekonstruktion des Heratempels von 1879.

**5. Jh. v. Chr.:
Blütezeit Athens**

Polis
(griech.: Burg, Stadt; Mehrzahl: Poleis) Dies ist die Bezeichnung für die im alten Griechenland selbstständigen Stadtstaaten, z. B. Athen, Sparta, Korinth. Die Einwohner einer Polis verstanden sich als Gemeinschaft. Sie waren stolz auf ihre politische Selbstständigkeit und achteten darauf, wirtschaftlich unabhängig zu bleiben.

✻ **UNESCO**
Dies ist eine Organisation der Vereinten Nationen für Erziehung, Wissenschaft und Kultur, die sich die Bewahrung von Kulturgut zur Aufgabe gemacht hat. (siehe S. 187)

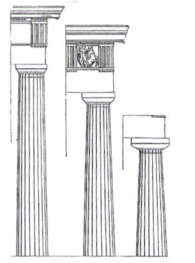

Dorische Säulen.

Ionische Säulen.

Poseidonia
– eine griechische Tochterkolonie

Etwa um das Jahr 720 v. Chr. wurde von griechischen Auswanderern aus Helike (im Norden der Halbinsel Peloponnes) die Kolonie Sybaris an der Ostküste der italienischen Region Kalabrien gegründet. Rund 120 Jahre später wanderten einige Nachkommen dieser Griechen weiter in das fruchtbare Kampanien an die italienische Westküste. Dort gründeten sie die Stadt Poseidonia als Tochterkolonie. Der Ort liegt ungefähr zwei Kilometer von der Mittelmeerküste entfernt und war somit nicht als Hafenstadt geplant. Durch Ackerbau und zahlreiche Handelsbeziehungen gelangte Poseidonia schnell zu Reichtum, der sich im 6. und 5. Jahrhundert v. Chr. auch im Bau großer Tempelanlagen zeigte. So entstanden in Poseidonia drei Tempel im dorischen Stil (Randspalte). Sie erinnerten im Aufbau, Ausmaß und durch die Anzahl und Gestaltung der Säulen sehr stark an die Bauten in einer mächtigen griechischen Polis – etwa an den Parthenon in Athen oder den Zeustempel in Olympia.

Aus Poseidonia wird Paestum

273 v. Chr. machten die Römer Poseidonia im Zuge der Eroberung Süditaliens unter dem Namen Paestum zur Kolonie. Entsprechend veränderte sich auch das Bild der Stadt: So wurden beispielsweise ein kleines römisches Amphitheater, öffentliche Verwaltungsgebäude und vier große Stadttore errichtet. Die Stadt selbst verlor in der römischen Kaiserzeit allerdings an Wohlstand und Bedeutung.

Vergessen und wiederentdeckt

Etwa ab 500 n. Chr. fing das Gelände um Paestum an zu versumpfen. Die Bewohner flüchteten vor der Krankheit Malaria; der Ort samt Tempelanlage wurde vergessen. Erst im Jahre 1752 wurde Paestum ungefähr gleichzeitig mit den antiken Orten Pompeji und Herkulaneum wiederentdeckt. Ein Besuch der antiken Stadt gehörte schon kurz darauf zum Programm von Bildungsreisenden, wie etwa dem Dichter Johann Wolfgang von Goethe (1749–1832). Die Ruinen der Tempel sind bis heute erhalten und wurden 1998 von der ✻UNESCO als Weltkulturerbestätte anerkannt.

3 – Rekonstruktion der Vorhalle des Athenatempels

5 – Rekonstruktion der Ostfassade (mit Giebelfeld) und der Südfassade des Athenatempels.

4 – Der Athenatempel im italienischen Paestum. Er ist 33 × 15 m groß und wurde um 510 v. Chr. erbaut.

Q1 Johann Wolfgang von Goethe schrieb am 23. März 1787 über seinen Besuch in Paestum, das erst 35 Jahre zuvor wiederentdeckt worden war:

Das Land ward immer flacher und wüster, wenige Gebäude deuteten auf kärgliche Landwirtschaft. Endlich, ungewiss ob wir durch Felsen oder Trümmer führen, konnten wir einige große länglich-viereckige Massen, die wir in der Ferne schon bemerkt hatten, als überbliebene Tempel und Denkmale einer ehemals so prächtigen Stadt unterscheiden ... . Von einem Landmanne ließ ich mich indessen in den Gebäuden herumführen, der erste Eindruck konnte nur Erstaunen erregen. Ich befand mich in einer völlig fremden Welt.

❶ Benenne, wer Poseidonia wo gegründet hat.

❷ Stelle die Entwicklung von Poseidonia bzw. Paestum im Laufe der Zeit dar. Erstelle dazu eine Zeitleiste mit Erklärungen.

❸ Beschreibe, wie sich die Bedeutung von Poseidonia bzw. Paestum veränderte. Übertrage dazu die Tabelle in dein Heft und bewerte nach folgendem Schema: sehr bedeutend = ++, bedeutend = +, weniger bedeutend = –, nicht bedeutend – –

Anfänge: 6./5. Jh. v. Chr.	...
Kaiserzeit	...
ca. 500 n. Chr.	...
18. Jh.	...
heute	...

❹ Betrachte die Ergebnisse von Aufgabe 3 und begründe, warum du dich so entschieden hast.

❺ Lies Q1 und beschreibe, wie Goethe auf den Ort Paestum reagierte. Begründe deine Meinung mit Beispielen aus dem Quellentext.

❻ Finde heraus, welche griechischen Spuren beim Hera- und Athena-Tempel (Bilder 2, 4, 5) zu finden sind und warum in Italien nach griechischem Vorbild gebaut wurde.

❼ Schaue dir die Bilder 1–5 an.

a. Überlege, was die Auftraggeber damals mit dem Bau solcher Tempel zeigen wollten.

b. Beschreibe, welche Wirkung die beiden Tempel heute auf dich persönlich haben.

c. Vergleiche deine Antworten aus a und b und besprich sie mit deiner Partnerin oder deinem Partner.

Bauwerke aus dem Mittelalter

Die „Frauenkirchen" – gotische Wahrzeichen?

1 – Die Stadtpfarrkirche „Unserer Lieben Frau" in Nürnberg.

2 – Das Glockenspiel an der Nürnberger Frauenkirche.

König

Ein König ist eine Person, die durch das Vorrecht der Geburt, z. B. durch Abstammung aus dem Adel, an der Spitze eines Staates steht. Das Königtum im Frühmittelalter hatte sich aus den germanischen Sitten und Gebräuchen entwickelt. Die Könige im fränkischen Reich wurden zwar gewählt, traten aber auch eine Erbfolge an.

Kaiser

(lat.: Caesar) Das Kaisertum war die höchste weltliche Herrscherwürde. Nur der Papst konnte den Kaiser krönen, der damit auch große weltliche Macht gewann. Die mittelalterlichen Kaiser beanspruchten die Herrschaft über Italien und eine Einflussnahme auf die Kirche.

Judentum

Das Judentum ist wie das Christentum und der Islam eine monotheistische Religion, also eine Religion, in der man an nur einen Gott glaubt. Die heilige Schrift der Juden ist die Thora, die aus den fünf Büchern Mose besteht. Sie wurde dem Volk der Juden von Gott übergeben. Der Ort des jüdischen Gottesdienstes ist die Synagoge.

Die Nürnberger Frauenkirche

Heute ist die Nürnberger Kirche „Unserer Lieben Frau" vor allem den Besuchern des Christkindlmarktes ein Begriff: Denn jedes Jahr am Freitag vor dem Ersten Advent eröffnet das Nürnberger Christkind auf dem Balkon an der Westfassade der sogenannten Frauenkirche den weltberühmten Weihnachtsmarkt. Der Zeitpunkt ihrer Errichtung ist dagegen eng mit einem düsteren Kapitel aus der Nürnberger Stadtgeschichte verbunden.

Judenverfolgung

An der Stelle des heutigen Marktplatzes und der Frauenkirche war im 12. Jahrhundert ein jüdisches Viertel mit einer Synagoge entstanden. Als der Rat der Stadt Nürnberg dort einen großen Marktplatz errichten wollte, schloss er dazu im November 1349 einen Vertrag mit dem damaligen König Karl IV. Dieser erlaubte den Nürnbergern, die Häuser abzureißen, obwohl die Juden eigentlich unter dem Schutz Karls standen und dafür auch Steuern zahlen mussten. Im Gegenzug verpflichtete sich die Stadt, an der Stelle der Synagoge eine Kirche zu Ehren Marias zu errichten. Allerdings erwähnte der Vertrag nicht, was mit den jüdischen Bewohnern der Häuser geschehen sollte. So kam es im Dezember 1349 zur Ermordung von mindestens 562 Juden, die vor den Toren der Stadt verbrannt wurden.

Heute erinnern ein im Boden eingelassener Davidstern sowie der *Tabernakel in Form einer Thorarolle an die Ereignisse, die zur Erbauung der Frauenkirche geführt haben.

Herrschaftsrepräsentation

Der Frauenkirche war von dem späteren Kaiser Karl IV. eine besondere Aufgabe zugedacht: Sie sollte Aufbewahrungsort der Reichsinsignien (siehe S. 19, Randspalte) sein: den wichtigsten Herrschaftszeichen des Heiligen Römischen Reiches Deutscher Nation. Aus diesem Grund wurde die 1350 bis 1358 gebaute Marienkirche besonders prunkvoll gestaltet: Dies lässt sich besonders an ihrer Vorhalle mit dem Balkon sowie der prachtvollen gotischen Westfassade ablesen, auf der die Wappen des Reiches, der sieben Kurfürsten sowie der Städte Nürnberg und Rom – des Krönungsorts der Kaiser – zu sehen sind. Durch verschiedene Umstände ist es allerdings nie zur Aufnahme der Insignien in die Kirche gekommen. Darüber hinaus erinnert bis heute eine Uhr mit Glockenspiel an die Regeln der Königswahl, wie sie im Jahre 1356 in der Goldenen Bulle (siehe S. 26/27) festgelegt wurden: Beim sogenannten „Männleinlaufen" erscheinen immer um 12 Uhr mittags die Figuren der sieben Kurfürsten und bewegen sich an dem durch sie gewählten König vorbei.

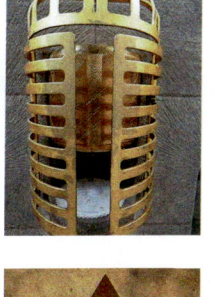

3 – Ansicht Münchens von 1493 in der Weltchronik von Hartmann Schedel. In der Mitte sieht man die Münchner Frauenkirche, noch ohne die typischen Spitzen, die sogenannten Welschen Hauben.

Tabernakel/Thorarolle und Davidstern in der Nürnberger Fauenkirche.

❄ **Tabernakel**
Dies ist der Aufbewahrungsort für die im katholischen Gottesdienst gewandelten Hostien. Die Katholiken sehen Hostien als Leib Christi.

4 – Der Innenraum der Münchner Frauenkirche.

5 – Der Dom zu Unserer Lieben Frau in München heute.

Die beiden Türme sind 100 m hoch. 20 000 Menschen sollten in der Frauenkirche Platz finden.

Die Frauenkirche ist Grablege einiger Wittelsbacher. Besonders das Scheingrab des römisch-deutschen Kaisers Ludwigs IV. – aus dem Hause Wittelsbach – ist besonders prächtig gestaltet.

Die Münchner Frauenkirche

Nur kurze Zeit nach dem Bau der Nürnberger Frauenkirche versuchten auch die Wittelsbacher in Bayern, ihren Machtanspruch durch die Errichtung großer Gotteshäuser zu unterstreichen. So wurde 1468 der Grundstein für den gotischen Neubau der Münchner Frauenkirche gelegt, der 1488 fertiggestellt war. Seine besondere Gestaltung machten ihn zum modernsten Bau seiner Zeit in Europa. Schon die Größe der Kirche verweist auf die Bedeutung, die man ihr zumaß: Das Kirchenschiff ist 109 m lang, 40 m breit und 37 m hoch.

❶🔲 Nenne die Erbauer der beiden Frauenkirchen und ordne sie in der damaligen Gesellschaft ein (bedeutend – unbedeutend).

❷🔳 Beschreibe und erkläre mithilfe des Textes Bild 2.

❸🔳 Arbeite heraus, was der Bau der Nürnberger Frauenkirche über das Verhältnis von Christentum und Judentum im Mittelalter aussagt.

❹🔳 Betrachte die Bilder 3 und 5. Ermittle, inwiefern die Darstellungen (Lage, Perspektive) der Kirche etwas über ihre Bedeutung früher, aber auch heute ausssagt.

❺🔳 Erläutere mithilfe der Texte, inwiefern beide Kirchen auch eine politische Funktion hatten.

▶ *Stelle einen Zusammenhang zwischen Zweck und Gestaltung der Kirchen her.*

❻🔳 Wiederhole die Merkmale des gotischen Baustils (siehe S. 62/63), schaue dir die Bilder der beiden Frauenkirchen an und beantworte die Frage der Doppelseite „Die ‚Frauenkirchen': Gotische Wahrzeichen?"

❼🔳 Beurteile, ob sich die Bedeutung der beiden Kirchen im Laufe der Geschichte verändert hat. Falls ja, erkläre inwiefern.

Bauwerke aus dem Barock

Warum baute ein Bischof die Würzburger Residenz?

1 – Blick von oben auf die Würzburger Residenz heute.

2 – Das Treppenhaus in der Würzburger Residenz.

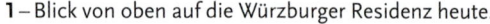

Absolutismus

Absolutismus ist die Bezeichnung für die Epoche im 17. und 18. Jahrhundert, in der Ludwig XIV. und seine Regierungsform in Europa als Vorbild galten. Der Monarch besaß die uneingeschränkte Herrschaftsgewalt. Er regierte nach den von ihm erlassenen Gesetzen und forderte von allen Untertanen unbedingten Gehorsam.

✱ Fürstbischof
Dies ist ein Angehöriger des Reichsfürstenstands und der hohen Geistlichkeit.

Barockbauten in Franken

In Franken hatte das Grafengeschlecht Schönborn großen Anteil am Bau barocker Schlösser und Kirchen. Durch die Ernennung zahlreicher Männer dieser Familie zu ✱Fürstbischöfen hatte sie eine wichtige Position im Heiligen Römischen Reich Deutscher Nation inne. In ihrem Auftrag wurden unter anderem die neue Residenz in Bamberg, das Schloss Weißenstein in Pommersfelden (Landkreis Bamberg), die Sommerresidenz Schloss Werneck (Landkreis Schweinfurt) sowie die Wallfahrtskirche Käppele und die Residenz in Würzburg errichtet.

Die Würzburger Residenz – Symbol der Herrschaft im Absolutismus

Johann Philipp Franz von Schönborn (1673–1724) war Fürstbischof von Würzburg. Er beauftragte seinen Baudirektor Balthasar Neumann (Randspalte rechts) mit dem Bau einer Residenz in Würzburg. Gegen zahlreiche Widerstände setzte sich Neumann durch und gestaltete von 1719 bis 1744 eine großzügige Schlossanlage, die aus drei Flügeln, vier Binnenhöfen und

über 300 Räumen bestand.

Die große Herausforderung war das Treppenhaus. Anregungen holte sich Neumann im Schloss Pommersfelden, das von 1711 bis 1718 erbaut wurde.

Eine große Doppeltreppe führte über drei Stockwerke nach oben. Entsprechend dem absolutistischen Empfangszeremoniell stand der Hausherr oben auf der Treppe und näherte sich dem Gast nur wenige Stufen. Wie viele Stufen er hinabstieg, hing vom gesellschaftlichen Rang und Ansehen des Gastes ab. Die Besucher arbeiteten sich die Stufen zum Fürstbischof empor. Dabei gab jeder Schritt ein größeres Stück des 600 Quadratmeter großen Deckengewölbes frei. Der italienische Künstler Giovanni Battista Tiepolo (1696–1770) hatte diese Fläche mit einem Deckenfresko ausgemalt, das Planetengötter und die vier Erdteile darstellte. Es ist das größte Deckengemälde der Welt. Die tonnenschwere Decke wurde nicht durch Säulen abgestützt – eine technische Meisterleistung Neumanns.

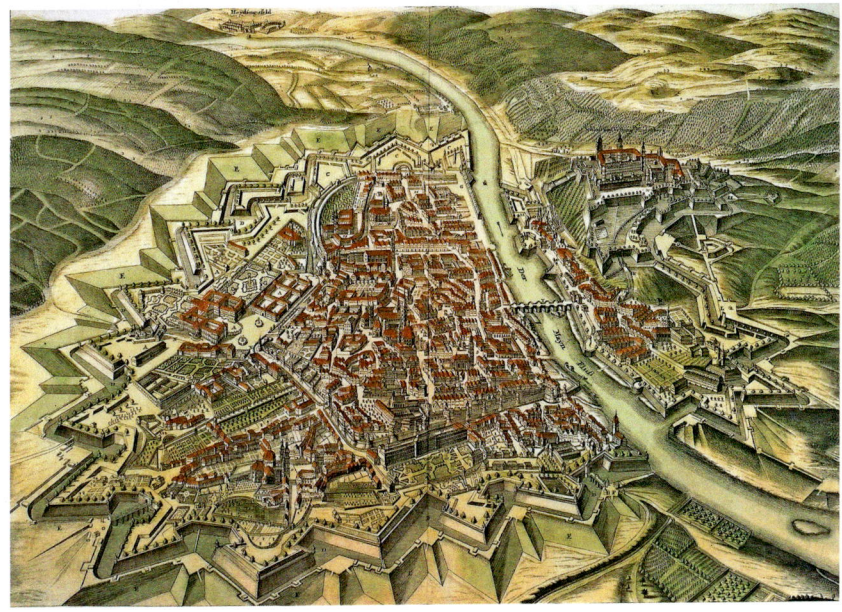

Balthasar Neumann (1787–1753) begann seine Karriere als Gießereigeselle und brachte es bis zum fürstbischöflichen Baudirektor in Würzburg.

3 – Plan von Würzburg aus dem Jahre 1723 mit alter (rechts auf dem Berg) und neuer Residenz.

Die Würzburger Residenz heute

Die Schlossanlage, die an drei Seiten von einem kleinen Park im französischen Stil umgeben ist, wird auch heute noch als Kulisse für Konzerte während der Würzburger Mozartfestspiele genutzt. Die Residenz selbst wurde 1981 von der UNESCO auf die Liste der zum kulturellen Welterbe gehörenden Objekte aufgenommen. In ihren Sälen finden zahlreiche Konzerte und Ausstellungen statt.

M1 **Aus der Fernsehreihe „Schätze der Welt – Erbe der Menschheit: Die Residenz von Würzburg, Deutschland" (gesendet am 12.07.2016 im SWR):**
Balthasar Neumann aber musste Geduld haben … Und was hatten sie ihm nicht alles gesagt, die Leute und die Experten. Niemals würde ein so großes flaches Gewölbe halten, es müsse früher oder später einstürzen. Und heute, knapp 300 Jahre später, ist vom alten Würzburg kaum noch etwas übrig. Ein verheerender Luftangriff legt die ganze Stadt in Schutt und Asche. Und welch ein Wunder: Die einzigen Decken, die unter dem Druck der brennenden und berstenden Balken nicht gebrochen und zerstört werden, sind Neumanns Meisterwerke im Treppenhaus und im Kaisersaal der Residenz mit Tiepolos Fresken.

❶ ▶ Nenne Barockbauten, die von der Familie Schönborn in Auftrag gegeben wurden.

❷ Finde die neue Residenz im Bild 3 und beschreibe, wo sie sich im Vergleich zur alten Residenz befindet.
▶ *Nimm Bild 1 und die Bildunterschrift zu Hilfe.*

❸ Erkläre, was die Bauten über die Familie Schönborn aussagen.

❹ Erkläre, warum die Würzburger Residenz so eindrucksvoll ist. Nutze dazu dein Wissen über den Barock (z.B. typische Merkmale, siehe S. 168–170). Lies den Text auf der linken Seite und schaue dir auch die Bilder 1 und 2 an.

❺ Beantworte die Überschrift der Doppelseite, indem du folgenden Satz vervollständigst:
▶ *J. P. Franz von Schönborn erbaute die Residenz, weil …*

❻ Du stehst am Anfang des Treppenhauses der Würzburger Residenz. Vermute, wie weit dir der Hausherr entgegengekommen wäre. Begründe deine Meinung mithilfe des Textes.

❼ Balthasar Neumann soll für sein Meisterwerk „Die Würzburger Residenz" geehrt werden. Du bist ausgewählt und darfst die feierliche Rede auf ihn halten. Schreibe die Rede, in der du seine Leistungen und Verdienste würdigst. M1 und der Text helfen dir dabei.

❽ Wähle weitere bedeutende Barockgebäude aus dem Text oder in deiner Nähe aus, sammle im Internet Informationen darüber und finde heraus, wie die Bauwerke heute genutzt werden. Erstelle dazu ein Poster und gestalte eine kleine Ausstellung im Klassenzimmer.
▶ *Nimm die Methode „Eine Internetrecherche durchführen" von S. 106/107 zu Hilfe.*
▶ *Nutze die Karte auf der hinteren Umschlagklappe.*

Bauwerke aus der Neuesten Zeit

Warum braucht das deutsche Volk den Reichstag?

1 – Der Reichstag in Berlin heute.

2 – Luftaufnahme des Reichstags von 1930.

Paul Wallot (1841–1912), Architekt des Reichstags in Berlin. Lithografie von Franz Th. Würbel, 1985.

Der Berliner Reichstag: politisches Zentrum der Bundesrepublik Deutschland

Für uns ist es heute ganz selbstverständlich das Zentrum der politischen Macht in Deutschland: das Reichstagsgebäude in Berlin. Hier kommen die gewählten Abgeordneten des Deutschen Bundestages zusammen. Hier halten Politiker aus dem In- und Ausland wichtige Reden. Und hier werden die Gesetze beschlossen, die das Zusammenleben aller Bürger regeln. Doch erst seit dem Herbst 1999 diskutieren die gewählten Politiker aus der gesamten Bundesrepublik Deutschland in diesem Gebäude. Die Geschichte des Reichstags selbst beginnt bereits mit der Gründung des Deutschen Kaiserreichs im Jahre 1871.

Ein neuer Reichstag wird gebaut

Als im März 1871 die 382 gewählten Abgeordneten des 1. Deutschen Reichstags nach Berlin kamen, brauchten sie ein passendes Parlamentsgebäude. Die Parlamentarier beschlossen, dass ein völlig neues Reichstagsgebäude errichtet werden sollte. Nach zahlreichen Diskussionen um den geeigneten Bauplatz wurde schließlich ein Architekten-Wettbewerb ausgeschrieben. Diesen gewann der Architekt Paul Wallot

mit seinem Entwurf, der ein völlig neues Reichstagsgebäude am damaligen Königsplatz (heute: Platz der Republik) vorsah. Die erste Sitzung des Parlaments fand dort am 6. Dezember 1895 statt.

Das neue Gebäude wies sowohl Elemente der Renaissance als auch des Barock auf. Besonders hervorstechend war die 75 m hohe Kuppel aus Stahl und Glas, die für die damalige Zeit sehr modern war. Die Meinungen zum neuen Reichstag gingen damals weit auseinander. Manche sprachen sehr positiv über das Gebäude, andere urteilten eher kritisch darüber.

Renovierter Reichstag – neue Kuppel

Nachdem Berlin nach der Wiedervereinigung der beiden deutschen Staaten wieder zur Hauptstadt wurde, beschloss man, das gesamtdeutsche Parlament im früheren Reichstagsgebäude unterzubringen und baute dieses für 600 Millionen DM komplett um. Der Nord- und Südflügel des ursprünglichen Gebäudes wurde lediglich saniert. Daneben kamen nun moderne Elemente wie die Verwendung von Sichtbeton, Glas oder Stahl zum Tragen. Man verwendete hellere Farbtöne, die man mit Kalk- und Sandstein schaffen konnte. Hervorstechendstes Merkmal ist die 23,5m hohe

3 – Plenarsaal des Deutschen Bundestages während einer Sitzung. Foto, 2013.

4 – Blick von der Kuppel auf den Plenarsaal. Foto, ohne Jahr.

Kuppel aus Glas, die einen Durchmesser von 38 m (Bilder 3 und 4) hat. Auf der Innenseite entlang haben Besucher die Möglichkeit, auf spiralförmigen Rampen die jetzt 47 m hohe Kuppel bis zu einer Aussichtsplattform hinaufzugehen.

schwindsucht … Wie viel Arbeiter, Zimmerleute und Maurer haben aber außerdem an diesem Bau ihren Tod durch Abstürzen oder Erschlagen gefunden?

Q1 Der Reichstagsabgeordnete Robert Gerwig wünschte einem Kollegen am 9. Juni 1883, …

… in diesen Hallen der Renaissance [= Wiedergeburt] des wiedererstandenen Deutschen Reiches einzutreten, und dass er sich dann mit uns allen ohne Unterschied der Partei, ohne Unterschied des politischen Glaubensbekenntnisses hoch darüber freuen wird, dass es endlich dem deutschen Volke gelungen ist, auch ein äußeres Zeichen seiner Einigung gefunden zu haben.

Q2   Am 3. Februar 1894 berichtete die Arbeiter-Zeitung „Vorwärts" über die Gefahren am Bau:

Die mörderischen Wirkungen des Steinstaubes und die Unbilden [= unangenehme Auswirkungen] der Witterung bringen unsere Kollegen im frühesten Mannesalter in die Gruft. Erwiesenermaßen sterben 90 % aller Steinarbeiter frühzeitig an Lungen-

❶ ▪ Nenne das historische Ereignis, mit dem die Geschichte des Berliner Reichstags beginnt.

❷ ▪ Ermittle, wozu der Reichstag heute dient.

❸ ▪ Vergleiche die Aufnahmen des Reichstags (Bilder 1 und 2) und liste auf, was sich am Bauwerk verändert hat und welche besonderen baulichen Erkennungsmerkmale noch erhalten sind. Der Text hilft dir dabei. Erstelle dazu eine Tabelle:

Keine Veränderung	damals	heute
…	…	…
…	…	…

❹ ▪ Beschreibe mithilfe der Bilder 1, 3 und 4, wie der heutige Reichstag von Berlin mit seiner Kuppel auf dich wirkt. Verwende dazu passende Adjektive.

❺ ▪ Betrachte die Bilder 1–4. Erläutere, was die Architektur über das Verständnis von Herrschaft und Macht aussagt. Belege dies an konkreten Beispielen aus den jeweiligen Bildern.

❻ ▪ Vergleiche Q1 und Q2. Beschreibe die jeweiligen Meinungen über das Reichstagsgebäude und begründe deine Ergebnisse mit Aussagen aus dem Text.

Bewahren, Schützen und Erhalten

Warum ist Denkmalschutz so wichtig?

1 – Westansicht der Hofkirche „Unserer lieben Frau" in Neuburg/Donau.

2 – Innenraum der Hofkirche in Neuburg/Donau.

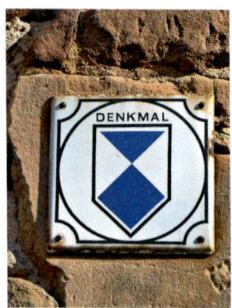

Hinweisschild eines denkmalgeschützten Gebäudes.

Unser kulturelles Erbe – prächtig und anfällig

Die Barockzeit hat Bayern eine Fülle wunderschöner Bauwerke hinterlassen. Was ist zu tun, wenn diese steinernen Zeugen der Vergangenheit „altersschwach" werden? Vor dieser Frage stand auch die oberbayerische Stadt Neuburg/Donau. Deren Altstadt wird bis heute entscheidend von der denkmalgeschützten Hofkirche „Unserer lieben Frau" geprägt. Die Kirche wurde 1608 als protestantisches Gotteshaus erbaut, jedoch bereits 1613 in der Phase des Frühbarock in eine katholische Jesuitenkirche umgewandelt (Jesuiten siehe S. 130). 1624 waren die Arbeiten an Turm und Westfassade beendet, während die weitere Ausgestaltung des Innenraums im Stile des Barock fortgesetzt wurde.

Im Laufe der Jahrhunderte machten eindringende Feuchtigkeit und statische Verschiebungen eine Sanierung des Dachstuhls, des Turms und der Westfassade notwendig. Diese wurde schließlich nach etlichen Vorplanungen von 2007 bis 2010 durchgeführt.

Steuer- oder Spendengelder – wie sollen die Kosten bezahlt werden?

Rund 2,75 Millionen Euro hatten das Land Bayern und die Diözese Augsburg zusammen mit der Neuburger Hofkirchenstiftung für die Sanierungsarbeiten bezahlt. 90 % dieser Summe waren dabei vom Freistaat übernommen worden, da dieser die finanzielle Verantwortung für das historische Gebäude besitzt. Gegen Ende der Arbeiten stellte sich die Frage, wer nun für die Kosten von insgesamt 85 000 Euro für die Sanierung der Kirchenglocken samt Schlagwerken und Glockenstuhl aufkommen müsse. Die Lösung dieses Problems hing davon ab, ob die Kirchenglocken grundsätzlich zum baulichen Bestand der Hofkirche oder zur Nutzung des Gotteshauses gezählt werden mussten. Letztlich einigte man sich auf eine Aufteilung der Kosten, wobei die durch Spenden finanzierte Neuburger Stiftung mit 51 000 Euro die Hauptlast der Kosten übernahm.

3 – Die eingerüstete Hofkirche im Januar 2009.

Weltkulturerbe

Nicht nur in Deutschland, sondern in der ganzen Welt sollen Denkmäler für die Nachwelt erhalten werden. Die Organisation der Vereinten Nation für Erziehung, Wissenschaft und Kultur (UNESCO) listet und finanziert dazu die Bauten, die sie als Weltkulturerbestätten als schützenswert erachtet.

M1 Aus dem Artikel 141 (2) der bayerischen Verfassung:

Staat, Gemeinden und Körperschaften des öffentlichen Rechts haben die Aufgabe, die Denkmäler der Kunst, der Geschichte und der Natur sowie die Landschaft zu schützen und zu pflegen, herabgewürdigte Denkmäler der Kunst und der Geschichte möglichst ihrer früheren Bestimmung wieder zuzuführen, die Abwanderung deutschen Kunstbesitzes ins Ausland zu verhüten.

M2 Aus dem Denkmalschutzgesetz:

Art. 1: Denkmäler sind von Menschen geschaffene Sachen oder Teile davon aus vergangener Zeit, deren Erhaltung wegen ihrer geschichtlichen, künstlerischen, städtebaulichen, wissenschaftlichen oder volkskundlichen Bedeutung im Interesse der Allgemeinheit liegt … .

Art. 4: Die Eigentümer und die sonst dinglich Verfügungsberechtigten von Baudenkmälern haben ihre Baudenkmäler instandzuhalten, instandzusetzen, sachgemäß zu behandeln und vor Gefährdung zu schützen, soweit ihnen das zuzumuten ist.

❶ Beschreibe das Symbol für Denkmalschutz und zeichne es in dein Heft.

❷ Finde mithilfe von M1 heraus, welche beiden Aufgaben des Denkmalschutzes in Artikel 141 (2) der bayerischen Verfassung festgeschrieben sind.

❸ Lies M2 und erkläre, warum die Hofkirche in Neuburg/Donau unter das Denkmalschutzgesetz fällt.

❹ Ermittelt mithilfe des Internets in arbeitsteiliger Gruppenarbeit
– welche Kriterien erfüllt werden müssen, um in die Liste des Weltkulturerbes aufgenommen zu werden.
– welche Bauwerke in Bayern zum Weltkulturerbe gehören.
– welche Dinge neben den Bauten noch zum Weltkulturerbe gehören.

▶ *Nehmt die Methode „Eine Internetrecherche durchführen" von S. 106/107 zu Hilfe.*

❺ Bewerte, wie wichtig es deiner Meinung nach ist, Gebäude unter Denkmalschutz zu stellen. Beziehe dich dabei auch auf das Beispiel der Neuburger Hofkirche und begründe deine Meinung.

❻ Überlege, welche Gebäude du in deiner Nähe unter Denkmalschutz stellen würdest. Erstelle dazu ein kleines Plakat und begründe, warum du das Gebäude schützen möchtest.

Funktionen von Bauwerken

Fünf unterschiedliche Gebäude – ein gemeinsamer Zweck?

1 – Gemälde des Poseidontempels in Paestum von Jules Coindet (1844).

2 – Die Nürnberger Frauenkirche.

3 – Die Münchner Frauenkirche.

Der Parthenontempel in Athen.

✳ Kultbild
Es handelt sich hierbei um eine Darstellung von Gottheiten und dient ihrer Verehrung.

✳ Symmetrie
Symmetrisch in Bezug auf die Architektur ist ein Gebäude gemeint, das durch gleichmäßige Abstände und Längen (z. B. von Säulen) besonders ausgewogen und harmonisch wirkt.

Fünf Gebäude – keine Gemeinsamkeiten?

Ein antiker griechischer Tempel in Italien, zwei bayerische Marienkirchen in (unterschiedlichem) gotischem Stil, die barocke Würzburger Residenz und der gegen Ende des 19. Jahrhunderts erbaute Berliner Reichstag: Was sollen all diese Gebäude gemeinsam haben, die an völlig verschiedenen Orten zu unterschiedlichen Zeiten errichtet wurden? Diese Frage stellt sich umso mehr, wenn man auf die Funktionen der fünf genannten Bauwerke blickt:

– Der Poseidontempel beherbergte in seinem Inneren ✳Kultbilder der obersten griechischen Götter Hera und Zeus. Öffentliche Gottesdienste fanden darin jedoch nicht statt.
– Demgegenüber wurden die Frauenkirchen in Nürnberg und München zur Verehrung von Maria, der Mutter Jesu, errichtet. Die Nürnberger Frauenkirche war außerdem für die Bewahrung der Reichsinsignien vorgesehen, die Münchner Frauenkirche als Grablege Kaiser Ludwigs IV.
– Die Würzburger Residenz wurde erbaut, da der seit 1719 regierende Fürstbischof seinen Herrschaftssitz in die Stadt verlegen wollte.

– Der Reichstag in Berlin sollte den Wunsch der Parlamentarier des neu gegründeten Deutschen Kaiserreiches nach einem würdigen Neubau erfüllen.

Säulen und ✳Symmetrie – Botschaften für den Betrachter

Natürlich stellen die Gebäude typische Beispiele für den baulichen Stil ihrer Zeit dar. Dass jedoch alle fünf für den heutigen Betrachter gleichsam beeindruckend und „schön" wirken, hat sicher mit ihren vielen Säulen und Bögen sowie dem stets symmetrischen Aufbau zu tun. Darüber hinaus vermitteln uns die Auftraggeber dieser Bauwerke mithilfe der Architektur aber auch ganz bestimmte Botschaften:

– Die Bauweise des Poseidontempels diente als Vorbild für den kurze Zeit später in Athen errichteten Parthenontempel. Die dorische Architektur verband somit die Griechen in Kolonien und Mutterland.
– Durch den Bau gotischer Kirchen wollten sowohl Herrscher als auch Bürger die gestiegene Bedeutung bestimmter Städte – wie zum Beispiel Nürnbergs und Münchens – für jedermann sichtbar unterstreichen. Die Herrscher wollten aber auch ihre Machtposition und die ihres Adelsgeschlechts hervorheben.

4 – Die Westseite der Würzburger Residenz mit Frankoniabrunnen im Vordergrund.

5 – Zeichnung des Berliner Reichstags von 1890.

– Die Würzburger Residenz symbolisiert – nach dem Vorbild des Schlosses Versailles – den Machtanspruch eines absolutistischen Herrschers.

– Durch seine Kuppel überragte der Reichstag mit einer Höhe von 74,50 m die Kaiserresidenz (Berliner Stadtschloss) um fünf Meter. Vielleicht war das auch der Grund, warum Kaiser Wilhelm II. (Herrscherzeit: 1888–1918) den Bau als „Gipfel der Geschmacklosigkeit" bezeichnete.

M1 **Aus einem Artikel aus ZEIT ONLINE vom 26. August 1994 zum Umbau des Berliner Reichstages ab 1993:**
Auf das ärgerlichste kann der Stadt- und Baufreund derzeit an einem Berliner Musterbeispiel lernen, wie eine faszinierende Architektur in monatelanger Gemeinschaftsarbeit vieler Beteiligter kaputtgemacht wird. ... Etwas aber ist neu; aus der Mitte zwischen den vier wuchtigen Ecktürmen ragt ... eine gläserne Kuppel, die ... einem gestrickten Eierwärmer ähnelt.

❶ ▪ Erstelle eine Liste mit den fünf dargestellten Bauwerken und nenne ihre ursprüngliche Funktion. Der Text hilft dir dabei.

❷ ▪ Erweitere deine Liste mit den fünf dargestellten Bauwerken (Aufgabe 1) und finde heraus, welche Funktion die Gebäude heute haben. Lies dazu die Seiten 178–185 in diesem Kapitel und informiere dich im Internet.

▶ Nimm die Methode „Eine Internetrecherche durchführen" von S. 106/107 zu Hilfe.

❸ ▪ Vergleiche deine Liste aus den Aufgaben 1 und 2 mit einer Partnerin oder einem Partner und diskutiert, inwiefern sich die Funktion und die Bedeutung der Gebäude verändert hat.

❹ ▪ Lies M1 und erkläre, was der Autor aus welchem Grund kritisiert.

❺ ▪ Betrachte die Bilder 1–5 und beschreibe, warum alle Gebäude als beeindruckend bezeichnet werden können. Gehe dabei auch auf typische Elemente von Baustilen ein (z. B. Säulen, Anordnung).

▶ Folgende Stichwörter, die du aus dem Geschichtsunterricht bereits kennst, helfen dir dabei: Architektur der Antike, Gotik, des Barock, der Gegenwart.

❻ ▪ Finde mithilfe der Seiten 178–185 und 188/189 heraus, welche Botschaften die Auftraggeber der Bauwerke vermitteln wollten. Beurteile, ob ihnen dies deiner Meinung nach gelungen ist.

▶ Nimm die Methode „Ein eigenes Urteil bilden" von S. 222 zu Hilfe.

Ein besonderes Gotteshaus

Was ist das Besondere an der Hagia Sophia?

1 – Innenraum der Hagia Sophia.

2 – Die Hagia Sophia von oben.

Islam

Der Islam ist eine Religion, die im frühen 7. Jahrhundert in Arabien durch den Propheten Mohammed gestiftet wurde. Der Islam ist mit etwa 1,3 Milliarden Anhängern nach dem Christentum (2,1 Milliarden) die zweitgrößte Religion der Welt. Seine Anhänger bezeichnen sich als Muslime oder Moslems. Das Wort „Islam" ist arabisch und bedeutet Unterwerfung, Hingabe und Gehorsam gegenüber Gott. Der Islam ist wie das Judentum und das Christentum eine monotheistische Religion. Die heilige Schrift der Muslime ist der Koran.

✳ **Minarett**

Dies ist ein Turm, von dessen Spitze ein Muezzin (= Gebetsrufer) fünfmal am Tag zum Gebet aufruft.

Die Hagia Sophia: beeindruckende Architektur – bewegte Geschichte

Die Bauwerke, die du auf den vorherigen Seiten kennengelernt hast, symbolisieren einen bestimmten Baustil, der zur Zeit ihrer Errichtung gerade in Mode war. Für das Gotteshaus Hagia Sophia (= Heilige Weisheit) im heutigen Istanbul gilt, dass ihre Bauweise über viele Jahrhunderte hinweg Vorbild für römisch-katholische, griechisch-orthodoxe und islamische Kirchenbauten gleichzeitig war.

Der oströmische Kaiser Justinian ließ das Bauwerk in Rekordzeit (532–537 n. Chr.) an der Stelle einer älteren Kirche in Konstantinopel neu errichten. Seine Architektur symbolisierte eine neue Sichtweise auf die Beziehung zwischen Gott und Mensch. Die Christenheit des Ostens wollte sich Gott nähern, indem sie nach oben zum Himmel blickte. Das geräumige Innere unter einer Kuppel ermöglichte diesen Blick viel eher als die langen Hallen der frühen westlichen Basiliken, in denen die Aufmerksamkeit der Gläubigen auf den Altar gezogen wurde. In der gewaltigen Kirche sollte ein Dialog zwischen Gott und dem Kaiser stattfinden. Der Monarch erlangte somit die göttliche Weisheit, weshalb er Anspruch erheben konnte, der einzige Vertreter Gottes auf Erden zu sein.

Insbesondere zeigten sich die Besucher zu allen Zeiten beeindruckt von der Größe und dem flachen Neigungswinkel der Kuppel (knapp 56 Meter Höhe, 31 Meter Durchmesser), die von nur vier Pfeilern getragen wird und über dem rechteckigen Innenraum der Kirche zu schweben scheint. Diese Bauweise wurde für viele orthodoxe und auch für römisch-christliche Gotteshäuser im Westen zum Vorbild, z. B. für die Pfalzkapelle Karls des Großen in Aachen.

Nach der Einnahme Konstantinopels 1453 durch die Osmanen (siehe S. 88/89) wurde die Hagia Sophia in eine Moschee umgewandelt und durch vier ✳Minarette ergänzt. Ihre Architektur prägte fortan aber auch den Baustil islamischer Gotteshäuser. 1931 wurde die Kirche in ein Museum umgewandelt, heute gehört das Wahrzeichen der Stadt Istanbul zum UNESCO-Weltkulturerbe.

1 Vergleiche die Hagia Sophia mit den Bauwerken, die du auf den bisherigen Seiten kennen gelernt hast. Erkläre, welches Bauwerk aus welchem Grund für dich am beeindruckendsten ist.

2 Erstelle mithilfe des Textes und der Bilder für deine Mitschülerinnen und Mitschüler einen Flyer zur Hagia Sophia. Beschreibe darin, warum man dieses Bauwerk unbedingt besuchen sollte.

Bauwerke als Symbole der Stärke und des Glaubens

Die Tempelanlagen im antiken Poseidonia

Die drei Tempel im süditalienischen Poseidonia lassen erkennen, wie eng die Beziehungen zwischen den antiken griechischen Mutterstädten und ihren Kolonien im Mittelmeerraum auch im Bereich der Architektur waren. Besonders der Mitte des 5. Jahrhunderts v. Chr. erbaute Poseidontempel wird von vielen Fachleuten als das technisch und künstlerisch wertvollste Bauwerk dieser Art angesehen. Das Gebäude erscheint zwar wuchtig, durch seine aufeinander abgestimmten Längen-, Breiten- und Höhenmaße jedoch gleichzeitig harmonisch und ausgewogen. Kurze Zeit später wurde auf der Akropolis in Athen der Parthenontempel im gleichen Stil, jedoch in größerem Ausmaß errichtet. Man kann also sagen, dass derjenige Tempel, der eines der bedeutendsten Symbole für die Blütezeit der antiken Polis Athen und die Anfänge unserer heutigen Demokratie ist, sein Vorbild in Süditalien hat.

Antike

Beginn des Baus des Poseidontempels in Paestum.

Die gotischen Frauenkirchen in Nürnberg und München

Wie Kaiser Karl der Große versuchten auch seine Nachfolger, ihre Herrschaft durch den Bau riesiger Kirchen zu untermauern. Aus diesem Grund entstanden im Mittelalter zahlreiche romanische und gotische Gotteshäuser. Karl IV. etwa wollte durch die Errichtung der Frauenkirche in Nürnberg seine Stellung als gewählter deutscher König hervorheben, u. a. durch die Bestimmung der Kirche als Aufbewahrungsort der Reichsinsignien. Gleichzeitig unterstrich er dadurch aber auch die große Bedeutung der Stadt Nürnberg, in der er sich während seiner Regentschaft 52-mal aufhielt.

Auch die bayerischen Wittelsbacher begannen 110 Jahre später mit dem Bau einer Frauenkirche, um die Stellung ihrer Residenzstadt München zu stärken. Der schlichte Baustil verdeutlicht allerdings, dass sich die Maßstäbe in der gotischen Architektur in diesem Zeitraum deutlich verändert hatten.

Gotik

Beginn des Dombaus zu Unserer Lieben Frau in München.

Die barocke Residenz in Würzburg

Auch in Bayern begannen nach dem Dreißigjährigen Krieg die weltlichen und geistlichen Fürsten ihre Macht immer weiter auszubauen. Ihr Vorbild war dabei der französische Monarch Ludwig XIV. Sie wollten wie er über die absolute Macht in ihren zum Teil sehr kleinen Gebieten verfügen. Diesen Anspruch verdeutlichten sie durch den Bau prächtiger Schlösser. Auch der Würzburger Fürstbischof Johann Philipp Franz von Schönborn ließ sich ab 1719 eine Residenz in der Stadt bauen, die heute als Musterstück des deutschen Barock gilt. Insbesondere das hohe und prächtig ausgeschmückte Treppenhaus sollte beeindrucken und die Macht des Hausherren zur Schau stellen.

Barock

Baubeginn der Würzburger Residenz.

Der Reichstag in Berlin

Das Reichstagsgebäude in Berlin verdeutlichte in doppelter Hinsicht den Machtanspruch seiner „Hausherren", der Abgeordneten des Deutschen Reichstags: Zum einen sollte mit diesem Bau der Stolz über das 1871 wiedergegründete Deutsche Kaiserreich zum Ausdruck gebracht werden. Zum anderen verband sich damit aber auch der Anspruch der Parlamentarier, als Vertreter der Demokratie eine wichtige Rolle im Staat neben der Monarchie spielen zu wollen. Am Ende des 19.Jahrhunderts wurden – wie der Reichstag – immer mehr Gebäude errichtet, die der Zeit der Renaissance ähnelten.

Neueste Zeit

Der Reichstag in Berlin.

Das kann ich …

Bauwerke als Symbole der Stärke und des Glaubens

Ich kann wichtige Begriffe und Daten im Zusammenhang erklären (Sachkompetenz):

5. Jh. v. Chr.: Blütezeit Athens

Polis

König

Kaiser

Judentum

Absolutismus

Islam

❶ Suche in verschiedenen Medien passende Bilder zu den drei hier genannten Daten. Erstelle dazu in deinem Heft eine Tabelle (vgl. M1, rechte Seite) und klebe die Bilder ein.

❷ Wähle einen Begriff aus und erkläre ihn deiner Partnerin oder deinem Partner, ohne den Begriff zu nennen. Sobald dieser erraten ist, ist deine Partnerin oder dein Partner mit der Erklärung eines Begriffs an der Reihe.

Ich kann folgende Aufgaben zum Thema lösen (Sachkompetenz):

❸ Schaue dir das Weiße Haus, den Amtssitz des US-amerikanischen Präsidenten, auf S. 174/175 an und erkläre, welche Elemente von Baustilen der verschiedenen Epochen hier sichtbar sind.

❹ Betrachte das Symbol für Denkmalschutz (Bild 4) und erstelle eine Mindmap zum Thema.

▶ *Folgende Stichworte helfen dir dabei: Bedeutung – Zweck – Beispiele – Probleme*
Nimm die Methode „Eine Mindmap erstellen" von S. 220/221 zu Hilfe.

❺ Finde ein Gebäude in deiner Nähe, das bezüglich des Aussehens und seiner Funktion einem im Kapitel vorgestellten Bauwerken vergleichbar ist. Recherchiere dazu in deiner Umgebung.

Ich kann Geschichte verständlich darstellen (narrative Kompetenz):

❻ Ein Zeitreisender besucht die vier historischen Gebäude, die du auf S. 177 findest. Überlege, was er in sein Reisetagebuch notiert. Schreibe seine möglichen Gedanken auf. Gehe darauf ein, wie die jeweiligen Gebäude auf ihn gewirkt haben könnten und wie sein letzter Eintrag lauten könnte, nachdem er alle Gebäude besucht hat.

Ich kann epochentypische Merkmale verwenden, um Bauwerke zu beschreiben (Methodenkompetenz):

❼ Ordne die Bilder 1 bis 3 den Epochen Romanik, Gotik und Barock zu.

▶ *Nimm die Seiten 62/63 und 168–170 zu Hilfe.*

❽ Beschreibe die Bilder 1 bis 3, indem du typische Merkmale aus den Epochen nennst.

❾ Erkläre anhand der Bilder, welche Funktion die Gebäude hatten.

Ich verstehe, warum das Thema für uns heute noch wichtig ist (Orientierungskompetenz):

❿ Nenne mehrere Bauwerke, die uns Herrscher aus unterschiedlichen Epochen hinterlassen haben und die bis heute sichtbar sind. Bewerte, welche Bedeutung, diese Spuren für uns heute noch haben.

⓫ Überlege, ob auch heute noch Gebäude in Auftrag gegeben werden, um damit eine bestimmte Bedeutung auszudrücken.

▶ *Internet oder Fernsehen helfen dir bei deinen Überlegungen.*

Ich kann mir ein Urteil bilden und es begründen (Urteilskompetenz):

⓬ Beurteile aus deiner Sicht, warum Bauherren aus Kirche und Politik oftmals sehr aufwändige und prunkvolle Gebäude bauen ließen, und äußere deine eigene Meinung dazu.

▶ *Beginne deine Sätze z. B. folgendermaßen:*
Meiner Meinung nach bauten sie so, weil …
Ich finde das …, weil …

Verstehen

1 – Wallfahrtskirche Vierzehnheiligen, Oberfranken.

2 – Kölner Dom.

3 – Benediktinerabtei Maria Laach.

4 – Symbol für den Denkmalschutz.

M1 Zuordnung von Begriffen und Daten zu Bildern:

Datum	Datum	Datum
Bild	Bild	Bild

Längsschnitt

6 Waren- und Kulturaustausch

Dieses Containerschiff war 2017 die größte rollende Warenhalle auf den Weltmeeren. Die OOCL Hong Kong kann gut 21 000 Container transportieren. Mit einer Länge von 400 Metern und einer Breite von 59 Metern ist sie so groß wie vier Fußballfelder. In einem Doppelcontainer hätte sogar ein Auto Platz. Solch ein Containerschiff ist viel wirtschaftlicher als alle anderen Transportmittel. Aber wie hat sich eigentlich der Handel in den letzten 2000 Jahren entwickelt? Und wie veränderte er das Leben?

Längsschnitt

Waren- und Kulturaustausch

um 3000 v. Chr.

Entstehung des ägyptischen Reiches: Handelskontakte nach Asien und Europa

um 1800 v. Chr.

Beginn der Metallzeit, Kelten handeln mit Metall von Europa bis nach Asien

1 – Das Wirtschaftsgebiet der Hanse um 1400.

Solange der Mensch lebt, tritt er in Austausch mit seiner Umgebung. Historisch betrachtet waren es anfänglich nur die unmittelbaren Nachbarn, mit denen Ware gegen Ware getauscht wurde. Aber im Verlauf der Geschichte entwickelten sich Handelskontakte mit entfernten Gegenden und das Geld als Zahlungsmittel. Es entstanden wichtige Handelsunternehmen, die weltweit agierten. Heute wird vielfach der Begriff Globalisierung für den weltweiten Austausch von Waren und Kulturgütern verwendet. Und es kommt die Frage auf: Gibt es die Globalisierung wirklich erst seit der Mitte des 20. Jahrhunderts?

Am Ende des Kapitels kannst du folgende Fragen beantworten:

- Was waren die Voraussetzungen für die Entwicklung des Handels von der Antike bis zur Gegenwart?
- Welche Rolle spielte der Limes bei der Entwicklung des Handels im Römischen Reich?
- Wo befanden sich wichtige Handelszentren in der Neuzeit und welche Rolle spielte die Familie Fugger?
- Wie entwickelt sich der weltweite Handel heute und welche Folgen hat er für unser Leben?
- Wie kann ich ein Schaubild untersuchen und verstehen?

8. Jh. v. Chr.

Griechische Kolonien rund ums Mittelmeer. Intensiver Handel zwischen Mutter- und Tochterstädten

um 100 n. Chr.

Größte Ausdehnung des Römischen Reiches: Handel von den britischen Inseln bis nach Afrika und Asien

um 1500 n. Chr.

Zeitalter der Renaissance, der Entdeckungsfahrten und der Hanse

ab 1945

Schnelle Ausweitung des weltweiten Waren- und Kulturaustausches

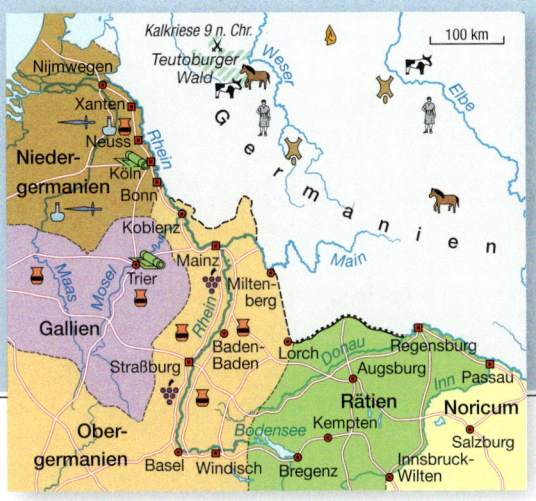

römische Legionslager

römische Städte

---- Obergermanischer Limes (Erdwall)

▪▪▪ Rätischer Limes (Mauer)

— wichtige Straßen

✗ Schlacht

Handelswaren:

 Glas

Keramik

Tuche

Metallwaren

Wein

Leder, Tierhäute

Bernstein

Pferde

Rinder, Rindfleisch

Sklaven

2 – Wirtschaftlicher Austausch am Limes.

3 – Die Gesandten. Gemälde von Hans Holbein, 1533.

4 – Griechische Münze mit Eule, 470–465 v. Chr.

❶▪ Zähle mithilfe der Karte 2 auf, welche Waren die Römer entlang des Limes mit den benachbarten Germanen austauschten.

❷▪ Ordne die Bilder 1–4, das Bild von der Auftaktseite sowie die Karte auf S. 78 den Ereignissen in der Zeitleiste zu und begründe deine Entscheidung.

Ausweitung des Handels in der Antike

Wie entwickelte sich der Handel entlang des Limes?

Rohstoffvorkommen

- ⬤ Gold
- ⚪ Silber
- ⬤ Kupfer
- ⬢ Eisen
- ⬢ Marmor
- Ⓢ Salz
- 🔶 Bernstein

Gewerbliche Produkte

- 🧵 Textilien (z.B. Stoffe, Teppiche)
- 🏺 Keramik

Landwirtschaftliche Produkte

- 🌾 Getreide
- 🍇 Wein
- 🫒 Olivenöl
- 🐂 Vieh
- 🐎 Pferde
- 🐟 Fisch
- 🟢 Wolle
- 🪵 Holz

Sonstige Handelsgüter

- 🧍 Sklaven (Herkunftsgebiete)
- 🐚 Elfenbein

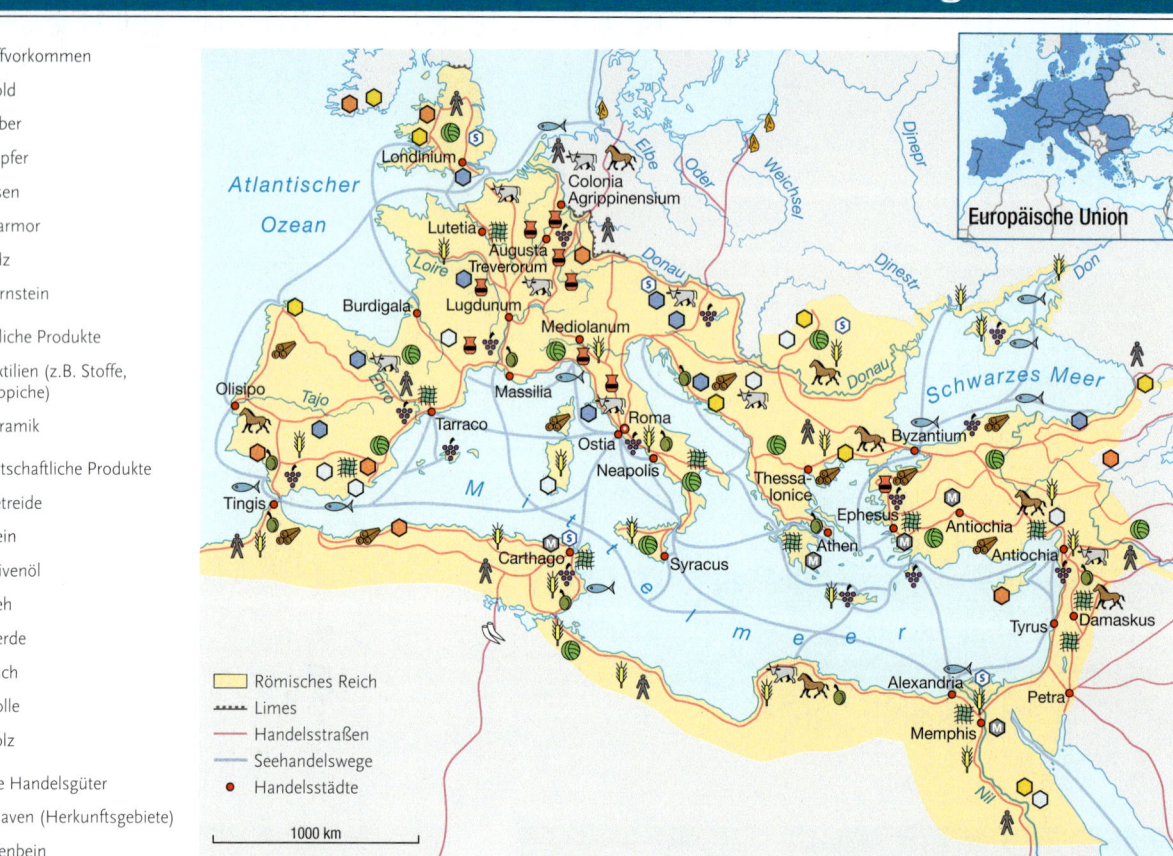

1 – Die Wirtschaft des Römischen Reiches im 1. Jahrhundert n. Chr. Produkte, die nach Rom geliefert wurden. Die Einklinkerkarte zeigt die Länder der Europäischen Union (EU).

Limes

Der Limes war eine Grenzbefestigung zwischen dem Römischen Reich und den von verschiedenen germanischen Völkern beherrschten Gebieten.

Romanisierung

Häufig übernahmen die besiegten Völker die römische Lebensweise, indem sie sich z. B. kleideten, ernährten oder wohnten wie die Römer. Auch in der Bauweise ihrer Häuser ahmten sie das römische Vorbild nach. Diesen Vorgang bezeichnet man heute als Romanisierung.

Den Eroberungen folgt der Handel

Nachdem die Römer Gallien, das Alpenvorland und die Gebiete an Rhein und Donau erobert und besetzt hatten, konzentrierte sich das Imperium auf die Sicherung der Grenzen. Der Traum, die Grenze bis an die Elbe zu verschieben, war zuvor mit dem Sieg der Germanen in der *Varusschlacht 9 n. Chr. im Teutoburger Wald gescheitert. Als befestigte Grenze mit Zäunen, Mauern und Wachtürmen entlang von Rhein und Donau wurde Ende des 1. Jahrhunderts n. Chr. der Limes errichtet. Er bestand aus dem Obergermanischen und Rätischen Limes (siehe Karte hier und die Karte auf S. 196). Mit 550 km ist er heute das längste Bodendenkmal nach der chinesischen Mauer. Der Limes sollte allerdings kein Hindernis für den Handel zwischen Römern und Germanen darstellen. Durch die Grenzziehung herrschte weitestgehend Frieden. Die römischen Kaiser förderten durch entsprechende Gesetze einen regen Warenaustausch in den Provinzen und mit den Nachbarn. Voraussetzungen für einen reibungslosen Handel waren eine feste Währung, Maße und Gewichte, die im ganzen Reich galten. Kaiser- und Götterbildnisse auf den Münzen und den Gewichten für die römischen Waagen garantierten die Echtheit.

In der langen Friedenszeit im 1. und 2. nachchristlichen Jahrhundert gelangten Handel und Gewerbe zu einer Blüte. Auf dem Wasser und den gut ausgebauten Römerstraßen wurden Waren von Rom, Ostia oder Neapel bis an die Grenzen transportiert.

Rom als Vorbild

Die römische Lebensweise wurde durch die Soldaten, Händler und Statthalter in die Provinzen gebracht (Romanisierung). Häuser aus Stein, Thermen mit Fußbodenheizung, Theater, Wasserleitungen und Tempel gab es mit der Romanisierung und der Gründung und dem Ausbau von Städten in den Provinzen. Kräne und die Vermessungstechnik kamen auf dem Bau zum Einsatz. Die lateinische Sprache wurde in den Provinzen benutzt und fand auch Eingang in die Sprachen vor Ort. Das schriftlich festgehaltene römische Recht diente der Rechtsprechung. Die Provinzbewohner erkannten schnell, dass die römische Lebensweise viele Annehmlichkeiten bot: Neue Früchte wie Walnüsse, Pfirsiche, Kirschen oder Oliven kamen auf den Markt. Im Gegenzug gab es auch Waren aus den Provinzen und von den Germanen, die reißenden Absatz in Rom fanden. Dazu gehörten Honig, Holz, Metall, Leder und Schweine.

Was hat das Römische Reich mit der Europäischen Union gemeinsam?

Das Römische Reich hatte im 2. Jahrhundert n. Chr. seine größte Ausdehnung erreicht (Karte). Etwa 50 bis 60 Millionen Menschen lebten in fast 40 Provinzen, die auf drei Kontinenten lagen. Eine gewaltige Aufgabe war die Verwaltung des Riesenreiches, z. B. mithilfe einer einheitlichen Währung.

M1 Eine französische Nachrichtenagentur berichtete 1998 über die Gemeinsamkeiten von Denar und Euro:

Der Euro hat einen erfolgreichen Vorläufer: Bereits vor rund 2000 Jahren bestand im weit gespannten Römischen Reich ein einheitlicher Wirtschaftsraum, in dem vor allem mit dem Silberdenar ein allgemein anerkanntes Zahlungsmittel kursierte. Über Jahrhunderte hinweg konnten die Völker der Antike im Schutz des Reichsfriedens zwischen Mittelmeer und Nordsee, Atlantik und Schwarzem Meer praktisch ungehindert Handel treiben und bei stabilen Preisen allerorten mit einer Währung zahlen. ... Die hohe Zeit der einheitlichen Wirtschaftszone mit ungehindertem Warenverkehr und weitgehender Freiheit vor staatlichen Eingriffen ins Erwerbsleben begann dann

Handel

Verladen von Waren an der Donau. 113 n. Chr.

Römischer Denar, 43–42 v. Chr.

Straßenbau

Römerstraße bei Klais/Mittenwald, angelegt Ende des 2. Jh. n. Chr.

Bau

Tor des Römerkastells Birciana in Weißenburg am Rätischen Limes. Erbaut im 2. Jh. n. Chr., Rekonstruktion.

2 – Leistungen der Handelsmacht Rom.

um Christi Geburt im römischen Kaiserreich unter Augustus: Ein Friedensimperium mit hervorragender Infrastruktur wie den zum Teil bis heute zurückzuverfolgenden Römerstraßen gestattete die Einfuhr von Zinn aus Britannien und Bernstein von der Ostsee, von Gold aus Sudan und Seide aus China. ...

✷ **Varusschlacht**
Diese Schlacht fand 9 n. Chr. im Teutoburger Wald (heute in Niedersachsen und Nordrhein-Westfalen) statt. Varus war der römische Heerführer, dessen Legionen von den Germanen unter der Führung ihres Fürsten Hermann vernichtend geschlagen wurden.

❶ ▶ Fasse mithilfe des Textes zusammen, welche Aufgaben der Limes hatte.

❷ ▶ Beschreibe den Handel am Limes mithilfe deiner Ergebnisse aus Aufgabe 1 auf S. 197.

❸ ▶ Benenne mithilfe der Karte, mit welchen zusätzlichen Waren, Rohstoffen und Gütern im gesamten Römischen Reich gehandelt wurde.

❹ ▶ Erstelle eine Tabelle, in welcher du die Leistungen der Handelsmacht Rom erfasst. Benutze dazu die Materialien der Doppelseite.

Sprache	Baukunst	Handel	Verkehr	Grenzen
...	...	...	Römerstraßen	...
...	...	...	...	...

❺ ▶ Ein junger Alamanne kommt erstmals in die Provinzhauptstadt Augusta Vindelicum (= Augsburg) und sieht, wie es in einer römischen Stadt aussieht. Zuhause berichtet er seinen Freunden davon. Gestalte eine kurze Szene über seine Beobachtungen.

❻ ▶ Lies M1 sorgfältig durch und nimm Stellung zu der Aussage: „Zwischen dem Römischen Reich damals und der EU heute gibt es einige Gemeinsamkeiten." Nimm auch die Einklinkerkarte in der großen Karte hier zu Hilfe.

Wie veränderte sich die Wirtschaft im Spätmittelalter?

1 – Der Geldwechsler und seine Frau. Gemälde von Quentin Massys, 1514.

Frühe Neuzeit
Dies ist die Geschichts-
epoche von 1500 bis 1800.

✳ Kapital
Dies bedeutet Geld- und
Sachwerte, die für die Produktion von Waren benötigt
werden.

✳ Frühkapitalismus
Frühkapitalismus ist ein
Wirtschaftssystem des 14.
bis 16. Jahrhunderts. Das
Gewinnstreben des Einzel-
nen war wichtig. Das
Kapital sammelte sich vor
allem in den Händen der
Fernhandelskaufleute und
Großunternehmer.

Der Handel blüht und wirft Gewinn ab

Bevölkerungswachstum, Stadtgründungen
und ein wachsender Wohlstand sorgten im
Spätmittelalter für einen Aufschwung im
Handwerk. Mehr und mehr Menschen
konnten sich die angebotenen Waren leisten und die erhöhte Nachfrage sorgte auch
für einen Aufschwung im Handel. Seit dem
14. Jahrhundert beherrschte das Städte-
bündnis Hanse den Ost-West-Handel an
Nord- und Ostsee. Ein Netz von Kontoren
und Lagerhäusern machten die Hanse zu
einer Wirtschaftsmacht (siehe S. 60/61).
Auf Verkaufsmessen im Binnenland wie
in Augsburg, Ulm oder Nürnberg wurden
neue Waren vorgestellt, Kaufleute und
Händler informierten sich über neue Produkte. Einzelunternehmen schlossen sich
zu großen Handelsgesellschaften zusammen, um gewinnbringender zu arbeiten.

Oft konzentrierten sie sich auf einen Han-
delsbereich, wie z. B. den Handel mit Tuchen oder Gewürzen. Wenn sie der einzige
Anbieter waren, so hatten sie das Monopol
in diesem Bereich und konnten die Preise
bestimmen. Sie investierten ihre Einnahmen in bestehende und neue Geschäftsbereiche und erhöhten so ihren Gewinn. Dieses ✳Kapital musste gut verwaltet werden.
Für die Zeit der Renaissance und Frühen
Neuzeit wird für dieses Wirtschaftssystem
der Begriff ✳Frühkapitalismus verwendet.

Banken, Bankiers und Buchhalter

Geld wurde immer wichtiger für den Handel. Im 12. Jahrhundert entstanden in Italien die ersten Banken. Da Geldwechsler
ihr Geschäft an extra dafür aufgestellten
Wechseltischen (ital.: banca) abwickelten,
setzten sich die Begriffe Bank und Bankier
durch. Reiche Bürger brachten ihr Geld zur
Bank, legten es auf einem Konto an und erhielten Zinsen (Gutschriften). Banken ver-
liehen das Geld an Geschäfts- und Privat-
leute und verlangten dafür Zinsen. Diese
waren natürlich höher als jene, die sie den
Anlegern zahlten. Die Differenz war ihr
Gewinn. Aber auch das bargeldlose Bezahlen entwickelte sich in dieser Zeit. So konnte der gefährliche Transport und der ver-
lustreiche Umtausch des Geldes vor Ort
vermieden werden. Dazu benutzte man
Wechselbriefe. Sie waren ein Zahlungsver-
sprechen zwischen dem Schuldner und
dem Kreditgeber. Ging jener in einer anderen Stadt zur Bank des Schuldners, so erhielt er bei Vorlage des Wechselbriefes sein
Geld. Damit die Unternehmen den Überblick über Einnahmen und Ausgaben be-
hielten, wurde die doppelte Buchführung
angewendet. Im Kontor der Handelsgesellschaften schrieben die Buchhalter auf, welche Einnahmen und Ausgaben ihr Unternehmen hatte. Es galt der Grundsatz: Geld
darf nicht im Kasten ruhen.

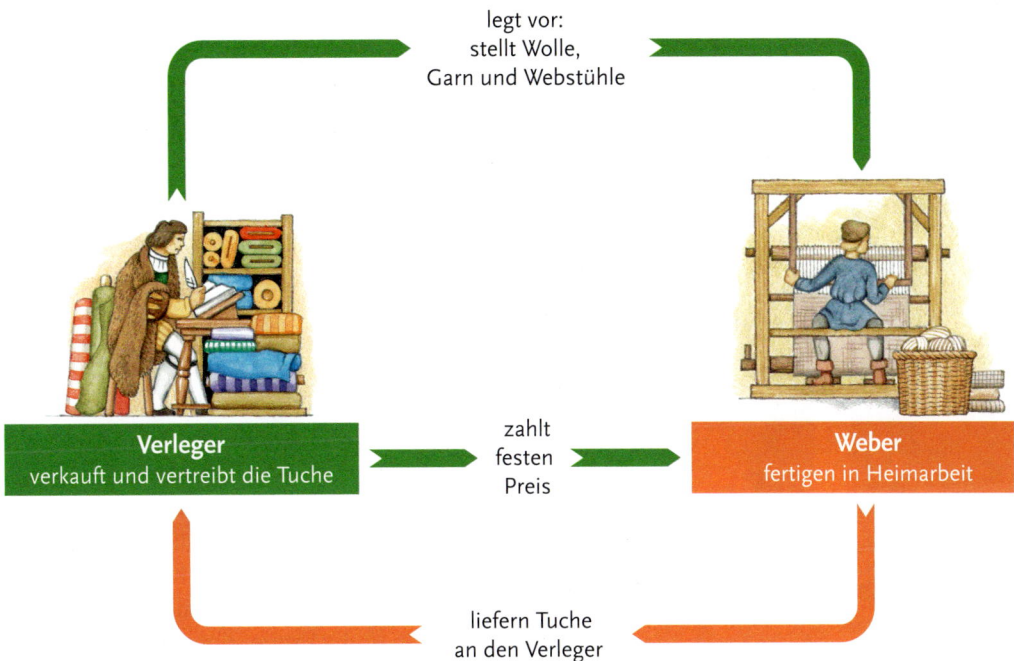

legt vor:
stellt Wolle,
Garn und Webstühle

Verleger
verkauft und vertreibt die Tuche

zahlt
festen
Preis

Weber
fertigen in Heimarbeit

liefern Tuche
an den Verleger

2 – Das Verlagssystem am Beispiel der Herstellung und des Verkaufs von Tuchen im Spätmittelalter. Schaubild.

Das Verlagssystem entsteht

Viele Handwerke blühten im Spätmittelalter, aber die kleineren Weber, vor allem in Süddeutschland, hatten nichts davon. Zu wenig warfen die gewebten, groben Leinentuche ab und groß war die Konkurrenz in Europa. Die Leinenweberei litt unter der Barchentweberei. Barchent besteht aus Leinen und Baumwolle und ist hautverträglicher. Doch Baumwolle war teuer. Viele Weber konnten sich den Rohstoff nicht leisten. Also wurden Materialien und Arbeitsgeräte von Kaufleuten besorgt und den Webern zur Produktion der Ware vorgelegt. Das Verlagssystem entstand. Ganze Weber- und Bauernfamilien waren mit der Tuchproduktion beschäftigt und arbeiteten oft in Heimarbeit für den Verleger. Aber da der Kaufmann nur wenig für die fertigen Tuche zahlen wollte, blieb der Verdienst gering. Er selbst war bestrebt, den fertigen Barchent so teuer wie möglich im In- und Ausland zu verkaufen.

Eine süddeutsche Familie, die als Weber begann, Händler, Verleger und Bankiers wurden, waren die Fugger aus der schwäbischen Stadt Augsburg. Ihr berühmtester Vertreter war Jakob Fugger der Reiche. Selbst der Kaiser war sein Kunde.

❶ Nenne mithilfe des Textes wichtige Veränderungen im Wirtschaftsleben vom Spätmittelalter zur Neuzeit.

❷ Erläutere, was im Schaubild dargestellt ist.

❸ Gestalte ein Gespräch zwischen dem Geldwechsler auf dem Bild und seiner Frau, in welchem er ihr die Rolle des Geldes erklärt.

❺ Du hast viele neue Begriffe auf diesen beiden Seiten kennengelernt. Fertige ein Begriffs-ABC in deinem Heft an. Ein Beispiel ist gegeben.

▶ *Handelsgesellschaft = Zusammenschluss von einzelnen Handwerkern, um gemeinsam erfolgreicher zu sein im Geldverleih, Verlagssystem und beim Verkauf der Waren.*

▶ *Augsburg*

▶ *Banken, Bankier*

▶ *Konto, Kontor, Kredit*

▶ *Frühkapitalismus*

▶ *Wechselbriefe*

▶ *Verleger*

▶ *Zinsen*

Wie konnten die Fugger zu Großunternehmern werden?

1 – Jakob Fugger und sein Hauptbuchhalter Matthäus Schwarz im Augsburger *Kontor. Gemälde von Narziss Renner nach einer Zeichnung von Schwarz, 1520.

2 – Die Fuggerei heute.

Die Fugger hatten sogar eine eigene Post. So konnten sie wichtige Informationen über die Entwicklung von Preisen für Flachs und Baumwolle oder gesunkene Handelsschiffe auf dem Weg von Asien nach Italien sowie andere wirtschaftliche und politische Ereignisse erhalten. Durch den Informationsvorsprung war es den Fuggern dann möglich, schnell zu reagieren, bevor ihre Konkurrenten überhaupt davon wussten.

Sie handelten nicht nur mit Stoffen, sondern auch mit Pelzen, Schießpulver, Gewürzen, Zitrusfrüchten, Samt und Seide. Ihr Reichtum wuchs auch durch den Geldverleih. Sie machten Bankgeschäfte mit anderen Geschäftsleuten, aber auch mit Fürsten, Königen und Päpsten. Konnten diese das geliehene Geld nicht zurückzahlen, so ließen sich die Fugger das Recht zusichern, Silber- und Kupferbergwerke auszubeuten. Sie hatten sogar das Monopol auf den Kupferhandel in Europa. Kupfer und Silber waren wichtig für die Herstellung von Münzen; und Geld war wichtig für den sich ausweitenden internationalen Handel.

Aus Webern werden Großunternehmer

Die Fugger stammten aus einem kleinen Dorf bei Augsburg und begannen als Bauern und Weber. Um 1400 zogen sie nach Augsburg und arbeiteten hier als Leinenhändler. Später wurden sie Verleger. Sie kauften *Flachs und Baumwolle in großen Mengen auf, legten Rohstoffe und – wenn nötig – Arbeitsgeräte wie Webstühle den Webern vor und ließen sie für sich arbeiten. Die fertigen Tuche kauften die Fugger ihnen zu niedrigen Preisen ab, um sie teuer auf Märkten und Messen im In- und Ausland zu verkaufen. Sie verdienten gut, bauten ihr Geschäft aus und erwarben zahlreiche Grundstücke in Augsburg und Umgebung. Neben einer gewinnorientierten Geschäftspolitik zeichnete sie auch eine überaus geschickte Heiratspolitik aus. Nicht die Liebe, sondern der Besitz waren entscheidend. In zahlreichen Städten Europas entstanden Handelshäuser und Niederlassungen der Fugger. Besondere Bedeutung erlangte Venedig. Gut bewachte Schnelltransporte brachten die Waren sicher und schnell in andere Städte.

Kauf dir einen Kaiser

Mit Jakob Fugger (Randspalte) erreichten die Fugger den Höhepunkt ihrer Macht. Er gab dem Habsburger Karl V. 500 000 Gulden. Damit wurden die Stimmen einiger Kurfürsten gekauft und Karl zum Kaiser gewählt.

Jakob Fugger war nicht nur ein guter Geschäftsmann, sondern auch großzügig. Aus Dankbarkeit für den eigenen Erfolg und aus Sorge um verarmte Augsburger wurde ab 1516 im Auftrag der Fugger die älteste, heute noch bestehende Sozialsiedlung der Welt – die Fuggerei – errichtet (Bild 2 und S. 206). Die Fugger finanzieren den Unterhalt der Gebäude bis heute. Es gibt die Fuggerbank und -stiftungen sowie zahlreiche Schlösser der Fugger in Schwaben (siehe Karte S. 207). Außerdem förderten sie Künstler wie *Albrecht Dürer. Eine königlich anmutende Grabkapelle ließen sich die

---

＊ Flachs
Flachs ist eine Pflanze zur Herstellung von Textilien.

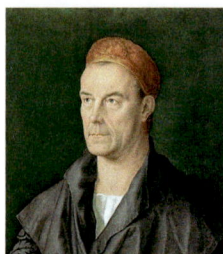

Jakob Fugger der Reiche (1459–1525). Porträt nach einem Gemälde von Albrecht Dürer (1471–1528).

＊ Albrecht Dürer
(1471–1528). Dürer war einer der bedeutendsten Maler der Renaissance.

＊ Kontor
Hier ist der Geschäftsraum eines Kaufmanns gemeint. Handelskontore sind weiterhin Niederlassungen von Kaufleuten der Hanse im Ausland.

3 – Handelsbeziehungen der Fugger in Europa.

Fugger in der Augsburger St. Annakirche schaffen. Die Fuggerhäuser in der Augsburger Innenstadt waren die ersten deutschen Renaissancebauten mit prächtigen Innenhöfen. Hans Fugger vermachte seine Sammlung an wertvollen Büchern dem Herzogtum Bayern und legte damit den Grundstock für die Bayerische Staatsbibliothek.

Q1 Jakob Fugger schrieb 1523 an den Kaiser:

Eure Kaiserliche Majestät werden ohne Zweifel wissen, wie ich und meine Neffen bisher dem Haus Österreich zu dessen Nutzen und Wohlfahrt und Aufstieg in aller Untertänigkeit zu dienen geneigt sind. Deshalb haben wir uns auch mit ... Kaiser Maximilian, Eurer Kaiserlichen Majestät ✱Ahnherrn, eingelassen und uns ... verpflichtet, für Eure Kaiserliche Majestät die römische Krone zu erlangen, weil eine ganze Anzahl an Fürsten ihr Zutrauen auf mich und sonst niemanden setzen wollten. Wir haben dann, ... um den genannten Zweck zu erreichen, eine beachtliche Summe Geldes vorgestreckt. Diese Summe habe ich nicht allein bei mir und meinen Neffen aufgebracht, sondern auch bei anderen ... Freunden, und zwar mit großen Nachteilen ... . Demnach ist eine untertänige Bitte, ... Sie mögen[n] ... veranlassen, dass mir meine ausstehende Summe Geld samt den Zinsen ohne längeren Verzug entrichtet und bezahlt wird.

✱ **Ahnherr**
Gemeint ist ein Vorfahre Kaiser Maximilians.

❶ 🔲 Beschreibe Bild 1. Gehe dabei auf folgende Leitfragen ein:
▶ *Wer ist wo und wie dargestellt?*
▶ *Welche Einrichtungsgegenstände sind erkennbar und welche Rolle spielen sie?*
▶ *Welche Rolle spielen die Namen auf den Schulbladen? Antorff steht für Antwerpen und Ofen für Budapest.*
❷ 🔲 Werte die Karte aus.
▶ *Nimm die Methode „Geschichtskarten auswerten" von S. 222 zu Hilfe.*
❸ 🔲 Übertrage Q1 in deine eigenen Worte.
❹ 🔲 Verfasse einen Antwortbrief des Kaisers an Jakob Fugger (Q1). Beachte dabei, dass der Kaiser gesellschaftlich weit über den Fuggern stand, aber die Habsburger auch immer knapp bei Kasse waren.

Methode

Schaubilder verstehen

Schaubilder stellen Fakten und Zusammenhänge anschaulich dar. Somit können auch komplizierte Themen ohne lange Texte erklärt und schneller erfasst werden. Bei der Gestaltung von Schaubildern können Texte, Bilder, Symbole oder Farben verwendet und miteinander kombiniert werden.

Willst du ein Schaubild auswerten, so ist es nicht nur wichtig, auf die Gestaltung zu achten. Es kommt auf die Aussagekraft, das Zusammenspiel der einzelnen Elemente und die Wirkung an. Kritisch muss hinterfragt werden, ob alle wichtigen und notwendigen Informationen enthalten und entsprechend ihrer Bedeutung platziert sind.

Folgende Schritte zeigen dir, wie man Schaubilder verstehen kann:

Schritt 1 **Thema erfassen**	■ Welches Thema behandelt das Schaubild? Die Bildunterschrift hilft hierbei.
Schritt 2 **Gestaltung untersuchen**	■ Welche Bestandteile hat das Schaubild? ■ Wofür stehen die verwendeten Farben, Bilder und Zeichen auf dem Schaubild? ■ Welchen Zusammenhang gibt es zwischen dem Thema und der Form des Schaubildes?
Schritt 3 **Aussage deuten**	■ Wie muss das Schaubild gelesen werden? Von oben nach unten, von links nach rechts usw.? ■ Wie sind die einzelnen Elemente des Schaubildes miteinander verknüpft? Stehen sie z. B. neben- oder untereinander? Sind sie durch Pfeile oder Linien verbunden? ■ In welchem Zusammenhang stehen die einzelnen Elemente des Schaubildes? ■ Fasse zusammen, was du über das dargestellte Thema erfahren hast. Gibt es Informationen, die dir im Schaubild für eine Zusammenfassung fehlen?

❶ Lies dir das Lösungsbeispiel durch und vollziehe mit den Schritten 1 bis 3 die Methode nach.

❷ Betrachte das Schaubild über das Verlagssystem auf S. 201. Wende die Methode „Schaubilder verstehen" an, um es auszuwerten.

❸ Einem Kaufmann geht es um Gewinn und Verlust. Jakob Fugger der Reiche und sein Neffe Anton brachten es zu großem Reichtum, aber es gab auch Risiken. Beratet in Partnerarbeit, welche Geschäftsbereiche besonders gewinnbringend gewesen sein müssen. Welche Probleme könnten in anderen Bereichen aufgetreten sein?

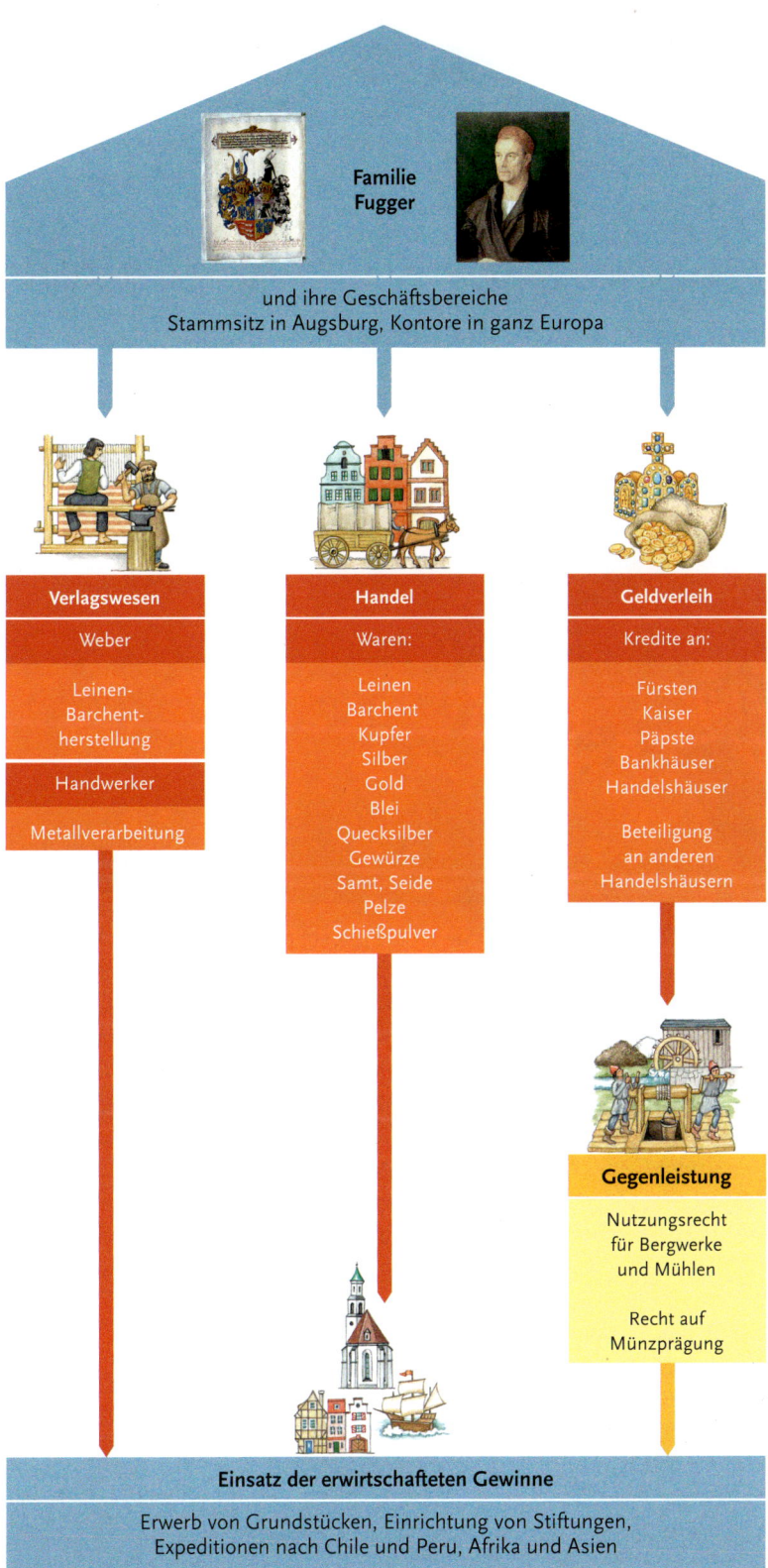

1 – Das Handelshaus der Fugger. Schaubild.

Lösungsbeispiel:

Zum Schritt 1:

Die Bildunterschrift des Schaubildes hilft dir bei der Antwort. Es geht um das Handelshaus der Fugger und seine geschäftlichen Aktivitäten.

Zum Schritt 2:

Das Schaubild zeigt, wie das Handelshaus Fugger funktionierte. Heute würde man sagen, es war ein großes Unternehmen mit vielfältigen Geschäftsfeldern. Die Fugger waren in vielen verschiedenen Geschäftsbereichen tätig. Klar zu erkennen sind das Verlagswesen, der Handel, Bergbau und die Bankgeschäfte. Der Text wird durch Bilder illustriert und mit Pfeilen verbunden. Die einzelnen Geschäftsbereiche sind in unterschiedlichen Farben dargestellt.

Zum Schritt 3:

Durch Pfeile sind die einzelnen Blöcke des Schaubildes miteinander verbunden. Das Schaubild ist von oben nach unten aufgebaut. Die Folgen des wirtschaftlichen Handelns der Fugger lassen sich in den unteren Kasten ablesen. Aus dem Bankgeschäft ergaben sich laut Pfeil und Text neue Rechte und Einnahmequellen für die Fugger. Das Geld wurde in den weltweiten Handel, in Grundstücke (Immobilien) und wohltätige Zwecke (Stiftungen) investiert. Keine Aussagen werden zu den sich ergebenden Risiken aus den Geschäften der Fugger gemacht.

Geschichte vor Ort

Auf den Spuren der Fugger in Schwaben

1 Eingangstor Jakoberstraße
2 Verwaltung
3 Seniorratsgebäude
4 Markuskirche
5 Schule
6 ✳ Holzhaus
7 Krankenstation

1 – Die Fuggerei in Augsburg. Rekonstruktionszeichnung, 2018.

✳ Holzhaus
Gegen die gefährliche Krankheit Syphilis sollten Holzkuren helfen. Dabei wurde das südamerikanische Guajakholz genutzt, welches die Fugger selbst für Kaiser, Fürsten und Kardinäle einkauften.

Den Eroberungen folgt der Handel

Das Lilienwappen der Fugger (Randspalte) ist auch heute noch an vielen Orten in Schwaben zu finden. In Graben, einem Ort südlich von Augsburg und ihr Herkunftsort, ist es nur eine Gedenktafel in der dortigen Kirche für Hans Fugger. Er ging 1367 nach Augsburg. Binnen dreier Generationen arbeiteten sich die Fugger zu den reichsten Unternehmern im Reich hoch. Das erwirtschaftete Geld wurde aber nicht nur für Geschäftszwecke verwendet. Die Fugger ließen sich schöne Stadtpalais und Schlösser bauen sowie Kirchen prunkvoll ausgestalten. Sie holten den Renaissancestil in der Baukunst nach Deutschland. Aber sie spendeten auch viel Geld aus Angst um ihr Seelenheil. Das berühmteste Beispiel für eine ihrer Stiftungen ist die Fuggerei in Augsburg.

Sie ist die älteste noch bestehende Sozialsiedlung der Welt. Wer hier wohnen wollte, musste katholisch sein, täglich drei Gebete für den Stifter sprechen und eine Jahresmiete von einem rheinischen Gulden zahlen. Der Mietvertrag galt auf Lebenszeit. Und das Erstaunliche ist: Diese Bedingungen gelten bis heute. Ein Rheinischer Gulden entspricht heute 88 Cent Jahresmiete. Die Fuggerei war eine Stadt in der Stadt. Es gab alles Lebensnotwendige in dieser Siedlung. Auch heute noch finanzieren die Fugger den Unterhalt der Gebäude.
Weitere Spuren der Fugger gibt es neben Augsburg beispielsweise in
– Donauwörth: Fuggerhaus
– Weißenhorn: Fuggerstadt
– Babenhausen: Fuggerschloss
– Kirchberg: Fuggerschloss mit Zedernsaal

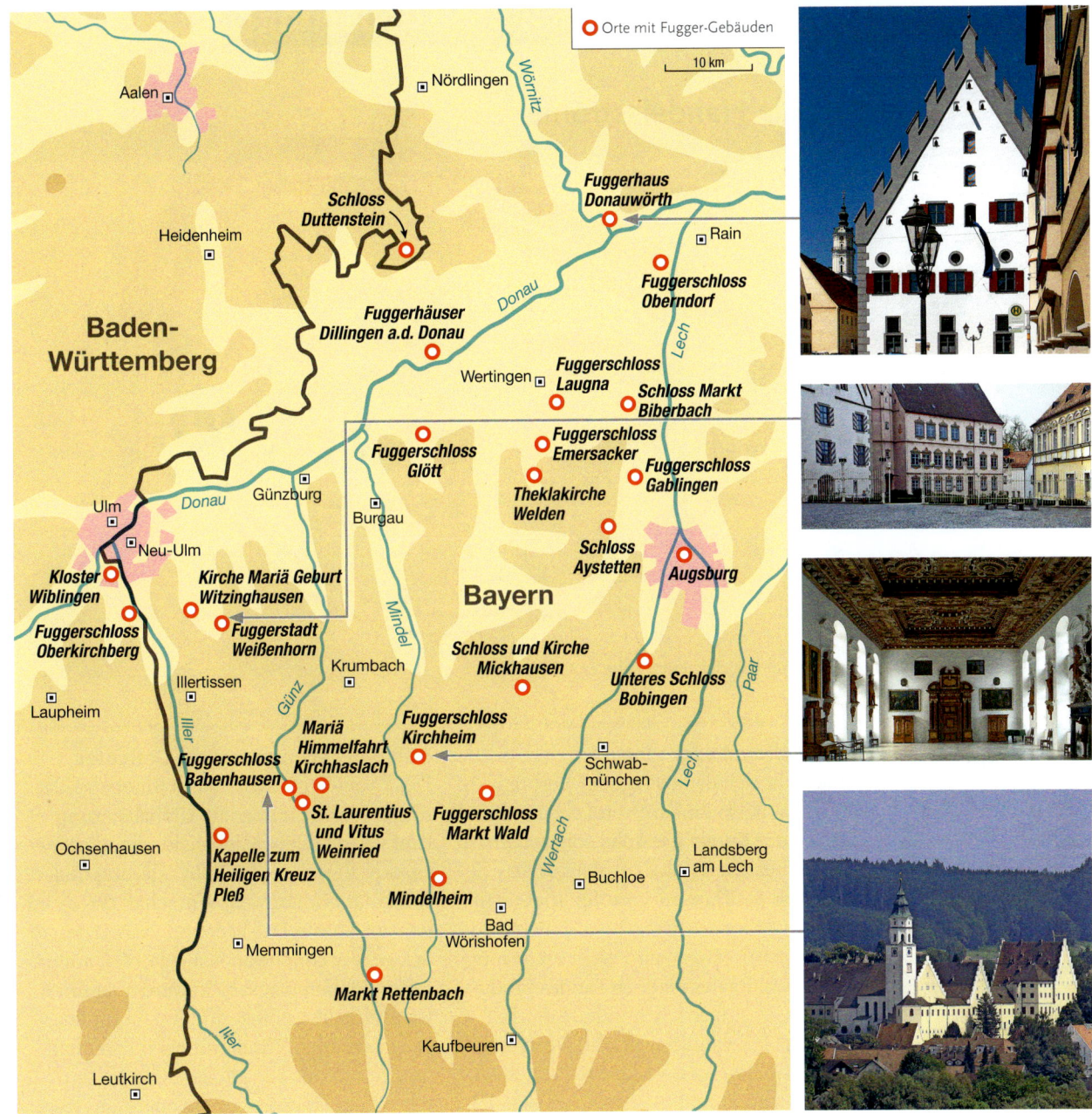

2 – Gebäude der Fugger in Schwaben.

Gebäude der Fugger in Augsburg

– Sozialsiedlung Fuggerei (siehe links und S. 202)
– Fuggerhäuser Maximilianstraße (Zentrale des Unternehmens)
– Kirche St. Anna (Grablege)

❶ ▶ Betrachte die Rekonstruktionszeichnung und erkläre, warum die Fuggerei als „Stadt in der Stadt" bezeichnet wird.

❷ ▶ Die Fugger waren sehr gläubig. Erkläre, woran das im Text und in der Rekonstruktionszeichnung deutlich wird.

❸ ▶ Finde mithilfe der Karte heraus, ob es in deiner näheren Umgebung Gebäude oder Dinge gibt, die mit dem Namen Fugger verbunden sind. Fertige ein kleines Informationsposter dazu an.

❹ ▶ Gestalte mithilfe der Seiten 202–207 einen Steckbrief zu den Fuggern.

▶ *Gehe dabei auf ihre Herkunft, Geschäftserfolge damals und Leistungen bis heute ein.*

Weltweiter Handel heute

Was heißt eigentlich Globalisierung?

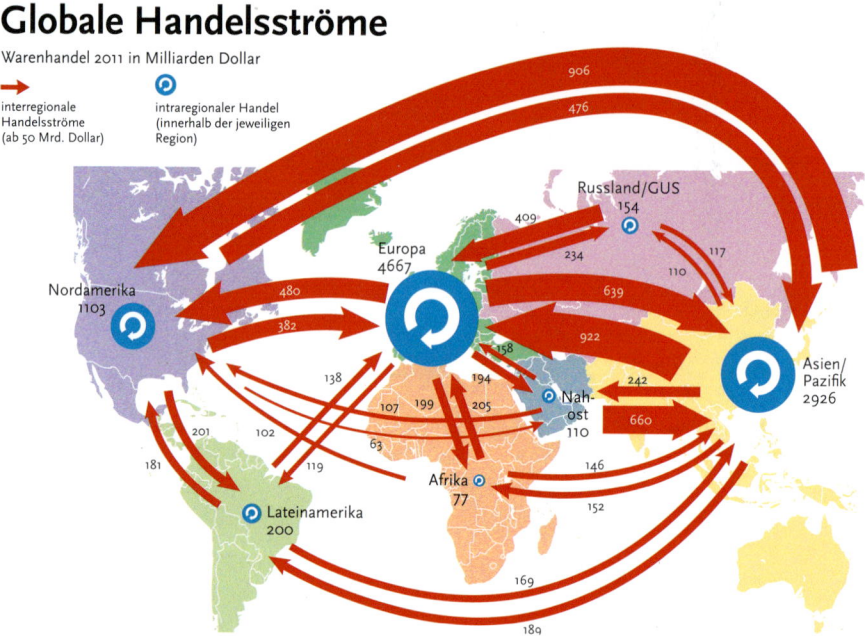

Globale Handelsströme

Warenhandel 2011 in Milliarden Dollar

→ interregionale Handelsströme (ab 50 Mrd. Dollar)

⊚ intraregionaler Handel (innerhalb der jeweiligen Region)

1 – Weltweiter Handel heute. Karte.

---

*Globalisierung
Es handelt sich um die Entwicklung des weltweiten Handels und seine Folgen. Dabei geht es nicht nur um den Warenaustausch, sondern auch um den Austausch von Informationen, Dienstleistungen und Kulturgütern. Die Volkswirtschaften und politischen Entscheidungen der einzelnen Länder werden dadurch immer enger miteinander verflochten.

*Soziologie
Diese ist eine Wissenschaft, in der untersucht wird, wie Menschen zusammenleben, wie sie sich verhalten und wie Menschen miteinander in Kontakt treten.

Lokal, national oder global?

Heute stellt sich diese Frage für Verbraucher schon beim Einkauf von Lebensmitteln: Soll der Kunde die Äpfel vom Bauern nebenan beziehen (lokal), Äpfel aus dem Alten Land bei Hamburg kaufen (national) oder doch lieber die grasgrünen Früchte aus Chile (global)? Längst wird nicht mehr nur zur Versorgung des eigenen Landes produziert, so wie es über Jahrhunderte der Fall war. Der Handel blüht weltweit. Durch moderne Entwicklungen in der Produktion, Kommunikation und im Transport ist es kein Problem, Waren von A nach B zu bringen. Der Einsatz leistungsfähiger Maschinen, billiger Arbeitskräfte, der Computertechnologie und der Containerschifffahrt ist auch dann noch gewinnbringend, wenn Waren über Tausende von Kilometern rund um den Erdball transportiert werden. Solange der Gewinn stimmt und die Absatzzahlen steigen, glauben Unternehmen an die Globalisierung. Kleine Firmen und Anbieter können bei den Preis- und Rabattschlachten oft nicht mithalten und gehen pleite.

*Globalisierung hat viele Gesichter

Der *Soziologe Ulrich Beck unterscheidet in seinem Buch über die Globalisierung fünf verschiedene Globalisierungsdimensionen. Er nennt die Globalisierung in der Information, Umwelt, Wirtschaft, Produktion und Kultur. Das bedeutet, dass Daten in Sekundenschnelle an fast jeden Ort auf unserem Planeten geschickt werden können. Umweltkatastrophen und -verschmutzungen machen an Ländergrenzen nicht halt und gehen uns alle an. Eine falsche Entscheidung eines Managers oder Bankers kann durch internationale Verflechtungen nicht nur sein Unternehmen in den Ruin treiben. Viele Firmen arbeiten mit internationalem Personal und produzieren nicht nur an einem Ort im Heimatland. Mode, Filme, Musik feiern oft nicht nur in einem Land Erfolge. Heute erleben wir immer schneller wechselnde Modewellen in allen Bereichen. Es gibt nicht mehr nur den einen Stil, der in Mode, Musik oder Essen angesagt ist. Wir erleben einen Mix aus unterschiedlichen Kulturen, der oft mit dem Begriff „Multikulti" bezeichnet wird.

2 – „Für Sie unterwegs". Karikatur von Gerhard Mester, 1995.

Kritische Fragen sind erlaubt

Die Globalisierung bringt für jeden von uns Vorteile. Viele Produkte sind immer verfügbar und die Preise nicht zu hoch. Neuentwicklungen und Trends setzen sich schnell durch. Wir bekommen unser exotisches Lieblingsessen nicht nur im Urlaub. Trotzdem muss gefragt werden, ob alle Wirtschaftsentscheidungen sinnvoll sind.

M1 Der Geograf Martin Demmeler schrieb 2005 zum Thema globaler Lebensmittelhandel:

Der Verkehr, der durch den Transport von Lebensmitteln erzeugt wird, hat sich aufgrund der Öffnung der Märkte und im Zuge des weltweiten Warenaustauschs in den vergangenen zwanzig Jahren nahezu verdoppelt, während sich der Lebensmittelverbrauch pro Kopf im gleichen Zeitraum nicht erhöht hat. Der gesamte Güterverkehr soll nach Prognosen des Bundesverkehrsministeriums in den kommenden fünfzehn Jahren nochmals um das Doppelte wachsen. ... Ökologisch „unsinnig" erscheint es, deutsche Kartoffeln lediglich zum Waschen nach Polen zu fahren, Nordseekrabben in Marokko pulen zu lassen oder Schweine aus Nordrhein-Westfalen in Italien zu Parma-Schinken zu verarbeiten und nach erneuter Alpenüberquerung in Deutschland ins Kühlregal zu bringen. Unter den gegebenen klimatischen Standortbedingungen wäre es theoretisch möglich, dass rund 80 % der Lebensmittel in Deutschland von den einzelnen Regionen erzeugt werden.

❶ ▣ Nenne mithilfe der Karte die wichtigsten Handelsströme weltweit.

❷ ▣ Ordne den Globalisierungsdimensionen (Text) die passenden Schlagzeilen zu. Lege dazu eine Tabelle im Heft an.

Information	Wirtschaft	...	...	...
...	...	...	...	...
...	...	...	...	...

– Neuer Disneyfilm startet in 50 Ländern
– Preise für Smartphones und Tablets sinken
– Südkoreanisches Containerschiff ist das größte seiner Art
– Bankenkrise erreicht jetzt auch Island
– Indischer Film gewinnt drei Oscars in Hollywood
– Mehr Daten per Internet in kürzerer Zeit
– Plastikmüll aus vietnamesischen Fabriken vor Küste Indonesiens
– Arbeiter aus China schuften in Katar für die Fußball-WM

❸ ▣ Nimm Stellung zur Kritik des Geografen (M1). Beziehe auch die Karikatur ein.

▶ *Überlege dir, was für oder gegen die Argumente Demmelers spricht. Formuliere anschließend deine eigene Meinung.*

❹ ▣ Gestalte einen Flyer, der zu mehr bewusstem Einkaufen und Verzehr von Lebensmitteln aufruft. Formuliere abschließend deine eigene Meinung zu M1.

❺ ▣ Durch die Globalisierung ist die Welt heute „kleiner geworden". Nimm Stellung zu dieser Aussage und berücksichtige dabei besonders, wie sich der Handel von der Antike bis heute verändert hat. Welche Gemeinsamkeiten und Unterschiede stellst du fest?

Was macht die Globalisierung mit uns?

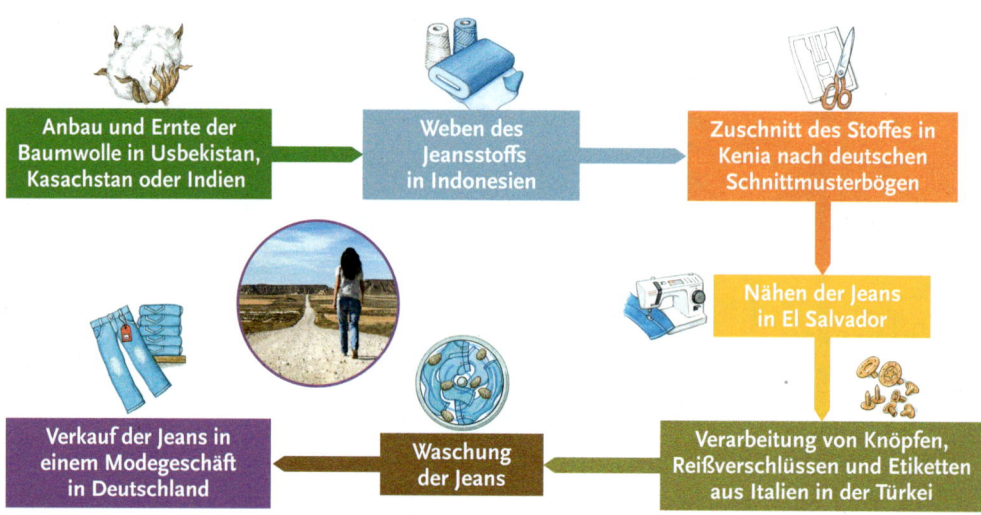

Anbau und Ernte der Baumwolle in Usbekistan, Kasachstan oder Indien → Weben des Jeansstoffs in Indonesien → Zuschnitt des Stoffes in Kenia nach deutschen Schnittmusterbögen → Nähen der Jeans in El Salvador → Verarbeitung von Knöpfen, Reißverschlüssen und Etiketten aus Italien in der Türkei → Waschung der Jeans → Verkauf der Jeans in einem Modegeschäft in Deutschland

1 – Der Weg einer Jeans. Schaubild.

*Homo
Dies ist lateinisch und bedeutet: der Mensch.

*Schwellenländer
So bezeichnet man Länder, die keine Entwicklungsländer mehr sind und an der Schwelle zu einem industrialisierten Staat stehen.

*Homo Shoppensis

Für manche Teenager ist es die beliebteste Freizeitaktivität: Shopping. Sie sind fasziniert von der Mode, der Jagd nach den neuesten Trends und größten Schnäppchen. Günstige Mode zum kleinen Preis und ständig wechselnde Kollektionen werden auch als „fast fashion" bezeichnet. Das bleibt allerdings nicht folgenlos. 40 % der günstig erstandenen Kleidungsstücke hängen ungenutzt im Schrank oder landen schnell im Altkleidercontainer oder gar im Müll. Der jährliche Pro-Kopf-Verbrauch für Textilien beträgt in Deutschland mehr als 20 kg. Zum Vergleich: In Indien sind es 2 kg. Hinzu kommt, dass die Baumwolle für unsere Kleidung oft in extrem regenarmen Regionen der Welt wie Usbekistan oder Kasachstan angebaut wird. Zur Bewässerung der Felder werden Unmengen an Wasser benötigt. Wir hinterfragen oft nicht, unter welchen Bedingungen die Sachen hergestellt werden und durch wen. Am Beispiel einer Jeans lässt sich der Weg von der Herstellung bis zum Verkaufserlös gut nachvollziehen (Schaubild 1).

Die dunkle Seite des Modegeschäfts

Geschockt blickte die Weltöffentlichkeit 2013 nach Bangladesch. Eine Textilfabrik war eingestürzt und begrub mehr als 1000 Arbeiterinnen und Arbeiter unter sich. Doppelt so viele wurden verletzt. Erst Katastrophen wie diese richten den Blick auf menschenunwürdige Arbeitsbedingungen, unter denen ein großer Teil unserer Mode entsteht. Ein T-Shirt für 3 Euro ist nur zu haben, wenn an Produktions- und Lohnkosten sowie Sicherheitsmaßnahmen und Arbeitsschutz gespart wird. Darunter leiden die Arbeiter und vor allem Arbeiterinnen in den Textilfabriken von Bangladesch oder anderen *Schwellenländern. 12 bis 16 Stunden dauert ihr Arbeitstag oft. Pausen gibt es kaum und der Lohn liegt bei unter 100 Euro im Monat. Neun von zehn Kleidungsstücken in Deutschland kommen aus Ländern mit niedrigen Lohn- und Produktionskosten. Laut Statistischem Bundesamt führt China die Rangliste an, gefolgt von Bangladesch und der Türkei.
Die Umwelt wird in diesen Ländern durch den Einsatz von Chemikalien zum Bleichen, Färben oder Düngemittel schwer geschädigt. Giftige Abwässer landen einfach in Flüssen und verseuchen das Grundwasser.

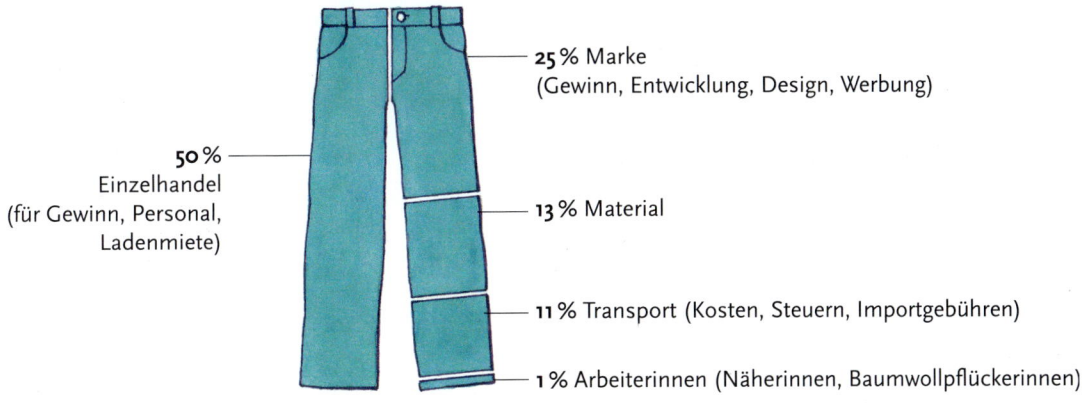

25 % Marke
(Gewinn, Entwicklung, Design, Werbung)

50 % Einzelhandel
(für Gewinn, Personal, Ladenmiete)

13 % Material

11 % Transport (Kosten, Steuern, Importgebühren)

1 % Arbeiterinnen (Näherinnen, Baumwollpflückerinnen)

2 – Kosten einer Jeans.

Fast fashion und Fair trade – passt das zusammen?

Im Februar 2017 fand ein Treffen internationaler Hersteller von Textilien in Dhaka, der Hauptstadt Bangladeschs, statt. Die Regierung forderte mehr internationale Hilfen im Kampf für gerechtere Löhne und bessere Arbeitsbedingungen im Land. Sie will einen fairen Handel in der Textilbranche erreichen. Diese Forderung richtet sich besonders auch an Textildiscounter.

M1 **Wolfgang Krogmann (W. K.), ist der Chef einer Modemarktkette, die wegen ihrer äußerst günstigen Preise bekannt ist. Im Februar 2017 wurde er hierzu von der Süddeutschen Zeitung (SZ) interviewt.**

SZ: Kann ein Mindestlohn von umgerechnet 65 Euro im Monat reichen?

W. K.: In Japan können sie für 65 Euro nicht mal essen gehen, in Deutschland kriegen sie dafür einiges und in Bangladesch noch viel mehr. Sie müssen die Lebenshaltungskosten berücksichtigen. Die betragen dort weniger als ein Zehntel dessen in Deutschland. Multiplizieren Sie das mit zehn, dann wissen Sie, wo das in etwa liegt.

SZ: Mit 650 Euro kommt man aber auch in Deutschland nicht sehr weit.

W. K.: Es ist immer noch einiges zu tun. Aber es ist eine Tatsache, dass die Arbeiter ihre Kinder zur Schule schicken können.

SZ: Umweltschützer sagen, die T-Shirts …

seien die neue Plastiktüte: einmal tragen und ab in den Müll.

W. K.: Unsere Kleidungsstücke sind gemacht, um lange zu halten. *Greenpeace hat uns dafür gelobt, dass wir dem *Detox-Abkommen beigetreten sind und uns bei der Vermeidung von Chemie vorbildlich verhalten. … Als …. Deutschland-Chef kann ich nicht die Kunden erziehen. Viele unserer Kunden können es sich gar nicht leisten, eben mal ein T-Shirt kaufen und es dann wegzuwerfen. …

* Greenpeace
Dies ist eine Organisation, die sich den Schutz der Umwelt zur Aufgabe gemacht hat.

* Detox-Abkommen
Dies ist eine Kampagne von Greenpeace. Damit soll erreicht werden, dass weniger Chemikalien in der Produktion von Textilien, vor allem Outdoor-Bekleidung, verwendet werden, da diese krebserregend und umweltschädigend sind.

❶ 🧩 Beschreibe, was im Schaubild 1 dargestellt ist.
▶ *Nimm die Methode „Schaubilder verstehen" von S. 204/205 zu Hilfe.*

❷ 🧩 Werte Schaubild 2 mithilfe der folgenden Rechenaufgabe aus: Eine Jeans kostet 60 Euro. Berechne, wieviel Geld davon die jeweiligen Beteiligten erhalten.

❸ 🧩 Ergänze die Mindmap über das Thema „Fast Fashion" mit weiteren Ästen. Die Texte auf dieser Doppelseite helfen dir dabei.
▶ *So kannst du beginnen:*

❹ 🧩 Nimm Stellung zu dem Interview (M1). Fertige eine Liste mit Aussagen an, die du unterstützen kannst, und solchen, denen du widersprichst. Begründe deine Entscheidungen.

Die Entwicklung des weltweiten Handels

Welche Chancen bieten Handels- und Kulturkontakte?

1 – „Jetzt haben sie es endlich geschafft!". Karikatur von Martin Guhl.

Grenzen überwinden

Das war schon immer der Motor menschli-cher Entwicklung. Auf der Suche nach neu-en Siedlungsplätzen drangen die Menschen in bisher unbekannte Gebiete vor. Die Grie-chen der Antike nannten diesen Prozess Kolonisation. Der Ansiedlung folgte der Handel mit der alten Heimat und fremden Gegenden, die interessante neue Waren zu bieten hatten. Die Verwendung einheitli-cher Münzen, Maße und Gewichte erleich-terte den Handel. Bei den Römern ging es um die Vergrößerung des Reiches, die Schaffung von Provinzen und die Entwick-lung intensiver Handels- und Kulturkontak-te mit den Nachbarn. Die römischen Kaiser unterstützten den Handel durch entspre-chende Gesetze. Im Mittelalter baute die Hanse ein dichtes Netz von Kontoren und Handelsniederlassungen rund um Ost- und Nordsee. In ihrer Blütezeit umfasste sie etwa 70 Städte. Europa und Asien waren über die legendäre Seidenstraße seit dem 13. Jahrhundert miteinander verbunden. So gelangten Seide, Papier, Porzellan und Schießpulver nach Europa. Im Zuge der Kreuzzüge intensivierte sich der Handel mit dem Orient. Die arabischen Zahlen er-setzten die römischen, da man mit ihnen leichter rechnen konnte.

Die Entdeckungsfahrten waren in der Neu-zeit ein Schritt in Richtung globaler Handel. Die Verarbeitung der eingeführten Baum-wolle revolutionierte den Textilmarkt. Kartoffeln, Tomaten und Tabak kamen nach Europa. Die Kolonialmächte brachten ihre Sprachen, ihre Religion und neue Kenntnis-se mit in die neue Welt.

Ab dem 18. Jahrhundert ermöglichte der massive Einsatz von Maschinen eine Pro-duktionssteigerung. Die Einfuhren und Ausfuhren von Waren nahm sprunghaft zu. Eisenbahnbau, Hochseeschifffahrt und Flugzeuge verkürzten die Transportzeiten. International handelnde Großunternehmen entstanden.

In heutiger Zeit hat der Wirtschaftszusam-menschluss der ✻Europäischen Union (EU) wesentlich zur Förderung des Handels bei-getragen, insbesondere die ✻Zollunion der Länder.

Globalisierung heißt aber auch, dass Wirt-schaftskrisen und Umweltkatastrophen nicht an Ländergrenzen haltmachen. ✻Nachhaltigkeit, sinnvolle internationale und nationale Regeln zur Kontrolle des Handels wären ein Beitrag zu einer fairen Weltwirtschaftsordnung.

❶ 🔲 Beschreibe die Karikatur.

❷ 🔲 Erstelle eine Übersicht über die Entwick-lung der Globalisierung von der Antike bis zur Gegenwart.

Epoche	Entwicklungen
Antike	Kolonisation
...	...

❸ 🔲 Bewerte folgende Aussage:
„Wir haben die Erde nicht von unseren Eltern geerbt, sondern von unseren Kin-dern geliehen." (indianisches Sprichwort)

▶ *Nimm die Methode „Ein persönliches Werturteil bilden" von S. 70/71 zu Hilfe.*

Zusammenfassung

Waren- und Kulturaustausch

Der Handel entlang des Limes

Die Ausdehnung des Römischen Reiches bis an Nordsee und Atlantik, Mittelmeer und Schwarzes Meer blieb für das Reich selbst und seine Nachbarn nicht ohne Folgen. Es entwickelten sich Handelsbeziehungen und kulturelle Kontakte, die von den römischen Kaisern gefördert wurden. Römische Waren, römisches Recht und römisches Geld fanden in den Provinzen des Reiches Verwendung. Noch heute zeugen Überreste von römischen Thermen und Tempeln oder Begriffe und Redewendungen aus dem Lateinischen in unserer Sprache von dem Einfluss der Römer auf ganz Europa. Eine besondere Form der Grenzziehung nahmen die Römer zu den Germanen vor: der Obergermanische und der Rätische Limes. Mit 550 km Länge sind diese gewaltige Bodendenkmäler und belegen, auf welch hohem technischen Niveau in der Antike gebaut wurde. Entlang dieser Grenze entwickelte sich ein lebhafter Austausch von Waren und Kulturgütern.

Wirtschaft im Spätmittelalter

Im Spätmittelalter führten Bevölkerungswachstum, Städtegründungen und ein wachsender Wohlstand zu einem Aufschwung in Handwerk und Handel. Große Verkaufsmessen zur Vorstellung neuer Waren fanden statt. Die Bedeutung des Fernhandels an Nord- und Ostsee wird anhand der Macht der Hanse mit ihren Kontoren in verschiedenen Staaten deutlich. Für den Ausbau der Handelsbeziehungen war die Entwicklung des Bankwesens und der Buchhaltung wichtig. Bargeldlos konnten Geschäfte mithilfe von Wechselbriefen abgewickelt werden. Das Kreditwesen entwickelte sich. Viele Begriffe im Bankwesen stammen aus dem Italienischen, da hier die ersten Banken entstanden.

Die Fugger als Großunternehmer

Zu Beginn der Frühen Neuzeit entstand das Verlagssystem aufgrund einer wachsenden Nachfrage nach Textilien. Kaufleute stellten Handwerkern Material und Werkzeuge zur Verfügung, diese produzierten die geforderten Waren in Heimarbeit, wurden dafür gering bezahlt und die Kaufleute verkauften die Produkte mit Gewinn. Ein typisches Beispiel für dieses Wirtschaftsmodell waren die Fugger aus Augsburg. Sie entwickelten sich von einfachen Webern zu Verlegern, Händlern und Bankiers. Mit ihrem Geld beeinflussten sie sogar die Wahl Karls V. zum Kaiser. Viele Bauten in ihrer schwäbischen Heimat belegen noch heute, dass die Fugger auch als großzügige Spender und Stifter auftraten. Ein Beispiel dafür ist der Bau und Unterhalt der Fuggerei. Sie ist die älteste Sozialsiedlung der Welt.

Weltweiter Handel heute

Durch den weltweiten Handel – die Globalisierung – kommt es zu einem immer intensiveren Waren- und Kulturaustausch. Informationstechnologie, maschinelle Produktion und Containerschiffe ermöglichen eine Ausweitung des Handels weltweit, günstige Verbraucherpreise und Gewinne für internationale Großunternehmen. Allerdings gibt es bei der Globalisierung auch Verlierer. Dazu gehören Billiglohnländer, kleinere Unternehmen und natürlich die Umwelt.

2. Jh. n. Chr.

Handel am Limes.

ab dem 13. Jh.

Ausdehnung des Handels und Entstehung des Bankwesens.

um 1500

Die Handelsfamilie Fugger auf dem Höhepunkt ihrer Macht.

heute

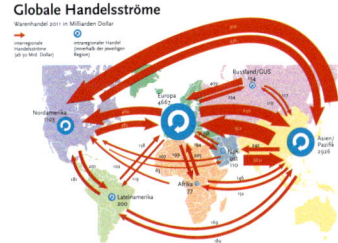

Globaler Handel.

Das kann ich …

Waren- und Kulturaustausch

Ich kann wichtige Begriffe und Daten im Zusammenhang erklären (Sachkompetenz):

1453: Eroberung Konstantinopels
1492: Entdeckung Amerikas
Limes
Romanisierung
Frühe Neuzeit
Frühkapitalismus
Globalisierung

❶ Verfasst in Partnerarbeit kurze Erklärungen für die oben genannten Begriffe.

Ich kann folgende Aufgaben zum Thema lösen (Sachkompetenz):

❷ Beschreibe das Bild über die Globalisierung genauer. Achte dabei auf die Personen und die verschiedenen Gegenstände im Raum.

❸ Durch die Ausweitung des Handels im Verlauf der Geschichte sind viele Dinge in unseren Alltag oder unsere Sprache gekommen. Einige Sachen sind unter M1 auf der rechten Seite genannt. Übertrage den Zeitstrahl in dein Heft und ordne den Epochen die passenden Begriffe zu.

❹ Erörtere, welche positiven und negativen Aspekte mit der Ausweitung des Handels im Laufe der Geschichte verbunden waren und sind.

Ich kann Geschichte verständlich darstellen (narrative Kompetenz):

❺ Ein römischer Legionär und ein Germane treffen sich am Limes und sprechen darüber, was sie voneinander gelernt haben, was sie an einander schätzen und was sie nicht mögen. Gestalte einen Dialog.

Ich kann die Methode „Wie arbeitet man mit Statistiken und Diagrammen" anwenden (Methodenkompetenz):

❻ Welchen Titel hat das Schaubild 2?

❼ Wie ist das Schaubild gestaltet? Welchen Zusammenhang gibt es zwischen Thema und Form?

❽ Fasse zusammen, was du über das dargestellte Thema erfahren hast, und überprüfe, ob folgende Aussage sich im Schaubild widerspiegelt: „Die Welt ist durch die technischen Neuerungen der letzten 500 Jahre näher zusammengerückt und es gibt völlig neue Möglichkeiten der Kommunikation über Kontinente hinweg."

Ich kann mir ein Urteil bilden und es begründen (Urteilskompetenz):

❾ Beurteile folgende Aussage eines modernen Autors: „…Unvorstellbar, welcher Reichtum und welche Macht in den Händen der Konzernchefs Jakob und Anton Fugger konzentriert waren. Man vermutet, dass die Bedeutung der Fuggerfirma zu ihren Glanzzeiten heute von keinem Konzern auch nur annähernd erreicht wird. …"

▶ *Nimm die Methode „Ein eigenes Urteil bilden" von S. 222 zu Hilfe.*

Ich verstehe, warum das Thema für uns heute noch wichtig ist (Orientierungskompetenz):

❿ Recherchiere anhand des Waschzettels deiner Kleidung, woher viele deiner Lieblingssachen stammen. Finde heraus, was sie gekostet haben, wo und unter welchen Bedingungen sie produziert wurden.

▶ *Nimm die Methode „Eine Internetrecherche durchführen" von S. 106/107 zu Hilfe.*

Verstehen

1 – Globalisierung.

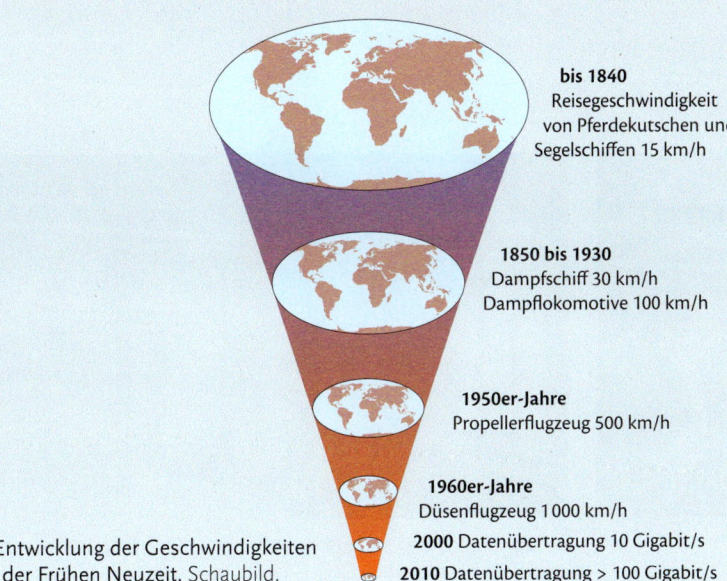

bis 1840
Reisegeschwindigkeit
von Pferdekutschen und
Segelschiffen 15 km/h

1850 bis 1930
Dampfschiff 30 km/h
Dampflokomotive 100 km/h

1950er-Jahre
Propellerflugzeug 500 km/h

1960er-Jahre
Düsenflugzeug 1000 km/h
2000 Datenübertragung 10 Gigabit/s
2010 Datenübertragung > 100 Gigabit/s

2 – Entwicklung der Geschwindigkeiten
seit der Frühen Neuzeit. Schaubild.

M1 Zeitstrahl zur Geschichte des Handels

Antike   *Mittelalter*   *Neuzeit*   *Gegenwart*

Pater, mater, fenestra • HL (Hansestadt Lübeck) • Walnüsse, Pfirsiche, Kirschen
Germanien • Justiz • Containerschiff • Republik • einheitliche Währung
Bank, Kredit, Zinsen • Verleger • Seidenstraße • Tomaten, Kartoffeln
Thermen, Tempel • Fast fashion • Fuggerei • internationale Unternehmen

Lernaufgabe zu Kapitel 1

Wie erkenne ich romanische und gotische Gebäude?

Wie du bereits weißt, wurden im Mittelalter nicht nur Kirchen sehr aufwendig gebaut. Man legte auch sehr viel Wert auf die Ausstattung und den Bau von Klosteranlagen. Eines der eindrucksvollsten Klöster, das romanische und gotische Elemente besitzt, befindet sich in Maulbronn in Baden-Württemberg. Der romanische Bau wurde im Jahr 1147 begonnen und wurde später mit gotischen Elementen erweitert. Du planst mit deiner Klasse eine Fahrt zu diesem Weltkulturerbe und möchtest einen Rundgang durch die Klosteranlage vorbereiten.

❶ ▣ Erstelle anhand der Bilder einen Ablaufplan, in dem du festlegst, in welcher logischen Reihenfolge du das Kloster besichtigen möchtest.

❷ ▣ Untersuche mithilfe deines Vorwissens, welche Merkmale der Romanik und Gotik du auf diesen Bildern erkennst.

▶ *Die Seiten 62/63 zu Romanik und Gotik helfen dir, die jeweiligen Merkmale zuzuordnen. Gehe auf folgende Aspekte ein: Fenster, Bögen, Wände, Säulen, Höhe, Grundriss.*

❸ ▣ Verfasse eine Vorlage für deine Führung.

▶ *Z. B. „Lasst uns den Rundgang hier vor dem Kloster beginnen. Sicher bemerkt ihr sehr schnell die mächtigen Mauern … "*

❹ ▣ Erzähle die Anekdote zur Herkunft von Maultaschen, um deine Führung interessanter zu machen. Recherchiere, wie es zu dem Namen dieser schwäbischen Spezialität kam.

▶ *Nimm die Methode „Eine Internetrecherche durchführen" von S. 106/107 zu Hilfe.*

❺ ▣ Informiere dich online über weitere Bauwerke der Romanik und Gotik, die du in deinem Heimatraum findest, und gib deinen Mitschülerinnen und Mitschülern Tipps, welche sie besuchen könnten.

▶ *Nimm auch die Karte auf der vorderen Umschlagklappe zu Klöstern und Kirchen in Bayern zu Hilfe.*

1 – Kloster Maulbronn von oben.

3 – Der Kapitelsaal – der Besprechungs- und Versammlungssaal der Mönche, erbaut zwischen 1270 und 1300.

2 – Die Klosterkirche wurde nach dreißigjähriger Bauzeit 1170 eingeweiht.

4 – Kloster Maulbronn, Vorderansicht.

Lernaufgabe zu Kapitel 2

Wie herrschten die Europäer in den Kolonien?

Gemeinsam mit deiner Familie hast du Mexiko besucht. An den Wänden und in den Treppenhäusern des Nationalpalastes in Mexiko-Stadt hast du viele großformatige Bilder des Künstlers Diego Rivera gesehen und fotografiert. Die Bilder sind voller Details, sodass du sie dir zu Hause noch einmal in Ruhe ansehen willst. Der Ausschnitt zur Kolonialherrschaft der Europäer interessiert dich besonders, da ihr das Thema vor Kurzem im Unterricht behandelt habt.

Untersuche und werte mithilfe der folgenden Schritte das Bild aus:

❶ ▪ Beschreibe das Bild. Gehe dabei möglichst genau auf die Einzelheiten und Details ein.
  ▶ *Achte z. B. auf dargestellte Personen, Gegenstände, Kleidung, Unterschiede in der Darstellung (Hautfarbe, Größe, ...), Hintergrund.*
  ▶ *Nutze auch die Bildlegende.*

❷ ▪ Fasse das Thema des Bildes kurz zusammen.

❸ ▪ Analysiere das Bild. Gehe hierbei auf das Verhältnis der Personen zueinander, Merkmale oder Symbole mit einer bestimmten Bedeutung und Tätigkeiten der Personen oder Personengruppen ein.

❹ ▪ Interpretiere das Bild mithilfe der Methode „Bilder untersuchen" auf S. 221. Recherchiere dazu zusätzliche Informationen im Internet: Auftraggeber des Bildes, Entstehungszeit, Aussage des Künstlers, Vergleich des Bildes mit anderen Bildern zu diesem Thema.

❺ ▪ Formuliere mithilfe deiner Ergebnisse aus den Aufgaben 1 bis 4 eine Antwort auf die Ausgangsfrage „Wie herrschten die Europäer in den Kolonien?". Berücksichtige hier dein Wissen aus Kapitel 2 (S. 100–105, 107/108).

1 – Ausschnitt aus dem großen Wandgemälde „Landung der Spanier in Veracruz" von Diego Rivera, 1951.

Lernaufgabe zu Kapitel 3

Martin Luther als „Superstar"?

Im Jahr 2017 wurden in ganz Deutschland das 500-jährige Jubiläum des Thesenanschlages und die daraus resultierende Reformation gefeiert. An vielen verschiedenen Wirkungsstätten Luthers war es möglich, in seine Zeit einzutauchen und mehr über seine Person, sein Leben und Wirken, aber auch die Konsequenzen seines Handelns zu erfahren.

❶▶ Erstelle anhand der Bilder 1 und 3 und der Texte M1 und M2 eine Liste der Verkaufsartikel, die im Lutherjahr großen Anklang fanden.

❷▶ Erläutere, was diese Artikel mit Luther und der Reformation zu tun haben. Beachte auch die Inschriften.

❸▶ Betrachte Bild 2 und ordne die folgenden religiösen Gedenkstätten zu.

▶ *Berg Hira (Saudi-Arabien), Buddha (Indien), Christusstatue (Brasilien), Dom St. Peter (Italien), Felsendom (Israel), Schlosskirche (Wittenberg), Sonnenpyramide (Mexiko) … .*

❹▶ Informiere dich im Internet über diese historisch bedeutsamen Orte und ordne sie einer Religion zu.

❺▶ Bewerte, ob dieser „Reliquienhandel 2.0" (M3) noch etwas mit Religion zu tun hat. Diskutiere mit deinem Banknachbarn die Vor- und Nachteile dieses kommerziellen Modells.

❻▶ Beurteile, ob es gerechtfertigt ist, Martin Luther als „Superstar" zu verehren.

▶ *Nimm hierfür die Methode „Ein persönliches Werturteil bilden" von S. 70/71 zu Hilfe.*

1 – Diese Luther-Figur wurde zum Verkaufsschlager.

M1 Informationen zur Luther-Figur nach einem Artikel des Journalisten Hans von der Hagen am 21. 6. 2017 in der Süddeutschen Zeitung:

… Die Spielfigur wird als Einzelfigur im Spielwarenhandel, in Internetshops und Verkaufsstellen der evangelischen Kirchen und in Souvenirshops historischer Stätten angeboten. Die Erstauflage von 34 000 Stück war innerhalb von 72 Stunden vergriffen. Bis Januar 2016 wurden 400 000 Figuren verkauft, im April 2017 waren es bereits 750 000 Figuren. Bis Mitte 2017 wurden mehr als eine Million Figuren abgesetzt. Der … Luther ist die erfolgreichste Einzelfigur in der Geschichte von [der Firma] … .

M2 In der Thüringischen Allgemeinen konnte man am 13. 4. 2017 Folgendes lesen:

… Luther, Luther, Luther heißt … Money, Money, Money. Der Zweck heiligt die Mittel. Sie möchten Plätzchen als Luther-Kopf ausstechen? Kein Problem. Samt Rezept und Kurzbiografie gibt es den spülmaschinenfesten Ausstecher ab 6,90 Euro. Ob Luther-Bier, Luther-Likör, Luther-Brot und natürlich der Reformations-Hammer – wo Luther draufsteht ist zwar nicht immer das Evangelium drin, soll Menschen im Jubiläumsjahr aber in jedem Fall zum Kauf animieren.
Ablassprediger Johannes Tetzel hätte gesagt: Sobald das Geld im Kasten klingt, die Seele in den Himmel springt. … Das Reformationsjubiläum ist die Gelegenheit, Geld zu verdienen. … „Reliquienhandel 2.0", ein kommerzielles evangelisches Geschäftsmodell.

2 – Wittenberg: Im Lutherjahr eine Metropole der Religion. Illustration, 2017.

Hier stehe ich. Ich kann nicht anders.

8,50 €

3 – Socke mit dem bekannten Luther-Zitat.

Lernaufgabe zu Kapitel 4

War Ludwig XIV. auch nach dem 17. Jahrhundert noch ein Trendsetter?

Der bayerische Märchenkönig Ludwig II. verehrte den französischen König Ludwig XIV. und plante, ein Schloss nach dem Vorbild Versailles bauen zu lassen. Dafür erwarb er 1873 die Herreninsel im Chiemsee und ließ hier sein Neues Schloss Herrenchiemsee errichten. Er beauftragte den Architekten Georg von Dollmann, Pläne für das „Bayerische Versailles" zu entwerfen. Auch wenn das Schloss nie komplett fertiggestellt wurde, ist es bis heute eine sehr beliebte Besucherattraktion.

❶ Vergleiche die Bilder 1 und 2 sowie 3 und 4 und beschreibe, welche Gemeinsamkeiten du entdecken kannst.

❷ Stell dir vor, du erhältst von Ludwig II. den Auftrag, ein „Bayerisches Versailles" zu planen. Entwickle eine Checkliste mit typischen Bestandteilen und Kennzeichen, die das neue Schloss demnach haben sollte. Betrachte hierzu noch einmal die Schlossanlage von Versailles auf der Schauplatz-Seite 160/161.

▶ *Bedenke dabei die für die Zeit des Barock typischen Formen. Die Seiten 168–170 helfen dir dabei.*

❸ Recherchiere im Internet zum Schloss Herrenchiemsee und überprüfe mithilfe der Informationen der Homepage des Schlosses, welche Ideen aus deiner Checkliste realisiert wurden.

❹ Recherchiere im Internet nach weiteren Schlössern und Bauten, für die Schloss Versailles als Vorbild diente, und beantworte abschließend die Ausgangsfrage: War Ludwig XIV. auch nach dem 17. Jahrhundert noch ein Trendsetter?

1 – Neues Schloss Herrenchiemsee. Foto, 2006.

2 – Schloss Versailles, Gartenfassade. Foto, 2016.

3 – Spiegelsaal in Herrenchiemsee. Foto, 2005.

4 – Spiegelsaal in Versailles. Foto, 2007.

Methodenübersicht

Gewusst wie ... arbeiten mit Methode

Methodenübersicht aus den Bänden 6 und 7:

Methoden aus Band 6:

Informationen beschaffen

Ein Museum erkunden

1 Den Museumsbesuch vorbereiten
– Welches Museum bietet etwas zum aktuellen Thema an?
– Welche Fragen interessieren mich?
– Was will ich im Museum lernen, was ich nicht ohne weiteres auch in Büchern erfahren kann?
– Welche besonderen Programme bieten die Museen an?
– Welche Prospekte oder Materialien stellt das Museum für die Vorbereitung des Museumsbesuchs zur Verfügung?
– Wie sollen die Informationsmöglichkeiten genutzt werden?
– Wie sollen die Ergebnisse des Museumsbesuchs festgehalten werden?

2 Den Museumsbesuch durchführen
– Was mache ich zuerst: besondere Angebote wie museumspädagogische Führungen, Filmvorführungen und Experimente oder eine allgemeine Erkundung des Museums?
– Was kann notiert und fotografiert (nach Erlaubnis fragen) werden?
– Wie nutze ich vom Museum im Vorfeld bereitgestellte Materialien?

3 Auswertung und Vorstellung der Ergebnisse
– Wie erfährt am besten jemand etwas über meine Ergebnisse, der selbst nicht mit im Museum war?
– Wie präsentiere ich meine Erfahrungen und Ergebnisse?
– Was ist bei unserem Museumsbesuch gut verlaufen? Was hätte ich in der Vorbereitung oder Durchführung besser machen können?

Informationen ordnen

Eine Mindmap erstellen

1 Thema festlegen und Informationen sammeln
– Wähle ein Thema aus, über das du etwas erfahren möchtest.
– Suche dazu Texte und/oder Bilder.
– Unterstreiche nützliche Informationen zum Thema im vorliegenden Text.
– Überlege, welche Begriffe zusammengehören, und finde Überschriften.

2 Mindmap zeichnen
– Nimm ein unliniertes Papier zur Hand.
– Formuliere das Thema in der Mitte, am besten umrahmst du es.
– Zeichne nun so viele dicke Hauptlinien vom Thema in der Mitte nach außen, wie du Überschriften gefunden hast.
– Schreibe diese an die Enden der Hauptlinien.
– Davon ausgehend zeichnest du weitere, dünnere Zweige. Notiere an deren Ende dazugehörige Stichworte.

3 Symbole und Farben einfügen
– Die Überschriften und besonders wichtige Stichpunkte solltest du jetzt durch Unterstreichen oder verschiedene Farben hervorheben. So kannst du auf einen Blick erkennen, was Ober- und Unterpunkte sind.
– Zum besseren Einprägen kannst du Symbole oder einfache Zeichnungen zu den einzelnen Überschriften malen.

Eine Zeitleiste erstellen

1 Bilder sammeln
– Suche zu Hause Bilder von deiner Familie. Befrage dazu auch deine Eltern und Großeltern.
– Lass dir von deinen Eltern und Großeltern aus deren Leben erzählen.

2 Material ordnen
– Sortiere ähnliche Bilder aus und mache Fotokopien von den ausgewählten Bildern.
– Schreibe zu jedem Bild auf, aus welchem Jahr es stammt.
– Berechne, wie viele Jahre seitdem bis heute vergangen sind.

3 Zeitleiste anlegen
– Nimm eine Tapetenbahn und zeichne darauf einen Zeitstrahl (siehe Bild 1).
– Unterteile den Zeitstrahl auf der Tapetenbahn in mindestens zehn gleiche Abschnitte.
– Schreibe von rechts nach links unter die Markierungen die Jahreszahlen 2020, 2010, 2000, 1990, 1980 …
– Markiere dann die Jahreszahl des aktuellen Jahres.

4 Zeitleiste gestalten
– Lege deine Bilder auf den richtigen Platz auf dem Zeitstrahl. Probiere aus, wie du die Bilder am besten platzierst.
– Klebe die Bilder auf und beschrifte sie.

Informationen fachgerecht auswerten

Sachtexte verstehen

1 Erfassung des Themas
– Worum geht es in dem Text?
– Weißt du bereits etwas über dieses Thema?

2 Beantwortung von Fragen an den Text
– Um welche Sorte von Text (Forschungsbericht, Infotext in einem Museumsführer …) handelt es sich?
– Kannst du die W-Fragen (Wer? – Was? – Wo? – Wann? – Wie? – Warum?) klären?
– Welche Wörter sind unbekannt?

3 Gliederung des Textes
– Wie viele Abschnitte gibt es und worum geht es in den einzelnen Abschnitten?
– Welche Überschriften kann man für die einzelnen Textabschnitte finden?

4 Markierung von Schlüsselwörtern
– Kannst du Unbekanntes mithilfe eines Wörterbuches, des Internets oder im Klassengespräch klären?
– Welche wichtigen Wörter im Text (Schlüsselwörter) hast du markiert?

5 Wiedergabe des Textinhalts
– Ist der Sachtext für dich verständlich oder bestehen weiterhin Unklarheiten?
– Kannst du einer dritten Person über den Text berichten, sodass diese ihn verstehen kann?

Bilder untersuchen

1 Beschreibung der Einzelheiten eines Bildes
– Aus welcher Zeit stammt das Bild (Bildlegende beachten)?
– Welche Personen/Gegenstände sind dargestellt?
– Wie sind sie dargestellt? Beachte dabei Hautfarbe, Kleidung, Kopfbedeckungen usw.
– Gibt es Unterschiede bei der Darstellung der verschiedenen Personen (Größe/Hautfarbe/Ausschmückung)?
– Welche weiteren Gegenstände sind auf dem Bild zu entdecken? Welche Funktion haben diese?

2 Zusammenhänge erklären
– Welche Tätigkeiten üben die Personen aus?
– Wie ist das Verhältnis der Personen zueinander?
– Gibt es Merkmale, die eine besondere Bedeutung haben könnten?
– Was erfahren wir aus dem Bild über das Leben der Menschen zur damaligen Zeit (Lebensumstände, Familiensituation, Arbeitsleben usw.)?

3 Zusätzliche Informationen beschaffen
– Wer war der Auftraggeber der Bilder?
– Was kann man über die dargestellten Personen aus anderen Quellen erfahren?
– Gibt es noch andere Bilder zu diesem Thema?
– Was verstehe ich nicht und wo finde ich dann noch weitere Informationen?

Geschichtskarten auswerten

1   Thema der Karte finden
- Welches Gebiet ist dargestellt?
- Welcher Zeitraum wird behandelt?
- Um welches Thema geht es?

2   Darstellung des Themas herausarbeiten
- Welche Informationen kann man der Legende der Karte entnehmen?
- Welche Bedeutung haben die Flächenfarben?
- Welche Symbole enthält die Karte und was bedeuten sie?
- Wie groß sind Entfernungen und Ausdehnung eines Gebietes (Maßstab)?

3   Informationen der Karte auswerten
- Welche Aussagen kannst du zu einzelnen Informationen der Karte machen?
- Welche Gesamtaussage der Karte kannst du formulieren?
- Welche Fragen interessieren dich zusätzlich zu den Informationen, die du aus der Karte erhältst?

Textquellen untersuchen

1   Fragen zum Verfasser
- Wer ist der Verfasser?
- Hat der Verfasser die Ereignisse, über die er berichtet, selbst erlebt?
- Versucht der Verfasser neutral zu sein oder ergreift er deutlich Partei für bestimmte Personen?

2   Fragen zum Text
- Um welche Art von Text handelt es sich: Bericht, Erzählung, Inschrift usw.?
- Welche Begriffe sind unbekannt? – Wo kann man eine Erklärung finden?
- Wovon handelt der Text?
- Welcher Gesichtspunkt steht im Mittelpunkt?
- Lässt sich der Text in einzelne Abschnitte gliedern? Welche Überschriften könnten sie erhalten?
- Wie lassen sich die Informationen des Textes kurz zusammenfassen?

3   Textabsicht erklären und Quelle beurteilen
- Welche Sätze enthalten Sachinformationen, welche Sätze geben die Meinung des Verfassers oder sein Urteil wieder?
- Wie kann man diese Unterschiede erkennen?
- Lässt sich mit der Herkunft des Verfassers erklären, warum er einseitig berichtet?

Textquellen vergleichen

1   Jeden Text für sich untersuchen
- Worum geht es in dem Text? (Wer? Wo? Was? Wann?)
- Welche Textsorte liegt vor?
- Was weiß ich über den Autor des Textes?
- Wie ist der Text gegliedert?

2   Vergleich der verschiedenen Texte
- Wo stimmen die Texte überein? Wo machen die Texte verschiedene Aussagen?
- Welche Passagen sind sachlich, welche geben eine Meinung oder Wertung wieder?
- Welche Ursache gibt es für die verschiedenen Darstellungsweisen?
- → Herkunft der Autoren? Absicht der Verfasser?

3   Texte bewerten
- Schenkt man einer Quelle mehr Vertrauen und wenn ja, warum?
- Gibt es Gesichtspunkte, die in beiden Texten unerwähnt bleiben?
- Was kann man zusammenfassend über das behandelte Thema feststellen?

Ein eigenes Urteil bilden (Sachurteil)

1   Art des Urteils festlegen
- Willst du wissen, was genau passiert ist, und ein Urteil aus der Sicht der damaligen Zeit heraus treffen (Sachurteil) oder möchtest du das Geschehen aus deiner Sicht heute bewerten (Werturteil)?
- Sammle hierzu verschiedene Texte, Berichte von Zeitzeugen oder bildliche Darstellungen zu diesem Thema.

2   Die Glaubwürdigkeit des Materials prüfen
- Finde heraus, ob die Verfasser einen bestimmten Zweck erreichen wollten oder ob sie einen Auftraggeber, der bestimmte Absichten verfolgte, hatten.

3   Aus heutiger Sicht ein begründetes Werturteil formulieren
- Überlege, ob wir heute genauso oder ähnlich handeln wie die Menschen damals. Was spricht dafür, was spricht dagegen? Was hat sich verändert?

4   Urteile abwägen und vergleichen
- Welche Darstellung oder Stellungnahme erscheint einleuchtend?
- Sammle Argumente, die für oder gegen eine bestimmte Beurteilung sprechen.

Informationen präsentieren

Eine historische Darstellung verfassen

1 Thema der Erzählung festlegen
– Über welches **Thema** will ich etwas erzählen?
– Was soll im Mittelpunkt der Darstellung stehen?
– Über welchen Zeitraum will ich erzählen, wie kann ich ihn eingrenzen?

2 Informationen beschaffen
– Welche Quellen (z. B. Berichte von Zeitzeugen) gibt es?
– Welche Darstellungen wurden zu meinem Thema bereits geschrieben?
– Wo kann ich suchen? (Bibliothek, Archiv, Museum, Internet, Schulbuch)?
– Wie glaubwürdig sind die Informationen, die ich beschafft habe?

3 Eine historische Darstellung verfassen
– Für wen schreibe ich meine Darstellung? (für meine Mitschülerinnen und Mitschüler, für meinen Lehrer, für meine Eltern)
– Wie beginne ich meine Darstellung? (weit ausholend, mit dem zentralen Ereignis, mit dem Denken oder Handeln einer wichtigen Person)
– Wie verknüpfe ich einzelne Teile der Darstellung?
– Wie mache ich deutlich, dass ein Teil der Darstellung nicht durch Quellen belegt ist? („vermutlich", „wahrscheinlich", „so könnte es gewesen sein")
– Wie beende ich die Darstellung?

Ein Lernplakat erstellen

1 Thema auswählen
Orientiere dich, welche Themen zur Auswahl stehen. Entscheide dich für ein Thema. Du kannst mit einer Partnerin oder einem Partner oder in der Gruppe arbeiten.

2 Wahlthema erarbeiten
Arbeite dein Wahlthema in Partnerarbeit oder Gruppenarbeit durch.
– Lies die Texte, betrachte das Bildmaterial dazu.
– Bereite das Lernplakat vor:
Wie soll die Überschrift lauten?
– Welche Materialien werden benötigt?
Stelle einen Arbeitsplan auf.

3 Material sammeln und auswählen
Sammle Bilder, Texte und weitere Materialien zu deinem Lernplakat. Du kannst in Sachbüchern, in einem Lexikon oder im Internet über das Thema weiter recherchieren. Trage deine Ergebnisse zusammen.

4 Das Lernplakat gestalten
Achte dabei auf Folgendes:
– Die Überschrift muss gut lesbar sein.
– Die Bilder und Fotos müssen zum Thema passen.
– Es muss insgesamt gut erkennbar sein, um welches Thema es geht.
– Die Texte und die Bilder sollten so angeordnet sein, dass die Betrachter schnell das Wichtigste erfassen können.
– Das Lernplakat informiert und zeigt deine Arbeitsergebnisse. Du kannst mithilfe des Plakates das Thema erläutern (Kurzvortrag).

Blaue Schrift: grundlegende Daten und Begriffe

Grundlegende Daten

962:	Kaiserkrönung Ottos des Großen
um 1200:	Kulturelle Blüte zur Zeit der Staufer
1453:	Eroberung Konstantinopels
1492:	Entdeckung Amerikas
1517:	Beginn der Reformation
1618–1648:	Dreißigjähriger Krieg
17./18. Jh.:	Absolutismus in Europa

A

Abgaben

Abhängige Bauern hatten im Mittelalter an Grundherrn jährliche Abgaben, meistens in Form von Naturalien (Getreide oder Vieh), zu leisten.

Absolutismus

Absolutismus ist die Bezeichnung für die Epoche im 17. und 18. Jahrhundert, in der Ludwig XIV. und seine Regierungsform in Europa als Vorbild galten. Der Monarch besaß die uneingeschränkte Herrschaftsgewalt. Er regierte nach den von ihm erlassenen Gesetzen und forderte von allen Untertanen unbedingten Gehorsam.

Abt/Äbtissin

Dies ist der Vorsteher oder die Vorsteherin eines Klosters.

Adlige/Adel

Gemeint sind die Edlen – Angehörige einer in der Gesellschaft hervorgehobenen Gruppe, eines Standes, ausgestattet mit erblichen Vorrechten. Adliger konnte man von Geburt aus sein (Geburtsadel); Adliger konnte man aber auch werden, indem man im Dienst des Königs tätig war (Amts- oder Dienstadel).

Augsburger Religionsfriede

Der Augsburger Religionsfriede wurde 1555 zur Beilegung der Religionskämpfe verkündet. Die evangelisch-lutherische und die katholische Konfession wurden als gleichberechtigt anerkannt.

Azteken/-reich

Dies ist eine Hochkultur in Mittelamerika, deren Kultur von den spanischen Eroberern 1521 zerstört wurde.

B

Bankwesen

Im Zusammenhang mit dem aufblühenden Fernhandel und den Messen wurde es notwendig, Gelder der unterschiedlichsten Währungen umzutauschen oder Wechsel auszustellen und einzulösen. Daraus entstand der neue Berufsstand der Banker, so genannt nach der Bank, auf der die Geschäfte stattfanden.

Barock

Dies ist eine Kunst- und Kulturepoche zwischen ca. 1600 und 1720. Wegen des Dreißigjährigen Krieges fasste der Barock in Deutschland im Vergleich zu anderen europäischen Ländern erst später Fuß.

Bauer

Im Mittelalter waren die Bauern der größte gesellschaftliche Stand. Es gab nur wenige freie Bauern. Die Regel war, dass die Bauern Unfreie waren, die von einem Grundherrn abhängig waren und ihm Frondienste und Abgaben leisten mussten.

Bauernkrieg

Die 1524 unter Berufung auf Luthers Lehre begonnene Auflehnung der Bauern gegen die drückenden Lasten weitete sich 1525 zu bewaffneten Aufständen aus, die von den Fürstenheeren schnell niedergeschlagen wurden.

Benediktiner

Dies sind Mönche, die nach der Regel des heiligen Benedikt von Nursia (um 480–547) leben.

Buchdruck

Der Buchdruck ist ein um 1450 von Johannes Gutenberg entwickeltes Verfahren, um Bücher schnell herzustellen. Bücher mussten nun nicht mehr mit der Hand abgeschrieben werden.

Burg

Eine Burg ist eine befestige Wohn- und Verteidigungsanlage eines Adligen und Mittelpunkt seiner Herrschaft.

Bürger

Dies ist ursprünglich die Bezeichnung für die im Schutz einer Burg lebenden Menschen. Seit dem Mittelalter die Bezeichnung für die freien Stadtbewohner mit vollem Bürgerrecht.

D

Dorf

Im Frühmittelalter entstanden Dörfer entweder durch Zusammenschlüsse von freien Bauern oder durch Ansiedlung von hörigen Bauern um einen Gutshof. Auch wenn ab dem 12. Jahrhundert viele Städte gegründet wurden, blieb das Dorf die überwiegende Siedlungsform. Rund um das Dorf erstreckte sich das von den Dorfbewohnern bebaute Ackerland, Weiden und Wald. Das Leben in der Dorfgemeinschaft lief oft nach festen Regeln ab.

Dreieckshandel

Dies bezeichnet den Handel zwischen Afrika, Amerika und Europa. Die Europäer kauften oder raubten Sklaven in Afrika, die nach Amerika transportiert wurden. Von dort brachte man Gold, Silber, Zucker und Baumwolle nach Europa.

Dreifelderwirtschaft

Bei der Nutzung des Bodens wird das Ackerland dreigeteilt: Auf einem Teil wird Wintergetreide, auf dem zweiten Sommergetreide angebaut. Das dritte Feld bleibt ungenutzt („Brache"). In einem steten Wechsel werden die Felder in dieser Reihenfolge bewirtschaftet. Später verzichtete man auf die Brache und baute alle drei Jahre Futterpflanzen an.

Dreißigjähriger Krieg

Ausgelöst 1618 durch den Prager Fenstersturz, weitete sich der Krieg von einem Religionskonflikt zu einem europäischen Staatenkrieg auf deutschem Boden aus. Die Folgen waren katastrophal: Neben den Verwüstungen waren die Bevölkerungsverluste am schwersten.
Der Krieg endete 1648 mit dem Westfälischen Frieden.

E

Evangelisch

So wurden die Anhänger Martin Luthers genannt, da sie allein dem Wort Christi in der Heiligen Schrift, dem Evangelium, verpflichtet waren.

F

Fernhandel

Der Fernhandel war im Mittelalter ein wichtiger Wirtschaftsfaktor, weil er wichtige Güter und begehrte Luxuswaren aus dem Orient in die Handels- und Messezentren Europas brachte. Fernhandelskaufleute gehörten zur reichen Oberschicht der Patrizier in der Stadtgesellschaft. Auch Juden waren im Fernhandel sehr erfolgreich.

Frondienst

(althochdeutsch: fron = Herr). Dies sind Dienste, die hörige Bauern ihrem Grundherrn unentgeltlich leisten mussten, wie z. B. säen, ernten, pflügen.

Fronhof

Ein Fronhof ist ein Herrenhof, Mittelpunkt einer Grundherrschaft. Er umfasste das Herrenhaus, die Wirtschaftsgebäude sowie Äcker, Wiesen und Weiden.

Frühkapitalismus

Frühkapitalismus ist ein Wirtschaftssystem des 14.–16. Jahrhunderts. Das Gewinnstreben des Einzelnen war wichtig. Das Kapital sammelte sich vor allem in den Händen der Fernhandelskaufleute und Großunternehmer.

Frühes Mittelalter

Das frühe Mittelalter umfasst den Zeitraum von ca. 500–1000.

Frühe Neuzeit

Dies ist die Geschichtsepoche von 1500 bis 1800.

G

Gegenreformation

Dies ist eine Bezeichnung für die Maßnahmen der katholischen Kirche, die zur Zurückdrängung der Reformation dienen sollten.

Ghetto

Der Begriff „Ghetto" bezeichnet ein abgesondertes Wohngebiet einer bestimmten Bevölkerungsgruppe, im Mittelalter und der Frühen Neuzeit, vor allem das der Juden. Der Name stammt aus dem Italienischen und war ursprünglich der Name des Judenviertels von Venedig.

Glaubensspaltung

Die Kritik Martin Luthers an der Kirche führte in den folgenden Jahrzehnten zur Glaubensspaltung der christlichen Kirche in katholische und evangelische Glaubensbekenntnisse.

Globalisierung

Es handelt sich um die Entwicklung des weltweiten Handels und seine Folgen. Dabei geht es nicht nur um den Warenaustausch, sondern auch um den Austausch von Informationen, Dienstleistungen und Kulturgütern. Die Volkswirtschaften und politischen Entscheidungen der einzelnen Länder werden dadurch immer enger miteinander verflochten.

Gotik

Dies ist ein Baustil des Mittelalters von ca. 1150–1500. Er ist besonders gut an Kirchen, aber auch Burgen und Rathäusern zu erkennen. Typisch für gotische Kirchen sind spitze Bögen, z. B. als Fenster, aber auch als Deckengewölbe. Auch die Türme wurden hoch und spitz zulaufend errichtet.

Gottesgnadentum

Dies ist eine Herrschaftsvorstellung, die sich daraus ableitet, die Herrschaft direkt von Gott empfangen zu haben und nur diesem gegenüber zur Rechenschaft verpflichtet zu sein.

Grundherrschaft

Dies ist eine Herrschaft über das Land und die Menschen, die auf ihm wohnten. Bauern erhielten vom Grundherrn Land, mussten dafür Abgaben entrichten und Dienste leisten.

H

Handelskontore

Dies sind Handelsniederlassungen von Kaufleuten im Ausland. Die Hanse besaß Kontore in Brügge, Bergen, Nowgorod und London.

Hanse

Dies war ein Zusammenschluss von Kaufleuten und Städten im Mittelalter zu Fahrtgenossenschaften. So wollten sie sich vor Überfällen schützen, aber vor allem ihren Gewinn steigern. In Süddeutschland entstand der schwäbische Städtebund, der bedeutendste aber wurde die Hanse in Norddeutschland. Sie beherrschte den gesamten Fernhandel im Nord- und Ostseeraum. Zeitweise gehörten bis zu 160 Städte dazu, die von der Hansestadt Lübeck aus geleitet wurden.

Hofstaat

Im Absolutismus gehörten zum Hofstaat alle Personen in der engen Umgebung des absoluten Herrschers vom Adligen bis zum Diener.

Hegemonie

Dies bedeutet „Vormachtstellung". Im 18. Jahrhundert strebten die europäischen Staaten danach, dass möglichst keiner von ihnen eine hegemoniale Stellung erlangte und ein Gleichgewicht der Kräfte herrschte.

Höriger

Ein Höriger ist ein von seinem Grundherrn abhängiger Bauer. Er erhielt vom Grundherrn Land zur Bewirtschaftung und musste dafür Abgaben und Dienste leisten. Hörige waren an das ihnen übergebene Land gebunden und konnten zusammen damit verkauft oder verschenkt werden.

I

Investitur

Darunter versteht man die Einsetzung hoher Geistlicher in ein kirchliches Amt.

Investiturstreit

So nennt man die Auseinandersetzung zwischen Papst Gregor VII. und Kaiser Heinrich IV. von 1075–1077, in der es um das Recht der Einsetzung von Bischöfen ging. Der Kaiser musste nachgeben.
Bedeutsam wurde die Auseinandersetzung, weil es um die Abgrenzung von weltlicher und kirchlicher Macht ging.

J

Jerusalem

Jerusalem ist eine Stadt in Israel, die für Christen, Juden und Muslime als heilige Stätte besondere Bedeutung hat.

K

Kaiser

Dies ist der höchste weltliche Herrschertitel Europas entstand aus dem Namen Caesars. Den Kaisertitel trugen in der Antike die Herrscher des Römischen Reiches seit der Zeit des Augustus (63 v. Chr.–14 n. Chr.). Mit der Kaiserkrönung Karls des Großen lebte die Kaiseridee wieder auf. Das Krönungsrecht lag beim Papst, der damit auf den weltlichen Bereich Einfluss nahm.
Die mittelalterlichen Kaiser verbanden mit der Kaiserkrone den Herrschaftsanspruch über Italien und die Einflussnahme auf die Kirche.

Kapital

Dies bedeutet Geld- und Sachwerte, die für die Produktion von Waren benötigt werden.

Kirchenbann

Dies bezeichnet die schwerste Strafe, die der Papst aussprechen konnte. Sie bedeutete den Ausschluss aus der Kirche und verbot anderen Christen jeglichen Kontakt mit dem Gebannten.

Klerus

Der Begriff bezeichnet die katholische Geistlichkeit und Priesterschaft. Der höhere Klerus – Bischöfe, Äbte, Domkleriker u. a. – gehörte in der Regel dem Adel an. Angehörige des niederen Klerus – z. B. Dorfpfarrer oder einfache Mönche – stammten auch aus dem Bürgertum.

Kloster

Dies ist eine Kirche mit Wohn- und Wirtschaftsgebäude, abgeschlossen von der Umgebung. Hier beten und arbeiten Mönche bzw. Nonnen nach bestimmten kirchlichen Regeln. Klöster waren im Mittelalter Zentren der Bildung und Wissenschaft.

Kolonie

Gemeint sind überseeische Besitzungen eines europäischen Staates.

Kolonialherrschaft

Die Eroberung zumeist überseeischer Gebiete durch militärisch überlegene Staaten (vor allem Europas) seit dem Ende des 15. Jahrhunderts wird als Kolonialismus bezeichnet. Die Kolonialmächte errichteten in den unterworfenen Ländern Handelsstützpunkte und Siedlungskolonien. Sie verfolgten vor allem wirtschaftliche und militärische Ziele.

Konfession

„Konfession" bezeichnet ein Glaubensbekenntnis; Katholiken und Protestanten unterscheiden sich im Glaubensbekenntnis; sie gehören verschiedenen Konfessionen an. Der Augsburger Religionsfriede 1555 gab den Landesherren das Recht, über die Konfession ihres Landes zu entscheiden.

Konkordat

Darunter versteht man eine Übereinkunft zwischen Papst und König; heute auch zwischen dem Papst und den Oberhäuptern von Staaten.

Königtum

Bei den Germanen ursprünglich ein gewählter Heerführer, prägte das Königtum das Herrscherbild im europäischen Mittelalter. Die Herrschaft wurde als von Gott gegeben angesehen. Neben die Erbfolge trat in Deutschland auch die Wahl des Königs durch die höchsten Adligen.

Kreuzzug

So wurden im Mittelalter die Kriege zwischen Christen und Muslimen im damaligen Palästina genannt. Anlass war die Besetzung Jerusalems durch Muslime und die Unterbrechung der christlichen Pilgerwege. Die Auseinandersetzung gegen die „Ungläubigen" in der Ferne richtete sich dann auch gegen die Andersgläubigen im eigenen Land.

Kurfürst

Der Begriff geht auf das mittelhochdeutsche Wort „kur" zurück, das Wahl bedeutet. Sieben Kurfürsten wählten im Mittelalter den deutschen König.

L

Landesherr

Seit dem 11. Jahrhundert entstand im Deutschen Reich die Herrschaft über ein Gebiet (Territorium), die ein Landesherr ausübte. Der Landesherr musste sich beim Ausbau seiner Herrschaft gegen benachbarte Landesherren durchsetzen, was oft zu Kriegen führte.

Lehen/Lehnswesen

(= Geliehenes). Im Mittelalter war dies das Nutzungsrecht an einer Sache (Grundbesitz, Rechte, Ämter). Es wird vom Eigentümer (Lehnsherrn) an einen Lehnsmann übertragen. Der Lehnsmann verspricht dem Lehnsherrn dafür die Treue und bestimmte Leistungen.

Leibeigene

Dies ist eine Bezeichnung für Bauern, die in völliger Abhängigkeit von ihrem Herrn lebten. Leibeigene durften ohne Genehmigung des Lehnsherrn weder wegziehen noch heiraten.

Luther, Martin (1483–1546)

Martin Luther war ein Mönch, der von 1483–1546 gelebt hatte. Er wollte die Kirche verändern, weil er durch sein Studium der Bibel vieles anders verstand, als es in den Regeln der katholischen Kirche vorgegeben war. Seine Forderungen brachte er 1517 an der Kirche in Wittenberg an. Daraus entwickelte sich eine Auseinandersetzung zunächst zwischen Luther und dem Papst, der sich auf beiden Seiten immer mehr Anhänger anschlossen und die letztlich zu einer Spaltung des Christentums zu einer evangelischen und katholischen Konfession führte.

M

Manufaktur

Dies ist ein Betrieb, in dem Waren von Handwerkern per Hand und nicht maschinell hergestellt werden.

Markt

Dies bezeichnet einen Handelsplatz, der mit dem Marktrecht ausgestattet war und eine eigene Rechtsordnung besaß. Der Marktherr (König, Bischof oder Fürst) garantierte den Marktfrieden und die Sicherheit. Streitigkeiten wurden vor einem eigenen Marktgericht verhandelt. Aus Marktplätzen entwickelten sich häufig mittelalterliche Städte.

Merkantilismus

Merkantilismus ist eine staatlich gelenkte Wirtschaftsform des Absolutismus, bei der viel exportiert und wenig importiert werden sollte.

Monarchie

(griech. = Alleinherrschaft). In der Staatsform der Monarchie übt eine einzelne Person, der König/die Königin, die Herrschaft aus. In der absoluten Monarchie herrscht der Monarch uneingeschränkt, in der konstitutionellen Monarchie ist der Monarch an eine Verfassung (Konstitution) gebunden, die einer Volksvertretung Rechte bei der Gesetzgebung zugesteht.

N

Neuzeit

Dies ist die Geschichtsepoche von 1500–1800.

O

Orden

Dies ist eine Gemeinschaft von Männern oder Frauen, die sich feierlich durch ein Gelübde verpflichten, ihr Leben in den Dienst Gottes zu stellen. Sie geloben Armut, ein eheloses Leben und Gehorsam gegenüber dem Abt bzw. der Äbtissin.

Osmanisches Reich

Aus dem in einem Teil Anatoliens in der heutigen Türkei gegründeten Reich durch Osman I. entstand durch Eroberungen vom 14.–17. Jahrhundert das Osmanische Reich, das in Europa den Balkan sowie den Vorderen Orient und die nordafrikanische Küste beherrschte.

P

Papst

(lat. papa = Vater). Der Papst ist das Oberhaupt der katholischen Kirche.

Patrizier

(lat. patres = die Väter). In der städtischen Gesellschaft des Mittelalters waren die Patrizier wohlhabende Bürger mit besonderen Vorrechten bei der Stadtregierung.

Pest

Die Pest ist eine hochgradig ansteckende Infektionskrankheit, die bei Mensch und Tier durch ein Bakterium ausgelöst wird. Die Pest kann durch den Biss von mit Krankheitserregern verseuchten Insekten (v. a. Flöhen) oder durch Tröpfcheninfektion übertragen werden.

Pogrom

Unter Pogrom ist die gewalttätige Ausschreitung gegen religiöse und nationale Minderheiten zu verstehen.

Protestanten

Seit dem Reichstag zu Speyer im Jahr 1529 wurden die Anhänger Luthers auch als Protestanten bezeichnet. Dort war beschlossen worden, gegen die Reformation energisch vorzugehen. Dagegen hatten fünf Landesherren und 14 Reichsstädte protestiert.

R

Rat der Stadt

Nach der mittelalterlichen Stadtverfassung wurde die Stadt von einem Rat regiert, der sich aus der Patrizierschicht zusammensetzte. Später erkämpften sich auch die Zünfte eine Mitsprache und Beteiligung an der Stadtregierung.

Reformation

(lat.: reformatio = Erneuerung). Dies ist eine durch den Thesenanschlag an der Wittenberger Schlosskirche 1517 von Martin Luther ausgelöste Bewegung, die zur Gründung der evangelischen Kirche führte. Seit dieser Zeit ist das Christentum in mehrere Bekenntnisse gespalten.

Reichsacht

Die Reichsacht bedeutete, dass der Verurteilte aus der Gemeinschaft ausgestoßen wurde. Jeder hatte nun das Recht, den Geächteten zu töten.

Reichsinsignien

Dies sind Herrschaftszeichen der deutschen Könige und Kaiser. Sie symbolisierten sowohl Aufgaben des Herrschers als auch durch biblische Bezüge, dass der König seine Herrschaft von Gott bezog. Zu den Insignien gehören: Krone, Kreuz, Schwert, Lanze des heiligen Mauritius, Zepter (eine Art Stab), Reichsapfel.

Renaissance

(ital. rinascita = Wiedergeburt). „Renaissance" bezeichnet die Zeit am Ende des Mittelalters, in der in Wissenschaft und Kunst die Schriften sowie Kunstwerke der griechischen und römischen Antike „wiederentdeckt" wurden und großen Einfluss auf das Denken sowie Fühlen der Menschen hatten.

Residenz

Dies ist der Amtssitz eines weltlichen oder geistlichen Herrschers.

Rittertum

„Rittertum" bezeichnet ursprünglich berittene Gefolgsleute und Dienstmannen der Könige im Frankenreich, entwickelten sich die Ritter im Mittelalter zu einem eigenen Stand. Gegen die Überlassung von Grund und Boden als Lehen leisteten sie ihren Lehnsherren Kriegsdienste. Das adlige Rittertum wurde zur Leitfigur der höfischen Gesellschaft des Mittelalters. Der Niedergang begann mit dem Aufkommen von Söldnerheeren.

Romanik

Dies ist eine Kunst- und Kulturepoche des Mittelalters zwischen ca. 1000 und 1200. Kennzeichnend für die Romanik sind runde Bögen. Die so gebauten Gebäude erscheinen oft wuchtig, fast wie eine Burg.

S

Salbung

Die Salbung ist das wichtigste Ritual der Krönung. Nach dem Vorbild Königs Davids aus dem Alten Testament wurden auch die deutschen Könige mit geweihtem Öl gesalbt. Dies sollte die besondere Stellung des Königs wie auch eine göttliche Legitimation der Herrschaft symbolisieren.

Schutzbrief

Könige stellten den Juden im Mittelalter Schutzbriefe aus, um sie vor feindlichen Übergriffen zu schützen. Dennoch kam es häufig zu Judenverfolgungen und Pogromen.

Sonnenkönig

In seiner Selbstdarstellung als absoluter Herrscher hat sich Ludwig XIV. mit dem Symbol der Sonne umgeben, weil sich um ihn der Hofstaat, das Land und Europa drehen sollten.

Stadt

Dies ist eine größere Siedlung von Händlern und Handwerkern mit eigenen Stadtrechten, z. B. Markt- und Münzrecht, eigener Gerichtsbarkeit und Recht der Selbstverwaltung.

Stadtherr

Der Stadtherr ist Grundherr einer Stadt (Graf, Bischof, Herzog), der die Stadt auf seinem Gebiet gründete.

„Stadtluft macht frei"

Nach diesem Rechtsgrundsatz des Mittelalters war ein Leibeigener frei, wenn ihm die Flucht in die Stadt gelang und er von seinem Grundherrn nicht innerhalb eines Jahres gefunden wurde.

Stadtrecht

Dies sind besondere Rechte einer Stadt, z. B. das Recht, eine Mauer zu bauen, Münzen zu prägen oder sich selbst zu verwalten.

Stand, Stände

Dies sind gesellschaftliche Gruppen, die sich voneinander durch Herkunft, Beruf und eigene Rechte abgrenzen. Im Mittelalter unterschied man zwischen dem Stand der Geistlichkeit, des Adels und der Bauern. In der städtischen Gesellschaft kamen noch die Bürger hinzu.

Ständegesellschaft

Eine Ständegesellschaft ist die nach den Ständen gegliederte Gesellschaft im Mittelalter und der Frühen Neuzeit, in der die fest gefügte Ständeordnung die Gesellschaft prägte.

Staufer

Die Staufer waren ein Adelsgeschlecht, welches vom 11. bis zum 13. Jahrhundert mehrere schwäbische Herzöge und römisch-deutsche Kaiser hervorbrachte:
Konrad III. (1138–1152)
Friedrich I. Barbarossa
(1152–1190)
Heinrich VI. (1190–1197)
Philipp von Schwaben
(1198–1208)
Friedrich II. (1212–1250)
Konrad IV. (1250–1254)

T

Territorialstaat

Ein Territorialstaat ist ein festumrissenes Gebiet (= Territorium), in dem ein Landesherr Herrschaft ausübt. Die Bewohner eines Territorialstaates sind der Gewalt des Landesherrn unterworfen. Vom 13. Jahrhundert an gelang es großen Herren (Fürsten, Herzöge, Grafen) im Deutschen Reich, sich wichtige Befugnisse und Rechte vom König übertragen zu lassen oder an sich zu reißen.

V

Vasall

(keltisch gwas = Knecht). Vasall ist die Bezeichnung für einen Lehnsmann, der von einem Lehnsherrn abhängig ist. Es wird noch unterschieden zwischen Kron- und Untervasallen.

W

Westfälischer Friede

Von 1645 bis 1648 berieten Abgeordnete der am Dreißigjährigen Krieg beteiligten Staaten in den westfälischen Städten Münster und Osnabrück, um einen Friedensschluss in diesem Krieg zu erwirken. Dieser wurde 1648 im sogenannten Westfälischen Frieden festgehalten.

Z

Zehnt

Das ist eine regelmäßige Abgabe an die Kirche, die ursprünglich ein Zehntel des landwirtschaftlichen Ertrages (Getreide, Vieh, Früchte) betrug.

Zunft

Das ist ein Zusammenschluss von Handwerkern einer Berufsrichtung in den mittelalterlichen Städten. Die Zunftordnung schrieb die Herstellung und den Verkauf von Waren sowie das Zusammenleben der Handwerker vor. Es galt der Zunftzwang, d. h., kein Meister durfte ohne Mitgliedschaft in einer Zunft seinen Beruf ausüben. Die Zünfte kümmerten sich auch um private Belange ihrer Mitglieder, z. B. um die Versorgung von Familie in Notlagen.

Register

* **Dieser Text ist aus didaktischen Gründen gekürzt.**
** **Einzelne Formulierungen dieses Textes wurden aus didaktischen Gründen vereinfacht.**
Die Sterne beziehen sich jeweils auf die unmittelbar zuvor stehende Quellenangabe.

1. Leben und Herrschaft im Mittelalter
S. 12 Q1: Literatur in der Schule, hg. v. Helmut Brackert, Hannelore Christ, Horst Holzschuh, Bd. 1: Mittelalterliche Texte im Unterricht, München (C. H. Beck) 1972 und 1976, S. 153 f.* **S. 15 Q1:** Zit. n. Francois-Louis Ganshof, Was ist das Lehnswesen?, übers. von Ruth und Dieter Groh, Darmstadt (WBG) 1989, o. S. **S. 17 Q1:** Zit. n. Günther Franz, Der Bauernstand im Mittelalter, Darmstadt (WBG) 1967, S. 83 ff.* **S. 19 Q1:** Widukind I, II, Kap. 1,2; Zit. n. Geschichte in Quellen. Mittelalter. Reich und Kirche, hg. v. Wolfgang Lautemann u. Manfred Schlenke bearb. v. Manfred Lautemann, München (bsv) 2. Aufl. 1978, S. 146 f.** **S. 21 Q1:** Widukind III, Kap. 49, Zit. n. Geschichte in Quellen. Mittelalter, a. a. O., übers. v. Johannes Bühler und Wolfgang Lautemann, S. 162.* **S. 21 Q2:** MG Constitutiones I, 10–12, S. 20 ff., zit. n. Geschichte in Quellen. Mittelalter, a. a. O., übers. v. Wolfgang Lautemann, S. 163.* **S. 23 Q1:** Register Gregors VII. MG Ep., hg. v. Caspar, 55a, S. 201 ff., Zit. n. Geschichte in Quellen. Mittelalter, a. a. O., übers. v. Wolfgang Lautemann, S. 291 ff.* **S. 23 Q2:** Briefe Heinrichs IV., hg. v. Franz-Josef Schmale, Zit. n. Geschichte in Quellen. Mittelalter, a. a. O., übers. v. Franz-Josef Schmale, S. 298 f.* **S. 23 Q3:** Lampert von Hersfeld, Annalen, Zit. n. Geschichte in Quellen. Mittelalter, a. a. O., übers. v. Adolf Schmidt, S. 311. Quelle dort: Adolf Schmidt: Lampert von Hersfeld, Annalen. Frhr. v. St. XIII. Darmstadt 1957.** **S. 25 M1:** https://www.domradio.de/radio/sendungen/anno-domini/der-streit-ums-kreuz-oeffentlichen-gebaeuden (Stand 16. 05. 2017). **S. 25 M2:** in Anlehnung an: http://www.katholisch.de/aktuelles/aktuelle-artikel/schwierige-wahl (Stand: 24. 2. 2016).** **S. 27 Q1:** Zit. n. Quellen zur neueren Geschichte, hg. v. Historischen Seminar der Universität Bern, Heft 25 (1957), bearb. v. Konrad Müller, Bern, S. 80/81.* **S. 33 Q1:** Zit. n. Horst Malberg, Bauernregeln. aus meteorologischer Sicht. **S. 35 Q1:** Zit. n. Arno Borst, Alltagsleben im Mittelalter, Frankfurt a. M. (Insel) 1965, S. 95.* **S. 43 Q1:** Zit. Franz Fässler, Die großen Ordensregeln, Einsiedeln (Johannes Verlag) 1994, S. 149.* **S. 46 M1:** Winfried Ackermann, Wurzeln unserer Gegenwart, Bd. 2. München (Ehrenwirth) 1987, S. 46. **S. 49 Q1:** Zit. n. Heinrich Pleticha, Bürger, Bauer, Bettelmann. Stadt und Land im Späten Mittelalter, Würzburg (Arena) 1971, S. 87.** **S. 51 Q1:** Zit. n. Quellen zur Geschichte der Stadt

Hildesheim im Mittelalter, hg. v. Heinz-Günther Borck, bearb. von Jürgen Borchers, Hildesheim (Gerstenberg) 1986, S. 110 f.** **S. 54 M1:** Autorentext.* **S. 55 Q1:** Zit. n. Ernst Ludwig Ehrlich, Geschichte der Juden in Deutschland, Düsseldorf (Econ) 1981, S. 30.* **S. 57 Q1:** Zit. n. Werner Ripper, Weltgeschichte im Aufriss, Bd. 2, Frankfurt a. M. (Diesterweg) 1974, S. 165. **S. 59 Q1:** Zit. n. Dr. Emil Reicke, Geschichte der Reichsstadt Nürnberg, 1896, in: http://citykirche-magazin.de/braende-in-nuernbergs-geschichte/ (Stand 11. 09. 2018)* **S. 61 Q1:** Zit. n. Philippe Dollinger, Die Hanse, 5. Aufl. Stuttgart (Kröner) 1998, S. 549.** **S. 67 Q1:** Zit. n. Joseph Fleckenstein, (Hg.), Idee und Wirklichkeit der Kreuzzüge, übers. v. Arno Borst, Germering (Stahlmann 1965, S. 19).** **S. 67 Q2:** Zit. n. Adolphe Neubauer (Hg.), Hebräische Berichte über Judenverfolgungen während des Ersten Kreuzzugs, Hildesheims (Olms) 1997, S. 153.** **S. 69 Q1:** Francesco Gabrieli (Hg.), Die Kreuzzüge aus arabischer Sicht, übers. v. Barbara von Kaltenborn-Stachau, Zürich/München (Artemis) 1973, S. 49 f.* **S. 69 Q2:** Zit. n. Peter Milger, Die Kreuzzüge. Kriege im Namen Gottes, Bielefeld (Bertelsmann) 1988, S. 119.* **S. 71 M1:** Grundgesetz für die Bundesrepublik Deutschland, Baden-Baden (Nomos) 1996, S. 6. **S. 74 Webcode-Material:** Kathi Kniehase-Zimmermann **S. 75 Q1:** Zit. n. Arno Borst, Lebensformen im Mittelalter, Frankfurt a. M. (Ullstein) 1979, S. 318 f.*

2. Neue Horizonte – neue Welten
S. 81 Q1: Zit. n. Peter G. Thielen; Günther Walzik (Hrsg.), Der Mensch und seine Welt. Geschichte – Politik für die Sekundarstufe I, übers. v. Peter G. Thielen, Bd. 2: Vom hohen Mittelalter bis ins Zeitalter des Absolutismus, Bonn (Dümmler) 1974, S. 105. **S. 81 Q2:** Anna Maria Brizio (Übers.), Leonardos Worte, Stuttgart (Belser) 1985.* **S. 83 Q1:** Zit. n. Werner Heil, Welt des Mittelalters und der Frühen Neuzeit, Geschichte im Unterricht, Bd. 3, Stuttgart (Kohlhammer) 2012. **S. 83 Q2:** John R. Hale: Fürsten, Künstler, Humanisten. Renaissance: Anbruch der Neuzeit, hrsg. und übers. von Maria Poelchau. Reinbek (Rowohlt) 1973, S. 26.* **S. 83 M1:** Jostein Gaarder, Sofies Welt, übers. v. Gabriele Haefs, München (Hanser) 1993, S. 234 f. **S. 85 Q1:** Zit. n. Ingrid Kästner, Johannes Gutenberg, 3. Aufl., Wiesbaden (Springer Fachmedien) 1984, S. 58.* **S. 87 Q1:** Niccolò Machiavelli, Der Fürst, neu übers. v. und mit einleitendem Vorwort von Raphael Arnold, Stuttgart (marix Verlag ein Imprint von Verlagshaus Römerweg) 2013.** **S. 87 Q2:** Zit. n.: Wolfgang Reinhard, Die Unterwerfung der Welt: Globalgeschichte der europäischen Expansion, 1415–2015, S. 116 f.** **S. 89 Q1:** Zit. n. Joseph

Müller (Hg.), Die Kirche und die Einigung Europas. Dokumentierte Darlegung, übers. v. Benita Storch, Saarbrücken (Ost-West-Verlag) 1955, S. 136 ff.** **S. 89 Q2:** Zit. n. Joseph Müller (Hg.), Die Kirche und die Einigung Europas, Dokumentierte Darlegung, übers. v. Benita Storch, Saarbrücken (Ost-West-Verlag) 1955, S. 136 ff.** **S. 93 Q1:** Gomes Eanes de Zurara, Chronik der bemerkenswerten Taten, welche sich bei der Eroberung von Guinea, die auf Befehl des Infanten D. Henrique durchgeführt wurde, ereignete, Zit. n. Heinrich der Seefahrer, oder die Suche nach Indien, hrsg. und übers. v. Gabriela Pögl und Rudolf Kroboth, Lenningen (Edition Erdmann) 2017, S. 170 f.* **S. 93 Q2:** Zit. nach: Frédéric Delouche (Hg.), Das Europäische Geschichtsbuch. Von den Anfängen bis heute, Übers.: Jochen Grube, Renate Warttmann, Stuttgart (Klett Cotta) 1998.* **S. 95 Q1:** Christoph Kolumbus, Bordbuch, übers. v. Anton Zahorsky, München (Hugendubel) 2006, S. 35 ff.* **S. 99 Q1:** Hermann Homann (Hg.), Die Eroberung Mexikos, Stuttgart (Erdmann) 1975, S. 50.* **S. 99 Q2:** Arne Eggebrecht (Hg.), Glanz und Untergang des alten Mexiko, Die Azteken und ihre Vorläufer, Mainz (Phillip von Zabern) 1986, S. 120.* **S. 101 Q1:** Georg A. Narciss (Hg.), Denkwürdigkeiten des Hauptmanns Bernal Diaz del Castillo oder Wahrhafte Geschichte der Entdeckung und Eroberung Neuspanien (Mexiko), Anhand d. neuesten span. u. mexikan. Ausg. u. unter Verwendung alter dt. Übers. durchges., bearb. u. neu ans Licht gebracht von Georg A. Narciss, Stuttgart (Steingrüben) 1965, S. 240.* **S. 101 Q2:** Miguel Léon-Portilla; Renate Heuer (Hg.), Rückkehr der Götter. Die Aufzeichnungen der Azteken über den Untergang ihres Reiches, übers. v. Renate Heuer, München (Middelhauve) 1965.* **S. 101 Q3:** Arne Eggebrecht (Hg.), Glanz und Untergang des alten Mexiko. Die Azteken und ihre Vorläufer, Mainz (Phillip von Zabern) 1986, S. 120.* **S. 103 Q1:** Zit. n. Andreas Klaffke, „Es sey die alte Welt gefunden in der Neuen": Amerika in der deutschen Lyrik der frühen Neuzeit, Marburg (Tectum Verlag) 2000, S. 49. **S. 103 Q2:** Christoph Strosetzky (Hg.), Der Griff nach der Neuen Welt, Frankfurt a. M. (Fischer) 1990, S. 274.* **S. 104 Q1:** Zit. n. Evamaria Grün (Hg.), Die Entdeckung von Peru 1526–1712, Lenningen (Erdmann) 1996, S. 71–73.* **S. 104 Q2:** Zit. n. Bernard Baudouin, Die Inkas. Geschichte, Kultur, Spiritualität, aus dem Franz. von Fiona Härtel. 1412500 Freiburg (Verlag Herder) 2000.* **S. 108 Q1:** Claudia Schnurrmann, Europa trifft Amerika, Frankfurt a. M. (Fischer) 1998, S. 225.** **S. 110 Webcode-Material:** Kathi Kniehase-Zimmermann

3. Kirche in der Krise – Glaubensspaltung und Reformation

S. 117 Q1: Zit. n. Helmar Junghans (Hg.), Die Reformation in Augenzeugenberichten, übers. v. Hg. und Franz Lau, Düsseldorf (Rauch) 1973, S. 43.* **S. 117 M1:** Hans Kühner (Hg. und Übers.): Neues Papstlexikon, Frankfurt/M (Fischer) 1973, S. 43.* **S. 119 Q1:** Heinrich Fausel (Hg. u. Übers.), Martin Luther: Leben und Werk, München (Siebenstern), 1967, S. 188.* **S. 119 Q2:** Heinrich Fausel (Hg. u. Übers.), a. a. O., S. 191.* **S. 121 Q1:** Helmar Junghans (Hg.), Die Reformation in Augenzeugenberichten, übers. u. hg. von Franz Lau, Düsseldorf (Rauch) 1973, S. 58.* **S. 123 Q1:** Zit. n. Geschichte in Quellen, Bd. 3: Renaissance, Glaubenskämpfe, Absolutismus, hg. v. Fritz Dickmann, Wolfgang Lautemann, Manfred Schlenke, München (BSV) 1970, S. 52, Quelle dort: Barge, Hermann: Der deutsche Bauernkrieg in zeitgenössischen Quellenzeugnissen, Teil 1 (Voigtländers Quellenbücher 71), Leipzig o. J., S. 138–146.* **S. 127 Q1:** Zit. n. Geschichte in Quellen, Bd. 3: Renaissance, Glaubenskämpfe, Absolutismus, hg. v. Fritz Dickmann, Wolfgang Lautemann, Manfred Schlenke, München (BSV) 1970, S. 52, Quelle dort: Hermann Barge: Der deutsche Bauernkrieg in zeitgenössischen Quellenzeugnissen, Teil 1 (Voigtländers Quellenbücher 71), Leipzig o. J., S. 138–146.* **S. 127 Q2:** Martin Luther, Weimarer Ausgabe 1 (= kritische Gesamtausgabe), Sonderedition 2001, S. 299 ff.* **S. 131 Q1:** Hans J. Hillerbrandt/Gottfried Brakemeier (Hg.), Brennpunkte der Reformation. Vandenhoeck & Ruprecht, Göttingen 1967.* **S. 131 Q2:** Zit. n. Geschichte in Quellen, Bd. 3: Renaissance, Glaubenskämpfe, Absolutismus, hg. Wolfgang Lautemann, Manfred Schlenke, bearb. v. Fritz Dickmann, München (bsv) 1966, S. 204 ff.** **S. 132 Q1:** Peter Segl, Als die Ketzer fliegen lernten: über den Hexenwahn im Mittelalter, Abensberg (Josef Kral Verlag) 1991, S. 8.* **S. 133 Q2:** Zit. n. Werner Heil, Welt des Mittelalters und der Frühen Neuzeit, Stuttgart (Kohlhammer Verlag) 2012. **S. 133 Q3:** Zit. n. Wolfgang Behringer, Hexen und Hexenprozesse in Deutschland, München (dtv) 2000, S. 124.** **S. 133 Q4:** Zit. n. Jakob Sprenger, Heinrich Institori, Der Hexenhammer, übers. v. Johann Wilhelm Richard Schmid, Berlin (Verlag von H. Barsdorf) 1906, S. 93, 99 f. ** **S. 125 Q1:** Karl August Credner, Philipps des Großmüthigen, Hessische Kirchenreformationsordnung, Gießen 1852, S. 48 ff.** **S. 135 Q2:** Karl August Credner, Philipps des Großmüthigen Hessische Kirchenreformationsordnung, Gießen 1852, S. 48 ff.* **S. 135 Q3:** Karl August Credner, Philipps des Großmüthigen und die Reformation in Hessen. Gesammelte Aufsätze zur hessischen Reformationsgeschichte. Als Festgabe zum

85. Geburtstag. **S. 137 Q1:** Hermann Schuster (Hg.) u. a., Quellenbuch zur Kirchengeschichte, Bd. 1/2, Frankfurt a. M. (Moritz Diesterweg) 1976, S. 120 f.* **S. 140 Webcode-Material:** Kathi Kniehase-Zimmermann

4. Vom Glaubenskrieg zum Gottesgnadentum – Europa im 17. Jahrhundert

S. 149 Q1: Zit.n.: Harald Scherrinsky/Walter Wulf, Das Zeitalter der Reformation und der Glaubenskämpfe, Frankfurt a. M. (Moritz Diesterweg) 1972 (Geschichtliche Quellenhefte, H. 5) S. 82.* **S. 149 Q2:** Zit. n.: Harald Scherrinsky/Walter Wulf, Das Zeitalter der Reformation und der Glaubenskämpfe (= Geschichtliche Quellenhefte, Frankfurt a. M. (Moritz Diesterweg) 1972 (Geschichtliche Quellenhefte, H. 5) S. 86 f.** **S. 150 Q1:** Hans Jakob Christoffel von Grimmelshausen, Der Abenteuerliche Simplicius Simplicissimus, München (Goldmann)1957, Bd. 422/423, S. 17.* **S. 150 Q2:** Maurus Friesenegger: Tagebuch aus dem 30jährigen Krieg: Nach einer Handschrift im Kloster Andechs, München (Allitera Verlag) 2012, S. 37 ff.** **S. 153 Q1:** Zit. n. Geschichte in Quellen, Bd. 3: Renaissance, Glaubenskämpfe, Absolutismus, a. a. O., München (bsv) 1976, S. 346 ff. Quelle dort: Quellen zur neueren Geschichte, Heft 12/13: Instrumenta Pacis Westphalicae, bearbeitet von Konrad Müller, Bern (Lang) 1949.* **S. 154 Q1:** Zit. n. Geschichte in Quellen, Bd. 3: Renaissance, Glaubenskämpfe, Absolutismus, a. a. O., München (bsv) 1966, S. 429.* **S. 155 Q2:** Zit. n. Karl Heinrich Peter (Übers.): Briefe zur Weltgeschichte, Stuttgart (Cotta) 1961, S. 202.* **S. 155 Q3:** Zit. n. Geschichte in Quellen, Bd. 3: Renaissance, Glaubenskämpfe, Absolutismus, a. a. O., München (bsv) 1966, S. 451.** **S. 158 Q1:** Zit. n. Helmut Kiesel, Die Briefe der Liselotte von der Pfalz, Frankfurt a. M. (Insel) 1960, S. 32. **S. 159 Q2:** Zit. n. Theodor Steudel (Übers.): Der Fürstenstaat, Wiesbaden (Vieweg & Teubner).* **S. 163 Q1:** Sigrid Massenbach (Hg. und Übers.): Die Memoiren des Herzogs von Saint-Simon, Bd. 3: 1790–1815, Frankfurt a. M. u. a. (Ullstein) 1985, S. 293 f.** **S. 163 M1:** Simon Demmelhuber & Volker Eklkofer, Am Hofe Ludwig XIV., ein Film von Georg Antretter (Schulfernsehen) https://www.br.de/fernsehen/ard-alpha/sendungen/schulfernsehen/absolutismus-ludwig-xiv-100.html (Stand 11. 09. 2018). **S. 165 Q1:** Zit. nach: Will und Ariel Durant, Die Geschichte der Zivilisation, Bd. 8. Das Zeitalter Ludwigs XIV., ins Dt. übertr. von Bee Juker, Bern/München (Francke) 1966, S. 707.** **S. 165 Q2:** Frederic V. Grunfeld, Die deutschen Fürsten. Schatzkammern und Herrscherhäuser der Welt, aus dem Engl. von Joachim Rehork. München (Christian Verlag) 1984, S. 78. **S. 167 Q1:** Jean Baptiste Colbert, Denkschrift über den Handel, Zit. n. Geschichte in Quellen, Bd. 3: Renaissance, Glaubenskämpfe, Absolutismus, a. a. O., München (bsv) 1982, S. 448.* **S. 169 Q1:** Georg Jacob Wolf (Hg.), Das kurfürstliche München, 1620–1800 – Zeitgenössische Dokumente und Bilder, München (Parcus) 1930, S. 70 f.* **S. 172 Webcode-Material:** Kathi Kniehase-Zimmermann

5. Bauwerke als Symbole der Stärke und des Glaubens

S. 179 Q1: Zit. n. Goethes Werke, Band XI, Autobiographische Schriften, bearbeitet von Erich Trunz, München (C. H. Beck) 15. Aufl. 2002, S. 219.* **S. 183 M1:** Fernsehreihe „Schätze der Welt – Erbe der Menschheit": Die Residenz von Würzburg, Deutschland", gesendet am 12. 07. 2016 im SWR. Buch und Regie: Martin-Jochen Schulz.* **S. 185 Q1:** Reichstagsdrucksache (RTDS), 9. Juni 1883, Zit. n. Michael S. Cullen, Der Reichstag: im Spannungsfeld deutscher Geschichte, Berlin-Brandenburg (be.bra-Verlag) 1999, S. 87. **S. 185 Q2:** Vorwärts v. 3. 2. 1894, zit. n. Michael S. Cullen, Der Reichstag: im Spannungsfeld deutscher Geschichte, Berlin-Brandenburg (be.bra-Verlag) 1999, S. 121. 87.* **S. 187 M1:** Artikel 141 (2) der bayerischen Verfassung http://www.gesetzebayern.de/Content/Document/BayVerf-141. (Stand 11. 09. 2018). **S. 187 M2:** Bayerisches Denkmalschutzgesetz, Zit. n. http://www.gesetze-bayern.de/Search/Hitlist(Stand: 11. 09. 2018).* **S. 189 M1:** Rudolf Stegers, Gestrickter Eierwärmer, in: Zeit online, am 26. 8. 1994* **S. 192 Webcode-Material:** Kathi Kniehase-Zimmermann

6. Waren- und Kulturaustausch

S. 199 M1: Stefan Mechnig, Der römische Denar, in: Rhein-Zeitung, 4. 01. 1999 (Stand 20. 06. 2018).* **S. 203 Q1** Zit. n. Eugen Ortner, Glück und Macht der Fugger, neu bearb. von Curt Hohoff, Bergisch-Gladbach (Lübbe) 1979, S. 227 ff.** **S. 209 M1:** Martin Demmeler, Zit. n. Praxis Politik, Globalisierung, 1/2005, S. 17, M9.* **S. 211 M1:** Interview mit Martin Krogmann, in: Süddeutsche Zeitung, 27. 2. 2017, S. 18.** **S. 214 Webcode-Material:** Kathi Kniehase-Zimmermann

Anhang

S. 218 M1: Nach einem Artikel von Hans von der Hagen, Luther in Klein gerät zum großen Glück, in: Süddeutsche Zeitung, 21. 06. 2017, abgerufen 18. 10. 2017.** **S. 218 M2:** http://eisenach.thueringer-allgemeine.de/web/eisenach/startseite/detail/-/specific/Reliquienhandel-2-0-Luther-Kult-in-Eisenach-kennt-keine-Grenzen-1550759538 (Stand: 01. 02. 2018).*

Bildquellenverzeichnis

Umschlagfoto: picture alliance/ZB/euroluftbild; **vorderer Umschlag innen und Klappe:** Cornelsen/Carlos Borrell; **2, 6 o. re., 8/9:** dpa Picture-Alliance/blickwinkel; **3 u., 112/113:** dpa Picture-Alliance; **3 o., 76/77:** dpa Picture-Alliance/Reuters/Enrique Shore; **4 u., 174/175:** mauritius images/Walter Bibikow; **4 o., 142/143:** akg-images/Erich Lessing; **5 o., 194/195:** dpa Picture-Alliance/empics; **6 Mi. re., 157.1, 171 Mi.:** bpk/RMN – Grand Palais/Angèle Dequier; **7 o. li., 16.1, 73 2. v. o.:** Bridgeman Images/British Library, London, UK; **7 o. re., 17.2:** akg-images/Science Photo Library; **7 u. li. S. li., 150.1:** akg-images/Erich Lessing; **7 u. li. S. o. re., 151.2:** Cornelsen/Carlos Borrell; **7 u. li. S. u. re., 151.3:** akg-images; **7 u. re., 160/161:** akg-images/Jean-Claude Varga;

1. Leben und Herrschaft im Mittelalter

10.1: Cornelsen/Carlos Borrell; **11.2:** Bridgeman Images/Prismatic Pictures; **11.3:** bpk/Lutz Braun; **11.4:** Archiv „Die Förderer e. V."; **11.5:** bpk/British Library Board/Robana; **12.1:** akg-images; **13.2:** bpk/RMN – Grand Palais/René-Gabriel Ojéda; **13.3:** akg-images/Album/Prisma; **13.4:** bpk/RMN – Grand Palais/Thierry Le Mage; **14.1:** Cornelsen/Michael Teßmer; **15.2:** akg-images; **18.1, 73 o.:** Cornelsen/Carlos Borrell; **19.1:** akg-images; **20.1:** akg-images; **21.2:** akg-images/De Agostini Picture Lib.; **22.1:** akg-images/akg-images; **23.2 u. 3:** akg-images; **24.1:** epd-bild/Annette Zoepf; **25.2:** Presse- und Informationsamt der Bundesregierung/Guido Bergmann; **25.3:** stock.adobe.com/Jr Casas; **26.1:** Cornelsen/Carlos Borrell; **26.2:** Bayerisches Hauptstaatsarchiv, Hochstift Freising, Urkunde 7; **27.3:** akg-images; **28.1:** Cornelsen/Carlos Borrell; **29.2:** Cornelsen/ Carlos Borrell; **30/31:** Cornelsen/Michael Teßmer; **32.1 u 2:** Cornelsen/Elisabeth Galas; **33.3:** akg-images; **34.1:** adobe.stock.com/Andy Ilmberger; **34.2:** adobe.stock.com/andiz275; **35.3:** akg-images/akg-images; **36/37:** Cornelsen/Thomas Binder; **38.1:** Bridgeman Images/Bibliotheque Nationale, Paris, France; **39.2:** bpk/RMN – Grand Palais; **40 v. o. n. u.:** adobe.stock.com/andtam1, LOOK-foto/Günther Bayerl, dpa picture alliance/empics, adobe.stock.com/venemama; **40.1:** Cornelsen/Carlos Borrell; **41.2:** akg-images; **42.1:** Cornelsen/Thomas Binder; **43 v. l. n. r.:** akg-images, bpk, akg-images/British Library, Bridgeman Images/De Agostini Picture Library/G. Nimatallah, bpk/Alinari Archives/Tatge, George for Alinari; **43 Mi.:** Cornelsen/Zweiband/Tomasz Kargol; **44.1:** akg-images/British Library; **44.2:** akg-images/euroluftbild.de/Robert Grahn; **44 u. li.:** Bridgeman Images/German School (12th century); **45.3:** Bamberger Schreiberbild, Staatsbibliothek Bamberg Msc.Patr. 5, fol. 1v Foto: Gerald Raab; **46/47, 73 3. v. o.:** bpk/Dietmar Katz; **48.1:** Cornelsen/Klaus Becker; **48 u. li.:** dpa Picture-Alliance/Rainer Oettel; **49.2:** bpk/Bayerische Staatsgemäldesammlungen; **50.1:** Bridgeman Images/Ecole Nationale Superieure des Beaux-Arts, Paris, France; **50.2:** Bridgeman Images/De Agostini Picture Library; **51 re.:** akg-images/arkivi; **51.3:** Bridgeman Images/ Ecole Nationale Superieure des Beaux-Arts, Paris, France; **51.4:** akg-images; **54.1:** akg-images; **54.2:** bpk/Dietmar Katz; **55.3:** akg-images; **55.4:** Bridgeman Images/Archives Charmet; **56.1:** Bayerisches Nationalmuseum, München, Ehrenbuch der Stadt Augsburg, Inv.-Nr. Bibl. 3651, Foto Nr. D55999; **57.2:** Cornelsen/Michael Teßmer; **58.1:** Bridgeman Images/Archives Charmet; **58.2:** akg-images; **58.3:** Bridgeman Images/Universal History Archive/UIG; **59.4:** dpa Picture-Alliance/ullstein bild/Burgerbibliothek Bern, Mss.h.h.I.1, p. 289 – Foto: Codices Electronici AG, www.e-codices.ch; **60 li.:** bpk; **60.1:** Cornelsen/Carlos Borrell; **61.2:** akg-images; **62 u. li.:** dpa Picture-Alliance/Bildarchiv Monheim; **62.1:** adobe.stock.com/Wolfilser; **62.2:** action press/imagebroker.com; **63.3:** dpa Picture-Alliance / Frank Mächler/Innenraum der Basilika am Petersberg, Patrozinium St. Peter und Paul; **63.4:** action press; **63 Mi. re.:** Imago Stock & People GmbH/Daniel Schvarcz; **65.1:** Stadt Nördlingen; **65.2:** imageBROKER/Süddeutsche Zeitung Photo/Martin Siepmann; **65.4:** adobe.stock.com/ArTo; **66.1:** akg-images/Erich Lessing; **66.2:** akg-images/British Library; **67.3:** bpk; **68.1:** Cornelsen/Carlos Borrell; **69 Mi. re.:** Bridgeman Images/Universal History Archive/UIG; **69.2, 73 u.:** Interfoto/DanielD; **71.1:** adobe.stock.com/Robert Kneschke; **72.1:** epd-bild/Thomas Lohnes; **72.2:** FOTOFINDER.COM/United Archives/Rudolph; **75.1:** akg-images; **75.2:** Cornelsen/Dieter Stade/bearbeitet von zweiband media; **75.3:** laif/robertharding/Markus Lange

2. Neue Horizonte – neue Welten

78.1: Cornelsen/Volkhard Binder; **79.2:** akg-images/Science Photo Library; **79.3 u. 5, 109 2. v. o.:** akg-images; **79.4:** Impact Photos/Visum; **80 li.:** akg-images/Science Source; **80.1 u. 2:** Cornelsen/Elisabeth Galas; **81.3:** Bridgeman Images/Louvre, Paris, France; **81.4:** akg-images; **81.5:** Interfoto/Sammlung Rauch; **82.1:** akg-images/Erich Lessing; **82.2:** akg-images; **82 u. li.:** Bridgeman Images; **83.3:** bpk/Scala; **84.1:** Cornelsen/Klaus Becker; **85 o. re.:** Science Photo Library/British Library/Science Photo Library; **85 Mi.:** dpa-infografik; **85.2:** akg-images; **86 u. li.:** akg-images/Roland and Sabrina Michaud; **86 Mi. li.:** akg-images; **86.1:** Cornelsen/Carlos Borrell; **87.2:** akg-images/Roland and Sabrina Michaud; **87.3:** Shutterstock.com/Zolnierek; **88.1:** akg-images; **89.2:** akg-images/Werner Forman; **89.3:** Heritage Images/Fine Art Images/akg-images; **90 Mi. u. u., 109 o.:** akg-images; **90 o.:** Bridgeman Images; **91 (alle Illustrationen):** Cornelsen/Klaus Becker; **92 u. li.:** Interfoto/Sammlung Rauch; **92.1:** mauritius images/Alamy Stock Photo/Zoonar GmbH; **92.2:** bpk/Ibero-Amerikanisches Institut, SPK; **93.3:** Bridgeman Images/De Agostini Picture Library; **94 u. li.:**

Bridgeman Images/SZ Photo; **94.1:** Cornelsen/Carlos Borrell; **95.2:** akg-images; **96/97:** Cornelsen/Thomas Binder; **98.1:** Bridgeman Images/Sean Sprague/Mexicolore; **98 u. li.:** bpk/Alfredo Dagli Orti; **99.2:** Bridgeman Images/Biblioteca Nazionale Centrale, Florence, Italy; **99.3:** Brightman Images/National Geographic Creative; **100.1:** Bridgeman Images/SZ Photo/Scherl; **100.2:** Bridgeman Images/De Agostini Picture Library; **101.3:** akg-images/Album/Oronoz; **101.4, 109 3. v. o.:** Bridgeman Images/Granger; **102.1:** bpk/Kunstbibliothek, SMB/Knud Petersen; **103.2:** Cornelsen/Elisabeth Galas; **103.3, 109 u.:** Cornelsen/Carlos Borrell; **104.1:** Bridgeman Images/De Agostini Picture Library/G. Dagli Orti; **105 a):** akg-images/De Agostini Picture Library; **105 b) u. c):** Bridgeman Images/De Agostini Picture Library/G. Dagli Orti; **105 d):** Bridgeman Images; **105 e):** Interfoto/Sammlung Rauch; **107 Screenshots:** Helles Köpfchen; **107 Mi o.:** bpk/Ethnologisches Museum, SMB/Claudia Obrocki; **107 Mi. u.:** bpk/RMN – Grand Palais/Franck Raux; **108 Mi. li.:** Imagebroker RM/F1online/Harald Radebrecht; **108.1:** AFP/Getty Images; **111.1:** akg-images

3. Kirche in der Krise – Glaubensspaltung und Reformation

112/113: dpa Picture-Alliance; **114.1:** Cornelsen/Carlos Borrell; **115.2:** Bridgeman Images; **115.3:** akg-images; **115.4:** Interfoto/Sammlung Rauch; **115.5:** Imago Stock & People GmbH/Gustavo Alabiso; **116.1:** akg-images; **117.2:** Albertina, Wien/www.albertina.at; **118.1:** Johannes Saurer & Ulrike Albers; **119.2 u. 3:** akg-images; **120.1:** Johannes Saurer & Ulrike Albers; **121.2:** Johannes Saurer & Ulrike Albers; **121.3:** akg images; **122.1:** akg-images/Erich Lessing; **123.2:** akg-images; **125.1 u. 2:** akg-images; **126.1:** Cornelsen/Carlos Borrell; **127.2:** Interfoto/Sammlung Rauch; **128/129:** Erich Fürst von Waldburg zu Zeil und Trauchburg, Waldburg-Zeil'sches Gesamtarchiv, Schloß Zeil, 88299 Leutkirch; **130.1:** akg-images; **130 Mi. li.:** Bridgeman Images/SZ Photo/Sammlung Megele; **131.2:** bpk/Gemäldegalerie, SMB, Kaiser Friedrich-Museums-Verein/Volker-H. Schneider; **132.1:** akg-images; **132.2:** Bayerische Staatsbibliothek München, Rar. 287, fol. 189 verso; **132.3:** bpk; **134.1, 139 u.:** akg-images; **134 Mi. li.:** akg-images/Bildarchiv Monheim; **135.2:** epd/Norbert Neetz/Stiftung Luthergedenkstätten in Sachsen Anhalt; **135.3:** akg-images; **136.1:** Foto: Frank Herrmann/festival-of-lights.de; **136 Mi. li.:** colourbox; **137.2:** Interfoto/Sammlung Rauch; **137.3:** akg-images; **138.1:** Reuters/Fabrizio Bensch; © VG Bild-Kunst, Bonn 2018; Ottmar Hörl: „Martin Luther. Hier stehe ich." Marktplatz Wittenberg, 2010 (Ausschnitt); **138.2:** Playmobil – geobra Brandstätter Stiftung & Co. KG, Zirndorf; **139 o. u. Mi.:** akg-images; **141.1:** Cornelsen/Elisabeth Galas bearbeitet von Erfurth & Kluger; **141.2:** akg-images/Schadach; **141.3:** bpk/Kupferstichkabinett, SMB/Jörg P. Anders

4. Vom Glaubenskrieg zum Gottesgnadentum – Europa im 17. Jahrhundert

144.1: Cornelsen/Carlos Borrell Eiköter, Berlin; **145.2:** akg-images/Bildarchiv Monheim; **145.3:** akg-images; **145.4:** akg-images/Erich Lessing; **145.5, 219.4:** bpk/RMN – Grand Palais/Michel Urtado; **146.1:** akg-images; **147.2:** Bridgeman Images/Palazzo Pitti, Florence, Italy; **147.3:** akg-images; **147.4 u. 5:** akg-images/Erich Lessing; **147.6:** bpk/Scala; **147.7:** Bridgeman Images/Interieur Paysan; **147.8:** dpa Picture-Alliance/ullstein bild; **148.1:** akg-images; **149.2:** Cornelsen/Carlos Borrell; **151.2:** Cornelsen/Carlos Borrell; **151.3:** akg-images; **152.1:** Cornelsen/Carlos Borrell; **153.2:** akg-images; **154 li. u.:** akg-images/Marc Deville; **154.1:** Bridgeman Images; **155.2:** akg-images/Jérôme da Cunha; **158.1:** akg-images/CDA/Guillot; **159.2:** bpk/RMN – Grand Palais/Gérard Blot; **162.1 u. 2:** Cornelsen/Elisabeth Galas; **163.3:** Cornelsen/Elisabeth Galas; **164.1:** Cornelsen/Carlos Borrell; **164.2:** Bridgeman Images; **165.3:** bpk/adoc-photos; **166.1:** Cornelsen/Hans Wunderlich; **166.2:** Bridgeman Images; **167.3:** akg-images; **167.4:** Bridgeman Images/Chris Hellier; **168.1, 171 u.:** akg-images/euroluftbild.de/Robert Grahn; **168.2:** Bridgeman Images; **169.3:** Bridgeman Images/Samuel H.Kress Collection; **170.1:** akg-images/Bildarchiv Monheim; **170.2:** akg-images/Erich Lessing; **170 Mi. li.:** akg-images/bilwissedition; **170 li. u.:** bpk/Scala; **171 o.:** akg-images; **173.1:** akg-images/Erich Lessing;**173.2:** Interfoto/Sammlung Rauch

5. Längsschnitt Bauwerke als Symbole der Stärke und des Glaubens

176.1: akg-images/euroluftbild.de; **177.2:** mauritius images/alamy stock photo/Pat Dego; **177.3:** akg-images/euroluftbild.de; **177.4, 191 2. v. o.:** Hanna Wagner Reisefotografie;**177.5:** Vintage Germany; **178.1, 191 o.:** mauritius images/alamy stock photo/Bildarchiv Monheim GmbH; **178.2:** akg-images; **178 li. o.:** akg-images; **178 li. u.:** colourbox/Anterovium; **179.3 u. 5:** Cornelsen/Hans Wunderlich; **179.4:** akg-images/Andrea Jemolo; **180.1:** mauritius images/imageBroker/Bildverlag Bahnmüller; **180.2:** ddp images; **181.3:** akg-images; **181.4:** Bridgeman Images/Peter Langer/Design Pics/UIG; **181.5:** Hanna Wagner Reisefotografie; **181 (Tabernakel, Davidstern):** Pfarramt Unsere Liebe Frau, Nürnberg, Foto: Dr. Günther Heß; **182.1:** akg-images/euroluftbild.de; **182.2, 191 3. v. o.:** Bridgeman Images/Residenz, Würzburg, Germany; **183 re.:** akg-images; **183.3:** bpk; **184.1, 191 u.:** bridgeman/Marcello Bertinetti/National Geographic Creative; **184.2:** Vintage Germany; **184 li.:** akg-images; **185.3:** Presse- und Informationsamt der Bundesregierung, Foto: Steffen Kugler; © VG Bild-Kunst, Bonn 2019; **185.4:** bridgeman/ Peter Langer/Design Pics/UIG/ © VG Bild-Kunst, Bonn 2019; **186.1:** Imago Stock & People/ GmbH/imagebroker/hollweck; **186 li., 193.4:** Colourbox;

Projektleitung: Dr. Uwe Andrae
Redaktion: Gisela Veerkamp; Sandra Ehrlich, Banzkow bei Schwerin
Grafik und Illustration: Klaus Becker, Oberursel; Bettina Bick, Berlin;
Thomas Binder, Magdeburg; Erfurth&Kluger, Berlin; Elisabeth Galas, Bad Breisig;
Dieter Stade, Hemmingen; Michael Teßmer, Hamburg; Hans Wunderlich, Berlin
Karten: Dr. Volkhard Binder, Greven; Carlos Borrell, Berlin; Peter Kast, Wismar
Medienbeschaffung: Jana Tichauer, Anja Schwerin, Susann Wieja
Gesamtgestaltung: Heimann und Schwantes, Berlin
Technische Umsetzung: zweiband.media, Berlin

Das Umschlagbild zeigt Burg Lauenstein in Ludwigsstadt (Landkreis Kronach, Oberfranken).
Die ältesten Teile der Höhenburg stammen aus dem 12. Jahrhundert. Foto: euroluftbild.de/
Süddeutsche Zeitung Photo

www.cornelsen.de

Die Mediencodes enthalten zusätzliche Unterrichtsmaterialien,
die der Verlag in eigener Verantwortung zur Verfügung stellt.

Soweit in diesem Lehrwerk Personen fotografisch abgebildet sind und ihnen von der
Redaktion fiktive Namen, Berufe, Dialoge und Ähnliches zugeordnet oder diese Personen
in bestimmte Kontexte gesetzt werden, dienen diese Zuordnungen und Darstellungen
ausschließlich der Veranschaulichung und dem besseren Verständnis des Inhalts.

1. Auflage, 1. Druck 2019

Alle Drucke dieser Auflage sind inhaltlich unverändert
und können im Unterricht nebeneinander verwendet werden.

Druck: Firmengruppe APPL, aprinta Druck, Wemding

ISBN 978-3-06-064907-5 (Schülerbuch)
ISBN 978-3-06-065192-4 (E-Book)

PEFC zertifiziert
Dieses Produkt stammt aus nachhaltig
bewirtschafteten Wäldern und kontrollierten
Quellen.

www.pefc.de

PEFC/04-32-0928

Exkursionsziele: Schlösser, Klöster und Kirchen des Barock in Bayern

Karte: Das Zeitalter der Entdeckungen

erstellen (gestalten, entwerfen, entwickeln)

Informationen auswählen, ordnen und sie überschaubar und informativ mithilfe eines Produkts vorzeigen.

- Kläre das Thema und das Produkt (z.B. Wandzeitung).
- Sammle Informationen und Bildmaterial.
- Fertige eine Skizze und ordne das Material probeweise an, bevor du klebst und schreibst.
- Sorge für die angemessene Größe (Schrift, Bilder ...) und für eine saubere und ansprechende Gestaltung.

↗ **Thematische Überblicke in Form von Wandzeitungen, Plakaten, Mindmaps, Ausstellungen ...**

Wandzeitung über Verfolgungen heute

Planung, Wandzeitung

Verfolgung:
Was ist das? (Definition)

Verfolgte:
Können wir etwas für sie tun?

Beispiele:
Wo? ... Wer? ...
Warum ...
Von wem? ...
Auswirkungen? ...
Fotos

herausarbeiten

Sachverhalte je nach Aufgabenstellung aus vorgegebenem Material entnehmen und wiedergeben.

- Kläre mithilfe eines Lexikons unklare Begriffe.
- Gib in eigenen Worten die wichtigsten Informationen wieder.

↗ **Informationen in Texten, Bildern, Schaubildern ...**

Bei den vorgegebenen Materialien handelt es sich um ...

- ► *Der Begriff X bedeutet ...*
- ► *Aus den Materialien geht hervor ...*
- ► *Zusammenfassend lässt sich sagen ...*

informieren (erkundigen, herausfinden, befragen, ermitteln)

Selbstständig Informationen über Geschichte beschaffen (z.B. durch Lexika, Fachbücher, Internet, Museen, Expertinnen und Experten ...) und sachlich vorstellen.

- Überlege, woher du die gesuchten Informationen beschaffen kannst.
- Kläre, wie du die Infos verarbeiten willst (z.B. mündlich als Referat, schriftlich ...).
- Halte alle Infos z.B. als Notiz, Skizze, ... fest.
- Gib immer deine Quellen an!

↗ **Informationen, Daten ...**

Referat: Entdeckungen und Eroberungen

- ► *Mithilfe dieser Mindmap möchte ich euch über Entdeckungen und Eroberungen berichten ... Meine Informationen habe ich aus ...*

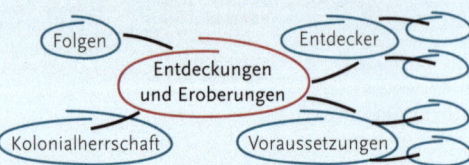

Folgen — Entdeckungen und Eroberungen — Entdecker
Kolonialherrschaft — Voraussetzungen

nennen (aufzählen, notieren)

In knapper und übersichtlicher Form einzelne, korrekte Informationen zusammentragen.

- Beginne mit einer Überschrift, dem Thema.
- Ordne die Informationen übersichtlich.
- Eine Tabelle/Übersicht kann hilfreich sein.
- Fasse dich kurz.

↗ **Informationen in Texten, Schaubildern ...**

Nenne Fortschritte in der mittelalterlichen Landwirtschaft.

►

Alte Geräte	Neue Geräte	Verbesserung
Sichel	Sense	...

spielen (sprechen als, handeln als, darstellen)

Sich in eine Situation in der Vergangenheit hineindenken, sie aus Sicht der Beteiligten einschätzen und entsprechend handeln.

- Kläre das Thema und das Produkt (z.B. Rollenspiel).
- Verschaffe dir Informationen über die Zeit, das Ereignis und die Beteiligten, ...

↗ **Situationen, Konflikte, Gespräche, Reden ...**

Spiele die Aufnahme in den Ritterstand (Schwertleite) nach.

- ► *sich über den Ablauf der Zeremonie informieren*
- ► *Rollen festlegen und Drehbuch schreiben*
- ► *Ausstattung besorgen*

- Schätze die Situation aus der Rolle, die du übernimmst, ein. Was könnten die Beteiligten gedacht und gesagt haben?
- Sprich dich mit deinen Mitschülerinnen und Mitschülern über den Ablauf des Spiels, über den Beginn und den Abschluss ab. Fertige Notizen an.

überprüfen (prüfen)

Aussagen, Vorschläge oder Maßnahmen an Sachverhalten auf ihre sachliche Richtigkeit hin untersuchen und ein begründetes Ergebnis formulieren.

- Stellt zunächst fest, um was es geht.
- Erläutert, wie ihr bei der Überprüfung vorgeht.
- Begründet euer Ergebnis.

↗ **Aussagen, Behauptungen ...**

Überprüfe, ob es sich bei den Azteken um eine Hochkultur handelt.

- ► *Überprüfung der Frage anhand der Materialien ...*
- ► *Die Azteken sind eine Hochkultur, weil sie einen organisierten Staat, ein Oberhaupt, Schrift, Großbauten, Rechts- und Glaubensvorstellungen besaßen.*

untersuchen

Materialien oder Sachverhalte gezielt befragen.

- Sachtext analysieren: Um welches Thema geht es? Um welche Textsorte handelt es sich? Wer? Was? Wo? Wann? Wie? Warum? ... (siehe Methode: Einen Sachtext verstehen, S. 42).
- Textquelle: Wer ist der Verfasser? Hat er die Ereignisse, über die er berichtet, selbst erlebt? Bleibt er neutral oder ergreift er Partei? ... (siehe Methode: Textquellen untersuchen, S. 90).
- Bildinterpretation: Handelt es sich um ein Bild aus der Zeit oder ist es nachträglich entstanden? Was ist dargestellt? (siehe Methode: Bilder untersuchen, S. 233).

↗ **Informationen in Texten, Bildern, Sachquellen ...**

Eine Textquelle analysieren

- ► *Der Verfasser ist ...*
- ► *Er lebte ...*
- ► *Bei dem Text handelt es sich um ...*

vergleichen

Wesentliche Übereinstimmungen und Unterschiede finden, vorstellen und im geschichtlichen Zusammenhang begründen.

- Verschaffe dir einen Überblick über das, was zu vergleichen ist; Stichwörter sind hilfreich.
- Ordne nach 1. Gemeinsamkeiten und Ähnlichkeiten, 2. nach Unterschieden, Widersprüchen, Gegensätzen.
- Eine Tabelle kann sinnvoll sein.
- Beachte die jeweilige Zeit und die Umstände.
- Formuliere ein Ergebnis.

↗ **Zeiträume, Entwicklungen, Vorstellungen ...**

Vergleiche das Leben im Mittelalter auf dem Land, in der Stadt, auf einer Burg und im Kloster.

►

	Dorf	Stadt	Burg	Kloster
Bewohner	Bauern		Adel	...
Aufgaben/ Tagesablauf	Bestellen der Felder	...	...	...
Probleme	...	...	...	...

zusammenfassen (zusammentragen, wiedergeben)

Wesentliches herausfinden, Informationen knapp und richtig in Satzform und mit eigenen Worten wiedergeben.

- Suche wesentliche Informationen im Text.
- Formuliere in knapper Form.
- Schreibe nicht aus dem Buch ab, sondern erstelle eigene Texte.

↗ **Informationen in Texten, Grafiken ...**

Fasse zusammen, was du über das Thema Absolutismus erfahren hast.

- ► *Herrschaftsform des 17. und 18. Jahrhunderts*
- ► *Der französische König Ludwig IV. prägte ihn.*
- ► *Kennzeichnend war ein Herrschaftsverständnis, in vielen Belangen allein zu entscheiden.*